《中国德语语言文学研究文献汇编（2010—2015）》编委会

出 版 人：徐建忠

策划编辑：崔 岚

主 编：冯亚琳 李大雪

编 者（以汉语拼音为序）：

鲍天骄 高雯琦 何宇洋

李雅俊 王初旭 肖 庆

杨 颖 尹 娜 雍晴雯

朱惠东

责任编辑：安宇光

执行编辑：张兆一

中国德语语言文学研究文献汇编 (2010–2015)

冯亚琳　李大雪　主编

外语教学与研究出版社
北京

图书在版编目（CIP）数据

中国德语语言文学研究文献汇编 . 2010−2015：汉文、德文／冯亚琳，李大雪
主编 . −− 北京：外语教学与研究出版社，2019.7
　　ISBN 978−7−5213−1102−0

　　Ⅰ . ①中… Ⅱ . ①冯… ②李… Ⅲ . ①德语－语言学－文集－汉、德②德语－
文学研究－文集－汉、德 Ⅳ . ①H33−53②I106−53

　　中国版本图书馆 CIP 数据核字 (2019) 第 171931 号

出 版 人　徐建忠
策划编辑　崔　岚
责任编辑　安宇光
责任校对　李梦安
封面设计　姜　凯　张子煜
出版发行　外语教学与研究出版社
社　　址　北京市西三环北路 19 号（100089）
网　　址　http://www.fltrp.com
印　　刷　北京捷迅佳彩印刷有限公司
开　　本　650×980　1/16
印　　张　26.5
版　　次　2019 年 8 月第 1 版　2019 年 8 月第 1 次印刷
书　　号　ISBN 978−7−5213−1102−0
定　　价　66.00 元

购书咨询：（010）88819926　电子邮箱：club@fltrp.com
外研书店：https://waiyants.tmall.com
凡印刷、装订质量问题，请联系我社印制部
联系电话：（010）61207896　电子邮箱：zhijian@fltrp.com
凡侵权、盗版书籍线索，请联系我社法律事务部
举报电话：（010）88817519　电子邮箱：banquan@fltrp.com
物料号：311020001

记载人类文明
沟通世界文化
www.fltrp.com

前　言

　　研究文献是科研的基础，这几乎是一个常识。但由于国情和历史的原因，我国包括德语语言文学学科在内的很多学科的文献建设都相当滞后，甚至在很大程度上是空白。不能不说，这一现状已经开始制约科研工作的深入开展。不过值得庆幸的是，许多机构和个人都已经意识到改变这一现状的必要性和紧迫性，这也是我们做这项工作的初衷。

　　在此展现给读者的《中国德语语言文学研究文献汇编（2010-2015）》是继 2012 年 12 月出版的《中国德语语言文学研究文献汇编（2005-2009）》和 2016 年 12 月出版的《中国德语语言文学研究文献汇编（1995-2004）》的后续，它囊括了 2010 至 2015 年期间国内德语语言文学学科各个方向的研究成果，包括著作类和论文类两大部分。另外，我们还录入了北大中文核心期刊以及德语语言文学领域重要期刊中涉及文学、语言学、翻译和教学法研究方向的论文摘要。

　　本项目由四川外国语大学德国研究中心和中外文化比较研究中心共同承担，参与搜集资料的主要是四川外国语大学德语系教师和德语语言文学专业的硕士研究生，在此向所有参与此项工作的老师和同学表示衷心的感谢。同时也要感谢外语教学与研究出版社的相关领导和工作人员对本项目的大力支持。

　　本书的资料来源主要是网络，数据依靠关键词的输入获得，加上编者的水平有限，疏漏在所难免。敬请读者提出宝贵意见，以便我们在后续工作中加以改进。

编　者

2019 年 5 月

目录

研究文献汇编

2010 年

著 作

文 学

专、编著

梁锡江：神秘与虚无：布洛赫小说《维吉尔之死》的价值现象学阐释，长春：吉林大学出版社，2010 年。

林笳 [主编]：里尔克集，广州：花城出版社，2010。

彭懿：走进魔法森林：格林童话研究，北京：外语教学与研究出版社，2010。

卫茂平 [主编]：德语文学辞典：作家与作品，上海：复旦大学出版社，2010。

吴建雄 [编著]：德语抒情叙事作品解析，北京：外语教学与研究出版社，2010。

吴建雄 [主编]：德语文学选读，北京：对外经济贸易大学出版社，2010。

叶隽：时代的精神忧患——德语文学评论集，北京：北京大学出版社，2010。

张玉书，卫茂平，朱建华，魏育青，冯亚琳 [主编]：德语文学与文学批评（第 4 卷·2010），北京：人民文学出版社，2010。

译著

[奥] 费里克斯·萨尔登（Felix Salten）（范信龙译）：小鹿班贝，北京：大众文艺出版社，2010。

[奥] 弗朗茨·卡夫卡（Franz Kafka）（韩瑞祥，全保民选编）：卡夫卡，北京：人民文学出版社，2010。

[奥] 弗朗茨·卡夫卡（Franz Kafka）（邹文华译）：城堡（全译本），武汉：长江文艺出版社，2010。

[奥] 斯蒂芬·茨威格（Stefan Zweig）（舒昌善译）：昨日的世界：一个欧洲人的回忆（新译本），北京：生活．读书．新知三联书店，2010。

[奥] 斯蒂芬·茨威格（Stefan Zweig）（胡志刚译）：人类群星闪耀时：决定人类历史的 10 个瞬间，汕头：汕头大学出版社，2010。

[德] 艾利克·卡斯特纳（Erich Kästner）（陈书芳改写）：会飞的教室，合肥：黄山书社，2010。

[德] 爱因斯坦（Albert Einstein）（卢铭君注译）：爱因斯坦晚年集，上海：上海外语教育出版社，2010。

[德] 奥得弗雷德·普鲁士勒（Otfried Preußler）（陈俊译）：大盗霍琛布鲁茨：会唱歌的咖啡磨，南昌：二十一世纪出版社，2010。

[德] 奥得弗雷德·普鲁士勒（Otfried Preußler）（陈俊译）：大盗霍琛布鲁茨：奇幻水晶球，南昌：二十一世纪出版社，2010。

[德] 奥得弗雷德·普鲁士勒（Otfried Preußler）（陈俊译）：大盗霍琛布鲁茨：危险的沼泽地，南昌：二十一世纪出版社，2010。

[德] 奥得弗雷德·普鲁士勒（Otfried Preußler）（陈俊译）：大盗霍琛布鲁茨：鲜美的蘑菇汤，南昌：二十一世纪出版社，2010。

[德] 奥得弗雷德·普鲁士勒（Otfried Preußler）（陈俊译）：少年克拉巴德，南昌：二十一世纪出版社，2010。

[德] 保尔·约翰·路德维希·冯·海泽（Paul Hesye），[丹] 约翰内斯·威廉·耶恩森（Johannes V. Jensen）：倔犟的姑娘，葡萄园守卫，长春：时代文艺出版社，2010。

[德] 俾斯麦（Otto von Bismarck）（卢铭君注译）：俾斯麦亲情信札，上海：上海外语教育出版社，2010。

[德] 达格玛·盖斯勒（Geisler, D.）（景艳燕译）：大鼻子汪姐：秘密笔记，太原：山西人民出版社，2010。

[德] 达格玛·盖斯勒（Geisler, D.）（李晓旸译）：大鼻子汪姐：不懂事的大人，太原：山西人民出版社，2010。

[德] 达格玛·盖斯勒（Geisler, D.）（李晓旸译）：大鼻子汪姐：讨厌的仇女帮，太原：山西人民出版社，2010。

[德] 达格玛·盖斯勒（Geisler, D.）（刘海婷译）：大鼻子汪姐：马场复仇记，太原：山西人民出版社，2010。

[德] 达格玛·盖斯勒（Geisler, D.）（王萍，万迎朗译）：大鼻子汪姐：大鼻子明星，太原：山西人民出版社，2010。

[德] 达格玛·盖斯勒（Geisler, D.）（王萍，万迎朗译）：大鼻子汪姐：野蛮英雄，太原：山西人民出版社，2010。

[德] 狄尔（Dier）（郑振铎译）：美丽的海仑娜，北京：大众文艺出版社，2010。

[德] 冯塔纳（Theodor Fontane）（陈虹嫣注译）：迷惘与混乱，上海：上海外语教育出版社，2010。

[德] 富凯（Friedrich Motte Fouqué）等（袁志英，刘德中等译）：水妖，上海：上海译文出版社，2010。

[德] 盖尔哈特·霍普特曼（Gerhart Hauptmann）（李斯译）：织工，沉钟，长春：时代文艺出版社，2010。

[德] 歌德（Johann Wolfgang von Goethe）（杨菁菁译写）：少年维特之烦恼，杭州：浙江大学出版社，2010。

[德] 格林兄弟（Brüder Grimm）（蒋来改编）：格林童话，北京：华夏出版社，2010。

[德] 格林兄弟（Brüder Grimm）（张贵英译）：格林童话，长春：吉林出版集团有限责任公司, 2010。

[德] 格林（Grimm, J.），[德] 格林（Grimm, W.）（魏以新译）：水晶球，北京：大众文艺出版社，2010。

[德] 海涅（Heinrich Heine）（薛华译）：浪漫派，北京：中国法制出版社，2010。

[德] 汉斯·利默（Hans Limmer）（陈琦译）：我的小毛驴本杰明，北京：北京科学技术出版社，2010。

[德] 霍夫曼（E. T. A. Hoffmann）（杨武能译）：胡桃夹子，长沙：湖南少年儿童出版社，2010。

[德] 霍夫曼（E. T. A. Hoffmann）（张威廉，韩世钟等译）：丝蔻黛莉小姐，上海：上海译文出版社，2010。

[德] 君特·格拉斯（Günter Grass）（刘海宁译）：局部麻醉，南京：南京大学出版社，2010。

[德] 柯奈莉亚·芳珂（Cornelia Funke）（刘兴华译）：墨水血，北京：人民文学出版社，2010。

[德] 克莱斯特（Heinrich von Kleist）（袁志英译）：O 侯爵夫人——克莱斯特小说全集，上海：上海译文出版社，2010。

[德] 克里斯蒂安·安科维奇（Christian Ankowitsch）（郑萌芽译）：我们男孩：父与子的冒险书，杭州：浙江科学技术出版社，2010。

[德] 克劳斯·鲍姆加特（Klaus Baumgart），[德] 康奈利阿·诺伊戴尔特（Cornelia Neudert）（许婷译）：劳拉的星星：开学第一天，北京：中国少年儿童出版社，2010。

[德] 克劳斯·鲍姆加特（Klaus Baumgart），[德] 康奈利阿·诺伊戴尔特（Cornelia Neudert）（许婷译）：劳拉的星星：谁折断了友谊树，北京：中国少年儿童出版社，2010。

[德] 克劳斯·鲍姆加特（Klaus Baumgart），[德] 康奈利阿·诺伊戴尔特（Cornelia Neudert）（许婷译）：劳拉的星星：我来当小丑，北京：中国少年儿童出版社，2010。

[德] 克劳斯·鲍姆加特（Klaus Baumgart），[德] 康奈利阿·诺伊戴尔特（Cornelia Neudert）（许婷译）：劳拉的星星：午夜大餐，北京：中国少年儿童出版社，2010。

[德] 克劳斯·鲍姆加特（Klaus Baumgart），[德] 康奈利阿·诺伊戴尔特（Cornelia Neudert）（许婷译）：劳拉的星星：寻找圣诞老人，

北京：中国少年儿童出版社，2010。

[德] 克劳斯·鲍姆加特（Klaus Baumgart），[德] 康奈利阿·诺伊戴尔特（Cornelia Neudert）（许婷译）：劳拉的星星：野外露营历险记，北京：中国少年儿童出版社，2010。

[德] 克劳斯·鲍姆加特（Klaus Baumgart），[德] 康奈利阿·诺伊戴尔特（Cornelia Neudert）（许婷译）：劳拉的星星：一个人去灯笼岛，北京：中国少年儿童出版社，2010。

[德] 拉伯（Wilhelm Raabe）（陈虹嫣注译）：雀巷纪事，上海：上海外语教育出版社，2010。

[德] 拉斯伯（Raspe, R. E.），[德] 毕尔格（Burger, G. A.）（李晓茹译）：吹牛大王历险记，南京：江苏文艺出版社，2010。

[德] 里尔克（Rainer Maria Rilke）（张帆注译）：给一个青年诗人的十封信，上海外语教育出版社，2010。

[德] 路德维希·蒂克（Ludwig Tieck）（胡其鼎等译）：施特恩巴尔德的游历——蒂克小说选，上海：上海译文出版社，2010。

[德] 马丁·瓦尔泽（Martin Walser）（黄燎宇译）：恋爱中的男人，北京：人民文学出版社，2010。

[德] 马克思（Karl Marx），恩格斯（Friedrich Engels）（张帆注译）：共产党宣言，上海：上海外语教育出版社，2010 年。

[德] 马塞尔·巴耶尔（Marcel Beyer）（韩瑞祥译）：卡尔腾堡，北京：人民文学出版社，2010。

[德] 米切尔·恩德（Michael Ende）（何珊译）：永远讲不完的童话，南昌：二十一世纪出版社，2010。

[德] 施台凡·舒曼（Stefan Schomann）（李士勋译）：最后的避难地：上海，北京：人民文学出版社，2010。

[德] 托马斯·曼（Thomas Mann）（韦邵辰，宁宵宵译）：德语时刻，南京：江苏文艺出版社，2010。

[德] 威廉·豪夫（Wilhelm Hauff）（商章孙，王克澄等译）：艺桥倩影，上海：上海译文出版社，2010。

[德] 威廉·豪夫（Wilhelm Hauff）（杨武能译）：假王子，长沙：湖南

少年儿童出版社，2010。

[德] 威廉·理查德·瓦格纳（Wilhelm Richard Wagner）（鲁路译）：尼伯龙根的指环，长春：吉林出版集团有限责任公司，2010。

德 国 研 究

专、编著

戴启秀，王志强 [主编]：文化视角下的欧盟成员国研究：德国，上海：上海外语教育出版社，2010。

邓晓芒，戴茂堂 [主编]：德国哲学（2009 年卷），北京：中国社会科学出版社，2010。

范长军：德国反不正当竞争法研究，北京：法律出版社，2010。

范长军：德国专利法研究，北京：科学出版社，2010。

傅安洲，阮一帆，彭涛：德国政治教育研究，北京：人民出版社，2010。

杭间，靳埭强 [主编]：包豪斯道路：历史、遗泽、世界和中国，济南：山东美术出版社，2010。

何秉孟，姜辉，张顺洪 [编著]：欧洲社会民主主义的转型：与德国、瑞典学者对话实录，北京：社会科学文献出版社，2010。

何勇：德国公共广播电视研究，北京：中国传媒大学出版社，2010。

黄家镇：德国流通式不动产担保物权制度研究，北京：法律出版社，2010。

黄燎宇，[德] 奥特弗里德·赫费（Otfried Haffe）[编]：以启蒙的名义，北京：北京大学出版社，2010。

隽鸿飞：德国古典哲学中的历史理性及其回响，哈尔滨：黑龙江大学出版社，2010。

李长之：德国的古典精神，北京：中国社会科学出版社，2010。

马振犊：反法西斯战争时期的中国与世界研究（第九卷）：战时德国对华政策，武汉：武汉大学出版社，2010。

孟钟捷：寻求黄金分割点：联邦德国社会伙伴关系研究，上海：上海
　　辞书出版社，2010。

司绍寒：德国刑事执行法研究，北京：中国长安出版社，2010。

孙珺，葛勇平［主编］：德国法研究（第4卷），哈尔滨：哈尔滨工业
　　大学出版社，2010。

吴友法：德国史探研，北京：商务印书馆，2010。

于景涛：内聚力发展与跨文化协同——（中德）跨文化团队研究，北京：
　　对外经济贸易大学出版社，2010。

张双根，田士永，王洪亮［主编］：中德私法研究（总第6卷）·2010
　　年，北京：北京大学出版社，2010。

张啸［主编］：德国养老，北京：中国社会出版社，2010。

译著

［德］阿尔弗雷德·韦伯（Alfred Weber）（李刚剑，陈志人，张英保
　　译）：工业区位论，北京：商务印书馆，2010。

［德］艾米尔·路德维希（Emil Ludwig）（杨成绪，潘琪译）：德国人：
　　一个民族的双重历史，北京：中国社会科学出版社，2010。

［德］奥特弗利德·赫费（Otfried Höffe）（沈国琴，尤岚岚，励洁丹
　　译）：经济公民、国家公民和世界公民——全球化时代中的政治
　　伦理学，上海：上海译文出版社，2010。

［德］奥特弗利德·赫费（Otfried Höffe）（张严，唐玉屏译）：世界哲学
　　简史，北京：社会科学文献出版社，2010。

［德］迪特尔·施瓦布（Dieter Schwab）（王葆莳译）：德国家庭法，北
　　京：法律出版社，2010。

［德］斐迪南·滕尼斯（Ferdinand Tonnies）（林荣远译）：共同体与社
　　会：纯粹社会学的基本概念，北京：北京大学出版社，2010。

［德］费希特（Johann Gottlieb Fichte）（梁志学，沈真，李理译）：对德
　　意志民族的演讲，北京：商务印书馆，2010。

［德］弗郎克·泽林（Frank Sieren）（强朝晖译）：中国密码，北京：人

民出版社，2010。

[德] 弗里德里希·席勒（Friedrich von Schiller）（沈国琴、丁建弘译）：
三十年战争史，北京：商务印书馆，2010。

[德] 格·施威蓬豪依塞尔（Gerhard Schweppenhäuser）等，（张红山等
译）：多元视角与社会批判（上卷）：今日批判理论，北京：人民
出版社，2010。

[德] 格·施威蓬豪依塞尔（Gerhard Schweppenhäuser）等，（张红山等
译）：多元视角与社会批判（下卷）：今日批判理论，北京：人民
出版社，2010。

[德] 汉斯 - 格奥尔格·伽达默尔（Hans-Georg Gadamer）（洪汉鼎译）：
诠释学 I：真理与方法，北京：商务印书馆，2010。

[德] 赫尔曼·黑勒（Hermann Heller）（刘刚译）：国家学的危机：社会
主义与民族，北京：中国法制出版社，2010。

[德] 黑格尔（Georg Wilhelm Friedrich Hegel）（薛华译）：哲学科学全
书纲要，北京：北京大学出版社，2010。

[德] 胡塞尔（Edmund Husserl）（倪梁康译）：哲学作为严格的科学，
北京：商务印书馆，2010。

[德] 卡尔·马克思（Karl Marx）（李睿编译）：资本论：对人类历史产
生深远影响的经济学经典，武汉：武汉出版社，2010。

[德] 卡尔·雅斯贝尔斯（Karl Jaspers）（李雪涛等译）：大哲学家，北
京：社会科学文献出版社，2010。

[德] 康德（Immanuel Kant）（许景行译）：逻辑学讲义，北京：商务印
书馆，2010。

[德] 克劳斯·伯恩德尔（Klaus Berndl）等 [编著]（黄洋等译）：图说
世界史（现代卷），上海：上海锦绣文章出版社，2010。

[德] 吕迪格尔·萨弗兰斯基（Rudiger Safranski）（钦文译）：叔本华及
哲学的狂野年代，北京：商务印书馆，2010。

[德] 马丁·海德格尔（Martin Heidegger）（赵卫国译）：物的追问：康
德关于先验原理的学说，上海：上海译文出版社，2010。

[德] 马克斯·韦伯（Max Weber）（阎克文译）：新教伦理与资本主义精

神，上海：上海人民出版社，2010。

[德] 塞缪尔·普芬道夫（Samuel von Pufendorf）（鞠成伟译）：人和公民的自然法义务，北京：商务印书馆，2010。

[德] 桑巴特（Werner Sombart）（杨树人译）：德意志社会主义，上海：华东师范大学出版社，2010。

[德] 石里克（Moritz Schlick）（李步楼译）：普通认识论，北京：商务印书馆，2010。

[德] 特奥多尔·蒙森（Theodor Mommsen）（李斯等译）：罗马史，长春：时代文艺出版社，2010。

[德] 卫弥夏（Michael Welker）（瞿旭彤译）：多元主义中的教会，北京：中国社会科学出版社，2010。

[德] 沃尔夫·勒佩尼斯（Wolf Lepenies）（刘春芳，高新华译）：德国历史中的文化诱惑，南京：译林出版社，2010。

[德] 沃尔夫冈·鲁茨欧（Wolfgang Rudzio）（熊炜，王健译）：德国政府与政治，北京：北京大学出版社，2010。

[德] 沃尔特·克里斯塔勒（Walter Christaller）（常正文，王兴中等译）：德国南部中心地原理，北京：商务印书馆，2010。

[德] 西美尔（Georg Simmel）（刘小枫选编，顾仁明译）：金钱、性别、现代生活风格，上海：华东师范大学出版社，2010。

[德] 尤尔根·哈贝马斯（Jürgen Habermas）（郭官义，李黎译）：理论与实践，北京：社会科学文献出版社，2010。

[德] 雨果·闵斯特伯格（Hugo Munsterberg）（邵志芳译）：基础与应用心理学，北京：北京大学出版社，2010。

[德] 约翰·哥特弗雷德·赫尔德（Johann Gottfried Herder）（张晓梅译）：反纯粹理性，北京：商务印书馆，2010。

[法] 安托万·基扬（Antoine Guilland）（黄艳红译）：近代德国及其历史学家，北京：北京大学出版社，2010。

教材、教参、工具书

教　材

[德] Friederike Jin，[德]Lutz Rohrmann，[德]Milena Zbranková，王蔚 [编]：快乐德语（第 1 册）：学生用书，上海：上海外语教育出版社，2010。

[德] Hermann Funk[编]：交际德语教程（预备级），上海：上海外语教育出版社，2010。

[德] Hermann Funk，[德]Christina Kuhn，[德]Silke Demme[编]：交际德语教程（第一册）（学生用书），上海：上海外语教育出版社，2010。

[德] Norbert Becker，[德]Jorg Braunert，[德]Wolfram Schlenker[著]，范捷平 [主编]：商务德语教程（基础篇）（学生用书），北京：高等教育出版社，2010。

[德] 奥夫德斯特拉斯（Hartmut Aufderstraße）[编]：新标准德语强化教程（初级）（1）（学生用书），北京：外语教学与研究出版社，2010。

[德] 奥夫德斯特拉斯（Hartmut Aufderstraße）[编]：新标准德语强化教程（初级）（2）（学生用书），北京：外语教学与研究出版社，2010。

[德] 巴尔莫（Michaela Perlmann-Balme）等 [编]：新标准德语强化教程（初级）（3）（学生用书），北京：外语教学与研究出版社，2010。

丁伟祥 [主编]：科技德语教程，上海：同济大学出版社，2010。

顾江禾 [编著]：大学德语简明教程，北京：外语教学与研究出版社，2010。

江楠生 [编著]：德语中级听力，北京：外语教学与研究出版社，2010。

姜爱红［主编］：德语泛读教程（上），北京：高等教育出版社，2010。

孔德明，［德］Kristina Binder，张辛仪［编著］：德语论文写作，南京：南京大学出版社，2010。

李忠民［编著］：德语商务信函写作，北京：外语教学与研究出版社，2010。

刘芳，王莺，温静，陈群［编著］：中级德语视听说教程，北京：外语教学与研究出版社，2010。

刘静，席一［编著］：精编德语听力入门，南京：东南大学出版社，2010。

吕巧平，［德］Maria-Charlotte Koch［编著］：实用德汉口译教程，北京：对外经济贸易大学出版社，2010。

王丽萍［主编］：德语专业写作教程（上），北京：高等教育出版社，2010。

王志强，戴启秀［编著］：基础德语（上册），上海：同济大学出版社，2010。

王志强，戴启秀［编著］：基础德语（下册），上海：同济大学出版社，2010。

杨爱珍，祁志琴［主编］：精编德语口语入门，南京：东南大学出版社，2010。

姚晓舟［编著］：时事德语通（3），北京：外语教学与研究出版社，2010。

张书良［主编］：大学德语（第4册），北京：高等教育出版社，2010。

朱建华［主编］：新编大学德语（第二版）(1)(学生用书)，北京：外语教学与研究出版社，2010。

教　参

［德］Albert Daniels 等［编著］：走遍德国（中级）(2)(练习手册)，北

京：外语教学与研究出版社，2010。

[德] Friederike Jin [编]：快乐德语（第 1 册）：教师用书，上海：上海外语教育出版社，2010。

[德] Friederike Jin，[德]Lutz Rohrmann，[德]Milena Zbrankova[编]：快乐德语（第 1 册）：练习册，上海：上海外语教育出版社，2010。

[德] Jörg Braunert，[德] Wolfram Schlenker：商务德语教程（提高篇）（练习册），北京：高等教育出版社，2010。

[德] Ksenija Fazlic-Walter，[德]Wolfgang Wegner[编]：德福备考·核心攻略与模拟试题，上海：上海外语教育出版社，2010。

[德] Norbert Becker，[德]Jörg Braunert，[德]Wolfram Schlenker[著]，范捷平 [主编]：商务德语教程（基础篇）（教学参考书），北京：高等教育出版社，2010。

[德] Norbert Becker，[德]Jörg Braunert，[德]Wolfram Schlenker[著]，范捷平 [主编]：商务德语教程（基础篇）（练习册），北京：高等教育出版社，2010。

[德] Rita Maria Niemann 等 [编]：交际德语教程（第一册）（练习与测试），上海：上海外语教育出版社 ,2010。

[德] 武塔·艾特尔（Uta Ettel）[编著]：当代大学德语（3）（听说训练），北京：外语教学与研究出版社，2010。

[德] 西尔维亚·古尔丁（Sylvia Goulding）（常素敏，余萍，王尚胜译）：每天 15 分钟学德语，北京：旅游教育出版社，2010。

陈栋 [编著]：德语基础词汇详解，上海：同济大学出版社，2010。

陈明浩 [主编]：会展德语（口译与笔译），上海：同济大学出版社，2010。

陈明浩 [主编]：会展德语（听说读写），上海：同济大学出版社，2010。

陈晓春 [编著]：德语实用语法，上海：上海译文出版社，2010。

褚佩如，朱晓星，岳建玲 [编]：体验汉语（德语版）（公务篇），北京：高等教育出版社，2010。

范捷平［主编］：商务德语教程（提高篇）（教学参考书），北京：高等教育出版社，2010。

韩巍，龚艳［编著］：德福口语高分突破，北京：外语教学与研究出版社，2010。

黄克琴［主编］：德语综合教程（2）（练习册），上海：上海外语教育出版社，2010。

蒋钢［主编］：即学即用·德语900句，北京：北京航空航天大学出版社，2010。

蒋钢［主编］：想说就说·德语，北京：北京航空航天大学出版社，2010。

蒋潞潞［编著］：德语经贸应用文，北京：对外经济贸易大学出版社，2010。

教育部高等学校大学外语教学指导委员会德语组［编］：大学德语课程教学要求，北京：高等教育出版社，2010。

李昌珂［编］：德语文学长篇小说阅读与理解，北京：北京大学出版社，2010。

李超［译］：交际德语教程（第一册）（词汇手册），上海：上海外语教育出版社，2010。

李强勋［主编］：德语口语速成班，哈尔滨：哈尔滨工业大学出版社，2010。

刘静，席一，杨爱珍，祁志琴［主编］：实用德语语法讲座与测试，南京：东南大学出版社，2010。

卢思源［主编］：商务德语，上海：上海科学技术文献出版社，2010。

全国大学德语考试设计组［编］：全新大学德语四、六级考试指南，上海：上海外语教育出版社，2010。

田洪江，刘国生［主编］：说德语，北京：外文出版社，2010。

佟文斌，戴盛岚［编译］：24天脱口秀德语，北京：北京语言大学出版社，2010。

汪兴传，李崇艺［编著］：德语简明语法，上海：同济大学出版社，2010。

王律，［德］Daniel Abel：零起点轻松说德语，北京：中国宇航出版社，

2010。

王璇［编著］：德语基础语法规则100条，北京：北京语言大学出版社，2010。

王兆渠［编］：现代德语实用语法，上海：同济大学出版社，2010。

徐琼星［主编］：马上开口说德语，南京：东南大学出版社，2010。

张国生，邢亚新［编著］：德语正确书写精要——德语最新正字法规则解析，上海：上海译文出版社，2010。

张书良［总主编］，顾士渊，黄崇岭［主编］：大学德语（第4册）（教学参考书），北京：高等教育出版社，2010。

周抗美，王兆渠［编著］：德语语法解析与练习，上海：同济大学出版社，2010。

工 具 书

刘汝让，朱莉［编］：铁路动车组英德汉双译术语，北京：中国铁道出版社，2010。

潘再平［主编］：新德汉词典，上海：上海译文出版社，2010。

王启霞，宋玉华［编著］：德语强变化动词宝典，上海：同济大学出版社，2010。

卫茂平，马佳欣，郑霞［编］：德汉小词典，北京：商务印书馆，2010。

许震民［编著］：汉德熟语词典，北京：外语教学与研究出版社，2010。

杨文亮［主编］，［德］博海涛，赵仲［编］：德汉汉德留学词典，北京：外语教学与研究出版社，2010。

叶本度，刘芳本［编著］：德语介词ABC，北京：外语教学与研究出版社，2010。

叶本度，刘晫星［编译］：朗氏德汉双解大词典，北京：外语教学与研究出版社，2010。

翟永庚［编著］：德汉分类词典，南京：东南大学出版社，2010。

论　文

文　学

白丹丹：历经百年的困惑——论"浮士德难题"，《洛阳师范学院学报》2010 年第 3 期

陈冬秀：虚无与徘徊——解读卡夫卡《城堡》，《齐齐哈尔大学学报（哲学社会科学版)》2010 年第 3 期

陈金星：《浮士德》文本变异之文化诗学解读，《漳州师范学院学报（哲学社会科学版)》2010 年第 1 期

Chen Liangmei（陈良梅）：Über die Raumgestaltung im Lustspiel *Die Juden* von Lessing, in: Literaturstraße Band 11, herausgegeben von Zhang Yushu（张玉书），Horst Thomé（霍·托美），Wei Maoping（卫茂平），Zhu Jianhua（朱建华），Georg Braungart（格·布劳恩噶尔特），Würzburg: Königshausen & Neumann 2010

陈民：从沙米索到特雷齐亚·莫拉，《外国文学动态》2010 年第 3 期

Chen Wei（陈巍）：Faust-Übersetzung in China, in: Literaturstraße Band 11, herausgegeben von Zhang Yushu（张玉书），Horst Thomé（霍·托美），Wei Maoping（卫茂平），Zhu Jianhua（朱建华），Georg Braungart（格·布劳恩噶尔特），Würzburg: Königshausen & Neumann 2010

陈晓霞：论布莱希特思想的矛盾性，《戏剧文学》2010 年第 3 期

Chen Zhuangying（陈壮鹰）：Nänie – Schwanengesang der Schillerschen Ästhetik, in: Literaturstraße Band 11, herausgegeben von Zhang Yushu（张玉书），Horst Thomé（霍·托美），Wei Maoping（卫茂平），Zhu Jianhua（朱建华），Georg Braungart（格·布劳恩噶尔特），Würzburg: Königshausen & Neumann 2010

陈壮鹰：从心灵黑洞走向现实荒原——感受黑塞小说中创伤记忆的自我救赎，《德国研究》2010 年第 1 期

程凯华：马克思恩格斯论歌德和席勒，《邵阳学院学报（社会科学版)》

2010 年第 2 期

程云：像猫一样写作——浅谈霍夫曼《公猫穆尔的生活观》中的反讽因素，《湖北广播电视大学学报》2010 年第 5 期

褚远远：浮士德精神的灵与肉，《新乡学院学报（社会科学版）》2010 年第 6 期

丁国旗：祈向"本原"——对歌德"世界文学"的一种解读，《文学评论》2010 年第 4 期

杜彩：布莱希特"史诗剧"的"此在 - 彼在"寓言结构，《文艺理论研究》2010 年第 2 期

Fan Jieping（范捷平）: „Ein Held lag in Ketten" – Hölderlin im Auge von Robert Walser, in: Literaturstraße Band 11, herausgegeben von Zhang Yushu（张玉书），Horst Thomé（霍·托美），Wei Maoping（卫茂平），Zhu Jianhua（朱建华），Georg Braungart（格·布劳恩噶尔特），Würzburg: Königshausen & Neumann 2010

范劲：歌德符号与浪漫主义者郭沫若的自我问题，《天津社会科学》2010 年第 2 期

Feng Weiping（丰卫平）: Märchenelemente als Instrument zur Poetisierung der Wirklichkeit. Eine Untersuchung von Gerhart Hauptmanns Theaterstücken *Hanneles Himmelfahrt, Die versunkene Glocke* sowie *Und Pippa tanzt*, in: Literaturstraße Band 11, herausgegeben von Zhang Yushu（张玉书），Horst Thomé（霍·托美），Wei Maoping（卫茂平），Zhu Jianhua（朱建华），Georg Braungart（格·布劳恩噶尔特），Würzburg: Königshausen & Neumann 2010

Feng Yalin（冯亚琳）: Sich-Bilden und Selbstbeschränkung. Goethes Bildungsgedanke in Reflexion mit der chinesischen Bildungstradition, in: Literaturstraße Band 11, herausgegeben von Zhang Yushu（张玉书），Horst Thomé（霍·托美），Wei Maoping（卫茂平），Zhu Jianhua（朱建华），Georg Braungart（格·布劳恩噶尔特），Würzburg: Königshausen & Neumann 2010

高玉：《城堡》："反懂"的文本与"反懂"的欣赏，《外国文学研究》

2010 年第 1 期

高玉：论《城堡》时间的后现代性，《国外文学》2010 年第 1 期

谷裕：神秩下的成长发展与圣杯的寓意——沃尔夫拉姆的《帕西法尔》，《国外文学》2010 年第 1 期

郭懿：论勃兰兑斯《德国的浪漫派》的创作局限，《濮阳职业技术学院学报》2010 年第 6 期

韩瑞祥：审美感知的碰撞——评诺瓦利斯对歌德《威廉·迈斯特的学习时代》的反思，《外国文学》2010 年第 6 期

郝春燕：可见者与不可见者的对话——赫尔曼·黑塞《堤契诺之歌》的诗画哲学，《美苑》2010 年第 5 期

郝珊：霍夫曼的自我审查——读《沙人》，《青年作家（中外文艺版）》2010 年第 6 期

何宁：从出租车司机到知名女作家——德国新生代作家卡琳·杜维的文学创作之路，《外国文学动态》2010 年第 6 期

Hu Kai（胡凯）：Die deutschen neuhumanistischen Erziehungsideen und die konfuzianistischen Bildungsgedanken Chinas. Eine vergleichende Studie über deren Verknüpfung mit Cai Yuanpei als Beispiel, in: Literaturstraße Band 11, herausgegeben von Zhang Yushu（张玉书），Horst Thomé（霍·托美），Wei Maoping（卫茂平），Zhu Jianhua（朱建华），Georg Braungart（格·布劳恩噶尔特），Würzburg: Königshausen & Neumann 2010

扈明丽：海涅诗歌中死亡意象分析及文化蕴含，《华中农业大学学报（社会科学版)》2010 年第 5 期

黄凤祝：《测量世界》对后现代性的探讨，《同济大学学报（社会科学版)》2010 年第 6 期

Huang Keqin und Zou Qinlu（黄克琴，邹沁露）：Die Fremdheitserfahrungen und das Unzugehörigkeitsgefühl von Julia Franck am Beispiel des Romans *Lagerfeuer*, in: Literaturstraße Band 11, herausgegeben von Zhang Yushu（张玉书），Horst Thomé（霍·托美），Wei Maoping（卫茂平），Zhu Jianhua（朱建华），Georg Braungart（格·布劳恩噶尔特），Würzburg: Königshausen & Neumann 2010

Huang Liaoyu(黄燎宇)：Vor der Liebe sind alle Menschen gleich. Ein durch Schopenhauer inspirierter Kommentar zu Martin Walsers *Ein liebender Mann*, in: Literaturstraße Band 11, herausgegeben von Zhang Yushu（张玉书），Horst Thomé（霍·托美），Wei Maoping（卫茂平），Zhu Jianhua（朱建华），Georg Braungart（格·布劳恩噶尔特），Würzburg: Königshausen & Neumann 2010

黄笑：从《农家房屋》看黑塞的"世界主义"思想，《铜陵学院学报》2010 年第 6 期

Huang Yilei（黄一蕾）：In der Beschränkung zeigt sich erst der Meister Goethe und sein *Torquato Tasso*, in: Literaturstraße Band 11, herausgegeben von Zhang Yushu（张玉书），Horst Thomé（霍·托美），Wei Maoping（卫茂平），Zhu Jianhua(朱建华)，Georg Braungart(格·布劳恩噶尔特)，Würzburg: Königshausen & Neumann 2010

江山，吴小平：长歌当哭的末日世界——格拉斯生态预警小说《母鼠》生态思想研究，《南昌航空大学学报（社会科学版）》2010 年第 3 期

姜山秀：蕴含在混杂斑驳中的舞台意象——评耶利内克的《死亡与少女》，《戏剧文学》2010 年第 11 期

姜智芹：论工伤事故保险职业对卡夫卡文学创作的影响，《济南大学学报（社会科学版)》2010 年第 2 期

蒋领敏：布莱希特剧作体系对中国剧作家的启示，《戏剧文学》2010 年第 10 期

Jin Xiuli（金秀丽）：Schillers Drama *Die Räuber* und seine Anregung durch Merciers *Neuer Versuch über die Schauspielkunst*, in: Literaturstraße Band 11, herausgegeben von Zhang Yushu（张玉书），Horst Thomé（霍·托美），Wei Maoping（卫茂平），Zhu Jianhua（朱建华），Georg Braungart(格·布劳恩噶尔特)，Würzburg: Königshausen & Neumann 2010

李进超：否定的精灵——论歌德《浮士德》中的靡菲斯特形象，《名作欣赏》2010 年第 27 期

李茂增：审美主义的幻灭——托马斯·曼早期艺术家三部曲解读，《解放军外国语学院学报》2010 年第 2 期

Li Shuangzhi（李双志）：„Siehst du die Stadt?" Hugo von Hofmannsthals Topographie des Ästheten, in: Literaturstraße Band 11, herausgegeben von Zhang Yushu（张玉书），Horst Thomé（霍·托美），Wei Maoping（卫茂平），Zhu Jianhua(朱建华)，Georg Braungart(格·布劳恩噶尔特)，Würzburg: Königshausen & Neumann 2010

李双志：语言、身份与写作——试论卡夫卡、策兰和赫塔·穆勒创作的文化背景，《当代外国文学》2010 年第 2 期

李玉萍：赫塔·缪勒的政治主题与跨文化创作，《名作欣赏》2010 年第 3 期

Li Yuan（李媛）：Das Bild des Individuums im Kollektiv in Bertolt Brechts „Jasager-Neinsager-Komplex", in: Literaturstraße Band 11, herausgegeben von Zhang Yushu(张玉书)，Horst Thomé(霍·托美)，Wei Maoping（卫茂平），Zhu Jianhua（朱建华），Georg Braungart（格·布劳恩噶尔特），Würzburg: Königshausen & Neumann 2010

李忠敏：卡夫卡对克尔凯郭尔的神学批判——以亚伯拉罕为例，《圣经文学研究》2010 年

林卿：古诺歌剧《浮士德》题材分析，《福建论坛（社科教育版）》2010 年第 S1 期

刘丽新：从《鬼磨坊》看德国民间故事的魅力，《文学教育（中）》2010 年第 3 期

Liu Wei（刘炜）：Massenidol und Privatmensch. Das Goethe-Bild Thomas Manns im historischen Roman *Lotte in Weimar*, in: Literaturstraße Band 11, herausgegeben von Zhang Yushu（张玉书），Horst Thomé（霍·托美），Wei Maoping（卫茂平），Zhu Jianhua（朱建华），Georg Braungart（格·布劳恩噶尔特），Würzburg: Königshausen & Neumann 2010

刘欣：论黑格尔小说模式，《安徽文学（下半月）》2010 年第 3 期

刘燕：男性缺失下的父权代言——析《钢琴教师》中的母亲形象，《重庆科技学院学报（社会科学版）》2010 年第 12 期

刘颖：论霍夫曼艺术童话《金罐》的复调叙事，《长春理工大学学报（社会科学版）》2010 年第 2 期

刘越莲：委婉语与禁忌语的家族相似性研究，《外语教学》2010 年第 6 期

Lu Mingjun（卢铭君）：Von der Tempelpriesterin zur Kindermörderin. Ein Versuch der Analyse des Wahnsinns bei Medea in Franz Grillparzers *Das Goldene Vließ*, in: Literaturstraße Band 11, herausgegeben von Zhang Yushu（张玉书），Horst Thomé（霍·托美），Wei Maoping（卫茂平），Zhu Jianhua（朱建华），Georg Braungart（格·布劳恩噶尔特），Würzburg: Königshausen & Neumann 2010

卢炜：戏剧本体与生命本能——魏明伦与布莱希特的《杜兰朵》之比，《宁波大学学报（人文科学版）》2010 年第 1 期

逯红梅：歌德与席勒的自然美论对现实的意义，《世纪桥》2010 年第 3 期

罗琛，罗曼：彷徨与毁灭——评克莱斯特的《马贩子米夏埃尔·科尔哈斯》，《长沙大学学报》2010 年第 1 期

罗红：黑塞小说《荒原狼》的叙述层次分析，《宜宾学院学报》2010 年第 1 期

罗薇：席勒审美教育观念的当代意义——重读席勒《审美教育书简》，《大众文艺》2010 年第 16 期

罗贻荣：谁能理解卡夫卡？，《中国图书评论》2010 年第 5 期

吕效平：悲剧？或者新古典主义的正剧——论歌德的《浮士德》与徐晓钟的《浮士德》，《文艺争鸣》2010 年第 13 期

马永波：诗与存在：里尔克晚期诗学中的超验维度，《湖北社会科学》2010 年第 4 期

梅进文：卡夫卡的"反向弑父"——以《变形记》为例，《大众文艺》2010 年第 6 期

倪湛舸：成长小说的美学政治：从席勒的头骨到《伯恩的身份》，《上海文化》2010 年第 4 期

聂华，虞龙发：略论里尔克三首《佛》诗的象征意义，《外国文学评论》2010 年第 2 期

聂军：民族文学的经典完美人性的塑造——歌德和席勒笔下人文主义理想的艺术表现，《外语教学》2010 年第 6 期

宁静：丹尼尔·克尔曼与新作《名声》，《外国文学动态》2010 年第 2 期

潘一禾：论席勒戏剧"古为今用"的美育实践，《美育学刊》2010 年
第 1 期

齐丹：卡夫卡作品中颜色的象征意义，《安徽文学（下半月）》2010 年第
2 期

齐明：徘徊在通往天堂阶梯上的卡夫卡——试论卡夫卡的荒诞感产生原
因及其小说中的荒诞性，《安徽文学（下半月）》2010 年第 1 期

Ren Guoqiang（任国强）：„Liebesgedichte habe ich nur gemacht wenn ich
liebte". Über Goethes Liebesgedichte und ihre Denkanstöße, in:
Literaturstraße Band 11, herausgegeben von Zhang Yushu（张玉书），
Horst Thomé（霍·托美），Wei Maoping（卫茂平），Zhu Jianhua（朱
建华），Georg Braungart（格·布劳恩噶尔特），Würzburg: Königs-
hausen & Neumann 2010

阮林松：艺术：作为意识形态批判的功能——布莱希特与马尔库塞美学
观之比较，《柳州师专学报》2010 年第 3 期

师彩霞，吴凤翔，沈琛：论卡夫卡短篇小说的后现代性，《河北北方学院
学报（社会科学版）》2010 年第 3 期

石燕：论《铁皮鼓》的童话叙事，《文学界（理论版）》2010 年第 3 期

史节：尼采思想与其反叛气质的关系——读卫茂平先生译作《尼采思想
传记》有感，《安徽文学（下半月）》，2010 年第 3 期

舒伟：关于西方文学童话研究的几个基本问题，《外语研究》2010 年第
4 期

宋赛南，梁路璐：黑色寓言下的红色警示——耶利内克小说《啊，荒野》
的后现代性解读，《太原科技大学学报》2010 年第 2 期

宋英巨，郑丽娜：艺术形式不必受制于内容——谈布莱希特和怀尔德
剧作主题与表现手法的异同，《渤海大学学报（哲学社会科学版）》
2010 年第 6 期

苏醒：如何解决人的异化——对席勒和马克思的比较，《理论界》2010
年第 8 期

孙惠柱：从"间离效果"到"连接效果"——布莱希特理论与中国戏曲

的跨文化实验，《戏剧艺术》2010 年第 6 期

孙霖琳：十九世纪初德国文学浅谈，《科技信息》2010 年第 16 期

孙胜忠：论成长小说中的"Bildung"，《外国语（上海外国语大学学报）》2010 年第 4 期

Sun Yu(孙瑜): Goethes dreigliedrige Kategorisierung der Übersetzung unter dem Aspekt von Einbürgerung und Verfremdung, in: Literaturstraße Band 11, herausgegeben von Zhang Yushu（张玉书）, Horst Thomé（霍·托美）, Wei Maoping（卫茂平）, Zhu Jianhua（朱建华）, Georg Braungart（格·布劳恩噶尔特）, Würzburg: Königshausen & Neumann 2010

谭渊：席勒笔下的"异国美女"形象探析，《外语教育》2010 年

唐艺军：魔影的背后——君特·格拉斯《铁皮鼓》主题思想研究，《人力资源管理》2010 年第 6 期

田继云：谈卡夫卡的爱，《衡水学院学报》2010 年第 2 期

童圆：席勒《艺术的美》所隐含的现象学认识，《湖北师范学院学报（哲学社会科学版）》2010 年第 1 期

涂媛媛，石海翔：危机与疗治——试析赫尔曼·黑塞小说《荒原狼》，《黑龙江教育学院学报》2010 年第 5 期

万雯雯：丢失的身份——分析卡夫卡小说中的身份焦虑，《时代文学（下半月）》2010 年第 11 期

王晨：走出生命的困境——探析赫尔曼·黑塞的早期人本主义思想，《文学界（理论版）》2010 年第 2 期

王慧，孔令翠：歌德在中国的译介与接受——以郭沫若为例，《国外理论动态》2010 年第 10 期

王家勇：论黑塞成长小说的中国文化情结，《湖南人文科技学院学报》2010 年第 1 期

王井梅：无声的挣扎·沉默的反抗——论卡夫卡的家庭环境、个性心理及文学创作之关系，《时代文学（上半月）》2010 年第 6 期

王静：黑塞"教育小说"的精神探索，《世界文化》2010 年第 10 期

王静：黑塞对歌德教育精神的接受和反思，《东北大学学报（社会科学版）》2010 年第 4 期

王辽南：论《圣经》对《浮士德》的影响，《外国文学研究》2010 年第 3 期

王琼：论席勒放逐与超越的人性自由美，《名作欣赏》2010 年第 8 期

王向远：从宏观比较文学看德国文学的特性，《汉语言文学研究》2010 年第 1 期

王雅：浮士德形象再认识，《文学教育（上）》2010 年第 7 期

王玉贵：席勒戏剧《强盗》中的自由概念，《南京工业大学学报（社会科学版）》2010 年第 4 期

温仁百：论证语篇的行为模式研究，《外语教学》2010 年第 1 期

吴华英，肖燕芳：拷问生存困境——对黑塞小说的一种整体解读，《湖南科技学院学报》2010 年第 3 期

吴建广：不可"诗意栖居"的德意志语言之家——保尔·策兰诗集《语言栅栏》之诠释，《同济大学学报（社会科学版）》2010 年第 6 期

Wu Jianxiong（吴建雄）：Die antiken Merkmale der Weimarer Klassik in Goethes *Iphigenie auf Tauris*, in: Literaturstraße Band 11, herausgegeben von Zhang Yushu（张玉书），Horst Thomé（霍·托美），Wei Maoping（卫茂平），Zhu Jianhua（朱建华），Georg Braungart（格·布劳恩噶尔特），Würzburg: Königshausen & Neumann 2010

吴金涛：卡夫卡小说荒诞美的系统生成，《名作欣赏》2010 年第 36 期

Wu Yongli（吴勇立）：Ein Versuch der Entschlüsslung: Warum haßte Goethe die Kritiker seiner Zeit?, in: Literaturstraße Band 11, herausgegeben von Zhang Yushu（张玉书），Horst Thomé（霍·托美），Wei Maoping（卫茂平），Zhu Jianhua（朱建华），Georg Braungart（格·布劳恩噶尔特），Würzburg: Königshausen & Neumann 2010

仵从巨，李萍："死亡"或者"时光"：赫塔·穆勒与《黑色的大轴》，《名作欣赏》2010 年第 18 期

肖淑芬：谈存在主义哲学对耶利内克创作的影响——从《钢琴教师》说开去，《扬州大学学报（人文社会科学版）》2010 年第 1 期

肖赞茗：令人警醒的反思之域——以耶利内克的作品为例，探讨 20 世纪"阿尔卑斯山"的意象及其文化内涵，《哈尔滨职业技术学院学报》

2010 年第 4 期

谢成：被实践与被削弱的马克思主义——从《四川好人》看布莱希特的"功能现实主义"，《安徽文学（下半月）》2010 年第 10 期

谢建文：个体存在的状态：试析洛特的交往之难，《外国文学研究》2010 年第 1 期

谢江南：交互文本中的里尔克——评朱迪思·瑞安的《里尔克：现代主义与诗歌传统》，《外国文学》2010 年第 6 期

谢樱滨：中国五四启蒙运动与德国狂飙突进运动比较研究，《湖南人文科技学院学报》2010 年第 1 期

修倜：喜剧美学：从"表象自由"到"人性自由"——由康德到席勒的理论推进，《华中师范大学学报（人文社会科学版）》2010 年第 6 期

Xu Fangfang（徐昉昉）: Das gemeinsame Schicksal der kleinen Leute im Zweiten Weltkrieg in *Liebe Deinen Nächsten* von Erich Maria Remarque, in: Literaturstraße Band 11, herausgegeben von Zhang Yushu（张玉书）, Horst Thomé（霍·托美）, Wei Maoping（卫茂平）, Zhu Jianhua（朱建华）, Georg Braungart（格·布劳恩噶尔特）, Würzburg: Königshausen & Neumann 2010

徐珺：德语文学短篇叙事体裁初探（1），（2），《德语学习》2010 年第 1，2 期

徐珺：德语戏剧类型初探，《德语学习》2010 年第 6 期

徐林峰，黄克琴：马丁·瓦尔泽小说的现代性——以短篇小说《乔迁》为例，《德国研究》2010 年第 2 期

许爱兵：歌德与《浮士德》，《咸宁学院学报》2010 年第 3 期

薛向君：《游泳回家》简评，《当代外国文学》2010 年第 3 期

薛砚：浅析卡夫卡一生的几个情感线索——以《变形记》为主要文本解读，《甘肃科技纵横》2010 年第 6 期

杨宏芹：诗人 - 王者与缪斯 - 圣礼——解析格奥尔格的《颂歌》之"突破"，《国外文学》2010 年第 2 期

杨家友：论席勒对康德美学的继承与超越，《武汉科技学院学报》2010 年第 5 期

杨武能：四川与歌德 歌德与四川——为川外 60 华诞暨歌德研究所成立而作，《外国语文》2010 年第 2 期

杨向荣，肖萍：布莱希特"陌生化"的批判解读，《陇东学院学报》2010 年第 6 期

叶隽：文明结构与文化功用——读《德国历史中的文化诱惑》，《书城》2010 年第 10 期

叶隽：现代中国的克莱斯特研究，《南京师范大学文学院学报》2010 年第 1 期

叶隽：忧患云海诗哲心——现代性视域中歌德思想形成史的意义，《同济大学学报（社会科学版）》2010 年第 2 期

于艳芳：赫塔·穆勒述评——2009 年诺贝尔文学奖获得者，《时代文学（双月上半月）》2010 年第 1 期

语丁：卡夫卡与《致父亲》，《世界文化》2010 年第 9 期

Yuan Zhiying（袁志英）: Goethe- und Schiller-Rezeption im antijapanischen Krieg Chinas, in: Literaturstraße Band 11, herausgegeben von Zhang Yushu（张玉书）, Horst Thomé（霍·托美）, Wei Maoping（卫茂平）, Zhu Jianhua（朱建华）, Georg Braungart（格·布劳恩噶尔特）, Würzburg: Königshausen & Neumann 2010

袁志英：抗日怒火中的德国名剧从《民族万岁》追述《威廉·退尔》，《上海文化》2010 年第 1 期

曾艳兵："冬天里迈出的第一个舞步"——论卡夫卡的《一次战斗纪实》，《国外文学》2010 年第 3 期

曾艳兵：卡夫卡：形象旅行，《中国图书评论》2010 年第 6 期

曾艳兵：启蒙·同化·自由——卡夫卡《一份为科学院写的报告》解析，《外国文学评论》2010 年第 1 期

曾艳兵："失踪的人"与人的失踪——卡夫卡《美国》解析，《名作欣赏》2010 年第 33 期

曾艳兵："一个情感伤口的象征"——卡夫卡与疾病，《外国文学》2010 年第 6 期

张春晓：通向"伟大罪人"之路——论席勒戏剧及美学中的自由观念，

《戏剧艺术》2010 年第 5 期

Zhang Fan（张帆）: Die Charakterisierung der Frauenbilder in Gedichten Friedrich Schillers, in: Literaturstraße Band 11, herausgegeben von Zhang Yushu（张玉书）, Horst Thomé（霍·托美）, Wei Maoping（卫茂平）, Zhu Jianhua（朱建华）, Georg Braungart（格·布劳恩噶尔特）, Würzburg: Königshausen & Neumann 2010

张海峡："蓝色花"——浪漫主义的艺术境界,《安徽文学（下半月）》2010 年第 1 期

张弘：东西方文化整合的内在之路——论黑塞的《东方之旅》,《华东师范大学学报（哲学社会科学版）》2010 年第 4 期

张辉：1920 年代：冯至与中德浪漫传统的关联,《国外文学》2010 年第 3 期

张季萌：天使的蜕变：解读易卜生与耶利内克笔下的娜拉,《云南财经大学学报（社会科学版）》2010 年第 3 期

张继云：论席勒的自由观,《渤海大学学报（哲学社会科学版）》2010 年第 4 期

张露：《金发艾克贝尔特》中的德国浪漫主义元素,《科技信息》2010 年第 5 期

张文江：黑塞《悉达多》讲记,《上海文化》2010 年第 2 期

张辛仪：严肃的游戏——论君特·格拉斯小说的互文性特色,《当代外国文学》2010 年第 1 期

Zhang Yi（张意）: Zerstörung eines Frauenbildes. Lou Andreas-Salomé und ihre Erzählung *Fenitschka*, in: Literaturstraße Band 11, herausgegeben von Zhang Yushu（张玉书）, Horst Thomé（霍·托美）, Wei Maoping（卫茂平）, Zhu Jianhua（朱建华）, Georg Braungart（格·布劳恩噶尔特）, Würzburg: Königshausen & Neumann 2010

张玉能：现象学的主体间性与德国文学思想,《武汉理工大学学报（社会科学版）》2010 年第 1 期

张玉能，张弓：德国象征主义文学思想的总体特征,《外国文学研究》2010 年第 1 期

Zhao Leilian（赵蕾莲）: Über die Liebes- und Ehethematik bei Lessing, Goethe und Schiller, in: Literaturstraße Band 11, herausgegeben von Zhang Yushu（张玉书）, Horst Thomé（霍·托美）, Wei Maoping（卫茂平）, Zhu Jianhua（朱建华）, Georg Braungart（格·布劳恩噶尔特）, Würzburg: Königshausen & Neumann 2010

赵蕾莲: 论荷尔德林的三阶段历史发展模式,《德国研究》2010年第2期

赵蕾莲: 论克莱斯特中篇小说的现代性,《同济大学学报（社会科学版）》2010年第2期

赵蕾莲: 追求真实, 再现迷惘——评台奥多·冯塔纳的长篇小说《混乱与迷惘》,《解放军外国语学院学报》2010年第5期

赵山奎: 通过父亲写自传——卡夫卡《致父亲》解读,《国外文学》2010年第2期

赵薇薇: 特殊历史语境中的家庭与爱情——克莱斯特小说《圣多明各的婚约》评析,《德国研究》2010年第1期

郑坤: 以爱为名潜藏的扭曲人性——耶利内克《钢琴教师》的人物分析,《大众文艺》2010年第13期

郑子龙, 王成军: 从席勒"游戏说"看韩愈"以文为戏",《青年作家（中外文艺版）》2010年第5期

钟燕: 论歌德小说《亲和力》的主题思想——兼议歌德的婚姻爱情观,《浙江师范大学学报（社会科学版）》2010年第3期

周何法: 夜诊铃"误响"之谜——卡夫卡《乡村医生》的传记式解释,《解放军外国语学院学报》2010年第6期

周飒: 浅谈后现代主义与德国当代流行文学,《吉林华桥外国语学院学报》2010年第1期

周朔: 席勒何以走向审美之思,《美与时代（下）》2010年第5期

周天兵: 小议德国浪漫主义诗歌的兴与衰,《长沙铁道学院学报（社会科学版）》2010年第3期

朱佳艺: 透视席勒的精神世界,《美术大观》2010年第5期

祝跃红: 里尔克《豹》的分层次解读,《名作欣赏》2010年第23期

邹沁璐：试论德国统一后的转折文学，《宁波大学学报（人文科学版）》2010年第6期

语 言 学

陈杰：语言：性质和表征——以康德先验哲学为进路的形而上学考察，《外语学刊》2010年第4期

陈嵘：德语时态运用的视角研究，《洛阳师范学院学报》2010年第4期

陈卫强，方孝坤：语言传播的冲突与协调——中德两国语言传播政策观照，《湖北民族学院学报（哲学社会科学版）》2010年第2期

陈晓春：在多种语言中寻求突破和生存的德语——谈德语在欧盟和世界范围内的现状，《德国研究》2010年第4期

陈艳波，陈艳霞：语言的所指与用法的结合——试析赫尔德语言哲学中的"感觉"概念，《社科纵横》2010年第4期

冯晓虎：阿德隆与德国汉语研究肇始，《同济大学学报（社会科学版）》2010年第4期

郭贵春，刘伟伟：德国语义学发展的历史趋势及其内在特征——逻辑实证主义之前语义学的诞生与兴起，《科学技术哲学研究》2010年第1期

贺群：赫尔德的认知语言观，《甘肃社会科学》2010年第2期

李享：德语词中的法兰西倩影，《德语学习》2010年第2期

李志远，王志科：不同语种体育专业术语的统一刍议——从德、英两种语言体育专业术语对比分析中得到的启示，《术语标准化与信息技术》2010年第4期

梁晓菲：德语中"亲属关系词"的有趣用法，《德语学习》2010年第4期

吴秀龙：语言学家洪堡特对现代语言研究的启示，《传奇·传记文学选刊（教学研究）》2010年第12期

谢宁：奥地利德语作为语言民族性变体的研究，《德国研究》2010年第4期

徐虹：对比语言学视角下英德两种语言在教学中的比较，《东北农业大学学报（社会科学版）》2010 年第 1 期

于涛：德语习得中英语干扰性错误类型分析，《沈阳教育学院学报》2010 年第 4 期

云红：论德里达解构主义语言哲学观，《南昌大学学报（人文社会科学版）》2010 年第 3 期

张智：德语中的阳性泛指及其心理表征，《解放军外国语学院学报》2010 年第 2 期

周翎：电影《辛德勒的名单》中非语言符号的运用，《郧阳师范高等专科学校学报》2010 年第 5 期

翻　　译

白莹：中德数字文化比较及翻译策略，《新西部》2010 年第 9 期

曹春梅：初探汉语成语德译的基本方法，《新西部》2010 年第 11 期

柴清丽，万云慧：德汉礼貌用语的比较与翻译，《湖北广播电视大学学报》2010 年第 9 期

陈民，许钧：无力面对的镜子——耶利内克在中国的译介与接受，《南京社会科学》2010 年第 5 期

邓涛：试析德汉熟语的文化内涵与翻译，《郑州航空工业管理学院学报（社会科学版）》2010 年第 2 期

傅瑶：浅谈德语科教资料的基本笔译技巧，《价值工程》2010 年第 33 期

郭爱成：论汉德口译中的望文生义问题，《科技信息》2010 年第 11 期

郭瀚：德语电影片名怎么译？，《德语学习》2010 年第 6 期

华少庠：论《红楼梦》德译本"好了歌"中"神仙"一词的翻译，《红楼梦学刊》2010 年第 6 期

华少庠，甘玲：郭译《浮士德》中中国古典诗体的运用，《郭沫若学刊》2010 年第 1 期

黄行洲：德语姓名中译技巧例举，《德语学习》2010 年第 4 期

蒋英杰：德汉基本颜色词的文化内涵及其互译，《泰州职业技术学院学

报》2010 年第 6 期

金巧英：德汉熟语的文化比较及其翻译，《宁波大学学报（人文科学版）》2010 年第 4 期

李雪涛：《易经》德译过程与佛典汉译的译场制度，《读书》2010 年第 12 期

刘红岩：鲁迅与马丁·路德翻译思想对比研究，《科教文汇（中旬刊）》2010 年第 2 期

刘庆：刍议汉德翻译中的企业名称翻译，《新西部》2010 年第 9 期

莫铮宜，龚洁：论文化差异对语用意义非对应的影响及对策——以德语成语汉泽为例，《宁波工程学院学报》2010 年第 1 期

彭彧：世博会主题的德语、英语译法，《德语学习》2010 年第 5 期

史华慈，姚军玲：《红楼梦》德译书名推敲，《红楼梦学刊》2010 年第 6 期

倪楠楠：德语儿童文学汉译策略初探，《郑州航空工业管理学院学报（社会科学版）》2010 年第 6 期

苏晓琴：Privatgelehrter——"自由学者"考，《书城》2010 年第 2 期

王建斌：泰山北斗一代通儒——缅怀德国功能派翻译理论创始人汉斯·费梅尔教授，《中国翻译》2010 年第 3 期

王晓卿：论德汉隐喻的认知差异及翻译，《宿州学院学报》2010 年第 6 期

吴健：浅谈几个常用中医术语的德文翻译，《德语学习》2010 年第 2 期

吴建雄：汉、德语人称指称的语义及物性分析，《广东外语外贸大学学报》2010 年第 1 期

谢淼：学院与民间：中国当代文学在德国的两种译介渠道，《中国文学研究》2010 年第 3 期

许震民：汉语熟语德译杂谈·之三 在汉德熟语比较中找到学习的乐趣，《德语学习》2010 年第 4 期

许震民：汉语熟语德译杂谈·之四 酒文化与熟语翻译，《德语学习》2010 年第 5 期

杨文革：平行文本在科技德语翻译中的应用，《德语学习》2010 年第

5 期

姚珺玲：《红楼梦》德文译本底本三探——兼与王薇、王金波商榷，《红楼梦学刊》2010 年第 3 期

禹文芳：浅析德语介词在科技笔译中的翻译，《德语学习》2010 年第 5 期

袁月：德语中关于"死"的委婉语，《德语学习》2010 年第 2 期

教 学 法

褚静：德语交际教学法的课堂教学行为设计，《浙江科技学院学报》2010 年第 3 期

董琦：大学德语口语教学探讨，《新西部》2010 年第 9 期

杜蘅：跨文化交际与德语教学中文化因素的导入，《中州大学学报》2010 年第 2 期

韩岳：从接受美学理论中探讨大学德语教学方法改革，《科技信息》2010 年第 35 期

姜峰：德语学习中的母语干扰，《沈阳教育学院学报》2010 年第 2 期

李田，王勃，杜鸿，史鸿志：德语本科论文写作难点分析及相应建议，《新西部》2010 年第 10 期

刘景洋，陈婕，尹娜，陈福礼，郭宏刚，王媛，黄丽娜，马兰香，陈娥，杜鸿：我国德语专业教育现状与发展对策——以西安翻译学院为例，《新西部》2010 年第 5 期

刘雪梅：纵观全局来安排教学——浅谈二外教学中的一点心得，《现代交际》2010 年第 4 期

庞文薇，黄克琴：2010 年全国德语专业青年教师翻译教学培训成功举办，《德国研究》2010 年第 2 期

佘颖：浅谈在德语基础阶段教学中英语的借鉴作用，《哈尔滨职业技术学院学报》2010 年第 4 期

孙育红，杜和平：情境教学法在德语语法教学中的应用，《中国电力教育》2010 年第 19 期

孙育红，史鸿志：德语语法教学改革探索，《新西部》2010 年第 5 期

王向阳：《新编大学德语》第二外语课堂教学使用浅议，《工会论坛（山东省工会管理干部学院学报）》2010 年第 2 期

王晓卿：不同本科层次德语二外教学方法初探，《科教文汇（上旬刊）》2010 年第 3 期

王颖：提高高校二外德语教学质量的对策研究，《中国轻工教育》2010 年第 3 期

温盛妮：德语基础教学中跨文化交际意识的培养策略，《山东工会论坛》2010 年第 5 期

翁震华，王群珉：论中外联合培养应用型人才的外语素质构建——中德联合培养项目 10 年德语教学改革实践，《浙江科技学院学报》2010 年第 5 期

袁雪乔：项目教学在德语写作课中的应用研究，《科技信息》2010 年第 34 期

张晶：浅谈德语课堂教学，《资治文摘（管理版）》2010 年第 5 期

张丽：德英对比记忆法在德语教学中的应用，《哈尔滨职业技术学院学报》2010 年第 6 期

赵凌燕：交际法在基础德语教学中的运用，《资治文摘（管理版）》2010 年第 2 期

周眹旸：超文本化教学理念在德国文学课堂上的应用，《价值工程》2010 年第 33 期

左海清：德语基础阶段词汇教学实践探索，《江苏技术师范学院学报》2010 年第 11 期

德 国 研 究

历史政治

包学雄，黄红梅：德国俾斯麦时期养老保险的历史效果与缺陷研究，《中国乡镇企业会计》2010 年第 12 期

常强：历史上的三个"德意志帝国"，《文史天地》2010年第2期

陈东英，张伟：马克思政治哲学的理论基础：以"共同体思想"为视角，《社会主义研究》2010年第4期

陈丽：德国应急管理的体制、特点及启示，《西藏发展论坛》2010年第1期

崔文奎：费希特政治哲学对马克思政治哲学的影响，《政治学研究》2010年第2期

邓白桦：试论德国"1914年思想"，《同济大学学报（社会科学版）》2010年第4期

高力克：中国现代国家主义思潮的德国谱系，《华东师范大学学报（哲学社会科学版）》2010年第5期

郭露：论德国社会救济的领取者构成，《安徽文学（下半月）》2010年第10期

胡杰：威廉二世时代德国的战略困境及其成因分析，《信阳师范学院学报（哲学社会科学版）》2010年第2期

江红：汉德视角下的中西文化概念比较，《安徽文学（下半月）》2010年第10期

冷慧：从"两个半政党制"到"流动五党制"——德国政党体制的类型转变?，《德国研究》2010年第2期

李伯杰："一个麻烦的祖国"——论德意志民族的德国认同危机，《清华大学学报（哲学社会科学版）》2010年第2期

李福岩：法国大革命与费希特政治哲学的嬗变，《理论探讨》2010年第1期

李慧：论封建制残余与德国魏玛共和国的灭亡，《榆林学院学报》2010年第5期

李家成：西方地缘政治研究中的德国系决定论传统，《党政干部学刊》2010年第10期

李娇娇：二战后美苏对德国管制上的分歧及其影响，《首都师范大学学报（社会科学版）》2010年第S1期

李乐曾：德国的新安全政策与联邦国防军部署阿富汗，《德国研究》2010 年第 4 期

李丽林：20 世纪 90 年代以来德国劳动关系的变化，《教学与研究》2010 年第 1 期

李连广：美国和德国海外扩张比较研究，《济宁学院学报》2010 年第 4 期

李平辉：马克斯·韦伯《以政治为业》演讲评析，《学理论》2010 年第 11 期

李抒音：俾斯麦的"政治大手术"，《领导文萃》2010 年第 10 期

李卫平："历史向世界历史的转变"及其对全球化的启示——读《德意志意识形态》，《长春理工大学学报（社会科学版）》2010 年第 3 期

李星，章晓麟：德国警察教育改革新动向及启示，《广西警官高等专科学校学报》2010 年第 3 期

李战胜，付安洲，阮一帆：二战后联邦德国政治文化转型研究，《理论月刊》2010 年第 4 期

李忠东：忠于历史：德国保护历史建筑的基点，《上海房地》2010 年第 8 期

连玉如：德国政治发展的变与不变，《国际政治研究》2010 年第 1 期

刘晓岚：试析二战后德国民众民族心理的变化，《理论观察》2010 年第 6 期

麻蕾：德国新时期妇女运动与妇女解放，《法制与社会》2010 年第 1 期

孟钟捷：试析联邦德国集体合同制的发展（1949—1990），《安徽史学》2010 年第 6 期

牧欣：德国早期妇女运动（上）妇女职业发展与组织状况，《中国妇运》2010 年第 8 期

舒绍福：从古希腊到近代德国的整体国家观解析，《北京行政学院学报》2010 年第 1 期

孙海棠：十九世纪下半叶德奥俄三边关系演变及其原因——一种地缘政治视角分析，《世纪桥》2010 年第 5 期

孙立新：德国政界对第二次世界大战的历史反思，《史学史研究》2010
年第2期

田健伟，田玉麒：政治本质的探索：卡尔·施米特的敌友政治观评析，
《法制与社会》2010年第11期

田心铭：对马克思的历史观的一个概述（一）——《路德维希·费尔
巴哈和德国古典哲学的终结》第四章研读，《思想理论教育导刊》
2010年第98期

汪磊：欧洲化对德国卡特尔法发展的影响——以卡特尔禁止为例，《湖
北经济学院学报（人文社会科学版）》2010年第9期

王首贞：浅谈德国的历史主义传统，《理论界》2010年第11期

王志强：历史文化地理视角下的德国国民特征研究，《德国研究》2010
年第2期

韦幼苏：战后德国政治教育机构体系的构成及其主要启示，《学术界》
2010年第12期

吴友法：民主德国研究的创新之作——评《民主德国德国政策的演变
(1949-1990)》，《戏剧之家（上半月）》2010年第8期

吴云：德国公务员"四阶梯"培训模式的特点及其启示，《中共青岛市
委党校·青岛行政学院学报》2010年第3期

徐健：守望精神家园——威尔海姆·海因里希·里尔的保守社会政策，
《探索与争鸣》2010年第12期

杨红燕，王辛梓：社会保险产生的制度嵌入性分析——德国与英国比
较的视角，《齐齐哈尔大学学报（哲学社会科学版）》2010年第4期

杨静：德国政治体制转轨的背景因素分析，《现代交际》2010年第1期

杨小敏：美国的"政治大棒"与德国的法律程序——后"9·11"时代，
美德反恐国际合作第一案之解读，《南京大学法律评论》2010年
第1期

姚莉：论俾斯麦在德国统一中的作用，《西昌学院学报（社会科学版）》
2010年第1期

叶隽：德国思想的东渐与留德学人的导向——以"北蔡南马"的译事
与毛泽东的接受为中心，《政治思想史》2010年第2期

尹秀芝，李嘉琳：俾斯麦忠君爱国强权务实的政治个性对德意志统一的影响，《黑龙江史志》2010 年第 1 期

张国臣：近代德国战争观的形成与发展，《史学月刊》2010 年第 6 期

张浩淼：德国福利体制的转型与重构，《经济研究导刊》2010 年第 6 期

张骥：论统一后德国的欧洲认同与欧洲一体化，《当代世界与社会主义》2010 年第 1 期

张钦文：德国未成年人保护工作研究与启示，《唯实》2010 年第 7 期

张生祥：杂志在 18 世纪后期德国启蒙运动政治化中的角色研究，《德国研究》2010 年第 3 期

赵柯：解析默克尔政府的对华政策，《欧洲研究》2010 年第 5 期

郑春荣：志愿服务发展研究 德国志愿服务：特点、趋势与促进措施，《中国青年研究》2010 年第 10 期

郑朗：新世纪德国移民融入政策及其理念分析，《德国研究》2010 年第 4 期

郑丽：二战后盟国对德国的"非纳粹化"改造，《武汉大学学报（人文科学版)》2010 年第 5 期

周全俊：二战前期德国战争动员之考察（1933-1939），《乐山师范学院学报》2010 年第 6 期

社会教育

安小风：对在高职改革中引入德国"双元制"职业教育模式的思考，《重庆电子工程职业学院学报》2010 年第 4 期

毕瑞：20 世纪德国高等教育改革及其当代启示，《黑龙江教育学院学报》2010 年第 3 期

蔡跃：德国综合性大学的"双元制"教育模式研究，《外国教育研究》2010 年第 7 期

曹荣军：德国成人教育发展述评，《河北大学成人教育学院学报》2010 年第 1 期

曹锐：德国"双元制"职业教育模式特色及启示研究，《继续教育》

2010 年第 4 期

岑健，顾爱怡：德国会展教育模式在中国的适应性研究，《商业时代》2010 年第 26 期

陈丹：德国双元制教育模式对我国数字出版人才培养的启示，《科技与出版》2010 年第 12 期

陈晓娜，赵建玲：德国"双元制"特色及其对我国成人高等职业教育的启示，《河北大学成人教育学院学报》2010 年第 4 期

陈瑶：德国职业教育学习及借鉴，《商业文化（学术版）》2010 年第 7 期

崔玉洁：德国青年就业支援制度的特征，《文化学刊》2010 年第 3 期

邓志军：论德国行业协会参与职业教育的途径和特点，《中国职业技术教育》2010 年第 19 期

高玉萍：德国职业教育关键能力的培养及对我们的启示，《金华职业技术学院学报》2010 年第 1 期

顾月琴：德国双元制职业教育发达的重要因素，《中国职业技术教育》2010 年第 28 期

顾月琴：德国双元制职业教育模式探析，《合肥师范学院学报》2010 年第 5 期

顾月琴，魏晓峰：德国双元制职业教育的困境及其发展趋势，《职教论坛》2010 年第 3 期

何菡：德国社会保障制度浅析及启示，《经营管理者》2010 年第 6 期

洪贞银：浅析德国"双元制"对我国校企合作职业教育模式的启示，《理论月刊》2010 年第 5 期

侯国跃，殷昭仙：德国附随义务理论诞生的社会背景，《法学杂志》2010 年第 11 期

侯彦博：德国双元制职业教育在中国的探索与实践，《科技信息》2010 年第 36 期

胡卫珍：德国"双元制"职业教育体制的历史沿革，《网络财富》2010 年第 21 期

华敏：从德国的善良教育看我国儿童善良品性的养成，《教育探索》2010 年第 1 期

华敏，夏立军：德国道德教育对我国德育模式建构的启示，《中国成人教育》2010 年第 7 期

黄华：对德国"双元制"职业教育的考察与思考，《教育探索》2010 年第 3 期

姜大源：德国职业教育的最新改革与发展动态，《中国职业技术教育》2010 年第 5 期

姜大源：德国职业教育体制机制改革与创新的战略决策——德国职业教育现代化与结构调整十大方略解读，《中国职业技术教育》2010 年第 30 期

姜勇，陈妍：德国中小学教师教育管理制度改革述评，《外国中小学教育》2010 年第 2 期

孔捷：讲座制下德国大学教师的职业发展，《外国教育研究》2010 年第 1 期

李国强：德国强化国际教育比较，《德国研究》2010 年第 4 期

李己未：德国社会保障法律制度述评，《法制与经济（下旬刊）》2010 年第 1 期

李军喜，杨承涛：德国职业教育的新型教学方法——面向职业工作任务的教学方法，《价值工程》2010 年第 31 期

李宁：德国职业教育的"双元制"，《国际人才交流》2010 年第 1 期

李星：关于警察学历教育与职业培训的辩证关系——德国警察学历教育改革及启示，《云南警官学院学报》2010 年第 6 期

李宇红：德国"双元制"职业教育模式的启示与借鉴，《全国商情（理论研究）》2010 年第 22 期

梁伟：德国"学习领域"课程方案在高职教育中的应用研究，《高教论坛》2010 年第 7 期

林苗：试论德国对日本明治维新时期教育改革的影响，《科教文汇（下旬刊）》2010 年第 155 期

林勇：教育与经济系统视野中的德国职业教育及其借鉴，《重庆大学学报（社会科学版）》2010 年第 5 期

刘爱真：德国研究生教育的项目管理模式，《学位与研究生教育》2010年第5期

刘辰：简析四大类型电视节目的社会功能——以德国媒体为例，《长春理工大学学报（社会科学版）》2010年第3期

刘簅：对德国"双元制"职业教育体系的认识与反思，《北京财贸职业学院学报》2010年第4期

刘建军：恩格斯早年的一篇思想政治教育论著——《德国民间故事书》一文初探，《教学与研究》2010年第1期

刘少才：德国：解开汽车社会困惑的钥匙，《中国自行车》2010年第5期

刘欣，郑立臣，臧英华：当代德国职业教育主流教学思想浅析，《中国商界（上半月)》2010年第11期

刘秀梅：德国"双元制"职业教育对我国女性职教改革的启示——以广东女子职业技术学院为例，《湖南工业职业技术学院学报》2010年第2期

刘玉东：德国职业教育与中国职业教育特点比较，《职业教育研究》2010年第4期

卢洁莹：德国职业教育价值观的演进与启示，《职业技术教育》2010年第13期

陆安：德国环保教育引发的思考，《环境教育》2010年第2期

栾曦：德国"双元制"高等职业教育的历史及启示，《东北电力大学学报》2010年第3期

骆四铭：洪堡理念与德国高等教育发展，《高等工程教育研究》2010年第5期

毛文园：俾斯麦执政时期的社会保障制度，《大众文艺》2010年第22期

孟华峰：对德国职业教育的认识和思考，《中国成人教育》2010年第10期

孟利前，肖海峻：德国教育体制简述，《职业教育研究》2010年第S1期

孟利前，肖海峻：对德国职业教育"学习领域"的认识与思考，《职业教育研究》2010第10期

敏敬：土耳其穆斯林与德国社会，《中国穆斯林》2010 年第 2 期

牧欣：德国早期妇女运动（下）社会主义妇女运动的兴起及杰出的代表人物，《中国妇运》2010 年第 9 期

彭在羹：德国教育印象，《中小学管理》2010 年第 4 期

彭正梅：重回教育之爱：德国精神科学教育学视野中教育关系论研究，《全球教育展望》2010 年第 5 期

彭正梅：德国政治教育的里程碑：《博特斯巴赫共识》研究，《外国中小学教育》2010 年第 5 期

彭正梅：现代教育的自身逻辑的寻求及其对创新人才培养的意义，《外国教育研究》2010 年第 9 期

普锋：德国职业教育的经验与启示，《济源职业技术学院学报》2010 年第 4 期

阮一帆，傅安洲，李战胜：战后德国学校政治教育课程发展及启示，《学校党建与思想教育》2010 年第 10 期

阮一帆，傅安洲，彭涛：德国大学生政治教育理论形成的历史背景及启示，《高等教育研究》2010 年第 5 期

阮一帆，彭涛：德国"联邦政治教育中心"的历史考察，《武汉大学学报（人文科学版）》2010 年第 3 期

沈奇岚：欧洲社会正在经历一场"移民转型"——对话德国移民研究专家斯蒂文·维托维克教授，《社会观察》2010 年第 2 期

沈焰：德国职教模式对中国职业教育发展的启示，《文体用品与科技》2010 年第 10 期

孙福春：德国职业教育及其借鉴，《辽宁农业职业技术学院学报》2010 年第 6 期

孙平：德国远程教育与职业教育访谈录，《广东广播电视大学学报》2010 年第 6 期

田光大：德国高等职业教育的发展与启示，《职业教育研究》2010 年第 3 期

田永坡：德国人力资源和社会保障管理体制现状及改革趋势，《行政管理改革》2010 年第 4 期

宛立群：试论德国职业教育理实结合的考评模式及对我国工学结合职业教育制度的借鉴，《中国校外教育》2010 年第 2 期

万军梅：对德国职业教育的认识与思考，《科技信息》2010 年第 30 期

王成荣：德国双元制职业教育的特点及其启示，《北京财贸职业学院学报》2010 年第 4 期

王根顺，付娟：德国"双元制"职业教育课程模式的特点及启示，《湖北职业技术学院学报》2010 年第 1 期

王会敏：论地方公共图书馆对学校教育的重要补充作用——以德国 Garching 市公共图书馆为例，《兰州教育学院学报》2010 年第 2 期

王珏：旅游专业实训基地的构建——借鉴德国"双元制"职业教育经验，《海南广播电视大学学报》2010 年第 1 期

王树庆，刘琳：德国高等职业教育校企合作机制初探，《山东商业职业技术学院学报》2010 年第 3 期

王祥：德国"教师教育中心"实验初探，《外国中小学教育》2010 年第 2 期

王学川：德国科技道德教育特点及对中国工程师培养的启示，《浙江科技学院学报》2010 年第 5 期

王雅君：从德国"双元制"看我国职业教育发展方向，《内蒙古电大学刊》2010 年第 2 期

王野秋：德国社会市场经济条件下的宏观调控，《山西煤炭管理干部学院学报》2010 年第 3 期

王鋆辉：德国职业教育的启示，《佳木斯教育学院学报》2010 年第 1 期

王运宏，易志勇：谈德国职教师资的继续教育，《继续教育研究》2010 年第 4 期

王振朋：德国"双元制"职业教育的模式参鉴，《齐齐哈尔职业学院学报》2010 年第 2 期

魏晓锋，张敏珠，顾月琴：德国"双元制"职业教育模式的特点及启示，《国家教育行政学院学报》2010 年第 1 期

温盛妮：德国"双元制"职业教育的特点与借鉴，《中国城市经济》2010年第8期

巫向前，陈修治：德国卫生职业教育概览，《高等教育研究（成都）》2010年第4期

肖颖：中国与德国的职业教育比较，《商业文化（学术版）》2010年第11期

谢定生，龙筱刚：德国"双元制"职业教育师资培养模式及其启示，《湖北广播电视大学学报》2010年第9期

谢明辉：德国"善良教育"的内容，《思想理论教育》2010年第8期

谢宁：德国职业教育的结构分析及其启示，《新西部》2010年第9期

辛斐斐：德国职业教育财政政策述评及对我国的启示，《外国中小学教育》2010年第1期

兴乔：实施国家创新战略 建设现代化的教育和科研体系——《德国科研和创新报告》（节选），《中国教育技术装备》2010年第23期

徐康：抗战前德国军事顾问团对中国军事教育的改进与贡献，《民国档案》2010年第1期

闫翠兰，张术环：德国农村社会养老保障制度及其借鉴意义，《世界农业》2010年第12期

杨小燕：德国双元制对我国高等职业教育工学结合培养模式的启发，《世界教育信息》2010年第4期

殷辉，张砚，李道芳：德国高等职业教育对我国应用型工商管理本科人才培养的启示，《中国职业技术教育》2010年第6期

于家姝：职业院校商科学生经济法课程体系的重构——以德国职业教育典型工作任务分析为指导思想，《全国商情（理论研究）》2010年第2期

俞可：对话的教育领导力——德国中小学校长研究，《全球教育展望》2010年第4期

袁琳：德国社会工作专业课程设置的特点及启示——以图宾根大学社会工作本科课程为例，《社会工作（下半月)》2010年第10期

张策：透视早期德国初等教育的发展，《当代教育论坛（综合版）》

2010 年第 3 期

张福荣：德国"双元制"职业教育模式本土化应用的研究——高职院
　　校数控技术实训基地职业技能训练模式初探，《中国现代教育装
　　备》2010 年第 22 期

张海容：德国职业教育对我院高职教育课程考核模式的启示，《北京劳
　　动保障职业学院学报》2010 年第 3 期

张华辉，魏建华，徐理勤：德国外国留学生教育发展策略分析及启示，
　　《浙江科技学院学报》2010 年第 4 期

张玲：德国曼海姆双元制高等学院校企合作的特点及启示，《中国高教
　　研究》2010 年第 4 期

张涛：德国"双元制"职教模式对我国中等职业教育发展的启示，《职
　　业技术》2010 年第 5 期

张武军，徐宁：德国高等教育的特点及思考，《大学（学术版）》2010
　　年第 5 期

赵美惠：德国的"双元制"教育对我国高职教育人才培养的启示，《教
　　育与职业》2010 年第 8 期

赵思雨：论德国社会市场经济反垄断政策对我国的启示，《现代经济信
　　息》2010 年第 23 期

赵向东：德国高等教育中的特殊教育，《现代特殊教育》2010 年第
　　3 期

赵子剑：德国高等职业教育体系的建设及其启示，《保定学院学报》
　　2010 年第 4 期

郑建萍：简论德国职校教师教育，《中国职业技术教育》2010 年第
　　6 期

周红利：论"双元制"教育对生产专业化的促进作用——基于德国经
　　验的分析，《经济师》2010 年第 4 期

朱毅：德国学者埃克·考普夫谈马克思恩格斯的早期著作和中国的社会
　　主义建设，《国外理论动态》2010 年第 8 期

哲学美学

阿运锋，王倩："只有人是美的"——尼采美学观浅论，《安徽文学（下半月）》2010 年第 12 期

陈琦：批判·反思·交往：哈贝马斯与德国战后教学论，《理论界》2010 年第 12 期

陈桃：浅谈阿多诺对西方传统文化思维的反叛——解析阿多诺的音乐美学思想，《四川省干部函授学院学报》2010 年第 2 期

崔文奎：费希特政治哲学对马克思政治哲学的影响，《政治学研究》2010 年第 2 期

丁宁：从意识哲学到思辨哲学——黑格尔对认识论哲学的克服，《内蒙古民族大学学报（社会科学版）》2010 年第 2 期

董贺：试述康德的认识论，《北方经贸》2010 年第 7 期

何潇：试论哈贝马斯的交往行动理论，《太原城市职业技术学院学报》2010 年第 7 期

黄振地：德国古典哲学中自我的逻辑化与本体化的统一，《柳州师专学报》2010 年第 3 期

姜珊："视界融合"——对"自律"与"他律"的批判性继承，《辽宁教育行政学院学报》2010 年第 3 期

李丽梅：探析贝多芬《第九交响乐》的美学意义，《大众文艺》2010 年第 1 期

李联华：埃德蒙德·胡塞尔和他的现象学刍议，《学理论》2010 年第 14 期

李满：审美是一种自我同一性体验——中德古典美学专题比较研究，《湖南社会科学》2010 年第 3 期

李汪，姚伟：物自体：康德哲学系统赖以运转的轴心，《湖州师范学院学报》2010 年第 4 期

林蓉：浅析尼采权力意志的哲学思想，《宜春学院学报》2010 年第 3 期

卢兴：论牟宗三的自由观及其与德国古典哲学的关系，《天津社会科学》2010 年第 5 期

卢云昆，王志宏：试论早期海德格尔的经验概念，《哲学研究》2010 年第 11 期

雒新艳：费尔巴哈人本学：西方人文主义传统分向之契机——兼论其历史意义和当代启示，《吕梁教育学院学报》2010 年第 4 期

吕成楷：马克思主义对德国古典哲学的扬弃及其启示，《经济与社会发展》2010 年第 3 期

马俊领，刘卓红：重构唯物史观的两种学统及其张力——以哈贝马斯和埃尔斯特为例，《社会科学辑刊》2010 年第 3 期

潘宜协：卡西尔"符号形式哲学"的黑格尔渊源，《学理论》2010 年第 12 期

R．艾尔伯菲特（Rolf Elberfeld），朱锦良：德国哲学对老子的接受——通往"重演"的知识，《世界哲学》2010 年第 6 期

宋清波：论哲学对德国成为世界科学中心的影响，《江汉论坛》2010 年第 6 期

孙爽：浅谈黑格尔的"自然美"与"艺术美"，《科技风》2010 年第 12 期

王琛：谢林"同一哲学"思想初探，《美与时代（下）》2010 年第 10 期

吴建良：卢卡奇对德国古典哲学的沉思及其向马克思的"回归"，《上海交通大学学报（哲学社会科学版）》2010 年第 4 期

吴建良：追寻认知与自由的道路——卢卡奇关于德国古典哲学的沉思，《中国矿业大学学报（社会科学版）》2010 年第 1 期

吴铁柱：从审美的"二律背反"解读康德美学的辩证观，《学术交流》2010 年第 12 期

吴薇：接受美学带给中国古典诗文教学的思考，《文学教育（上）》2010 年第 10 期

相秀丽：哲学的文化生态，《江海学刊》2010 年第 1 期

杨大春：列维纳斯与现象学的实践转向，《同济大学学报（社会科学版）》2010 年第 5 期

易文颖：浅析舒曼音乐美学思想特征，《大众文艺》2010 年第 2 期

张甜甜，陈斌：哈贝马斯对现代社会困境的分析——论哈贝马斯系统与生活世界学说，《中国商界（下半月）》2010 年第 2 期

张玉能：盖格尔的现象学艺术意味论——文学艺术的各种价值意味，《汕头大学学报（人文社会科学版）》2010 年第 1 期

张志扬：康德先验哲学的谓词"像"如何"是"？，《中国人民大学学报》2010 年第 4 期

赵千帆：理性的自祭——《启蒙辩证法》在康德和黑格尔概念框架中的根源，《同济大学学报（社会科学版）》2010 年第 3 期

文化艺术

[德] 彼得·佐恩（Peter Zorn），孙宁：德国多媒体艺术的发展（一），《苏州工艺美术职业技术学院学报》2010 年第 1 期

包学雄，黄红梅：德国俾斯麦时期养老保险的历史效果与缺陷研究，《中国乡镇企业会计》2010 年第 12 期

蔡玳燕：德国博物馆文化的启示，《生态经济（学术版）》2010 年第 2 期

曹建兵：包豪斯办学理念中的"君子不器"精神，《中国美术》2010 年第 1 期

陈进：简述德国艺术歌曲的历史渊源、发展状况及高峰时期，《齐鲁艺苑》2010 年第 6 期

董溯战：德、日与中国循环经济促进法的比较研究，《生产力研究》2010 年第 1 期

傅丽莉：安塞尔姆·基弗绘画中的文字，《美术学报》2010 年第 2 期

郭丹，朱清亮：德国崛起的文化社会学思考，《企业家天地下半月刊（理论版）》2010 年第 1 期

韩绮丽：论舒曼钢琴音乐作品的艺术特色，《经济研究导刊》2010 年第 29 期

何菡：德国社会保障制度浅析及启示，《经营管理者》2010 年第 6 期

侯春艳：中德文化民族主义缘起之比较，《学理论》2010 年第 17 期

姜丽：20 世纪德国表现主义对中国油画的影响，《艺术与设计（理论）》2010 年第 2 期

李伯杰：论德国文化中的森林崇拜，《德国研究》2010 年第 1 期

李敬锁：德国农业合作社的历史、现状及发展趋势，《中国农民合作社》2010 年第 9 期

李莎莎：德语中的"公共标识语"，《德语学习》2010 年第 6 期

李婷婷：浅议德国社会生态市场经济，《才智》2010 年第 19 期

李亦男：德国当代剧场艺术发展略论，《戏剧（中央戏剧学院学报）》2010 年第 4 期

王江坤：德奥艺术歌曲的起源与发展，《大众文艺》2010 年第 15 期

王野秋：德国社会市场经济条件下的宏观调控，《山西煤炭管理干部学院学报》2010 年第 3 期

魏崴：中国制造将取代德国制造？，《华东科技》2010 年第 2 期

向仕明，孟祥辉：德国经济行政法历史沿革的初步探析，《法制与社会》2010 年第 25 期

徐世垣：2008 年德国印刷工业统计分析报告，《印刷技术》2010 年第 S1 期

薛涌："德国模式"才是新故事，《新理财（政府理财）》2010 年第 9 期

叶隽：作为理念的文化外交及其柔力强势——以德国孔子学院为例，《国际观察》2010 年第 6 期

于霄：社会视野中的德国律师亚文化，《兰州学刊》2010 年第 7 期

余卫华，王姝：留德中国学生文化适应策略的偏爱研究，《西安外国语大学学报》2010 年第 1 期

张斌：德国会展文化研究，《传奇·传记文学选刊（理论研究）》2010 年第 2 期

张坚：古典与哥特——德意志艺术史中"文化民族"理想的双重根基，《新美术》2010 年第 1 期

经济

陈淑华：东北资源型城市工业旅游的发展——从德国鲁尔区视角分析，

《学术交流》2010 年第 3 期

楚水昂："非知名"军工企业系列之二：西门子——德国军火工业的
"奠基石"，《现代兵器》2010 年第 3 期

黛娟：德国工业游，《今日工程机械》2010 年第 3 期

富荣：关于德国绿党新生态理论的新思考，《改革与开放》2010 年第
8 期

葛敬豪，王顺吉，张晓霞：论德国、日本、澳大利亚和美国生态环境
保护的特点，《长春理工大学学报（社会科学版)》2010 年第 6 期

何睦文：2008 年德国制浆造纸工业，《国际造纸》2010 年第 1 期

胡明：德国农业服务公司对我国农机社会化服务的启示，《农机质量与
监督》2010 年第 5 期

李宏军，张艳，吴金焱，赵迎春：德国煤炭工业现状，《中国煤炭》
2010 年第 2 期

李敬锁：德国农业合作社的历史、现状及发展趋势，《中国农民合作
社》2010 年第 9 期

李琼：德国财政哺农政策与我国农业综合开发财政政策选择，《现代商
业》2010 年第 7 期

李婷婷：浅议德国社会生态市场经济，《才智》2010 年第 19 期

李小华：德国促进中小企业科技创新与国际研发合作的措施，《农业机
械》2010 年第 29 期

李晓俐，陈阳：德国农业、农村发展模式及对我国的启示，《农业展
望》2010 年第 3 期

刘立群，刘可扬：中国欧洲学会德国研究分会第 13 届年会综述，《德
国研究》2010 年第 2 期

刘丽伟：发达国家创意农业发展内在机理研究——以荷兰、日本、德
国、英国为例，《世界农业》2010 年第 6 期

卢求：值得借鉴的德国生态节能政策与措施，《中国建筑装饰装修》
2010 年第 3 期

罗湘衡：德国政府间财政关系：危机与前景，《当代世界》2010 年第
6 期

马勇：生物特征识别技术在德国护照中的应用及其启示，《中国安防》2010 年第 6 期

沈海滨：世界趋前的德国低碳经济，《东方企业文化》2010 年第 13 期

史世伟：德国应对国际金融危机政策评析——特点、成效与退出战略，《经济社会体制比较》2010 年第 6 期

王方君：德国区域经济平衡政策的作用及启示，《消费导刊》2010 年第 3 期

杨杰：德国循环经济起源和现状，《北方环境》2010 年第 3 期

袁雪：解密"德国制造"神话：中小企业撑起一片天，《中小企业管理与科技（中旬刊）》2010 年第 1 期

曾艳丽，孟韬：构建合作网络振兴区域经济——鲁尔工业区的振兴，《经济研究导刊》2010 年第 3 期

张才圣：德国与欧洲货币体系的创建，《武汉大学学报（人文科学版）》2010 年第 5 期

张晓亮：德国：欧洲大陆的"经济明星"，《现代商业银行》2010 年第 9 期

赵冲：经济一体化对德国产业内贸易的影响探析，《商业时代》2010 年第 18 期

法律

蔡振京：中德电信法律规制的比较研究，《商场现代化》2010 年第 6 期

曹明德，李玉梅：德国温室气体排放许可证交易法律制度研究，《法学评论》2010 年第 4 期

陈兵，蔡迪：论德国历史法学派，《兰州学刊》2010 年第 3 期

陈培勇：德国和瑞典养老保险法律比较，《中国社会保障》2010 年第 4 期

陈毅坚：对等型共谋的德国问题与路径选择，《刑法论丛》2010 年第 3 期

丁延松：我国诱惑侦查的法律规制探析——以德国诱惑侦查制度为借鉴，《河北青年管理干部学院学报》2010 年第 5 期

董溯战：德、日与中国循环经济促进法的比较研究，《生产力研究》2010 年第 1 期

高薇：论仲裁异议权的放弃——德国法视角下的分析及相关司法实践，《甘肃政法学院学报》2010 年第 5 期

高旭军：德国法中公布虚假临时报告时的董事责任——评联邦最高法院判例，《比较法研究》2010 年第 1 期

何丽杭：论德国公共项目招标法律及其借鉴，《德国研究》2010 年第 3 期

何丽杭：食品安全行政"曝光"的法律分析——与德国案例的研究对比，《东方法学》2010 年第 5 期

何旺翔：《德国破产法》"资不抵债"条对我国《企业破产法》的立法启示，《徐州师范大学学报（哲学社会科学版)》2010 年第 1 期

黄河：德国刑事诉讼中协商制度浅析，《环球法律评论》2010 年第 1 期

黄世席：德国体育赌博的法律规制研究及其对我国的借鉴意义，《体育与科学》2010 年第 4 期

黄喆：德国交易基础理论的变迁与启示，《法学论坛》2010 年第 6 期

蒋学跃：德国国有资产托管机构的法律地位与运作模式——兼论我国国资委的改革，《湖南大学学报（社会科学版)》2010 年第 5 期

蒋学跃：上市公司内部机关诉讼问题研究——德国法上的案例与我国未来的取舍，《法学杂志》2010 年第 9 期

雷磊：再论法律解释的目标——德国主/客观说之争的剖析与整合，《环球法律评论》2010 年第 6 期

李昊：德国缔约过失责任的成文化，《清华法学》2010 年第 2 期

李华武：浅析我国现行劳动争议纠纷解决机制之法理——以德国法为视角，《民族论坛》2010 年第 2 期

李倩：德国刑事司法实践中证人拒绝作证的新发展——从两个案例出发，《证据科学》2010 年第 1 期

李升：德国法中痛苦抚慰金的惩罚性辨析——兼评我国《侵权责任法》第 22 条，《时代法学》2010 年第 6 期

李亚楠：德国竞争法的演变原因简析，《中国市场》2010 年第 44 期

廖建凯：德国减缓气候变化的能源政策与法律措施探析，《德国研究》2010 年第 2 期

刘明：深化学术型图书馆服务的若干思考——德国马普学会法律图书馆的启示，《图书馆学研究》2010 年第 23 期

刘文杰：德国法上名誉侵权的举证规则，《四川理工学院学报（社会科学版）》2010 年第 5 期

刘玉洁：我国与德国民事诉讼再审程序之比较，《法制与社会》2010 年第 19 期

刘召成：德国法上的请求权体系，《河南省政法管理干部学院学报》2010 年第 6 期

刘争志，林恩伟：德国法治国概念源流考略及新探，《上海政法学院学报（法治论丛）》2010 年第 6 期

鲁鹏宇：德国公权理论评介，《法制与社会发展》2010 年第 5 期

鲁鹏宇：论行政法权利的确认与功能——以德国公权理论为核心的考察，《行政法学研究》2010 年第 3 期

罗涛：德国新能源和可再生能源立法模式及其对我国的启示，《中外能源》2010 年第 1 期

穆晓娟：中国法视野下的德国刑事诉讼制度，《河南公安高等专科学校学报》2010 年第 2 期

倪同木，夏万宏：违约非财产损害赔偿问题研究——以《德国民法典》第 253 条之修改为中心，《法学评论》2010 年第 2 期

齐晓琨：解读德国《民法典》中的债权人迟延制度，《南京大学学报（哲学·人文科学·社会科学）》2010 年第 2 期

乔雄兵：德国民商事域外取证制度研究——兼论《海牙取证公约》在德国的实施，《河北法学》2010 年第 11 期

曲昇霞：走向双重维度的研究——德美法学教育的研究性及其启示，

《行政与法》2010 年第 11 期

任自力：德国 2008 年《保险合同法》变革透视，《政法论丛》2010 年
第 5 期

沈宁：从德国法改革看我国物的瑕疵担保责任的定位，《内蒙古农业大
学学报（社会科学版）》2010 年第 3 期

沈宁：德国民法上法律行为制度的精要及缺失，《山西高等学校社会科
学学报》2010 年第 10 期

宋智敏：我国行政法院制度模式选择——基于法、德行政法院模式之
比较，《湘潭大学学报（哲学社会科学版）》2010 年第 2 期

孙珺：德国中央银行与欧洲中央银行独立性的法律分析及其对中国的
启示，《德国研究》2010 年第 1 期

汤文平：德国法上的批准生效合同研究，《清华法学》2010 年第 6 期

王贵东：德国刑事判决书说理方法之考察及其启示以 Ks1/59 诉布拉奇
刑事判决书为视角，《法律适用》2010 年第 1 期

王玉苹：德国法学教学模式及其对我国的启示，《高教与经济》2010
年第 3 期

王战涛：德国民法中的催告制度——对我国债务人迟延的启示，《广西
政法管理干部学院学报》2010 年第 4 期

王战涛：中德保险法中的消费者保护比较研究，《保险研究》2010 年
第 10 期

吴泽勇：论德国法上的团体不作为之诉——以《不作为之诉法》和
《反不正当竞争法》为例，《清华法学》2010 年第 4 期

吴泽勇：论德国《反不正当竞争法》上的撤去不法收益之诉，《当代法
学》2010 年第 3 期

夏凌：德国环境法的法典化项目及其新发展，《甘肃政法学院学报》
2010 年第 2 期

向东：德国侵权法上同质料性原则分析，《华北水利水电学院学报（社
科版）》2010 年第 3 期

谢立斌：德国法律的宪法化及其对我国的启示，《浙江社会科学》2010

年第 1 期

徐玲：公司法上的康采恩若干问题初探——以德国康采恩法为蓝本，《现代商业》2010 年第 6 期

徐行：德国特有的《商店停止营业时间法》，《德语学习》2010 年第 4 期

严郜：德国的汽车报废与环保规定，《安全与健康》2010 年第 2 期

杨柳青：德国行政程序法，《法制与社会》2010 年第 26 期

杨筱：德国雇员发明制度研究，《学习月刊》2010 年第 18 期

姚芳：开创先河 润泽后世——读奥托•迈耶的《德国行政法》札记，《三峡大学学报（人文社会科学版）》2010 年第 S2 期

于博：德国的法学教育及对我国的启示，《河北师范大学学报（教育科学版）》2010 年第 3 期

袁治杰：德国私立法学教育观察，《比较法研究》2010 年第 2 期

占善刚：证明妨害论——以德国法为中心的考察，《中国法学》2010 年第 3 期

张炳淳：德国《废水纳税法》评介，《现代企业》2010 年第 11 期

张传奇：论德国法上错误撤销的限制，《中国政法大学学报》2010 年第 6 期

张红：19 世纪德国人格权理论之辩，《环球法律评论》2010 年第 1 期

张红：20 世纪德国人格权法的演进，《清华法律评论》2010 年第 1 期

张敬思：论德国农村社会保障法律制度及其对我国的启示，《河南社会科学》2010 年第 6 期

张源泉：德国讯息自决权之范围及其界限，《湖南社会科学》2010 年第 4 期

赵立新：法典编纂与法学建构——以日本移植德国民法为视角，《学术交流》2010 年第 4 期

仲伟珩：德国保险法的投保人告知义务规定对我国审理保险纠纷疑难案件的借鉴，《人民司法》2010 年第 21 期

仲伟珩：投保人如实告知义务研究——以中德法律比较为出发点，《比较法研究》2010 年第 6 期

周翠：《侵权责任法》体系下的证明责任倒置与减轻规范与德国法的比

较,《中外法学》2010 年第 5 期

周铭川：德国刑法中的超越承担过失理论介评,《西南政法大学学报》
2010 年第 2 期

周培：德国社会保障法律体系研究,《理论月刊》2010 年第 2 期

周云涛：德国宪法人格权——以一般行为自由为参照,《法学家》2010
年第 6 期

朱敏：二战后德国经济法的发展历程及其借鉴意义,《长治学院学报》
2010 年第 3 期

朱时敏,强力：中德金融危机应对策略比较法分析,《经济法论丛》
2010 年第 1 期

竹怀军：德国刑法的不作为帮助犯及其启示,《公民与法（法学版）》
2010 年第 7 期

祝捷：联邦德国基本法与德国的统一,《武汉大学学报（哲学社会科学
版)》2010 年第 5 期

2011 年

著 作

文 学

专、编著

冯亚琳：君特·格拉斯小说研究，上海：上海外语教育出版社，2011。

江山 [编著]：德语生态文学，上海：学林出版社，2011。

刘学慧：德国早期浪漫派的世界文学观，北京：旅游教育出版社，2011。

童一秋 [编著]：世界十大文豪：歌德，长春：吉林文史出版社，2011。

张玉书，卫茂平，朱建华，魏育青，冯亚琳 [主编]：德语文学与文学批评（第5卷·2011），北京：人民文学出版社，2011。

译著

[奥] 阿尔图尔·施尼茨勒（Arthur Schnitzler）（高中甫译）：轮舞，重庆：重庆大学出版社，2011。

[奥] 弗兰茨·卡夫卡（F. Kafka）（高年生，谢莹莹译）：城堡，北京：人民文学出版社，2011。

[德] 埃德加·希尔森拉特（Edgar Hilsenrath）（安尼译）：纳粹与理发师，江苏：译林出版社，2011。

[德] 埃里希·玛丽亚·雷马克（E. M. Remarque）（李清华译）：西线无战事，南京：译林出版社，2011。

[德] 安妮·弗兰克（Anne Frank）（张浩编译）：安妮日记，长春：吉林出版社，2011。

［德］鲍拜因（V. Baubein），［德］鲍姆嘉滕（C. Baumgarten）［编著］（崔文超译）：阅听系列·德语学习侦探故事（A2-B1 水平）：名侦探 Patrick Reich 断案记之巴州谜踪，江苏：江苏教育出版社，2011。

［德］鲍拜因（V. Baubein），［德］鲍姆嘉滕（C. Baumgarten）［编著］（崔文超译）：阅听系列·德语学习侦探故事（A2-B1 水平）：名侦探 Patrick Reich 断案记之投毒谋财案，江苏：江苏教育出版社，2011。

［德］鲍拜因（V. Baubein），［德］鲍姆嘉滕（C. Baumgarten）［编著］（崔文超译）：阅听系列·德语学习侦探故事（A2-B1 水平）：名侦探 Patrick Reich 断案记之医院陈案，江苏：江苏教育出版社，2011。

［德］鲍拜因（V. Baubein），［德］鲍姆嘉滕（C. Baumgarten）［编著］（阎振江译）：阅听系列·德语学习侦探故事（A2-B1 水平）：名侦探 Patrick Reich 断案记之爱与恨，江苏：江苏教育出版社，2011。

［德］贝托尔特·布莱希特（Bertolt Brecht）（丁扬忠译）：四川好人，上海：上海译文出版社，2011。

［德］海因里希·奥古斯特·温克勒（Heinrich August Winkler）（丁君君译）：永远活在希特勒阴影下吗?，北京：生活.读书.新知三联书店，2011。

［德］赫尔曼·黑塞（Hermann Hesse）（杨武能译）：纳尔齐斯与歌尔蒙德，上海：上海译文出版社，2011。

［德］克里斯塔·沃尔夫（Christa Wolf）（朱刘华译）：天使之城或弗洛伊德博士的外套，北京：人民文学出版社，2011。

［德］利希腾贝格（Lichtenberg）（范一译）：格言集，南京：译林出版社，2011。

［德］鲁多尔夫·洛克尔（Rudolf Rocker）（傅惟慈译）：六人，上海：上海译文出版社，2011。

［德］马里奥·巴特（Mario Barth）（雨嘉译，［德］Mailin Choy 校译）：

这样猜透女人心，北京：新星出版社，2011。

[德] 尼采（Nieztsche）（孙周兴译）：瓦格纳事件——尼采反瓦格纳，北京：商务印书馆，2011

[德] 舍尔克·法塔（Sherko Fatah）（韩瑞祥译）：黑暗船，北京：人民文学出版社，2011。

[德] 施托姆（Storm）（施种译）：茵梦湖：施托姆抒情小说选，上海：上海译文出版社，2011。

[德] 叔本华（Arthur Schopenhauer）（马佳欣译）：人生的智慧箴言，上海：上海外语教育出版社，2011。

[瑞] 卢卡斯·贝尔福斯（Lukas Barfuss）（陈壮鹰译）：百日，上海：上海译文出版社，2011 年。

德 国 研 究

专、编著

蔡玳燕：德国饮食文化，广州：暨南大学出版社，2011。

陈惠馨：德国法制史——从日耳曼到近代，北京：中国政法大学出版社，2011。

杜景林：德国债法总则新论，北京：法律出版社，2011。

高宣扬：德国哲学概观，北京：北京大学出版社，2011。

刘立群：德国思想与文化——反思与创新，北京：社科文献出版社，2011。

刘小枫：诗化哲学，上海：华东师范大学出版社，2011。

刘芝平：联邦德国与北约发展，南昌：江西人民出版社，2011。

卢文迪：德国史，长沙：岳麓书社，2011。

鲁仁：德国百年行迹，北京：九州出版社，2011。

申柳华：德国刑法被害人信条学研究，北京：中国人民公安大学出版社，2011。

司强：青年马克思与费希特思想关系研究，复旦大学，2011 年。

谢嘉幸，杨燕宜，孙海 [编著]：德国学校音乐教育概况，上海：上海
　　教育出版社，2011。

徐徐 [主编]：在德国我们这样上中学，长春：时代文艺出版社，
　　2011。

姚玲珍 [编著]：德国社会保障制度，上海：上海人民出版社，2011。

叶秀山，王树人 [总主编]，张慎 [主编]：西方哲学史 - 第六卷 - 德国
　　古典哲学，北京：人民出版社，2011。

张才圣：德国与欧洲一体化，北京：人民出版社，2011。

朱孝远：宗教改革与德国近代化道路，北京：人民出版社，2011。

译著

[德] 弗里德里希·迈克尔（Friedrich Meinecke）（何兆武译）：德国的
　　浩劫，北京：商务印书馆，2011。

[德] 霍耐特（Axel Honneth）（王晓升译）：分裂的社会世界：社会哲
　　学文集，北京：社会科学文献出版社，2011。

[德] 康德（I. Kant）（蓝公武译）：纯粹理性批判，上海：上海三联书
　　店，2011。

[德] 曼弗雷德·弗兰克（Mannfred Frank）（聂军译）：德国早期浪漫主
　　义美学导论（套装上下册），吉林：吉林人民出版社，2011。

[德] 严斯·路赫特（Jens Lucht）（修春民等译）：德国公共广播电视：
　　基础 - 分析 - 展望，北京：中国广播电视出版社，2011。

教材、教参、工具书

教　材

[德] Jorg Braunert, Wolfram Schlenker：商务德语教程（提高篇）（学生
　　用书），北京：高等教育出版社，2011。

［德］冯克（Funk）［编著］：交际德语教程（第二册）（学生用书），上海：上海外语教育出版社，2011。

［德］冯克（Funk）［编著］：交际德语教程（第三册）（学生用书），上海：上海外语教育出版社，2011。

［德］金莎黛（Friederike Jin）：快乐德语（第2册）：学生用书，上海：上海外语教育出版社，2011。

［德］金莎黛（Friederike Jin）：快乐德语（第3册）：学生用书，上海：上海外语教育出版社，2011。

［德］金莎黛（Friederike Jin）：快乐德语（第4册）：学生用书，上海：上海外语教育出版社，2011。

［德］柯普（Gabriele Kopp）［编］：新标准德语强化教程（青少版）（A1）（学生用书1），北京：外语教学与研究出版社，2011。

［德］施罗德（Jörg Schröder）［编著］：德语高级阅读教程，北京：外语教学与研究出版社，2011。

顾牧，王丽萍［编著］：德语专业写作教程（下），北京：高等教育出版社，2011。

姜爱红［主编］：德语泛读教程（中），北京：高等教育出版社，2011。

陆伸，丁俊［编著］，范捷平［主编］：商务德语教程（提高篇）（学生用书），北京：高等教育出版社，2011。

罗炜［编著］：德国历史基础教程，北京：北京大学出版社，2011。

钱敏汝［编著］：文化视窗高级德语教程（1）（学生用书），北京：外语教学与研究出版社，2011。

宛立群，刘德章［主编］：商务德语教程，北京：外语教学与研究出版社，2011。

赵劲［主编］，郭金荣，赵劲［编著］：经济德语，上海：上海外语教育出版社，2011。

周抗美［编著］：德语语音教程（第三版），上海：同济大学出版社，2011。

朱建华［主编］：新编大学德语（第二版）（2）（学生用书），北京：外语教学与研究出版社，2011。

[德] Erwin Tschirner [编著]（宋洁译校）：德语基础词汇强化练习，天津：南开大学出版社，2011。

[德] 安娜·斯皮尔（Anne Spier）[编著]（王颖，宋洁译）：南开德语系列读物：笑话中学德语（汉德对照），天津：南开大学出版社，2011。

[德] 贝特尔曼（Bertelman）[编]：交际德语教程（第二册）（教师用书），上海：上海外语教育出版社，2011。

[德] 贝特尔曼（Bertelman）[编]：交际德语教程（第三册）（教师用书），上海：上海外语教育出版社，2011。

[德] 布特纳（Siegfried Büttner）[编]：新标准德语强化教程（青少版）（A1）（教师手册1）北京，外语教学与研究出版社，2011。

[德] 冯克（Funk）[编著]：交际德语教程（第一册）（教师用书），上海：上海外语教育出版社，2011。

[德] 冯克（Funk）[编著]：交际德语教程（第三册）（词汇手册），上海：上海外语教育出版社，2011。

[德] 冯克（Funk）[编著]（石馗译）：全新标准德语教程（第2册上）（袖珍词汇手册），江苏：江苏教育出版社，2011。

[德] 冯克（Funk）[编著]（阎振江译）：全新标准德语教程（第1册下）（袖珍词汇手册），南京：江苏教育出版社，2011。

[德] 佳比勒·柯普（Gabriele Kopp），[德] 西格弗里德·布特纳（Siegfried Büttner）[编著]：新标准德语强化教程（青少版）（A1）（练习手册1），北京：外语教学与研究出版社，2011。

[德] 金莎黛（Friederike Jin）[编著]：快乐德语（第2册）：教师用书，上海：上海外语教育出版社，2011。

[德] 金莎黛（Friederike Jin）[编著]：快乐德语（第2册）：练习册，上海：上海外语教育出版社，2011。

[德] 金莎黛（Friederike Jin）[编著]：快乐德语（第3册）：教师用书，上海：上海外语教育出版社，2011。

［德］金莎黛（Friederike Jin）［编著］：快乐德语（第 3 册）：练习册，
　　上海：上海外语教育出版社，2011。

［德］克里斯蒂安•赛费特（Seiffert C.）［编著］（虞龙发译）：朗氏德
　　语日常写作强化练习 A2/B1，上海：上海译文出版社，2011。

［德］尼曼（Niemann）［编著］：交际德语教程：（第二册）（练习与测
　　试），上海：上海外语教育出版社，2011。

［德］聂黎曦（Michael Nerlich），梁敏［编著］：当代大学德语（2）
　　（练习手册），北京：外语教学与研究出版社，2011。

［德］聂黎曦（Michael Nerlich），梁敏［编著］：当代大学德语（3）
　　（练习手册），北京：外语教学与研究出版社，2011。

［美］泽温（Dieter Sevin, Ingrid Sevin）［编著］（梁亮译）：轻松学德
　　语（上）（第 8 版），北京：北京大学出版社，2011。

蔡幼生，江㷊松［编著］：新编德语语法（第 2 版），上海：上海外语
　　教育出版社，2011。

陈栋［编著］：同济德语培训•德语应试系列丛书：大学德语四、六级
　　词汇宝典，上海：同济大学出版社，2011。

德福考试院［编］：德福考试高分突破真题集，北京：外语教学与研究
　　出版社，2011。

韩薇薇［主编］：德汉实用情境口语，北京：对外经济贸易大学出版
　　社，2011。

韩巍，陶卓，夏君峰［编著］：新编大学德语四级考试模拟试题，上
　　海：同济大学出版社，2011。

侯继红，徐刚［编著］：二外德语考研（词汇），安徽：安徽科学技术
　　出版社，2011。

黄蓉：无师自通德语 900 句，北京：北京市外文音像出版社，2011。

李超［译］：交际德语教程（第二册）（词汇手册），上海：上海外语教
　　育出版社，2011。

李媛，邵勇：新编大学德语（第二版）（1）（教师手册），北京：外语
　　教学与研究出版社，2011。

李佐［编著］：快乐德语（A2 第 3/4 册学业测试），上海：上海外语教

育出版社，2011。

刘静[主编]：临时急需一句话：德语（2011新版），南京：东南大学
　　出版社，2011。

马佳欣，梁锡江，[德]桑梓安（Sandra Holtermann)[编著]：德语300
　　句，上海：上海外语教育出版社，2011。

彭彧，郭佼韵[主编]：德语数字百事通，北京：外语教学与研究出版
　　社，2011。

王雪英[主编]，李益，王轶[编著]：新编德语语法精练，上海：上
　　海外语教育出版社，2011。

王耀平：德语阅读与写作，长春：吉林人民出版社，2011。

王颖频[主编]：新编大学德语六级考试模拟试题，上海：同济大学出
　　版社，2011。

王兆渠，王范杰[编著]：德语听力训练，上海：同济大学出版社，
　　2011。

王兆渠，王范杰[编著]：德语综合练习与解析，上海：同济大学出版
　　社，2011。

王志强，戴启秀[编著]：基础德语学习辅导书（第4版），上海：同
　　济大学出版社，2011。

吴建雄[编著]：新编科技德语选读，北京：对外经济贸易大学出版
　　社，2011。

吴琼，关玉红[主编]：我的第一本德语书，北京：外文出版社，
　　2011。

杨静，王姝[编著]：德语300小时学习辅导用书，北京：外语教学与
　　研究出版社，2011。

于芳[编著]：初学德语语法难点问答，北京：高等教育出版社，
　　2011。

张帆，卢铭君[编著]：德语词汇学概论，上海：上海外语教育出版
　　社，2011。

翟永庚[主编]：德语口袋工具书系列：经贸德语2000句，南京：东
　　南大学出版社，2011。

中华人民共和国外交部翻译室［主编］：外事德语800句，世界知识出版社发行部，2011。

朱建华［主编］：新编大学德语（第二版）(1)（教师手册），北京：外语教学与研究出版社，2011。

朱建华［主编］，施显松，尚祥华［编著］：大学德语听说读写强化训练丛书·写作，上海：同济大学出版社，2011。

工 具 书

［德］鲁道夫·霍贝格（Rudolf Hoberg），乌尔苏拉·霍贝格（Ursula Hoberg）［编著］（朱建华，尚祥华，贾慧蝶译）：杜登德语语法，上海：上海译文出版社，2011。

［德］切尔纳（Cerna）（杨旸译）：德语基础词汇分类学习手册，天津：南开大学，2011。

［意］科尔西（Maria Corsi），［德］皮希勒（Erica Pichler），邵恩［编译］：德语主题分类图解词典，北京：北京语言大学出版社，2011。

陈栋［编著］：德福/DSH核心词汇详解（第1版），上海：同济大学出版社，2011。

陈晓春［编著］：德语词汇系列：德语动词ABC，北京：外语教学与研究出版社，2011。

大连理工大学，徐州工程机械集团有限公司［编］：工程机械德汉汉德双向词典，大连：大连理工大学出版社，2011。

杜景林，卢谌［编］：德汉法律经济词典，北京：对外经济贸易大学出版社，2011。

贾文键，魏育青［主编］：中国德语本科专业调研报告，北京：外语教学与研究出版社，2011。

潘再平［主编］：新德汉词典（缩印版），上海：上海译文出版社，2011。

詹春花：中国古代文学德译纲要与书目，北京：中国文史出版社，

2011。

张洋[主编]：精编德汉化学化工词典，上海：同济大学出版社，
2011。

论 文

文 学

[德]汉娜·阿伦特（Hannah Arendt），[德]君特·施特恩（Günther
　　Stern）（王立秋译）：里尔克的《杜伊诺哀歌》，《上海文化》2011
　　年第 1 期

安尼，谷裕：《独腿旅行的人》与对赫塔·米勒小说的非政治性阐释，
　　《长江学术》2011 年第 1 期

曹莉莉：异曲同工——戏剧《阴谋与爱情》与《西厢记》之对比分析，
　　《剑南文学（经典教苑）》2011 年第 12 期

Chen Hongyan（陈红嫣）：Berlin als Schauplatz in *Berlin Alexanderplatz*
　　und *Das kunstseidene Mädchen*, in: Literaturstraße Band 12,
　　herausgegeben von Zhang Yushu（张玉书），Horst Thomé（霍·托美），
　　Wei Maoping（卫茂平），Zhu Jianhua（朱建华），Georg Braungart
　　（格·布劳恩噶尔特），Würzburg: Königshausen & Neumann 2011

Chen Liangmei（陈良梅）：Metapher des Sozialwandels. Über die Handlungs-
　　räume in Alfred Döblins Roman *Berlin Alexanderplatz*, in: Literaturstraße
　　Band 12, herausgegeben von Zhang Yushu（张玉书），Horst Thomé（霍·
　　托美），Wei Maoping（卫茂平），Zhu Jianhua（朱建华），Georg Bra-
　　ungart（格·布劳恩噶尔特），Würzburg: Königshausen & Neumann
　　2011

陈良湾：保罗·策兰诗歌的生存意识，《世界文学评论》2011 年第 2 期

陈琳娜：试从《荒原狼》中的原型意象浅析其现代意识，《无锡商业职
　　业技术学院学报》2011 年第 4 期

陈玲玲：浅谈德语的句式变换及其修辞效果，《青年作家（中外文艺版）》2011 年第 3 期

陈文勇："老妇还乡式"复仇戏剧原型分析，《戏剧文学》2011 年第 1 期

陈彦：分成两半的子爵——关于克莱斯特的观念世界，《上海文化》2011 年第 1 期

Chen Zhuangying（陈壮鹰）: Bekenntnis zur chinesischen Philosophie unter indischem Gewand. Über Hermann Hesses Roman *Siddhartha*, in: Literaturstraße Band 12, herausgegeben von Zhang Yushu（张玉书）, Horst Thomé（霍·托美）, Wei Maoping（卫茂平）, Zhu Jianhua（朱建华）, Georg Braungart（格·布劳恩噶尔特）, Würzburg: Königshausen & Neumann 2011

Ci Xiaofang（次晓芳）: Motive und Sprachstil im Roman *Atemschaukel* von Herta Müller, in: Literaturstraße Band 12, herausgegeben von Zhang Yushu（张玉书）, Horst Thomé（霍·托美）, Wei Maoping（卫茂平）, Zhu Jianhua（朱建华）, Georg Braungart（格·布劳恩噶尔特）, Würzburg: Königshausen & Neumann 2011

次晓芳：E. T. A. 霍夫曼的恐怖小说及其现实意义，《德语学习》2011 年第 1 期

次晓芳：叩问历史，反观现实——2011 年德国毕希纳文学奖得主德利乌斯及其作品，《译林》2011 年第 5 期

次晓芳：浪漫派的奇才——萨弗兰斯基笔下的诺瓦利斯，《德语学习》2011 年第 4 期

丁君君：成长的怪诞——从反成长小说的角度看《雄猫穆尔》，《外国文学》2011 年第 4 期

杜婷：《香水》中的死亡主题，《牡丹江大学学报》2011 年第 10 期

范劲：《玻璃球游戏》《易经》和新浪漫主义理想，《中国比较文学》2011 年第 3 期

方维规："文学作为社会幻想的试验场"——另一个德国的"接受理论"，《外国文学评论》2011 年第 4 期

房媛：论卡夫卡的人格世界及对其创作的影响，《河南农业》2011 年

第 2 期

Feng Weiping（丰卫平）: Eine Betrachtung der Chinadarstellungen in *Kopfgeburten oder Die Deutschen sterben aus* von Günter Grass, in: Literaturstraße Band 12, herausgegeben von Zhang Yushu（张玉书）, Horst Thomé（霍·托美）, Wei Maoping（卫茂平）, Zhu Jianhua（朱建华）, Georg Braungart（格·布劳恩噶尔特）, Würzburg: Königshausen & Neumann 2011

冯庆：布莱希特《三毛钱小说》与其"新史诗小说"理论，《青年作家（中外文艺版)》2011 年第 4 期

冯文慧：深刻的洞察 深切的悲悯——由《一个陌生女人的来信》谈起，《群文天地》2011 年第 13 期

Feng Yalin（冯亚琳）: Die Gewalt und der Andere. Zum Gewaltmotiv in Günter Grass´ Prosatexten, in: Literaturstraße Band 12, herausgegeben von Zhang Yushu（张玉书）, Horst Thomé（霍·托美）, Wei Maoping（卫茂平）, Zhu Jianhua（朱建华）, Georg Braungart（格·布劳恩噶尔特）, Würzburg: Königshausen & Neumann 2011

冯亚琳：君特·格拉斯小说中记忆的演示，《外国文学》2011 年第 2 期

付秋会：孤独的单恋者——《一个陌生女人的来信》女性形象分析，《文学界（理论版)》2011 年第 3 期

付天海，刘颖：评克莱斯特小说《O 侯爵夫人》中的不可靠叙述，《鸡西大学学报》2011 年第 7 期

傅丽莉：图像符号与文本资源——以德国艺术家安塞尔姆·基弗为例，《文艺争鸣》2011 年第 4 期

高小弘：纯粹美化的男性形象书写——20 世纪 90 年代女性成长小说对男性想象的一种方式，《河北师范大学学报（哲学社会科学版)》2011 年第 5 期

何宁：历史与日常的并置——上世纪 90 年代中期以来的德国文学，《德国研究》2011 年第 1 期

何宁，丁越：图像时代的视觉感知——论朱迪特·赫尔曼的小说集《除了幽灵，别无它物》，《东北师大学报（哲学社会科学版)》2011

年第 3 期

贺骥：从文学场的斗争逻辑看歌德的自主美学，《同济大学学报（社会
　　科学版）》2011 年第 2 期

缑广飞：《审判》中的"审判"——兼论卡夫卡焚稿之谜，《名作欣赏》
　　2011 年第 30 期

胡丹：孤独的追逐——阐释卡夫卡的一则小寓言，《文学界（理论版）》
　　2011 年第 3 期

Hu Wei（胡蔚）: Johann Wolfgang Goethes Italienische Reise als Schrift
　　der Ästhetik, in: Literaturstraße Band 12, herausgegeben von Zhang
　　Yushu（张玉书）, Horst Thomé（霍·托美）, Wei Maoping（卫茂
　　平）, Zhu Jianhua（朱建华）, Georg Braungart （格·布劳恩噶尔
　　特）, Würzburg: Königshausen & Neumann 2011

胡迎春：卡夫卡的写作游戏——《变形记》的文本细读，《宿州教育学
　　院学报》2011 年第 4 期

胡蕴玮：论莱辛的诗画异质观——以里尔克的诗作《豹》为例，《西安
　　航空技术高等专科学校学报》2011 年第 6 期

户思社：德法浪漫主义美学思想的演变与相互影响，《外语教学》，
　　2011 年第 4 期

黄河清：遁入炼狱——托马斯·曼的疗养院图式，《东方论坛》2011 年
　　第 3 期

Huang Keqin（黄克琴）: Markt und Marketing. Zur Erfolgsgeschichte deutsch-
　　sprachiger Gegenwartsautorinnen in China, in: Literaturstraße Band
　　12, herausgegeben von Zhang Yushu（张玉书）, Horst Thomé（霍·
　　托美）, Wei Maoping（卫茂平）, Zhu Jianhua（朱建华）, Georg
　　Braungart（格·布劳恩噶尔特）, Würzburg: Königshausen & Neumann
　　2011

黄燎宇：莱辛的深刻，莱辛的天真——对《智者纳旦》的冒险解读，
　　《读者》2011 年第 11 期

黄燎宇：《魔山》——一部启蒙启示录，《外国文学评论》2011 年第
　　1 期

黄平平：对男女情感模式的分析——以《一个陌生女人的来信》与《少年维特的烦恼》为模本，《大众文艺》2011 年第 6 期

黄萍萍：于"疯狂"中追寻精神自由——霍夫曼小说《金罐》中的"疯狂"，《名作欣赏》2011 年第 36 期

黄秀静：从霍夫米勒形象分析认识斯蒂芬·茨威格的人道主义情怀——谈《心灵的焦灼》，《北方文学（下半月）》2011 年第 7 期

霍伟：选择的艰难：黑塞《德米安》主题之再追问，《安徽文学（下半月）》2011 年第 1 期

季进："我并不尖锐，只是更坦率"——顾彬教授访谈录，《书城》2011 年第 7 期

Jiang Aihong（姜爱红）：Die Rezeption des Expressionismus in der modernen chinesischen Dichtung in der Zeit während der 4.-Mai-Bewegung, in: Literaturstraße Band 12, herausgegeben von Zhang Yushu（张玉书），Horst Thomé（霍·托美），Wei Maoping（卫茂平），Zhu Jianhua（朱建华），Georg Braungart（格·布劳恩噶尔特），Würzburg: Königshausen & Neumann 2011

蒋琳：《一个陌生女人的来信》中的女性意识，《时代文学（下半月）》2011 年第 9 期

Jin Xiuli（金秀丽）：Chinesen oder Tataren? Herders Chinabild in seinem Werk *Ideen zur Philosophie der Geschichte der Menschheit*, in: Literaturstraße Band 12, herausgegeben von Zhang Yushu（张玉书），Horst Thomé（霍·托美），Wei Maoping（卫茂平），Zhu Jianhua（朱建华），Georg Braungart（格·布劳恩噶尔特），Würzburg: Königshausen & Neumann 2011

柯云燕：从歌德的《浮士德》看柏辽兹的《浮士德》，《才智》2011 年第 15 期

李昌珂："两个"歌德的融合——论托马斯·曼的长篇小说《歌德与绿蒂》，《外国文学研究》2011 年第 6 期

李大勇：暗夜里的歌者——卡夫卡与他的时代，《淮海工学院学报（社会科学版）》2011 年第 8 期

研究文献汇编

李丹：别样的梦魇——卡夫卡《城堡》与昆德拉《慢》中"梦"的比较，《临沧师范高等专科学校学报》2011 年第 1 期

李冠杰：浅析乌尔里希·贝克的世界主义思想，《德国研究》2011 年第 2 期

李欢：从莫言与君特·格拉斯看男性性别身份的寓言，《剑南文学（经典教苑）》2011 年第 7 期

李佳：夹缝中的生存者——探析《一个陌生女人的来信》中的女性形象，《临沧师范高等专科学校学报》2011 年第 2 期

李柳枫：论卡夫卡的身份焦虑，《文学教育（上）》2011 年第 4 期

李璐：《猫与鼠》的后现代叙事策略及读者对意义建构的参与，《世界文学评论》2011 年第 2 期

李苗苗，辛鹏宇：美丽而苍白的冬季童话——从卡夫卡的《变形记》透视人类的自我价值，《北方文学（下半月）》2011 年第 4 期

李雪：《茵梦湖》与《金罐》的比较——德国浪漫主义时期的两朵奇葩，《剑南文学（经典教苑）》2011 年第 3 期

李英梅，张凤军：泪水和鲜血里萌生出来的娇花——论海涅抒情诗的情感表现，《名作欣赏》2011 年第 1221 期

厉震林：论德国戏剧教育的"洪堡思想"及启示，《戏剧文学》2011 年第 3 期

梁庆标：对话中的身份建构——君特·格拉斯《剥洋葱》的自传叙事，《国外文学》2011 年第 1 期

梁锡江：谢拉皮翁原则与《堂兄的角窗》——德国文学的一段问题史，《外国文学评论》2011 年第 1 期

梁锡江：19 世纪初德国社会转型期与浪漫主义的矛盾——重读霍夫曼小说《堂兄的角窗》，《南京师范大学文学院学报》2011 年第 3 期

廖心心：罪与罚，法律与道德——论《朗读者》中的伦理道德判定，《文学界（理论版）》2011 年第 5 期

林显源：浮华中，名士的本土道德，《艺苑》2011 年第 5 期

林小遐：浅析二战后初期的德国寓意剧发展状况，《安徽文学（下半月）》2011 年第 5 期

刘贝贝：德语文学与文学批评，《德语学习》2011 年第 3 期

刘冬瑶：有一种爱，叫做等待——《纺织姑娘的夜歌》赏析，《德语学习》2011 年第 1 期

刘芳：无力的救赎——解读卡夫卡《乡村医生》，《电影评介》2011 年第 14 期

刘建军：汉语语境下外国文学史的现代性转换——评韩耀成先生《德国文学史》第四卷，《外国文学研究》2011 年第 3 期

刘静：探寻卡夫卡小说的社会意义——对《变形记》指引"苦痛"的思考，《河北经贸大学学报（综合版）》2011 年第 4 期

刘松：《朗读者》的叙事结构探究，《青年作家（中外文艺版）》2011 年第 2 期

刘婷婷：浅谈德国小说《朗读者》中的爱情，《安徽文学（下半月）》2011 年第 9 期

Liu Wei（刘炜）：Shanghai als Schulpfloch der anderen. Über Ursula Krechels Roman *Shanghai fern von wo*, in: Literaturstraße Band 12, herausgegeben von Zhang Yushu（张玉书），Horst Thomé（霍·托美），Wei Maoping（卫茂平），Zhu Jianhua（朱建华），Georg Braungart（格·布劳恩噶尔特），Würzburg: Königshausen & Neumann 2011

刘卫平：海因里希·伯尔长篇小说《无主之家》的叙事策略，《江苏技术师范学院学报》2011 年第 11 期

刘颖，曲平梅：何去何从——评卡夫卡小说《判决》中的市民主体分裂，《赤峰学院学报（汉文哲学社会科学版）》2011 年第 5 期

柳东林：发掘西方文学的禅意——以卡夫卡《城堡》为例，《文艺争鸣》2011 年第 12 期

Lu Mingjun（卢铭君）：Überblick über die Medea-Rezeption in China, in: Literaturstraße Band 12, herausgegeben von Zhang Yushu（张玉书），Horst Thomé（霍·托美），Wei Maoping（卫茂平），Zhu Jianhua（朱建华），Georg Braungart（格·布劳恩噶尔特），Würzburg: König-shausen & Neumann 2011

卢铭君：激活一个时代的记忆——试析托马斯·布鲁西克的《太阳大道

将尽处》,《传奇·传记文学选刊（理论研究）》2011 年第 3 期

卢文婷：破碎的身／影：续写与对话——《野草》与德国浪漫主义,《安徽大学学报（哲学社会科学版）》2011 年第 6 期

罗琛：命运悲剧与性格悲剧——解读克莱斯特名作《义子》,《新乡学院学报（社会科学版）》2011 年第 6 期

罗成雁：切近超越性的存在——里尔克诗中的"邻居"意象,《西南农业大学学报（社会科学版）》2011 年第 3 期

罗炜：暴戾和沦丧的村庄——评赫塔·米勒处女作《低地》,《中南民族大学学报（人文社会科学版）》2011 年第 6 期

吕芳慧,胡洁雯：二元对立的人物原型在《香水》中的运用,《牡丹江大学学报》2011 年第 3 期

毛文婷：民俗学、民族主义和赫尔德——论 19 世纪理性主义衰落之必然,《黑龙江史志》2011 年第 2 期

Mao Yabin（毛亚斌）: *Der Tod in Venedig* im Spiegel der „Jingjie" - Konzeption von Wang Guowei, in: Literaturstraße Band 12, herausgegeben von Zhang Yushu（张玉书）, Horst Thomé（霍·托美）, Wei Maoping（卫茂平）, Zhu Jianhua（朱建华）, Georg Braungart（格·布劳恩噶尔特）, Würzburg: Königshausen & Neumann 2011

聂军：巴赫曼的哲学对话,《外语教学》2011 年第 4 期

聂军：传统的记忆与文化包容——奥地利文学中的传统文化意识特征,《外国文学评论》2011 年第 3 期

欧梅,朱红梅,卢晓敏：作为他者的生存——从疾病的隐喻解读《铁皮鼓》,《陇东学院学报》2011 年第 1 期

Pang Wenwei(庞文薇): Herta Müllers Sprache in Atemschaukel, in: Literaturstraße Band 12, herausgegeben von Zhang Yushu（张玉书）, Horst Thomé（霍·托美）, Wei Maoping（卫茂平）, Zhu Jianhua（朱建华）, Georg Braungart（格·布劳恩噶尔特）, Würzburg: Königshausen & Neumann 2011

彭芙飚：茨威格·陌生女人·昨日的世界——《一个陌生女人的来信》症候式分析再读,《文学界（理论版）》2011 年第 10 期

Peng Nianci（彭念慈）：Einige Bemerkungen zur Übersetzung und Buddha lacht von Franz Kuhn, in: Literaturstraße Band 12, herausgegeben von Zhang Yushu（张玉书）, Horst Thomé（霍·托美）, Wei Maoping（卫茂平）, Zhu Jianhua（朱建华）, Georg Braungart（格·布劳恩噶尔特）, Würzburg: Königshausen & Neumann 2011

彭智蓉：扭曲人格的精神自恋——从"人格论"视角解读《一个陌生女人的来信》,《名作欣赏》2011 年第 21 期

乔才娴：从小说到电影——原著小说《香水》与电影版《香水》的对比分析,《经济视角（中旬）》2011 年第 2 期

秦红艳：震惊与新奇：艺术二元对立元素的完美交融——谈《铁皮鼓》卓越的叙事策略,《名作欣赏》2011 年第 11 期

覃慧卉：在安静平和中的最终寻觅——西格弗里德·伦茨小说《失物招领处》浅析,《科技信息》2011 年第 24 期

邱华栋：君特·格拉斯：《铁皮鼓》里的德国,《星火》2011 年第 6 期

冉媛：德国人对二战罪责的排斥策略——浅析海因里希·伯尔小说《无主之家》,《北方文学（下半月）》2011 年第 2 期

Ren Guoqiang（任国强）：Verlorene zehn Jahre? Eine Annäherung an Goethes umstrittene Zeit in Weimar, in: Literaturstraße Band 12, herausgegeben von Zhang Yushu（张玉书）, Horst Thomé（霍·托美）, Wei Maoping（卫茂平）, Zhu Jianhua（朱建华）, Georg Braungart（格·布劳恩噶尔特）, Würzburg: Königshausen & Neumann 2011

任铮铮：从"陌生化"到"跨文化"——德语"移民文学"的发展,《大众文艺》2011 年第 1 期

沈凤蛟：矛盾中的诗意张力——里尔克《豹》之再解读,《群文天地》2011 年第 14 期

沈宏芬：欧洲经典成长小说的"启蒙辩证法"——以《威廉·麦斯特》为例,《世界文学评论》2011 年第 1 期

石若凡：简析布莱希特的戏剧"间离"理论,《黄石理工学院学报（人文社会科学版）》2011 年第 1 期

时晓：艺术家的审美困境——试析托马斯·曼的小说《死于威尼斯》,

《学理论》2011 年第 6 期

宋健飞，王学博：《格林词语》：跨越时空的历史对话，《译林》2011
年第 5 期

宋丽云：浅谈卡夫卡《变形记》创作上对现实主义的突破，《学理论》
2011 年第 20 期

苏晓琴：谁害怕奥托·施泰因？——"告密文人"奥斯卡·帕斯蒂奥尔，
《书城》2011 年第 4 期

孙向阳：从《棋王》与《象棋的故事》看文化选择的向度，《铜仁学院
学报》2011 年第 5 期

谭渊：布莱希特的《六首中国诗》与"传播真理的计谋"，《解放军外
国语学院学报》2011 年第 3 期

汤磊：改革开放以来中国施笃姆研究综述，《大学英语（学术版）》
2011 年第 2 期

汤林峄：论《大公报·文学副刊》的德国文学研究，《湖南大学学报
（社会科学版）》2011 年第 5 期

唐艺军：梦想现实信念——艾兴多夫《离别》赏析，《德语学习》2011
年第 3 期

田小玲：从《乡村医生》看卡夫卡文学的叙事艺术，《西北工业大学学
报（社会科学版）》2011 年第 1 期

童明：暗恐 / 非家幻觉，《外国文学》2011 年第 4 期

Wang Beibei und Tang Yin（王蓓蓓，唐引）：Die Vermittlung der deutschen
Literatur mit ihren ästhetischen, kulturellen und historischen Dimensionen
an chinesichen Hochschulen, in: Literaturstraße Band 12, herausgegeben
von Zhang Yushu(张玉书)，Horst Thomé(霍·托美)，Wei Maoping
（卫茂平），Zhu Jianhua（朱建华），Georg Braungart（格·布劳恩
噶尔特），Würzburg: Königshausen & Neumann 2011

王炳钧：1900 年前后德语诗歌中的城市与感知，《外国文学》2011 年
第 4 期

王光利：《铁皮鼓》的荒诞与真实：一个多声部叙事交响的象征世界，
《西安外国语大学学报》2011 年第 4 期

王海峰：略论卡夫卡小说的开篇艺术，《名作欣赏》2011 年第 6 期

王静：黑塞教育小说研究：理想教育与精神自救，《重庆交通大学学报（社会科学版）》2011 年第 3 期

王静：探索精神的成长之路——黑塞教育小说的主题分析，《贵州师范大学学报（社会科学版）》2011 年第 2 期

王丽：从创伤到幻相：一个陌生女人的主体构建之旅——用拉康主体理论解读《一个陌生女人的来信》，《宜宾学院学报》2011 年第 11 期

王瑞：论莱辛《拉奥孔》中"诗"与"画"的界限，《伊犁师范学院学报（社会科学版）》2011 年第 1 期

王学博：君特·格拉斯新作《格林的词语》简评，《德语学习》2011 年第 3 期

王学博：小说《香水》对启蒙理性的反思，《北方文学（下半月）》2011 年第 7 期

王莹：2011 年德语文坛重要奖项选介，《德语学习》2011 年第 5 期

王莹萧：荒诞无序背后的存在密码——卡夫卡《乡村医生》解读，《大众文艺》2011 年第 12 期

Wei Maoping（卫茂平）：Zur Wirkungsgeschichte der chinesischen Garten-kunst im Spiegel der deutschen Literatur des 18. Jahrhunderts, in: Literaturstraße Band 12, herausgegeben von Zhang Yushu（张玉书）, Horst Thomé（霍·托美）, Wei Maoping（卫茂平）, Zhu Jianhua（朱建华）, Georg Braungart（格·布劳恩噶尔特）, Würzburg: Königs-hausen & Neumann 2011

吴华英：西方经典《荒原狼》在中国的艰难经典化，《湖北第二师范学院学报》2011 年第 4 期

吴建广：濒死意念作为戏剧空间——歌德《浮士德》"殡葬"之诠释，《外国文学评论》2011 年第 2 期

吴建广：试图找回遗弃的身份——论保尔·策兰诗文中的犹太互文性，《国外文学》2011 年第 2 期

Wu Jianxiong（吴建雄）：„jìng yè sī " von Lǐ-Bái und seine deutschen Übertragungen, in: Literaturstraße Band 12, herausgegeben von Zhang Yushu（张玉书），Horst Thomé（霍·托美），Wei Maoping（卫茂平），Zhu Jianhua（朱建华），Georg Braungart（格·布劳恩噶尔特），Würzburg: Königshausen & Neumann 2011

吴晓樵：柏林：帝国时代的"沼泽"——论冯塔纳《卜根普尔一家》的潜结构，《外国文学评论》2011 年第 1 期

吴晓樵：春柳剧场演出翻译剧目《真假娘舅》的来源，《戏剧（中央戏剧学院学报)》2011 年第 1 期

肖丰：卡夫卡《审判》阐释，《长春师范学院学报》2011 年第 5 期

Xie Jianwen（谢建文）：Jenseits der gängigen Vorstellungen von Nationalsozialismus zu Marcel Beyers *Flughunde*, in: Literaturstraße Band 12, herausgegeben von Zhang Yushu（张玉书），Horst Thomé（霍·托美），Wei Maoping（卫茂平），Zhu Jianhua（朱建华），Georg Braungart（格·布劳恩噶尔特），Würzburg: Königshausen & Neumann 2011

谢建文：在惯常的想象之外——论马塞尔·拜尔的长篇小说《狐蝠》，《同济大学学报（社会科学版)》2011 年第 4 期

谢珊珊：可视的香，孤寂的人——《香水》：从小说到电影，《理论界》2011 年第 12 期

辛鹏宇：对抗中的爆发与消亡——从《城堡》透视卡夫卡，《文学界（理论版)》2011 年第 1 期

熊骄：挣扎与妥协——以父子关系视角解读卡夫卡《地洞》，《北方文学（下半月)》2011 年第 4 期

徐帅：幻象与心魔中的危机——解读卡夫卡短篇小说《不幸》，《北方文学（下半月)》2011 年第 4 期

许海娜：个体痛苦链接成历史本象——读赫塔·米勒小说，《世界文化》2011 年第 7 期

许海娜，肖向东：个体伤痕的文学阐释——论赫塔·米勒小说的个人叙事与反抗精神，《北方文学（下半月)》2011 年第 3 期

薛松：炮灰的毁灭和迷惘——从伯尔的短篇小说看德国二战青少年的成长与教育，《重庆与世界》2011 年第 3 期

杨杨：凝固的圆球——论卡夫卡的《城堡》，《太原城市职业技术学院学报》2011 年第 2 期

姚军玲：20 世纪德国文学史中的《红楼梦》，《红楼梦学刊》2011 年第 3 期

姚磊：测错的世界——丹尼尔·克尔曼小说《测量世界》评介，《德语学习》2011 年第 5 期

姚莹：克莱斯特小说《O 侯爵夫人》的现代性探析，《晋中学院学报》2011 年第 6 期

叶隽：救世理想与现世艰难——《普罗米修斯》断片中的"宿命叛逆"现象及其思想史元素，《德国研究》2011 年第 2 期

叶隽：启蒙的现代传承、化生与超越——以瓦尔泽、格拉斯、哈贝马斯等为中心，《同济大学学报（社会科学版）》2011 年第 2 期

叶隽：逝去未尽英雄志——"埃格蒙特 - 奥兰宁结构"的意义，《外国文学研究》2011 年第 6 期

叶隽：退尔镜像的中国变形及其所反映的文化转移，《南京师范大学文学院学报》2011 年第 2 期

叶隽：文明史、现代性与现时代问题——读《文明的进程》，《中国图书评论》2011 年第 9 期

叶隽：现代中国的荷尔德林接受——以若干日耳曼学者为中心，《中国比较文学》2011 年第 2 期

叶隽：战后六十年的歌德学（一九四五～二〇〇五）（续）——歌德学术史研究，《东吴学术》2011 年第 4 期

殷西环：霍夫曼斯塔尔诗剧《傻子与死神》中的唯美主义症结，《青年作家（中外文艺版）》2011 年第 3 期

Yin Zhihong（印芝虹）: „*Le style c'est l'homme*; die Aussagen eines Menschen mögen verlogen sein – im Stil seiner Sprache liegt sein Wesen hüllenlos offen ". Überlegungen in Bezug auf die Übersetzung von Victor Klemperers *LTI*, in: Literaturstraße Band 12, herausgegeben von Zhang Yushu（张玉书）, Horst Thomé（霍·托美）, Wei Maoping（卫茂平）, Zhu Jianhua（朱建华）, Georg Braungart（格·布劳恩噶尔

特），Würzburg: Königshausen & Neumann 2011

于雅静：形同陌路的爱人——解析《一封陌生女人的来信》中女性视角的注入，《群文天地》2011 年第 14 期

余娟：从《判决》与《小丑之见》看"父子关系"主题，《安徽文学（下半月）》2011 年第 9 期

詹春花：1900 年以前中国文学在德语地区的传播，《浙江外国语学院学报》2011 年第 4 期

Zhang Fan（张帆）：Zu chinesischen Übersetzungen der Werke von Anna Seghers, in: Literaturstraße Band 12, herausgegeben von Zhang Yushu（张玉书），Horst Thomé（霍·托美），Wei Maoping（卫茂平），Zhu Jianhua（朱建华），Georg Braungart（格·布劳恩噶尔特），Würzburg: Königshausen & Neumann 2011

张帆：论赫塔·米勒诗歌中的意象拼贴与诗化现实，《当代作家评论》2011 年第 6 期

张帆：论克里斯塔·沃尔夫的《天使之城或弗洛伊德博士的外衣》，《当代外国文学》2011 年第 4 期

张俊萍：迪伦马特小说中的"蝴蝶效应"——评《抛锚》《诺言》《法官和他的刽子手》，《江南大学学报（人文社会科学版）》2011 年第 3 期

张俊萍：人类理性的"裂隙"——评迪伦马特的小说《嫌疑》及其他，《黑龙江教育学院学报》2011 年第 8 期

张琼：赫尔曼·黑塞文学创作中蕴涵的东方文化，《时代文学（下半月）》2011 年第 6 期

张晓静：内心之钟：大屠杀历史背景下的爱情与诗歌——评巴赫曼和策兰通信集《心的岁月》，《外国文学动态》2011 年第 6 期

张辛仪：《格林兄弟的词语》——君特·格拉斯的爱之宣言和人生小结，《外国文学动态》2011 年第 4 期

张辛仪：论君特·格拉斯小说的怪诞风格，《兰州学刊》2011 年第 12 期

张兴成：现代文化政治冲突中的"母语认同"——德国浪漫主义母语

观反思，《文艺理论研究》2011 年第 2 期

Zhang Yi（张意）：China in Elisabeth von Heykings Roman *Briefe, die ihn nicht erreichten*, in: Literaturstraße Band 12, herausgegeben von Zhang Yushu（张玉书），Horst Thomé（霍·托美），Wei Maoping（卫茂平），Zhu Jianhua（朱建华），Georg Braungart（格·布劳恩噶尔特），Würzburg: Königshausen & Neumann 2011

张玉能：霍夫曼斯塔尔的象征主义戏剧论，《青岛科技大学学报（社会科学版)》2011 年第 3 期

Zhang Yushu（张玉书）：Liebe auf den zweiten Blick – Heines Verhältnis zu China, in: Literaturstraße Band 12, herausgegeben von Zhang Yushu（张玉书），Horst Thomé（霍·托美），Wei Maoping（卫茂平），Zhu Jianhua（朱建华），Georg Braungart（格·布劳恩噶尔特），Würzburg: Königshausen & Neumann 2011

张智，周芳：布莱希特戏剧的叙述性探究——以《高加索灰阑记》为例，《长沙理工大学学报（社会科学版)》2011 年第 2 期

赵蕾莲：论威廉·海因泽的小说《阿尔丁海洛与幸福岛》对荷尔德林和谐观的影响，《德国研究》2011 年第 4 期

赵晓霞：卡夫卡《城堡》的"对话模式"及其美学意蕴，《甘肃社会科学》2011 年第 5 期

周敏："文学"研究的方向——胡伯特·兰高尔教授访谈录，《外国文学》2011 年第 1 期

周天兵：理想与现实的交融——浅析席勒的《华伦斯坦》，《上海理工大学学报（社会科学版)》2011 年第 1 期

周宪：布莱希特的中国镜像，《外国文学研究》2011 年第 5 期

周小英：再现历史 昭示后人——读现代著名作家 Günter Grass 的中篇小说《Im Krebsgang》，《时代文学（下)》2011 年第 7 期

周洋洋：《四川好人》里的"间离计"——浅析布莱希特的陌生化技巧，《文学界（理论版)》2011 年第 7 期

朱惠惠：浅谈卡夫卡《城堡》之人性的执着，《北方文学（下半月)》2011 年第 6 期

邹小忆：孤独的老鼠——浅析格拉斯小说《猫与鼠》中马尔克的悲剧命运，《科技信息》2011 年第 4 期

邹赞：重读君特·格拉斯小说《铁皮鼓》，《青海民族大学学报（教育科学版)》2011 年第 2 期

语 言 学

陈琦：跨文化语境下的篇章与图像：中德讣告对比，《复旦外国语言文学论丛》2011 年第 2 期

陈琦：浅析德语主题意义及其交际功能，《佳木斯教育学院学报》2011 年第 1 期

崔善烨：德语品牌名称的构成方法，《德语学习》2011 年第 3 期

He Chunyan（何春燕）: Zur Entwicklung interkultureller Kompetenz im Deutschunterricht, in: Literaturstraße Band 12, herausgegeben von Zhang Yushu（张玉书），Horst Thomé（霍·托美），Wei Maoping（卫茂平），Zhu Jianhua（朱建华），Georg Braungart（格·布劳恩噶尔特），Würzburg: Königshausen & Neumann 2011

金海民：《共产党宣言》中的三个外来语词，《德语学习》2011 年第 3 期

黎东良，熊燕：国内外汉德语对比研究：现状与展望，《黄海学术论坛》2011 年第 2 期

李嵩，刘明远：德汉委婉语语用功能与跨文化交际，《哈尔滨职业技术学院学报》2011 年第 2 期

李康康，翁震华，王群珉：交际法语言测试理论在德语确认考试中的应用，《黑龙江教育学院学报》2011 年第 2 期

李享：单数？复数？你可能不知道的"秘密"，《德语学习》2011 年第 2 期

刘明：低地德语一瞥——低地法兰克语，《德语学习》2011 年第 3 期

刘齐生：从"内容相关语法"到"政治语法"——德国语言学研究的社会批评传统，《广东外语外贸大学学报》2011 年第 5 期

綦甲福：称呼代词的跨文化性与语用距离研究，《解放军外国语学院学报》2011 年第 6 期

钱文彩：《汉德熟语词典》评介，《德语学习》2011 年第 1 期

任春静：德语感叹词概述，《德语学习》2011 年第 2 期

孙维，胡玲：隐喻理论在德语词汇教学的应用，《考试周刊》2011 年第 1 期

孙晓：与数字有关的德语熟语，《德语学习》2011 年第 6 期

孙云龙：德语地区社会史研究的语言学转向：概念史研究刍议，《学海》2011 第 58 期

王博：认知角度下的德语隐喻以及对德语习得的思考，《科技致富向导》2011 年第 26 期

王世英：从"二噁英"谈起，《德语学习》2011 年第 3 期

王妍：与服饰有关的德语俗语汇总，《德语学习》2011 年第 3 期

温仁百：汉语手机短信的互动模式分析，《外语教学》2011 年第 2 期

吴敏：德汉关于"猫"的词语或谚语，《德语学习》2011 年第 3 期

谢宁：2010 年度德国十大热点词汇介绍，《德语学习》2011 年第 1 期

徐蔚：Scheiße 的妙用，《德语学习》2011 年第 2 期

徐悦：浅析德语构词的原因，《德语学习》2011 年第 3 期

杨美玲：试论当代德语的特点及其社会语言学意义，《科技信息》2011 年第 9 期

袁晨：转换生成语法对德语名词翻译的指导意义，《四川教育学院学报》2011 年第 7 期

袁杰：略论马克思语言艺术——基于马克思主义大众化维度，《长江论坛》2011 年第 1 期

Zhang Lifen und Kong Deming（张丽芬，孔德明）:Die Wahrnehmung des Eigenen/Fremden in deutschen Pressetexten. Über die potentielle emotionale Wirkung des Indefinitpronomens „man", in: Literaturstraße Band 12, herausgegeben von Zhang Yushu（张玉书）, Horst Thomé（霍·托美）, Wei Maoping（卫茂平）, Zhu Jianhua（朱建华）, Georg Braungart（格·布劳恩噶尔特）, Würzburg: Königshausen &

Neumann 2011

赵丹：带相同前缀的德语动词同义词，《德语学习》2011 年第 2 期

周亚云：浅谈当代德语发展的新趋势——从词汇学及认知语言学的角度分析，《青年文学家》2011 年第 1 期

Zhu Jin（朱锦）：Verbalsubstantive im Deutschen und im Chinesischen, in: Literaturstraße Band 12, herausgegeben von Zhang Yushu（张玉书），Horst Thomé（霍·托美），Wei Maoping（卫茂平），Zhu Jianhua（朱建华），Georg Braungart（格·布劳恩噶尔特），Würzburg: Königshausen & Neumann 2011

翻　译

陈红嫣：《世界文学》（1953—2008 年）中的德语文学翻译初探，《德国研究》2011 年第 2 期

方向红：也谈 Dasein 的翻译，《淮阴师范学院学报（哲学社会科学版）》2011 年第 3 期

郭美岐，吴华杰，焦艳：试论瞿秋白与马丁·路德翻译思想的异同，《海外英语》2011 年第 11 期

华少庠：论《红楼梦》德文全译本"好了歌注"的翻译策略，《明清小说研究》2011 年第 3 期

靳亚铭：试论《圣经》翻译简史，《名作欣赏》2011 年第 35 期

黎东良：Universitätslehrer 是汉语里的"大学教师"吗？——兼谈德汉互译要注意概念对等问题，《德语学习》2011 年第 5 期

黎东良：商务德语信函的语言特征及汉译策略，《中国科技翻译》2011 年第 3 期

黎东良，黎滋培：德英汉语词汇翻译中的术语等值问题，《中国科技术语》2011 年第 5 期

黎瑾：中国古诗在德语翻译中的文化体现——以《饮酒》和《木兰辞》为例，《湖南工业职业技术学院学报》2011 年第 1 期

李继烈："Bier macht uns zu Freunden!"— Berliner Bierfestival 2010，《德

语学习》2011 年第 6 期

李颖：德语介词 mit 与英语介词 with 比较，《辽宁科技大学学报》，2011 年 2 期

刘梦娇，谭克新：德语政治演讲辞的文体特征及翻译策略探析，《宁波工程学院学报》2011 年第 4 期

刘燕妮：翻译法在德语基础语法教学中的运用——协同学理论的运用实例，《语文学刊》2011 年第 7 期

石见穿：评策兰名诗 Fadensonnen 的"北岛版"译文，《德语学习》2011 年第 4 期

谭渊：《老子》译介与老子形象在德国的变迁，《德国研究》2011 年第 2 期

滕硕：新词"给力"的德译，《德语学习》2011 年第 3 期

王琦，李灏：德汉习语翻译与文化差异，《剑南文学（经典教苑）》2011 年第 6 期

王崧珍：翻译文化效应研究视域下马丁·路德翻译思想的文化解读，《长江大学学报（社会科学版）》2011 年第 5 期

王维，秦岚：人际功能视角下的小说人物关系趋向性——《红楼梦》英译本和德译本中妙玉人物形象的不同体现，《红楼梦学刊》2011 年第 6 期

王妍：从烹饪手法的德译看中国的饮食文化，《德语学习》2011 年第 2 期

吴健：中医术语德译中"无对应词"的处理，《德语学习》2011 年第 2 期

徐玲：德汉科技翻译教学应重视术语翻译的标准化，《科教导刊（中旬刊）》2011 年第 7 期

徐悦：浅析词汇翻译中的对等问题，《德语学习》2011 年第 5 期

徐悦：浅析德语熟语的中文翻译，《安徽文学（下半月）》2011 年第 9 期

许震民：汉语熟语德译杂谈·之五 汉语熟语的文化精髓皆在直译中，《德语学习》2011 年第 3 期

许震民：汉语熟语德译杂谈·之六 从译文的语言美中学习和记忆熟语，《德语学习》2011 年第 4 期

叶旭萍：从跨文化角度分析德语翻译中的异化和归化策略，《文教资料》2011 年第 9 期

张帆：中国常见蔬菜的德语表达，《德语学习》2011 年第 2 期

张宇：Umgangssprachliche Verben von Tiernamen，《德语学习》2011 年第 4 期

赵薇薇：德国对中国文学作品的译介与研究，《重庆科技学院学报（社会科学版）》2011 年第 15 期

钟琳娜：浅谈德语地名的汉字译写标准化，《中国地名》2011 年第 10 期

教 学 法

[德] 佩吉·海克（Peggy Hecker），朱虹雨：Methodik für den schriftlichen Ausdruck im TestDaF，《德语学习》2011 年第 1 期

陈琦：如何用德语表达"不满"，《德语学习》2011 年第 6 期

陈嵘："刻板"的德语词序，《德语学习》2011 年第 6 期

崔娜娜：浅谈高职德语翻译课的教学，《中国科教创新导刊》2011 年第 34 期

邓涛：浅析情景教学法在旅游德语教学中的应用，《科教文汇（上旬刊）》2011 年第 3 期

高松：德国职教师资见习及第二次国家考试制度探究，《职教论坛》2011 年第 24 期

葛艳，朱建华：大学德语教学中跨文化能力的培养，《上海理工大学学报（社会科学版）》2011 年第 2 期

龚艳："freuen"是真反身动词吗？——关于反身动词的疑惑与解惑，《德语学习》2011 年第 4 期

韩岳：浅谈如何提高第二外语德语课程的教学效果，《科技视界》2011 年第 4 期

贺莉莹：复合型人才培养模式下的《综合德语》课程教学改革初探，《佳木斯教育学院学报》2011 年第 8 期

胡峰：《欧洲语言共同参照标准》及其对德语教学的影响，《德语学习》2011 年第 5 期

黄利：中德跨文化交际与德语教学，《华章》2011 年第 14 期

蒋英杰："关键能力"在语言课堂上的培养——德语教学改革新尝试，《品牌（理论月刊）》2011 年第 Z1 期

黎瑾：德语词汇的理据性，《德语学习》2011 年第 4 期

黎瑾：复合词中的句法语义关系，《德语学习》2011 年第 2 期

李长山，张明江：哈尔滨高校德语教学概况，《黑龙江科技信息》2011 年第 19 期

李继烈，王晓梅：大学德语教学幽默元素的提炼与课堂应用，《教育探索》2011 年第 11 期

李静：非语言交际能力的培养对提高外语教学学习质量之我见——以中德文化差异为例，《西昌学院学报（社会科学版）》2011 年第 3 期

李清华：文化导入策略在大学德语教学中的应用研究，《甘肃科技》2011 年第 12 期

李雪莎：迁移理论在德语教学中的应用，《文学教育（下）》2011 年第 6 期

梁黎颖：结合多种感官通道的德语听写——德语听力策略在教学中的实践探索，《德语学习》2011 年第 6 期

林琳：浅谈《综合德语课》基础阶段自主课堂的构建，《中国校外教育》2011 年第 8 期

刘贝贝：大学德语四级考试新大纲详解，《德语学习》2011 年第 3 期

刘冠龙：全国德语专业四级考试听力测试攻略，《德语学习》2011 年第 3 期

刘静澜：通过汉德语言对比探讨德语教学策略，《价值工程》2011 年第 31 期

刘峻，朱敏红：行动导向教学法的研究与实践，《职业》2011 年第 36 期

刘立群：用知识的广度和深度激发学习潜质——试论知识社会中的研

究性教学,《中国大学教学》2011 年第 9 期

刘雪梅:"Woher kommen Sie?" 的回答 "von" 与 "aus" 用法小结,《德语学习》2011 年第 1 期

马媛:德语固定词组来源例解,《德语学习》2011 年第 4 期

庞文薇:对德汉语教学的文化思考,《云南师范大学学报(对外汉语教学与研究版)》2011 年第 5 期

任俊颖:将英语引入高职德语教学的思考,《常州信息职业技术学院学报》2011 年第 2 期

邵薇薇:关于德语教学中的中德跨文化交际的探讨,《知识经济》2011 年第 5 期

孙长远:德国双元制及课程与教学模式分析,《知识经济》2011 年第 23 期

汤晖:大学德语语法教学,《科教导刊(中旬刊)》2011 年第 10 期

滕硕:德语中的加强型"半前缀",《德语学习》2011 年第 2 期

王世英:118 种化学元素名称、语法性别及汉语读音,《德语学习》2011 年第 2 期

王淑杰:多元视角下的德国外语教育政策,《比较教育研究》2011 年第 9 期

王亦佳:关于德语写作课程教学模式的探讨,《吉林华桥外国语学院学报》2011 年第 2 期

王轶,赵亘:解析新版大学德语四级考试阅读理解,《德语学习》2011 年第 3 期

魏琦:Homonym 的分类与解析,《德语学习》2011 年第 6 期

吴虹:高校小语种专业建设策略,《教育探索》2011 年第 7 期

吴悦旗:说"静三动四",《德语学习》2011 年第 1 期

肖卫国:德语形容词变化三步走,《德语学习》2011 年第 1 期

徐浩:中、日、德、西英语学习者母语、二语视听工作记忆广度差异研究,《外语教学与研究》2011 年第 4 期

徐琼星:德语习作中常见的举证错误,《德语学习》2011 年第 4 期

杨凯:"Gott" 和 "Teufel" 在德语中的常用固定词组,《德语学习》

2011 年第 4 期

杨文革：德汉情态动词比较教学，《德语学习》2011 年第 6 期

杨喜成：走进德国物流专业职业教育"课堂"，《中国市场》2011 年第 49 期

姚磊：浅谈姓（名）的第二格词尾变化，《德语学习》2011 年第 4 期

俞丹：德语语法教学中的交际能力培养，《浙江科技学院学报》2011 年第 5 期

俞丽艳，许齐良：项目教学法在德语专业高年级教学中的实践，《宁波工程学院学报》2011 年第 1 期

袁媛：游戏教学在基础德语口语教学中运用的理论依据和实践，《重庆教育学院学报》2011 年第 1 期

张佳子，崔振：浅谈大学非德语专业学生的德语教学，《科教文汇（中旬刊)》2011 年第 12 期

张利敏：利用迁移理论，学好二外德语，《长春理工大学学报》2011 年第 5 期

张艳芳：德语教学中的中德文化差异之比较，《考试周刊》2011 年第 46 期

赵慧明：浅谈如何利用英语辅助二外德语教学，《鸡西大学学报》2011 年第 2 期

赵俊山：基于德语教学下的语言基础训练，《民营科技》2011 年第 10 期

赵志勇：对语法在我国德语教学中地位的反思与认识，《德语学习》2011 年第 4 期

郑启南：德国文化在德语教学中的应用，《黑龙江科技信息》2011 年第 33 期

郑启南：浅谈商务德语的课堂教学，《现代交际》2011 年第 12 期

周韧：德语单数名词知多少，《德语学习》2011 年第 5 期

周飒：浅析高职德语阅读课项目化教学，《中国科教创新导刊》2011 年第 34 期

朱虹雨：利用实景听力课文学习德国文化——关于教材听力课文 Humboldt 13 dritter Stock 部分的思考,《科技资讯》2011 年第 34 期

朱虹雨:如何准备德福考试中的"口语表达",《德语学习》2011 年第
    3 期

庄利:德语情态小品词习得困难和教学建议,《语文学刊(外语教育与
    教学)》2011 年第 9 期

邹丰城:德国职业教育任务教学法在教学中的应用,《商业文化(下半
    月)》2011 年第 12 期

德 国 研 究

历史政治

[德] 比约恩·埃格纳(Björn Egner),左婷,郑春荣:德国住房政策:
    延续与转变,《德国研究》2011 年第 3 期

[德] 海因茨·杜克哈特(Heinz Duchhardt):当代德国史学界国际关系
    史研究新趋势,《史学史研究》2011 年第 1 期

[德] 赫尔穆特·沃尔曼(Hellmut Wollmann),姜文:从公共部门转向
    私有部门,再回归公共部门?——欧洲国家的服务提供:介于国
    家、地方政府和市场间,《德国研究》2011 年第 2 期

[德] 克劳斯·冯肯(Klaus Funken),黄亦如,伍慧萍:2011 命运之
    年?——德国社民党的危与机,《德国研究》2011 年第 3 期

安尼:德国战后初期关于"集体罪责"的争论,《同济大学学报(社会
    科学版)》2011 年第 4 期

安正乾:从德国社民党转型看西方科学社会主义运动,《中共贵州省委
    党校学报》2011 年第 5 期

包金平:德国的政党制度:统一后的历史与现状,《国外理论动态》
    2011 年第 3 期

曹浩瀚:关于马克思 1848 年德国不断革命思想的再研究,《马克思主
    义与现实》2011 年第 6 期

陈飞飞:国际能源价格波动背景下的德国能源政策分析,《前沿》2011

年第 16 期

陈强，赵程程：德国政府创新集群策动的演化路径研究及启示，《德国研究》2011 年第 3 期

陈晓进：德国弃核之路面临重重风险，《世界知识》2011 年第 12 期

陈小宁：德国对非援助战略的演变，《国际经济合作》2011 年第 8 期

陈勇：德意志第二帝国时期俾斯麦制定东方政策的基本依据与战略图谋，《阜阳师范学院学报（社会科学版）》2011 年第 5 期

陈宗权：日本与德国的国家形象建设比较，《当代世界与社会主义》2011 年第 1 期

程群，胡延清：《德国网络安全战略》解析，《德国研究》2011 年第 3 期

丛伟丽：德国社会民主党的现代化：智库的作用，《国外理论动态》2011 年第 4 期

戴启秀：日本核危机对德国政治格局和能源供应方式的影响，《德国研究》2011 年第 2 期

丁亚雷：尼奥·劳赫：不和谐的统一，《荣宝斋》2011 年第 2 期

董勇：浅析二战后德国和平外交的思想根源，《理论界》2011 年第 5 期

葛汉文："退向未来"：冷战后德国地缘政治思想刍议，《欧洲研究》2011 年第 4 期

葛君：缓和的倒退？：1966—1968 年联邦德国的"新"东方政策，《德国研究》2011 年第 2 期

郭松：试析 19 世纪末德国外交政策的转变，《咸宁学院学报》2011 年第 11 期

郭台辉：民族—国家建设视域中的公民身份——以德国模式的形成为例，《中山大学学报（社会科学版）》2011 年第 2 期

黄春林：试论威廉二世及其"世界主义"政策，《乐山师范学院学报》2011 年第 3 期

黄春林，黄荣：简论俾斯麦的外交艺术，《沈阳大学学报》2011 年第 1 期

李聪："讲坛社会主义"唱响的"德国模式"，《南风窗》2011年第2期

李工真：对纳粹暴政与德意志历史最早的反思——德国流亡社会科学家与纳粹主义研究，《世界历史》2011年第3期

李乐曾：2011德国超级选举年与联邦州政治格局的重组，《德国研究》2011年第1期

李阳：试析俾斯麦孤立法国的外交举措——以1873—1881年德奥俄关系为例，《传承》2011年第7Z期

刘丽：德国对外传播中的国家形象塑造——以对外杂志《德国》为例，《德国研究》2011年第1期

罗月娥：俾斯麦外交政策的特点及其局限性，《大庆师范学院学报》2011年第2期

吕倩：浅析民族主义对德意志历史的影响，《剑南文学（经典教苑）》2011年第11期

孟虹：从霍斯特·克勒辞职看德国总统的作用与影响，《德国研究》2011年第4期

莫笛：从反核到弃核——德国反核运动回顾，《德语学习》2011年第4期

钱宁峰：德国法上统治与行政功能区分的公法意义及启示，《法商研究》2011年第6期

申博闻：俾斯麦体系——欧洲均势的一次重要尝试，《沧桑》2011年第5期

时雨：2010年中德关系大事记，《德国研究》2011年第1期

宋志勇：战犯审判、历史认识、民族和解，《史学理论研究》2011年第1期

苏勇：绝对精神与黑格尔的作为一个历史阶段的世界历史，《兴义民族师范学院学报》2011年第5期

孙红国：浅析近代德国公民身份的发展轨迹，《历史教学（下半月刊）》2011年第5期

孙山亦：艾森豪威尔政府与联邦德国海外援助体系的建立，《德国研

究》2011 年第 1 期

孙山亦：战后 1945—1952 年美国对德政策的转变，《烟台大学学报（哲学社会科学版）》2011 年第 2 期

王超：科尔的"德国政策"与"统一外交"析评，《武汉大学学报（人文科学版）》2011 年第 6 期

王剑南：救不救希腊：德国精英们的纠结，《世界知识》2011 年第 19 期

王莉莉：马克思恩格斯意识形态批判及其意义——《德意志意识形态》中的意识形态批判思想，《北京行政学院学报》2011 年第 6 期

王坤：海盗党，德国政坛的一朵奇葩，《德语学习》2011 年第 6 期

王倩：二战后初期德国妇女命运的历史考察，《内蒙古农业大学学报（社会科学版）》2011 年第 2 期

伍慧萍：外来移民融入：欧盟层面的政策应对，《德国研究》2011 年第 4 期

伍贻康："德国问题"与欧洲一体化的兴衰，《德国研究》2011 年第 4 期

夏庆宇：欧洲社会民主党的困境及前景——德国《国际政治与社会》杂志 2010 年末专刊述评，《当代世界社会主义问题》2011 年第 3 期

谢钧：当前德国政党政治形势分析，《当代世界》2011 年第 11 期

辛文：德国宣布将逐步停止使用核电，《国外核新闻》2011 年第 6 期

邢来顺：近代以来德国贵族政治特权的延续及其原因，《世界历史》2011 年第 2 期

徐弃郁：犹豫的"领导者"——透析欧债危机中的德国，《世界知识》2011 年第 17 期

许闲：财政视角下德国能源税收征管及其对我国的借鉴，《德国研究》2011 年第 3 期

闫瑾：德国利比亚危机政策分析，《欧洲研究》2011 年第 3 期

晏露蓉：欧债危机与德国政府债务管理的启示，《福建金融》2011 年第 2 期

杨静：德意志民族主义对普鲁士统一德国的影响，《传承》2011 年第

2 期

杨解朴：“德国 2010 年：经济和政治形势”报告会综述，《欧洲研究》
　　2011 年第 2 期

杨欣：德国社会救助标准确立机制中的宪法监督——以“哈茨 IV”案
　　为例，《德国研究》2011 年第 3 期

于宁宁：近代德国统一后俄德关系恶化原因分析，《科教文汇（上旬
　　刊）》2011 年第 7 期

俞仪方：民意与政治，《德国研究》2011 年第 3 期

苑爽：试析第二次世界大战后美国对德“智力索赔”计划，《世界历
　　史》2011 年第 3 期

藏术美：欧盟地区政策的经济、社会与地域效应研究，《德国研究》
　　2011 年第 3 期

张东明：进入后经济危机时期联邦德国政府财政收支滚动预算趋势分
　　析，《财政研究》2011 年第 11 期

张海冰：欧盟对外援助政策调整的背景及趋势，《德国研究》2011 年
　　第 2 期

张敏杰：德国家庭政策的回顾与探析，《浙江学刊》2011 年第 3 期

张学昆：欧盟的西巴尔干政策及西巴尔干国家的入盟前景，《德国研
　　究》2011 年第 1 期

赵培雯：冷战后德国的对华政策——辨析从施罗德到默克尔德国对华
　　外交政策之背景，《福建论坛（社科教育版）》2011 年第 12 期

郑春荣：德国政府弃核、延核、再弃核评述，《德国研究》2011 年第
　　2 期

郑春荣：论公民社会组织在欧盟问责中的角色，《德国研究》2011 年
　　第 3 期

郑春荣：欧债危机拯救依然路漫漫，《德国研究》2011 年第 4 期

周川：德国积极推动海利根达姆进程的原因分析，《太原城市职业技术
　　学院学报》2011 年第 7 期

朱宇方：欧洲经济政府？——解析欧洲货币联盟经济治理机制的德法
　　之争，《德国研究》2011 年第 4 期

左家燕：德国政府融资平台简介，《现代商业》2011 年第 27 期

社会教育

[德] 菲利克斯·劳耐尔（Felix Rauner）：双元制职业教育——德国经
　　济竞争力的提升动力，《职业技术教育》2011 年第 12 期

蔡铭：浅析德国社会保障制度及对我国的启示，《就业与保障》2011
　　年第 7 期

蔡跃，王继平：从《联邦职业教育法》看德国行会在职业教育中的作
　　用，《教育理论与实践》2011 年第 6 期

陈莉萍：美育与学校教育——基于中德音乐教育的比较，《教育发展研
　　究》2011 年第 Z2 期

陈天炎：借鉴德国"双元制"职业教育推进机电一体化人才培养模式
　　改革，《职业教育研究》2011 年第 9 期

程宇：中德职教对话：互补与共享，《职业技术教育》2011 年第 36 期

邓志博：德国的教育体制及特点研究，《价值工程》2011 年第 23 期

董清：论研讨课在职业能力培养中的作用——以德国慕尼黑大学为例，
　　《中国成人教育》2011 年第 23 期

窦元：德国养老保险市场与寿险业发展情况介绍，《中国保险》2011
　　年第 1 期

冯瑜：浅析德国率先建立社会保障制度的原因，《新闻世界》2011 年
　　第 10 期

付龙飞：德国社会保障权法律救济制度及启示，《河南省政法管理干部
　　学院学报》2011 年第 2 期

葛艳娜：中德应用型本科师资队伍建设比较研究，《上海第二工业大学
　　学报》2011 年第 4 期

胡钰彩，孙光奇：职业教育发展的德国模式，《中国财政》2011 年第
　　15 期

蒋开君：现象学教育学的源与流：从乌特勒支到阿尔伯塔，《教育理论
　　与实践》2011 年第 1 期

李家丽：从民意调查看德国中小学教育改革，《教育评论》2011 年第 4 期

李金祥：冷战后德国社会民主党组织运行机制探析，《山东省农业管理干部学院学报》2011 年第 2 期

李莉：德国教育印象，《化工高等教育》2011 年第 1 期

李志明：德国工伤保险制度的特点分析，《中国医疗保险》2011 年第 8 期

刘刚：德国另类自由学校及对我国的启示——以法兰克福自由学校为例，《世界教育信息》2011 年第 10 期

刘丽平：从歌德学院看孔子学院可持续发展之路，《当代教育与文化》2011 年第 3 期

吕慧敏：中德教师职业能力的异同与思考，《中国校外教育》2011 年第 14 期

马玉清：德国职业教育特点及对我国职业教育的启示，《安徽电气工程职业技术学院学报》2011 年第 4 期

毛学勤：解读"大学学业的经济支柱"——德国国家助学金，《教育与考试》2011 年第 2 期

孟钟捷：德国历史上的住房危机与住房政策（1918—1924）——兼论住房统制模式的有效性与有限性，《华东师范大学学报（哲学社会科学版)》2011 年第 2 期

牛雪瑶：德国音乐教育模式对我国音乐教育改革的作用，《大舞台》2011 年第 1 期

欧阳丽莎：德国艺术设计教育"探讨式"教学模式的启示，《教育研究与实验》2011 年第 2 期

潘陆益：德国"双元制"职业教育的文化渊源及其启示，《中国高等教育》2011 年第 22 期

彭晓兰：德国教育改革及其对我们的启示，《九江职业技术学院学报》2011 年第 1 期

秦媛媛：浅谈如何借鉴德国职业教育的成功经验，《太原城市职业技术学院学报》2011 年第 10 期

曲同颖：德国职业教育发展史对中国职业教育的借鉴意义，《芜湖职业

技术学院学报》2011 年第 1 期

沈国琴：德国教育目标变迁与青少年价值观之转变，《德国研究》2011
年第 2 期

王超：理想原则与现实利益的博弈——战后初期德国内部区域贸易研
究，《历史教学（下半月刊）》2011 年第 9 期

王辉耀：德国的国际人才竞争战略，《国际人才交流》2011 年第 10 期

王茜：浅析德国社会保障制度，《人才资源开发》2011 年第 1 期

王润贤：德国职教："根"植于行业，《教育与职业》2011 年第 4 期

王淑杰：多元视角下的德国外语教育政策，《比较教育研究》2011 年
第 9 期

王琬：德国社会医疗保险组织体制的发展与变革，《中国卫生政策研
究》2011 年第 2 期

王晓虹：德国社会保障模式对中国的启示，《商品与质量》2011 年第
S9 期

王亚芳：从留学生弑母案例反思我国社会教育变革的必要性与方
向——兼论德国社会教育预防青少年成长危机对我国的启示，《青
少年犯罪问题》2011 年第 4 期

王轶，赵亘：Post-It-Note：WG 中信息传递的新途径，《德语学习》
2011 年第 5 期

严峥晖：从国情出发借鉴德国职业教育模式，《中国西部科技》2011
年第 1 期

杨佩昌：推动社会公平的新路径——德国 20 世纪 60 年代中期至 70 年
代初"社会对称"理念述评，《德国研究》2011 年第 1 期

杨艳春：德国社会保险制度及其启示，《社科纵横（新理论版）》2011
年第 3 期

叶澜：中德学者关于教育学问题的一次对话——"生命·实践"教育
学系列论著编委会与本纳教授的座谈会，《基础教育》2011 年第
1 期

余慧元：从特权到权利——公民观念发展的德国道路，《马克思主义与
现实》2011 年第 6 期

俞可：大规模评估与中国教育——对话德国教育实证研究代表人物博斯，《世界教育信息》2011 年第 6 期

张鸣：感悟德国职业教育中的校企合作，《黄河水利职业技术学院学报》2011 年第 4 期

张锡恩：透视社会变迁视域中的政党嬗变——评《社会结构变迁与政党嬗变的向度分析——以德国社会民主党的转型为例》，《青岛大学师范学院学报》2011 年第 4 期

张晓玲：以"目标协商"为导向的德国高校公法基金会改革——以哥廷根公法基金会大学为例，《德国研究》2011 年第 4 期

张莹，冯菲菲：德国医疗保险，《德语学习》2011 年第 6 期

张志坤：由身体回归引发的教育反思——德国教育人类学家武尔夫思想述评，《湖南师范大学教育科学学报》2011 年第 2 期

张治斌：基于课堂实例分析德国职业教育教学观，《长春理工大学学报》2011 年第 11 期

赵建宁：德国"双元制"职业教育及对我国职业教育的启示，《内蒙古电大学刊》2011 年第 6 期

周采：论德国教育史学的民族传统，《华东师范大学学报（教育科学版）》2011 年第 2 期

哲学美学

白音："物"的思想谱系——马克思与德国古典哲学理论关系再研究，《云南社会科学》2011 年第 6 期

包国祥：传统时间观的奠基：柏拉图和亚里士多德，《哲学研究》2011 年第 5 期

曹晖：世界感、生命感与艺术意志——19 世纪末 20 世纪初德语国家的视觉形式美学理论研究，《文艺争鸣》2011 年第 1 期

陈海燕：谢林艺术哲学研究，《东方论坛》2011 年第 3 期

程志敏：海德格尔的柏拉图主义批判，《人文杂志》2011 年第 2 期

邓先珍：黑格尔与作为隐秘虚无主义的现代性，《现代哲学》2011 年

第 2 期

杜华卿：现象学的本质直观——胡塞尔与"回到事物本身"，《才智》2011 年第 7 期

方维规：奥斯威辛后的写作——论格拉斯的美学思想，《同济大学学报（社会科学版）》2011 年第 2 期

干平：康德哲学的人学意蕴，《无锡职业技术学院学报》2011 年第 2 期

甘培聪：康德对理性事实的诉求，《现代哲学》2011 年第 4 期

韩瑞祥：瞬间感知：论维也纳现代派的哲学认知基础，《外国文学评论》2011 年第 4 期

韩尚：纯粹理性与狂热意志的奇异混合——浅谈独特的德意志民族精神，《青年作家（中外文艺版）》2011 年第 3 期

胡万年：康德自由概念的四个存在论维度，《现代哲学》2011 年第 4 期

黄建平：康德"自我意识"思想的哲学意蕴及其价值，《湖州师范学院学报》2011 年第 4 期

黄潇：从虚无主义论海德格尔与纳粹的关系——基于政治哲学视角的解读，《重庆科技学院学报（社会科学版）》2011 年第 4 期

侯惠勤：马克思的意识形态批判与哲学变革，《马克思主义研究》2011 年第 12 期

柯小刚：从《存在与时间》到《哲学论稿》：海德格尔前后期思想关系疏解，《现代哲学》2011 年第 1 期

李福岩：让政治哲学在对经典的诠释中放光——评《政治哲学的第一哲学论证：费希特政治哲学思想评析》，《编辑之友》2011 年第 5 期

李高荣：自我意识和自由意志——论康德哲学的两种理性法则，《社科纵横》2011 年第 11 期

李玲：德国古典哲学中实践范畴的人本价值探析，《晋阳学刊》2011 年第 5 期

李少兵：莱布尼茨自然正义理论的内涵——从本质形而上学、存在形而上学和道德形而上学看，《山东师范大学学报（人文社会科学版）》2011 年第 5 期

李雪涛：相顾应尽一生期——论 1933 年以来雅斯贝尔斯与海德格尔之间的交往，《现代哲学》2011 年第 6 期

刘聪：略论弗·施莱格尔的浪漫主义哲学，《沈阳师范大学学报（社会科学版)》2011 年第 5 期

刘立群：德国原创性思维方式的启示，《博览群书》2011 年第 12 期

栾林：个体之于和谐的作用及其现实意义——从莱布尼茨的单子论谈起，《理论月刊》2011 年第 12 期

罗钢：意境说是德国美学的中国变体，《南京大学学报（哲学·人文科学·社会科学版)》2011 年第 5 期

孟令卓：谢林——艺术中的哲学思考，《法制与社会》2011 年第 1 期

庞爱：海德格尔神学美学思想渊源，《河南教育学院学报（哲学社会科学版)》2011 年第 4 期

宋继杰：海德格尔的现象学观念——《存在与时间》"导论"的再审察，《江苏社会科学》2011 年第 1 期

田忠锋：论康德知性逻辑中的想象力"辩证法"，《学术交流》2011 年第 9 期

王自贵：论莱布尼茨充足理由原则的哲学意蕴，《自然辩证法研究》2011 年第 9 期

魏久尧：谢林美学的浪漫主义及其现代意义，《重庆三峡学院学报》2011 年第 6 期

吴海龙：论费希特的先验目的论历史观，《社会科学辑刊》2011 年第 5 期

吴童立：巨人的对抗——作为笛卡尔反驳者的莱布尼茨动力学初探，《自然辩证法通讯》2011 年第 6 期

徐军：考茨基对康德哲学的批判与反思——《伦理与唯物史观》与《唯物主义历史观》的比较性文本解读，《南京政治学院学报》2011 年第 4 期

徐元庆：笛卡尔的"我思 - 我在"与康德的"我思 - 我在"，《文学界（理论版)》2011 年第 9 期

杨洋：近代理性主义者的实体观念——以笛卡尔、斯宾诺莎、莱布尼

茨为例,《郧阳师范高等专科学校学报》2011年第4期

叶隽:清民之际尼采东渐的三道路径,《中国文学研究》2011年第2期

叶秀山:小文章,大问题——读康德《论哲学中一种新近升高的口吻》,《浙江学刊》2011年第6期

宇海金:论康德哲学道德问题的两个维度,《求索》2011年第1期

张会永:康德哲学中的道德与宗教之辩,《社会科学辑刊》2011年第3期

张清河:美学观照 历史考量——对恩格斯"美学的历史的观点"的再认识,《中州学刊 文艺研究》2011年第5期

张一兵:亚里士多德文本的现象学阐释——海德格尔"那托普报告"的构境论解读,《天津社会科学》2011年第1期

张一兵:作为发生事件(Ereignis)的生命体验——关于青年海德格尔早期弗莱堡讲座的构境论解读,《现代哲学》2011年第5期

周书俊:黑格尔对费希特哲学的承继与发展,《江西财经大学学报》2011年第3期

文化艺术

[德] Heinz-Nobert Jocks:空间·时间·身体——Heinz-Nobert Jocks对话夏小万,《荣宝斋》2011年第10期

[德] 鲍尔康泊(Bauer Kämper),黄艳红:民族记忆与欧洲记忆文化的诞生:二战后德国人与其邻人和解的曲折道路,《史学理论研究》2011年第1期

[德] 克里斯蒂安·卡登(Christian Kaden),刘经树:精神失常的舒曼——音乐历史人类学概要,《中央音乐学院学报》2011年第4期

[德] 维兰德·施佩克(Wieland Speck):电影节·城市·公众——对话柏林国际电影节,《东方艺术》2011年第10期

曹琳:浅析哥特艺术的历时发展,《大众文艺》2011年第20期

陈海珍,赵蕾:对海德格尔艺术本源思想的思考,《民族音乐》2011年第2期

陈怀恩：影像学（Bildwissenschaft）的跨学科格局，《荣宝斋》2011 年第 12 期

陈洁：诗乐合璧 情景交融——试论舒伯特声乐套曲《冬之旅》的意境美，《南京艺术学院学报（音乐与表演版）》2011 年第 2 期

程林：德国人热衷的青年旅舍，《德语学习》2011 年第 4 期

程林：德国人吸烟现象一瞥，《德语学习》2011 年第 6 期

程鹏：浅析舒曼《幻想曲集》的创作特色，《文学教育（中）》2011 年第 4 期

程云：在铁轨上前行，《德语学习》2011 年第 5 期

崔文龙：中德学会的成立及相关争论，《民国档案》2011 年第 3 期

董霞：舒曼钢琴套曲《蝴蝶》的艺术特征，《淮北师范大学学报（哲学社会科学版）》2011 年第 2 期

付珊珊，石慧：舒曼钢琴套曲《童年情景》的美学特征，《大众文艺》2011 年第 2 期

傅丽莉：基弗艺术话语系统中的符号——阁楼，《东南大学学报（哲学社会科学版）》2011 年第 2 期

高屹：两岸四地·青年音乐之旅 奏响勃拉姆斯《命运之歌》，《音乐爱好者》2011 年第 7 期

顾乃忠：三论维特根斯坦的文化观——如何看待维特根斯坦批评西方文化，《江苏行政学院学报》2011 年第 6 期

顾颖：诗与史的交融——浅析德国新表现主义画家安塞姆·基弗的作品，《大众文艺》2011 年第 14 期

韩巍：要做德国人的"语言的耳朵"——记德国"德语协会"，《德语学习》2011 年第 1 期

侯赛：一位伟大而寡言的特立独行者——安塞尔姆·基弗，《北方文学（下半月）》2011 年第 11 期

黄丽萍：谈德语中的乌鸦意象，《德语学习》2011 年第 5 期

霍林峰：纳粹德国时期的文化政策，《华中师范大学研究生学报》2011 年第 3 期

姜亚楠：中国的虎文化与德国的狮文化——从符号学视角进行比较分

析，《商业文化（上半月）》2011 年第 4 期

姜涌：德语语境中的"市民社会"概念，《广东社会科学》2011 年第 1 期

黎瑾：中德征婚广告对比分析，《德语学习》2011 年第 6 期

李国强：德国的世界文化遗产戈斯拉尔，《德国研究》2011 年第 3 期

李海冰：如诗的境界 如梦的情愫——解读舒曼之《梦幻曲》，《云梦学刊》2011 年第 2 期

李寒：舒曼《吉普赛生活》中的音乐诗性，《大舞台》2011 年第 6 期

李慧岩：从"醍醐灌顶"管窥中德宗教背景成语之关联，《德语学习》2011 年第 3 期

李继烈：兔年说 Hasen，《德语学习》2011 年第 2 期

李莉：克拉纳赫：跨越写实与矫饰的艺术家，《艺术探索》2011 年第 14 期

李鹏春：浅析文艺复兴时期德国绘画大师丢勒的艺术，《传奇·传记文学选刊（理论研究）》2011 年第 11 期

李翊靖：浅谈德国艺术歌曲的演唱技巧，《黄河之声》2011 年第 24 期

梁兰丁：怎样看待理夏德·斯特劳斯，《音乐生活》2011 年第 11 期

梁黎颖：美味飘香的德累斯顿"麻花集市"——德国最古老的圣诞集市，《德语学习》2011 年第 5 期

梁卫锋：浅谈丢勒的铜版画技法，《科技资讯》2011 年第 2 期

梁亚西：论德国艺术歌曲及演唱风格，《贵州民族学院学报（哲学社会科学版）》2011 年第 3 期

林吉安：让观众感受和思考——从《莉莉·玛莲》看法斯宾德电影中的现实主义表现，《电影评介》2011 年第 14 期

刘波：中西传统木版画比较研究导论——以丢勒和陈洪绶个案为例，《南京艺术学院学报（美术与设计版）》2011 年第 4 期

刘丽艳：舒曼声乐套曲《歌曲一束》的演唱分析，《大众文艺》2011 年第 11 期

刘欣桐：中德词汇的文化意蕴之分类对比，《德语学习》2011 年第 2 期

刘新建：试论舒曼艺术歌曲的特征及演唱——以《献词》为例，《黄河之声》2011 年第 6 期

卢铭君：德语当中一类与历史文化有关的词，《德语学习》2011 年第 6 期

芦苇：中德礼貌交际中的误解，《德语学习》2011 年第 1 期

洛盾：谈跨文化交际中的中德语境差异，《沈阳教育学院学报》2011 年第 4 期

吕巧平："诺依曼中文典籍"的历史与价值，《德国研究》2011 年第 4 期

毛斐均：浅析舒曼《交响练习曲》的创作特征，《大舞台》2011 年第 1 期

聂华：奥地利饮食词汇及美食一瞥，《德语学习》2011 年第 6 期

潘达：关于对《魔笛》音乐元素的分析，《吉林艺术学院学报》2011 年第 4 期

潘达：谈德文"Lied"的双重含义及其与德奥民歌的区别，《吉林艺术学院学报》2011 年第 3 期

祁晓松：解析丢勒素描艺术的风格成因，《学理论》2011 年第 23 期

秦屹：二战电影新思维下德国文化透视——以《帝国陷落》和《伪钞制造者》为例，《衡水学院学报》2011 年第 3 期

任琳：二战后德日"角色冲突"的比较分析：一种文化的视角，《西南农业大学学报（社会科学版)》2011 年第 6 期

苏祥玲：浅析舒伯特德国艺术歌曲的演唱风格和现代审美价值，《黄河之声》2011 年第 14 期

王红静，冯玉娥：从文化视角解析德国文化的"美国化"趋势，《才智》2011 年第 4 期

王珏：丢勒花鸟题材水彩画和印度莫卧儿花鸟细密画的比较，《艺术探索》2011 年第 5 期

王凌云：浅析沃尔夫艺术歌曲的特性，《大众文艺》2011 年第 22 期

王轶，赵亘：版权那档子事儿，《德语学习》2011 年第 6 期

王志强：论跨文化理解困境类型——以中德两国的文化行为比较为例，《德国研究》2011 年第 3 期

魏笑阳：趣谈德国的路名，《德语学习》2011 年第 6 期

伍维曦：19 世纪上半叶德国浪漫主义音乐中古典形式与时代精神的矛

盾及其成因（上）——以舒曼《交响练习曲》为例，《天津音乐学院学报》2011 年第 1 期

武小锋：从德国浪漫主义到德国的当代绘画——柏林国家画廊的脉络，《大众文艺》2011 年第 24 期

杨凯："Made in Germany"从被抵制到征服世界，《德语学习》2011 年第 5 期

杨小丽：浅谈勃拉姆斯钢琴变奏曲的创作风格，《艺术教育》2011 年第 8 期

印芝虹：悖之痛——高墙下的集体记忆，《当代外国文学》2011 年第 4 期

于婷婷：德国文化精神与科学儿童心理学的诞生，《学理论》2011 年第 6 期

曾金寿：有关德文文献中的中国音乐研究，《黄钟（中国·武汉音乐学院学报)》2011 年第 4 期

曾移红：德国咖啡文化漫谈，《德语学习》2011 年第 5 期

张海红：勃拉姆斯《摇篮曲》分析，《北方文学（下半月)》2011 年第 12 期

张辉：画与诗的界限，两个希腊的界限——莱辛《拉奥孔》解题，《外国文学评论》2011 年第 2 期

张建涌："我这样描绘了我自己"——丢勒《自画像》探析，《大众文艺》2011 年第 1 期

张仕颖：马丁·路德精神困苦的起源和实质，《德国研究》2011 年第 3 期

张艳芳：十二生肖在德汉语言中的意义比较，《德语学习》2011 年第 5 期

郑红，张瑞蓉：解读罗伯特·舒曼的《童年情景》，《乐府新声（沈阳音乐学院学报)》2011 年第 3 期

周恩泽：浅析舒曼音乐创作特点及其贡献，《佳木斯大学社会科学学报》2011 年第 5 期

朱婕：中德企业管理文化对比，《吉林广播电视大学学报》2011 年第 6 期

朱苓：关于中国当代艺术对西方的模仿，《艺术·生活》2011 年第 6 期

朱仁夫：德国的儒学情结，《东方论坛》2011 年第 4 期

经济

[德] 罗兰·贝格（Roland Berger）："德国经济模式"七支柱，《现代国企研究》2011 年第 6 期

崔霄：德国日本早期经济法的共同特点及对我国的启示，《东方企业文化》2011 年第 22 期

丁纯，苏升：在金融危机中德国经济一枝独秀的表现、原因和前景，《德国研究》2011 年第 4 期

付丽宁：20 世纪 30 年代的中德经贸关系述论，《惠州学院学报（自然科学版）》2011 年第 1 期

贺长年：金融危机视角下的"德国模式"及其解读，《商业时代》2011 年第 25 期

景丽屏：德国公司形式简介，《德语学习》2011 年第 5 期

李传军：德国企业的共同治理模式，《企业改革与管理》2011 年第 5 期

李俊江："集市效应"与经济绩效：德国"集市经济"分析，《吉林大学社会科学学报》2011 年第 3 期

梁云凤：德国经验系列报告之二 德国社会保障制度现状及其改革趋势，《经济研究参考》2011 年第 61 期

蔺捷：欧盟投资服务外包制度研究，《德国研究》2011 年第 4 期

刘方现：德国经济在全球金融危机中的表现及其原因分析，《商场现代化》2011 年第 31 期

卢欣：论李斯特工业化思想对中国的启示，《大连海事大学学报（社会科学版）》2011 年第 4 期

罗湘衡：改革经济结构 力推"德国模式"——欧洲主权债务危机中的德国，《当代世界》2011 年第 12 期

马江天：从坚挺的德国经济想到的，《博览群书》2011 年第 12 期

马岩：德国经济稳健增长模式的启示，《调研世界》2011 年第 4 期

邱海颖：速度与安全兼得——德国高速公路，《德语学习》2011 年第 2 期

儒杰：德国工会要求建立法定最低工资制，《中国工会财会》2011 年第 9 期

史世伟：从国家创新系统角度看集群的创新作用——以德国为例，《欧洲研究》2011 年第 6 期

田静：后危机时代"低碳"经济复苏战略的国际经验与启示——以美国和德国为例，《泰山学院学报》2011 年第 2 期

汪艳丽：对外发展援助的有效性问题与德国的应对，《德国研究》2011 年第 4 期

王冠群：发展核心竞争力强大的中小企业成为国家重要战略——中小企业发展政策国际比较之德国经验，《经济研究参考》2011 年第 37 期

王小琼：德国外资并购安全审查新立法述评及其启示，《国外社会科学》2011 年第 6 期

王涌：两种主张的较量与战后德国经济发展，《外国问题研究》2011 年第 4 期

魏薇：浅析欧洲一体化中法德矛盾的焦点，《经营管理者》2011 年第 1 期

吴黎明："德国模式"在西方成一枝独秀，《世界有色金属》2011 年第 10 期

项平：德国会计谨慎性原则的特点及其成因，《财会研究》2011 年第 18 期

肖军：德国政府采购法促进中小企业发展规则之嬗变与启示，《法学评论》2011 年第 2 期

徐弃郁：德国崛起的战略空间拓展及其启示，《当代世界》2011 年第 12 期

徐清：后危机时代德国发展高新科技的战略及对我国的启示，《科技与经济》2011 年第 2 期

严鹏：德国历史学派与民国时期中国经济学的发展，《德国研究》2011 年第 2 期

严鹏：中国经济学形成过程中的德国传统——德国历史学派与民国时期中国经济学的演化，《演化与创新经济学评论》2011 年第 2 期

杨文杰，孙健夫，连欢欢：1999—2009 年德国经济发展与人口流迁定量关系分析，《商业时代》2011 年第 3 期

岳伟：联邦德国劳资共决制的形成及影响，《安徽师范大学学报（人文社会科学版）》2011 年第 6 期

张东明：进入后经济危机时期联邦德国政府财政收支滚动预算趋势分析，《财政研究》2011 年第 11 期

张加强：德国经济"奇迹"及展望，《宏观经济管理》2011 年第 3 期

张锐：德国经济为何能在危机中独善其身，《理论参考》2011 年第 2 期

赵超研：基于创新理论角度的德国经济危机应对措施分析，《商业经济》2011 年第 24 期

赵斐：应用德语专门人才在长三角地区的就业前景与对策，《科技信息》2011 年第 7 期

周海霞，王建斌：经济危机时期德国媒体中的动态中国经济形象——以德国主流媒体《明镜》周刊和《时代》周报 2009—2010 年涉华报道为例，《德国研究》2011 年第 1 期

周忠丽：德国社民党的转型及与工会关系的变迁，《中国劳动关系学院学报》2011 年第 6 期

朱苗苗：城市规划现代性的解读——基于 1948—1963 年联邦德国城市发展状况的分析，《欧洲研究》2011 年第 2 期

法律

[德] 汉斯·彼特·哈佛坎普（Hans-Peter Haferkamp），金可可：1918 年以来一般人格权在德国的发展，《华东政法大学学报》2011 年第 1 期

班天可：论民法上的法律错误 对德国法和日本法的比较研究，《中外法学》2011 年第 5 期

柴松霞：德国刑事诉讼法修改的特色所在，《西部法学评论》2011 年第 1 期

柴松霞：论德国刑事诉讼模式改革对我国的启示，《天津法学》2011年第2期

柴松霞：清末五大臣对德国宪政的考察，《政法论坛》2011年第1期

陈道英：从德国法上的一般人格权看宪法权利与民事权利的协调，《法学评论》2011年第5期

陈迪：德国移民法有关条款设计，《国际人才交流》2011年第11期

陈华彬：19、20世纪的德国民法学，《法治研究》2011年第6期

陈璇：德国刑法学中结果无价值与行为无价值的流变、现状与趋势，《中外法学》2011年第2期

陈玉玲：德国亲子法视野下的婚生子女的否认——兼论对我国立法的启示，《时代法学》2011年第2期

程林：德国的民事速裁程序制度及其借鉴意义，《西南政法大学学报》2011年第4期

迟颖：从物之瑕疵责任的变迁看德国给付障碍法的国际化趋势，《研究生法学》2011年第1期

迟颖：我国合同法上附随义务之正本清源——以德国法上的保护义务为参照，《政治与法律》2011年第7期

丁慧敏：刑法目的观转变简史——以德国、日本刑法的祛伦理化为视角，《环球法律评论》2011年第2期

杜景林：《德国商法典》中的商人，《德国研究》2011年第1期

杜群，廖建凯：德国与英国可再生能源法之比较及对我国的启示，《法学评论》2011年第6期

段文波：德国法律适用突袭问题之对策与启示，《法律科学（西北政法大学学报）》2011年第6期

方鹏：德国刑法竞合理论与日本罪数理论之内容比较与体系解构——兼及中国罪数理论的走向选择和体系重构，《比较法研究》2011年第3期

付颖哲：批租还是年租？——以德国地上权制度为鉴，《德国研究》2011年第1期

高仰光：欧盟距离"同一个欧洲"还有多远？——德国联邦宪法法院里

斯本条约案判决的法律分析，《中国人民大学学报》2011 年第 1 期

胡伟新：德国葡萄牙法院案例在指导审判和保证法律统一适用方面的
　　作用，《法律适用》2011 年第 2 期

黄河：少年刑事案件社会调查报告初论——以德国少年司法实践为视
　　角，《研究生法学》2011 年第 1 期

姜涛：德国劳动刑法的当代发展述评，《德国研究》2011 年第 4 期

蒋舸：个人信息保护法立法模式的选择——以德国经验为视角，《法律
　　科学（西北政法大学学报）》2011 年第 2 期

孔令章：论法院诉前证据保全制度——借鉴德国独立证据调查程序的
　　思考，《现代法学》2011 年第 3 期

李昌盛：德国刑事协商制度研究，《现代法学》2011 年第 6 期

李泠烨：土地使用的公共限制——以德国城市规划法为考察对象，《清
　　华法学》2011 年第 1 期

李娜："夫妻财产增加额均衡"制度研究：以德国为例，《环球法律评
　　论》2011 年第 3 期

李升，庄田园：德国行政强制执行的方式与程序介绍，《行政法学研
　　究》2011 年第 4 期

李双军：德国基本法之稳定性探源，《常熟理工学院学报》2011 年第
　　3 期

刘飞：宪法解释的规则综合模式与结果取向——以德国联邦宪法法院
　　为中心的宪法解释方法考察，《中国法学》2011 年第 2 期

娄宇：德国法定医疗保险中的家庭保险制度——兼与中国城镇居民基本
　　医疗保险相关制度之结构性比较，《研究生法学》2011 年第 1 期

陆静：德国占领青岛时期法制述评，《东岳论丛》2011 年第 11 期

马明飞，曾加：德国能源法纠纷解决机制及对中国的启示，《西北大学
　　学报（哲学社会科学版）》2011 年第 5 期

米健：中德法学交流特刊序语，《研究生法学》2011 年第 1 期

牛建华，刘峥，雷鸿：德国"荣誉法官"制度评介及其思考，《法律适
　　用》2011 年第 12 期

皮勇：论欧洲刑事法一体化背景下的德国网络犯罪立法，《中外法学》

2011 年第 5 期

钱福臣：德国、荷兰的私法宪法化问题，《学术交流》2011 年第 11 期

任凡：德国民事听审请求权及其借鉴，《西部法学评论》2011 年第 4 期

上官丕亮：宪法在民事纠纷中的司法适用机制比较研究——以美、德两国为中心，《南京社会科学》2011 年第 4 期

沈建峰：具体人格权立法模式及其选择——以德国、瑞士、奥地利、列支登士敦为考察重点，《比较法研究》2011 年第 5 期

施业家，罗林：中德侦查权监督机制之比较与我国侦查权监督机制的完善，《法学评论》2011 年第 5 期

宋果：德国历史法学派激进与保守探微，《辽宁工程技术大学学报（社会科学版）》2011 年第 2 期

苏秦：德国刑法原因自由行为理论的综述，《沧桑》2011 年第 2 期

孙长永，闫召华：欧洲人权法院视野中的非法证据排除制度——以"格夫根诉德国案"为例，《环球法律评论》2011 年第 2 期

汪志刚：德国法上的意见表达和事实陈述的区分，《北方法学》2011 年第 3 期

王宏亮，房蕊：德国宪法诉讼制度对我国违宪审查制度之借鉴，《中共云南省委党校学报》2011 年第 3 期

王荣平：对德国民法法人制度的借鉴与反思，《长春理工大学学报（社会科学版）》2011 年第 12 期

王涛：贝多芬第九交响曲与德国民法典——音乐与法律中的德意志精神，《比较法研究》2011 年第 3 期

王涛：德英两国日耳曼法历史比较中的解构意义，《武汉大学学报（哲学社会科学版）》2011 年第 4 期

魏胜强：德国法律解释权配置的历史演变，《中国政法大学学报》2011 年第 6 期

吴波，陈玲：德国背信罪之研究，《上海政法学院学报（法治论丛）》2011 年第 2 期

许闲：德国权力制衡模式下的政府间财政关系，《经济社会体制比较》2011 年第 5 期

杨福忠：消极权利与立法者的积极义务——以德国联邦宪法法院第二次堕胎判决为例，《北方法学》2011 年第 1 期

杨丽娜：论可撤销法律行为之中德法比较，《法制与经济（中旬刊）》2011 年第 9 期

姚芳："特别权力关系理论"与中国行政诉权研究，《鸡西大学学报》2011 年第 6 期

余向东：美、德、日三国残疾人社会保障法律制度概览，《当代世界》2011 年第 2 期

苑书涛，谢雪凯：论德国民法中的积极侵害债权——以德国《债法现代化法》为背景，《江西社会科学》2011 年第 5 期

张蔷：中德刑事自诉制度之比较，《法制与社会》2011 年第 27 期

张慰："重要性理论"之梳理与批判——基于德国公法学理论的检视，《行政法学研究》2011 年第 2 期

张翔：宪法解释方法的运用——以德国艾尔弗斯案为例，《学习与探索》2011 年第 3 期

张子畅：德国反垄断法中私人执行制度的修订过程——解读德国《反限制竞争法》第 33 条立法经过，《广西政法管理干部学院学报》2011 年第 3 期

赵宏：限制的限制：德国基本权利限制模式的内在机理，《法学家》2011 年第 2 期

郑桥，林燕玲：德国劳资关系观察 连载之二，《中国工人》2011 年第 2 期

周后，屈广清：反垄断法域外适用管辖权冲突之协调——以美德两国法律的比较考察为基础，《河南省政法管理干部学院学报》2011 年第 2 期

庄加园，李昊：论动产占有的权利推定效力——以《德国民法典》第 1006 条为借鉴，《清华法学》2011 年第 3 期

其他

高宇轩，张晓华：16 世纪早期德国路德新教济贫改革论略，《北方论丛》2011 年第 2 期

刘立群，冯小冰：德国研究分会在京召开"德国当前内外形势及中德关系"研讨会，《德国研究》2011 年第 1 期

吴璟薇：探寻 15—18 世纪德国早期现代报刊，《国际新闻界》2011 年第 10 期

章宏：国家是分析全球化语境下媒介与传播学的唯一起点吗？《当代传播》2011 年第 4 期

2012 年

著 作

文 学

专、编著

冯亚琳，[德] 埃尔 [主编]（余传玲等译）：文化记忆理论读本，北京：北京大学出版社，2012。

林贤治 [编著]：火与废墟，南京：江苏人民出版社，2012。

卢因诚：德国之恋，北京：新世界出版社，2012。

罗伟文：中国现代文论与德国古典美学，北京：中国社会科学出版社，2012。

盛宁 [主编]：德国·奥地利经典中篇小说，北京：文化艺术出版社，2012。

卫茂平 [主编]：阐释与补阙：德语现代文学与中德文学关系研究，上海：上海外语教育出版社，2012。

叶廷芳 [主编]：一本书搞懂德国文学，北京：北京理工大学出版社，2012。

虞龙发：学海求知走进尼采：德语戏剧百年探究论文选，上海：上海译文出版社，2012。

张帆：德国早期浪漫主义女性诗学，上海：上海大学出版社，2012。

张玉书，卫茂平，朱建华，魏育青，冯亚琳 [主编]：德语文学与文学批评（第6卷·2012），北京：人民文学出版社，2012。

译著

[奥] 奥尔森（Sigurd F. Olson）（程虹译）：低吟的荒野，北京：生活 . 读书 . 新知三联书店，2012。

[奥] 丹尼尔·格拉陶尔（Daniel Glattauer）（杜新华译）：第七次约会，海口：南海出版公司，2012。

[奥] 弗兰茨·卡夫卡（Franz Kafka）（张荣昌译）：变形记，上海：上海译文出版社，2012。

[奥] 弗兰茨·卡夫卡（Franz Kafka）（张荣昌译）：城堡，上海：上海译文出版社，2012。

[奥] 斯台芬·茨威格（Stefan Zweig）（张玉书译）：一个陌生女人的来信，上海：上海译文出版社，2012。

[奥] 斯台芬·茨威格（Stefan Zweig）（张玉书，张意译）：茨威格读本，北京：人民文学出版社，2012。

[德] 埃尔克·海登莱希（Elke Heidenreich），[德] 贝恩德·施罗德（Bernd Schroeder）（高玉译）：老夫老妻，南京：译林出版社，2012。

[德] 奥得弗雷德·普鲁士勒（Otfried Preußler）（王滨滨，卫茂平译）：山妖传，南昌：21 世纪出版社，2012。

[德] 奥得弗雷德·普鲁士勒（Otfried Preußler）（王滨滨，卫茂平译）：午夜钟响，南昌：21 世纪出版社，2012。

[德] 本哈德·施林克（Bernhard Schlink）（钱定平译）：朗读者（纪念版），南京：译林出版社，2012。

[德] 本哈德·施林克（Bernhard Schlink）（刘海宁译）：夏日谎言，上海：上海译文出版社，2012。

[德] 布莱希特（Bertolt Brecht）（丁扬忠译）：四川好人，上海：上海译文出版社，2012。

[德] 布莱希特（Bertolt Brecht）（孙凤城译）：大胆妈妈和她的孩子们，上海：上海译文出版社，2012。

[德] 大卫·萨菲尔（David Safier）（韩宜辰译）：蚂蚁的眼泪，海口：南海出版公司，2012。

[德] 费迪南德·冯·席拉赫（Ferdinand von Schirach）（吴掏飞译）：罪行，海口：南海出版公司，2012。

[德] 弗里德里希·荷尔德林（Johann Christian Friedrich Hölderlin）（张红艳译）：烟雨故园路：荷尔德林书信选，北京：经济日报出版社，2012

[德] 戈特弗里德·贝恩（Gottfried Benn）（贺骥译）：新陆诗丛：贝恩诗选，重庆：重庆大学出版社，2012。

[德] 歌德（Johann Wolfgang von Goethe）（高中甫，关惠文译）：少年维特的烦恼（精装典藏版），北京：中国友谊出版公司，2012。

[德] 歌德（Johann Wolfgang von Goethe）（郭沫若译）：少年维特之烦恼（美绘本），北京：中国青年出版社，2012。

[德] 歌德（Johann Wolfgang von Goethe）（陆钰明译）：浮士德，武汉：长江文艺出版社，2012。

[德] 海靖夫人（Friedrich Gustav von Heyking）（秦俊峰译）：德国公使夫人日记，福州：福建教育出版社，2012。

[德] 海因里希·霍夫曼（Heinrich Hoffmann）（张鲁川译）：蓬蓬头彼得：一本书换个好孩子，北京：中国青年出版社，2012。

[德] 赫尔曼·黑塞（Hermann Hesse）（张佩芬译）：玻璃球游戏，上海：上海译文出版社，2012。

[德] 赫尔曼·黑塞（Hermann Hesse）（张翔译）：流浪者之歌，北京：中国致公出版社，2012。

[德] 君特·格拉斯（Günter Grass）（郭力译）：德国人会死绝？，南京：南京大学出版社，2012。

[德] 科斯汀·吉尔（Kerstin Gier）（朱刘华译）：时空之恋，北京：接力出版社，2012。

[德] 克丽斯塔·沃尔夫（Christa Wolf）（赵丹译）：分裂的天空，北京：东方出版社，2012。

[德] 库尔特·品图斯（Kurt Pinthus）（姜爱红译）：人类的曙光：德国表现主义经典诗集，北京：人民文学出版社，2012。

[德] 雷马克（Erich Maria Remarque）（朱雯译）：凯旋门，上海：上海

译文出版社，2012。

[德] 莉儿·布莱曼（Liel Brightman）（郭力译）：爸爸是天使，北京：新星出版社，2012。

[德] 林德·冯·凯泽林克（Linde von Keyserlingk）（黄晓晨译）：被遗忘的孩子，沈阳：辽宁教育出版社，2012。

[德] 林德·冯·凯泽林克（Linde von Keyserlingk）（黄晓晨译）：他们被叫做"狼孩"，沈阳：辽宁教育出版社，2012。

[德] 鲁道尔夫·埃里希·拉斯伯（Rudolf Erich Raspe）（龚丹红译）：吹牛大王历险记，浙江：少年儿童出版社，2012。

[德] 米夏埃尔·库普夫米勒（Michael Kumpfmuller）（韩瑞祥译）：阳光下的日子，北京：人民文学出版社，2012。

[德] 莫妮卡·费特（Monika Fett）（黄华丹译）：神秘失踪者，武汉：湖北少年儿童出版社，2012。

[德] 莫妮卡·费特（Monika Fett）（田汝丽译）：草莓采摘者，武汉：湖北少年儿童出版社，2012。

[德] 诺瓦利斯（Novalis）（林克译）：诺瓦利斯作品选集，重庆：重庆大学出版社，2012。

[德] 特奥多·施托姆（Theodor Storm）（赵燮生，江南译）：茵梦湖，武汉：长江文艺出版社，2012。

[德] 托马斯·曼（Paul Thomas Mann）（黄燎宇，李伯杰译）：死于威尼斯，北京：人民文学出版社，2012。

[德] 托马斯·曼（Paul Thomas Mann）（罗炜译）：浮士德博士：一位朋友讲述的德国作曲家阿德里安·莱韦屈恩的生平，上海：上海译文出版社，2012。

[德] 托马斯·曼（Paul Thomas Mann）（陶然译）：迷失威尼斯，广东：新世界出版社，2012。

[德] 西格弗里德·伦茨（Siegfried Lenz）（孙汇琪译）：激流中的人，海口：南海出版公司，2012。

[德] 西格弗里德·伦茨（Siegfried Lenz）（许昌菊，钟慧娟译）：默哀时刻，海口：南海出版公司，2012。

[德] 夏洛特·林克（Charlotte Link）（王滨滨，高天忻译）：另外的孩子，上海：上海译文出版社，2012。

[法] 菲利普·拉库 - 拉巴尔特（Philippe Lacoue-Labarthe），[法] 让 -吕克·南希（Jean-Luc Nancy）（张小鲁，李伯杰，李双志译）：名家文学讲坛·文学的绝对：德国浪漫派文学理论，南京：译林出版社，2012。

教　学　法

专、编著

杨建培：跨文化能力培养论——以德语教学为例，上海：同济大学出版社，2012。

德　国　研　究

专、编著

曹卫东：20 世纪德国马克思主义文艺理论研究，北京：北京大学出版社，2012。

陈强，鲍悦华：德语国家科技管理的比较研究，北京：化学工业出版社，2012。

丁建弘：世界历史文化丛书——德国通史，上海：上海社会科学院出版社，2012。

冯晓虎：中德语言学交流史稿，北京：外语教学与研究出版社，2012。

何志宁：华人族群及与德国社会的整合，北京：人民出版社，2012。

李乐曾，郑春荣：德国发展报告（2012），北京：社会科学文献出版社，2012。

罗伟文：中国现代文论与德国古典美学，北京：中国社会科学出版社，2012。

田小惠：德国战败赔偿政策研究（1939—1949）：兼与日本赔偿政策的比较，北京：中央编译出版社，2012。

汪冰：德国名将曼陀菲尔传，北京：人民日报出版社，2012。

肖洋：外交的文化阐释·德国卷，北京：知识产权出版社，2012。

叶隽：德国学理论初探：以中国现代学术建构为框架，上海：上海外语教育出版社，2012。

岳伟，常县宾：德国皇室·铁血王朝，北京：中国青年出版社，2012。

张祥龙：中德文化丛书：德国哲学、德国文化与中国哲理，上海：上海外语教育出版社，2012。

周国平：尼采：在世纪的转折点上，南京：译林出版社，2012。

周弘，[德] 彼得·荣根（P. Jungen），朱民：德国马克与经济增长，北京：社会科学文献出版社，2012。

译著

[奥] 阿弗雷德·阿德勒（Alfred Adler）（李青霞译）：自卑与超越，吉林：吉林出版集团有限责任公司，2012。

[德] 埃克哈德·伯恩斯坦（Eckhard Bernstein）（武海霞，武银强译）：走世界品文化：理性德国，长春：长春出版社，2012。

[德] 艾尔玛·霍伦斯坦因（Elmar Holenstein）（徐献军译）：人的自我理解：自我意识，主体间责任，跨文化理解，浙江：浙江大学出版社，2012。

[德] 弗里德里希·迈内克（Friedrich Meinecke）（何兆武译）：德国的浩劫，北京：商务印书馆，2012。

[德] 弗里德里希·威廉·尼采（Friedrich Wilhelm Nietzsche）（杨恒达译）：查拉图斯特拉如是说，南京：译林出版社，2012。

[德] 弗里德里希·威廉·尼采（Friedrich Wilhelm Nietzsche）（赵婉平译）：谁是谁的太阳：尼采随笔，合肥：安徽人民出版社，2012。

[德] 弗里德里希·威廉·尼采（Friedrich Wilhelm Nietzsche）（周国平译）：作为教育家的叔本华，南京：译林出版社，2012。

[德] 格奥尔格·黑格尔（Georg Hegel）（贺麟译）：黑格尔早期神学著作，上海：上海人民出版社，2012。

[德] 汉尼斯·科尼夫卡（Hannes Kniffka）（程乐，吕加译）：法律语言的运作：德国视角，北京：中国政法大学出版社，2012。

[德] 赫尔曼·施密茨（Hermann Schmitz）（庞学铨，冯芳译）：身体与情感，浙江：浙江大学出版社，2012。

[德] 卡尔·雅斯贝尔斯（Karl Jaspers）（梦海译）：哲学思维学堂，上海：同济大学出版社，2012。

[德] 康德（Immanuel Kant）（唐钺译）：道德形上学探本，北京：商务印书馆，2012。

[德] 莱因哈德·齐默曼（Reinhard Zimmermann）（韩光明译）：德国新债法：历史与比较的视角，北京：法律出版社，2012。

[德] 马丁·海德格尔（Martin Heidegger）（孙周兴译）：哲学论稿：从本有而来，北京：商务印书馆，2012。

[德] 马克斯·韦伯（Max Weber）（王容芬译）：伦理之业：马克斯·韦伯的两篇哲学演讲（最新修订版），北京：中央编译出版社，2012。

[德] 米夏埃尔·于尔格斯（Michael Jurgs）（徐静华译）：德国统一现状，北京：人民出版社，2012。

[德] 叔本华（Arthur Schopenhauer）（刘越峰译）：叔本华：爱与生的苦恼，北京：中国画报出版社，2012。

[德] 叔本华（Arthur Schopenhauer）（张弈译）：叔本华随笔：人生之路如何走过，合肥：安徽人民出版社，2012。

[德] 托马斯·海贝勒（Thomas Heberer），[德] 迪特·格鲁诺（Dieter Grunow），李惠斌 [主编]（杨惠颖译）：中国与德国的环境治理：比较的视角，北京：中央编译出版社，2012。

[德] 瓦尔特·本雅明（Walter Benjamin）（潘小松译）：莫斯科日记·柏林纪事，北京：商务印书馆，2012。

[德] 威廉·曼彻斯特（William Manchester）（姜明新，马环宇，杨凤妍，于艳惠等译）：克虏伯的军火：德国军工巨鳄的兴衰，北京：

社会科学文献出版社，2012。

[德] 威廉·施密德（Wilhelm Schmid）（黄霄翎译）：幸福，上海：上海译文出版社，2012。

[德] 卫礼贤（Richard Wilhelm）（秦俊峰译）：德国孔夫子的中国日志，福州：福建教育出版社，2012。

[德] 西格弗里德·伦茨（Siegfried Lenz）（孙汇琪译）：激流中的人，海口：南海出版公司，2012。

[德] 西格弗里德·伦茨（Siegfried Lenz）（许昌菊，钟慧娟译）：默哀时刻，海口：南海出版公司，2012。

[德] 于尔根·哈贝马斯（Jürgen Habermas）（曹卫东，付德根译）：后形而上学思想，南京：译林出版社，2012。

[德] 约阿希姆·席尔特（Joachim Schild）（袁杰译）：简明德语史，上海：同济大学出版社，2012。

[德] 约翰·艾克豪夫（Johann Eekhoff）（毕宇珠，丁宇译）：德国住房政策，北京：中国建筑工业出版社，2012。

教材、教参、工具书

教　　材

[德] 金莎黛（Friederike Jin）[编]（范美芳译）：快乐德语（第5册）：学生用书，上海：上海外语教育出版社，2012。

[德] 柯普（Gabriele Kopp）[编]：新标准德语强化教程（青少版）(A2)（学生用书2），北京：外语教学与研究出版社，2011。

鲍士月，汤长兴，徐筱春 [编著]：新概念德语第二册（第3版），合肥：安徽科学技术出版社，2012。

陈晓春 [主编]：高级德语（第一册），上海：上海外语教育出版社，2012。

教育部直属同济大学留德预备部 [编著]：新求精德语强化听说初级教

程，上海：同济大学出版社，2012。

刘炜，魏育青：德语国家社会与文化，上海：上海外语教育出版社，2012。

潘碧蕾［主编］：魅力德语入门，上海：华东理工大学出版社，2012。

钱敏汝［主编］：德语听力教程3（学生用书），上海：上海外语教育出版社，2012。

张建强［主编］：汽车工程德语教程，北京：机械工业出版社，2012。

张莹，王黎红［主编］：基础德语听说教程，沈阳：东北大学出版社，2012。

朱建华［主编］：新编大学德语（第二版）（3）（学生用书），北京：外语教学与研究出版社，2012。

教　参

[德] 布特纳（Siegfried Büttner）[编]：新标准德语强化教程（青少版）（A2）（教师手册2），北京：外语教学与研究出版社，2012。

[德] 丁泽尔（Sabine Dinsel）[编]（滕栯改编）：歌德证书 B1 备考指南，上海：上海外语教育出版社，2012。

[德] 弗莱（Evelyn Frey）[编]（樊荣改编）：歌德证书 B2 备考指南，上海：上海外语教育出版社，2012。

[德] 弗莱（Evelyn Frey）[编]（樊荣改编）：歌德证书 C1 备考指南，上海：上海外语教育出版社，2012。

[德] 格贝斯（Johannes Gerbes）[编]（吴林林编译）：歌德证书 A1 备考指南，上海：上海外语教育出版社，2012。

[德] 何方晧[编著]：跟何老师学德语语法（基础篇），上海：同济大学出版社，2012。

[德] 金莎黛（Friederike Jin）[编]（范美芳译）：快乐德语（第 5 册）：教师用书，上海：上海外语教育出版社，2012。

[德] 金莎黛（Friederike Jin）[编]（范美芳译）：快乐德语（第 5 册）：练习册，上海：上海外语教育出版社，2012。

[德] 柯普（Gabriele Kopp）[编]：新标准德语强化教程（青少版）（A2）（练习手册 2），北京：外语教学与研究出版社，2012。

[德] 雷麦克（Christiane Lemcke）：柏林广场（一），上海：同济大学出版社，2012。

[德] 雷麦克（Christiane Lemcke）：柏林广场（二），上海：同济大学出版社，2012。

[德] 鲁施（Paul Rusch），[德] 施米茨（Helen Schmitz）[编著]（王颖频，赵亘译）：欧标德语语法渐进 A1-B1，上海：上海译文出版社，2012。

[德] 尼曼（Rita Maria Niemann）[编]：交际德语教程（第三册）（练习与测试），上海：上海外语教育出版社，2012。

[德] 聂黎曦（Michael Nerlich），梁敏 [编著]：当代大学德语（4）（教师手册），北京：外语教学与研究出版社，2012。

[德] 聂黎曦（Michael Nerlich），梁敏 [编著]：当代大学德语（4）（练习手册），北京：外语教学与研究出版社，2012。

拜敬 [编译]：歌德青少年证书备考指南 A1/A2，上海：上海外语教育出版社，2012。

陈栋 [编著]：二外德语考研词汇详解，上海：同济大学出版社，2012。

陈小飞 [编著]：德语德福考试真题高频词汇，北京：世界图书出版公司，2012。

方建国，赵勤，[德] 安雅莉（Andrea Schwedler）[编著]：新求精德福备考教程：阅读训练，上海：同济大学出版社，2012。

冯亚琳，李大雪 [主编]：中国德语语言文学研究文献汇编（2005—2009），北京：外语教学与研究出版社，2012。

华少庠 [编译]：中庸（汉德双语对照），北京：外文出版社，2012。

皇甫宜均 [主编]：德语读览天下（珍藏集第 1 卷），北京：外语教学与研究出版社，2012。

皇甫宜均 [主编]：德语读览天下（珍藏集第 2 卷），北京：外语教学与研究出版社，2012。

黄霄翎：译家之言：德语口译，上海：上海外语教育出版社，2012。

教育部直属同济大学留德预备部 [编著]：新求精德语强化教程（第4版）：初级测试题，上海：同济大学出版社，2012。

教育部直属同济大学留德预备部 [编著]：新求精德语强化教程（第4版）：初级教学参考书，上海：同济大学出版社，2012。

教育部直属同济大学留德预备部 [编著]：新求精德语强化教程（第4版）：词汇练习册（初级1），上海：同济大学出版社，2012。

教育部直属同济大学留德预备部 [编著]：新求精德语强化教程（第4版）：词汇练习册（初级2），上海：同济大学出版社，2012。

孔德明 [主编]：德语综合教程（3）（练习册），上海：上海外语教育出版社，2012。

乐燕清，张剑平 [编著]：新求精德语强化教程中级听力训练1，上海：同济大学出版社，2012。

黎东良，黄玉云 [主编]：最新大学德语六级词汇详解，上海：同济大学出版社，2012。

李岩 [编著]：零起点1秒说德语，北京：中国宇航出版社，2012。

刘静，俞秋似 [编著]：新求精德福备考教程：留学德国专用词汇详解，上海：同济大学出版社，2012。

陆春林 [编著]：新求精德福备考教程：科普知识听力训练，上海：同济大学出版社，2012。

区思明 [编著]：新求精德福备考教程：写作训练，上海：同济大学出版社，2012。

彭彧 [编]：德语词汇奥秘，上海：上海译文出版社，2012。

钱敏汝 [主编]：德语听力教程3（教学参考），上海：上海外语教育出版社，2012。

钱敏汝 [主编]：文化视窗高级德语教程（1）（教师手册），北京：外语教学与研究出版社，2012。

任雪银 [编著]：零起点说生意德语，北京：中国宇航出版社，2012。

宋洁，杨旸 [编著]：德语日常会话1200句，天津：天津科技翻译出版公司，2012。

王晓明 [编著]：新求精德福备考教程：口语训练，上海：同济大学出版社，2012。

王晔 [主编]：德语发音入门，上海：上海交通大学出版社，2012。

徐立华 [编著]：德福考前必备——词汇，北京：高等教育出版社，2012。

杨建培 [编著]：新求精德语强化教程：中级语法精解与练习，上海：同济大学出版社，2012。

张辛仪 [编著]：德语听力入门，合肥：安徽科学技术出版社，2012。

张勇：德语一词多义的认知研究——德汉多义词认知学习词典中的意义构建，北京：北京理工大学出版社，2012。

赵劲 [主编]：经济德语（教师用书），上海：上海外语教育出版社，2012。

朱建华 [主编]，陶玉华 [编]：新编大学德语（第二版）(2)（教师手册），北京：外语教学与研究出版社，2012。

工 具 书

[德] 哥茨（Dieter Götz）等 [编著]：朗氏德语大词典（德德版），北京：外语教学与研究出版社，2012。

[德] 格拉夫斯（Paul G. Graves）[编]（佟文斌编译）：德语词汇分类学习小词典（新版），北京：北京语言大学出版社，2012。

潘再平 [编著]：新德汉词典（第 3 版·平装本），上海：上海译文出版社，2012。

庞文薇 [主编]：精选德汉经贸法律词典，上海：同济大学出版社，2012。

吴显林 [主编]：德汉实用词典，北京：外文出版社，2012。

杨金华 [主编]：汉德双解常用习惯用语词典，上海：上海译文出版社，2012。

论 文

文 学

[德] 克劳斯·L·贝格哈恩（Klaus L. Berghahn）（胡蔚译）：以批评为启蒙，以批判为批评——论莱辛的文学批评，《国外文学》2012年第 1 期

[美] 大卫·达姆罗什：世界文学是跨文化理解之桥，《山东社会科学》2012 年第 3 期

[斯洛伐克] 马利安·高利克：歌德《浮士德》在郭沫若写作与翻译中的接受与复兴（1919—1922），《汉语言文学研究》2012 年第 3 期

敖海燕：德国文学中的母题定义研究，《剑南文学（经典教苑）》2012 年第 2 期

卞虹：寻找自我——从心理分析学角度解读《德米安》，《外国文学》2012 年第 2 期

曹霞：《塞斯的学徒》中的和谐自然观，《湘潭大学学报（哲学社会科学版）》2012 年第 2 期

常璇璇：简析《审判》中的卡夫卡特色，《重庆科技学院学报（社会科学版）》2012 年第 17 期

陈军：黑格尔与西方现代戏剧——以斯丛狄《现代戏剧理论（1880—1951）》为考察文本，《社会科学战线》2012 年第 6 期

Chen Hongyan（陈红嫣）：Die imaginierte Weiblichkeit. Zur Thematik der „Neuen Frau" in Irmgard Keuns Gilgi, eine von uns, in: Literaturstraße Band 13, herausgegeben von Zhang Yushu（张玉书）, Horst Thomé（霍·托美）, Wei Maoping（卫茂平）, Zhu Jianhua（朱建华）, Georg Braungart（格·布劳恩噶尔特）, Würzburg: Königshausen & Neumann 2012

Chen Liangmei（陈良梅）：Irrungen und Wirrungen. Über die Gefühls-struktur in Ingo Schulzes Roman Simple Storys, in: Literaturstraße

Band 13, herausgegeben von Zhang Yushu（张玉书），Horst Thomé
（霍·托美），Wei Maoping（卫茂平），Zhu Jianhua（朱建华），
Georg Braungart（格·布劳恩噶尔特），Würzburg: Königshausen &
Neumann 2012

陈敏，戴叶萍：《东方之旅》中尼采与老庄思想共存现象及其探究，
《德国研究》2012 年第 1 期

陈艳：卡夫卡小说《判决》的叙事学研究，《名作欣赏》2012 年 12 期

陈园园，金晶：从主题的角度试析卡夫卡与黑塞的艺术探索，《齐齐哈
尔大学学报（哲学社会科学版)》2012 年第 2 期

Chen Zhuangying（陈壮鹰）: Ein Verleich zwischen der deutschen Version
und dem chinesischen Original des Märchens *Bau Si*, in: Literaturstraße
Band 13, herausgegeben von Zhang Yushu（张玉书），Horst Thomé
（霍·托美），Wei Maoping（卫茂平），Zhu Jianhua（朱建华），Georg
Braungart（格·布劳恩噶尔特），Würzburg: Königshausen & Neumann
2012

程云：浅谈十一字诗 Elfchen，《德语学习》2012 年第 1 期

范晖：卡夫卡小说中的"荒诞与惶恐"情结，《河南师范大学学报（哲
学社会科学版)》2012 年第 3 期

方美：解读卡夫卡的精神流浪，《重庆科技学院学报（社会科学版)》
2012 年第 8 期

Feng Weiping（丰卫平）: Imaginäre Bühne. Zu Robert Walsers Dramoletten
Aschenbrödel und Schneewittchen, in: Literaturstraße Band 13,
herausgegeben von Zhang Yushu（张玉书），Horst Thomé（霍·托
美），Wei Maoping（卫茂平），Zhu Jianhua（朱建华），Georg Braun-
gart（格·布劳恩噶尔特），Würzburg: Königshausen & Neumann
2012

冯晓春，张帆：破碎的艺术：赫塔·米勒的诗歌，《世界文学评论》
2012 年第 1 期

Feng Yalin（冯亚琳）: Das andere Erzählen, die andere Erinnerung. Eine
gedächtnistheoretische Interpretation des Romans *Jakob der Lügner* von

Jurek Becker, in: Literaturstraße Band 13, herausgegeben von Zhang Yushu（张玉书）, Horst Thomé（霍·托美）, Wei Maoping（卫茂平）, Zhu Jianhua（朱建华）, Georg Braungart（格·布劳恩噶尔特）, Würzburg: Königshausen & Neumann 2012

冯亚琳：贝克尔小说《说谎者雅克布》中的另类回忆，《外国语文》2012年第3期

冯亚琳：君特·格拉斯小说中的暴力与"他者"，《外国文学》2012年第5期

高红梅：人作为主体而存在——《朗读者》的身体叙事与主体建构，《东北师大学报（哲学社会科学版）》2012年第5期

谷裕：从市民家庭到公共生活——解读歌德的《威廉·迈斯特的学习时代》，《同济大学学报（社会科学版）》2012年第4期

谷裕：冯塔纳的小说，《中华读书报》2012年5月9日

谷裕：思想史语境中的德语修养小说：创作与诗学，《比较文学与世界文学》2012年第2期

顾雪梅：从施害者到受害的施害者——读君特·格拉斯《蟹行》感受德国反思文化，《长春教育学院学报》2012年第8期

郭成龙：浅论西方文本中浮士德难题的体现及演变，《剑南文学（经典教苑）》2012年第7期

郭英豪：隐匿的政治观——评莱辛《＜恩斯特与法尔克：——写给共济会员的谈话＞第二次谈话》，《和田师范专科学校学报》2012年第2期

郭祖光：论歌德狂飙突进运动时期的美学思想，《山东师范大学》2012年第9期

何玉蔚：论布莱希特的反向改编——从《三毛钱歌剧》到《三毛钱小说》，《戏剧文学》2012年第7期

何源远：读缪勒《比较神话学》，《西北民族研究》2012年第2期

何云波：诗画一律与诗画之别——苏轼、莱辛诗画之辨与中西诗学传统，《汉语言文学研究》2012年第1期

侯素琴：中德经典成长小说中的自由观之比较，《社会科学家》2012

年第 8 期

胡丹：冷漠与盲从——从《人造丝少女》看魏玛共和国末期民众政治意识的缺失，《名作欣赏》2012 年第 12 期

胡继华：从"主题学"到"隐喻学"——在现代德国文学批评语境中求索文学与思想之间的关联，《艺术百家》2012 年第 3 期

Hu Kai（胡凯）：„Jesus mit Konfuzius" in Ernst Fabers *Civilization, China and Christian*, in: Literaturstraße Band 13, herausgegeben von Zhang Yushu（张玉书），Horst Thomé（霍·托美），Wei Maoping（卫茂平），Zhu Jianhua（朱建华），Georg Braungart（格·布劳恩噶尔特），Würzburg: Königshausen & Neumann 2012

Hu Wei（胡蔚）：Imagination und Kreativität in der deutschen Literatur Bericht zum *Literaturstraßen*-Sympositum an der XISU, China（21.- 25. September 2011 in Xi'an），in: Literaturstraße Band 13, herausgegeben von Zhang Yushu（张玉书），Horst Thomé（霍·托美），Wei Maoping（卫茂平），Zhu Jianhua（朱建华），Georg Braungart（格·布劳恩噶尔特），Würzburg: Königshausen & Neumann 2012

胡志明：卡夫卡与德勒兹的"少数族文学"概念，《湛江师范学院学报》2012 年第 2 期

皇甫宜均：德国诗意现实主义的悲情倾诉——评施笃姆小说《白衣骑者》中主人公的双重性格，《西北大学学报（哲学社会科学版）》2012 年第 1 期

Huang Keqin（黄克琴）：Das Dorf in der Wahrnehmung eines Kindes. Eine Interpretation von Herta Müllers Titelerzählung *Niederungen*, in: Literaturstraße Band 13, herausgegeben von Zhang Yushu（张玉书），Horst Thomé（霍·托美），Wei Maoping（卫茂平），Zhu Jianhua（朱建华），Georg Braungart（格·布劳恩噶尔特），Würzburg: Königshausen & Neumann 2012

黄克琴：故事"小真实"时代"大真实"——尤利娅·弗兰克《花式面包》带给读者的启示，《德语学习》2012 年第 3 期

Huang Liaoyu（黄燎宇）：Asien ist nicht Asien. Über den Begriff Asien im

Zauberberg und Thomas Manns Chinabild, in: Literaturstraße Band 13, herausgegeben von Zhang Yushu（张玉书），Horst Thomé（霍·托美），Wei Maoping（卫茂平），Zhu Jianhua（朱建华），Georg Braungart（格·布劳恩噶尔特），Würzburg: Königshausen & Neumann 2012

黄明：《少年维特之烦恼》的魅力环，《山东理工大学学报（社会科学版）》2012 年第 4 期

黄武：卡夫卡：童年体验中的文学创作内驱力，《文学界（理论版）》2012 年第 3 期

黄夏：伦茨文学变奏中不变的主旋律，《中国图书评论》2012 年第 9 期

霍英：亦幻亦真 寓庄于谐——从《布拉姆比拉公主》的叙事结构看德国浪漫主义文化内涵，《上海理工大学学报（社会科学版）》2012 年第 2 期

贾涵斐：在黑暗与光明之间的父子之爱——《流亡中的老国王》，《世界文化》2012 年第 7 期

Jiang Aihong（姜爱红）：Die Bildersprache in der expressionistischen Dichtung, in: Literaturstraße Band 13, herausgegeben von Zhang Yushu（张玉书），Horst Thomé（霍·托美），Wei Maoping（卫茂平），Zhu Jianhua（朱建华），Georg Braungart（格·布劳恩噶尔特），Würzburg: Königshausen & Neumann 2012

Jin Xiuli（金秀丽）：Phantasie und Wirklichkeit. Gustav Meyrinks Traummotiv im Roman *Golem*, in: Literaturstraße Band 13, herausgegeben von Zhang Yushu（张玉书），Horst Thomé（霍·托美），Wei Maoping（卫茂平），Zhu Jianhua（朱建华），Georg Braungart（格·布劳恩噶尔特），Würzburg: Königshausen & Neumann 2012

景艳燕：席勒的哲理诗与叙事诗，《德语学习》2012 年第 4 期

郎静："幽灵"出没的洞穴——重读黑塞《荒原狼》，《长治学院学报》2012 年第 4 期

乐燕蓉：《智者纳旦》与莱辛的后期神学思想，《宁波大学学报（人文科学版）》2012 年第 2 期

雷海花：《惊马奔逃》的时序解读，《文学教育（下)》2012 年第 5 期

李房：艺术表达的殉道者——论卡夫卡的《饥饿艺术家》，《现代交际》2012 年 2 期

李慧岩：通过"Gesprächsanalyse"初探"Die Leiden jungen Werthers"中体现的女性地位问题，《德语学习》2012 年第 1 期

李建立：海因里希·伯尔的中国遭遇，《中国比较文学》2012 年第 1 期

李腊梅：《黑暗的心》与《浮士德》的平行与对立，《重庆科技学院学报（社会科学版）》2012 年第 3 期

李韶丽，彭军：三重门：我与"他者"之隔膜——卡夫卡的《乡村教师》解读，《牡丹江大学学报》2012 年第 6 期

李世琦：赫尔曼·黑塞对禅宗的研究与评价，《书屋》2012 年第 9 期

李爽：谈卡夫卡作品中的场景描写，《文学界（理论版）》2012 年第 5 期

李香：论 E. T. A. 霍夫曼小说《沙人》中的人格分裂，《商业文化（上半月）》2012 年第 3 期

李杨：解读卡夫卡式迷惘——残雪与卡夫卡小说比较研究，《文学界（理论版）》2012 年第 6 期

李忠敏：超越巴别塔与虚己的启示——对卡夫卡《审判》的解析，《河南师范大学学报（哲学社会科学版）》2012 第 2 期

李忠敏：卡夫卡的巴别塔，《平顶山学院学报》2012 年第 3 期

梁庆标："K"与他的助手——论卡夫卡的喜剧意识，《东方论坛》2012 年第 3 期

梁锡江：都市、眼睛与艺术的困境——再读霍夫曼小说《堂兄的角窗》，《国外文学》2012 年第 3 期

梁锡江：虚无世界与贫困时代——论布劳赫的小说《维吉尔之死》，《外国文学》2012 年第 1 期

刘宏凤：略论卡夫卡作品中的死亡意识，《名作欣赏》2012 年第 23 期

刘静：德国童话中的解构主义，《赤峰学院学报（汉文哲学社会科学版）》2012 年第 4 期

Liu Wei（刘炜）：Utopie als Alternative zum katastrophalen Zeitgeschehen Imagination und Kreativität in der Darstellung Joseph Roths, in: Literaturstraße Band 13, herausgegeben von Zhang Yushu（张玉书），

Horst Thomé（霍•托美），Wei Maoping（卫茂平），Zhu Jianhua（朱建华），Georg Braungart（格•布劳恩噶尔特），Würzburg: Königshausen & Neumann 2012.

Liu Wenjie（刘文杰）：Gewaltbeziehungen in Ludwig Tiecks Märchenwelt, in: Literaturstraße Band 13, herausgegeben von Zhang Yushu（张玉书），Horst Thomé（霍•托美），Wei Maoping（卫茂平），Zhu Jianhua（朱建华），Georg Braungart（格•布劳恩噶尔特），Würzburg: Königshausen & Neumann 2012

刘向：以《埃里克》为例浅谈德国中世纪骑士叙事诗中的"双线结构"，《德语学习》2012年第3期

Liu Yongqiang（刘永强）：„Tiere oder Götter oder beides gleich". Hofmannsthals Begegnung mit St. Denis und ihre Auswirkung auf seine Tanzästhetik, in: Literaturstraße Band 13, herausgegeben von Zhang Yushu（张玉书），Horst Thomé（霍•托美），Wei Maoping（卫茂平），Zhu Jianhua（朱建华），Georg Braungart（格•布劳恩噶尔特），Würzburg: Königshausen & Neumann 2012

卢静文，崔惠珍：海涅《还乡集82》原文及译文的及物性分析，《郑州航空工业管理学院学报（社会科学版）》2012年第2期

Lu Mingjun（卢铭君）：„Eine andere Medea". Über Christa Wolfs Roman *Medea. Stimmen*, in: Literaturstraße Band 13, herausgegeben von Zhang Yushu（张玉书），Horst Thomé（霍•托美），Wei Maoping（卫茂平），Zhu Jianhua（朱建华），Georg Braungart（格•布劳恩噶尔特），Würzburg: Königshausen & Neumann 2012

卢文婷：德国浪漫主义与中国文学（从晚清到"五四"），《长江学术》2012年第2期

芦昂：德国当代戏剧生态的思考，《戏剧艺术》2012第2期

鲁春芳，杨爱萍：从浮士德与老水手看欧洲文学中自然形象的神性回归，《译林（学术版）》2012年第2期

罗炜：从《王伦三跳》看德布林儒道并重的汉学基础，《中南民族大学学报（人文社会科学版）》2012年第3期

罗炜：一部纳粹暴政的史前史——论《学生托乐思的迷惘》的自传色彩和政治寓意，《长江论坛》2012 年第 1 期

马凤霞：鲁迅与卡夫卡作品的权力空间解读——以《祝福》与《在流放地》为例，《剑南文学（经典教苑）》2012 年第 3 期

Ma Jian（马剑）: Hermann Hesses Rezeption der *Tao Te King*-Übersetzung von Richard Wilhelm, in: Literaturstraße Band 13, herausgegeben von Zhang Yushu（张玉书）, Horst Thomé（霍·托美）, Wei Maoping（卫茂平）, Zhu Jianhua（朱建华）, Georg Braungart（格·布劳恩噶尔特）, Würzburg: Königshausen & Neumann 2012

马剑：黑塞对歌德"对立统一"思想的接受与发展，《同济大学学报（社会科学版）》2012 年第 6 期

马江风：黑塞小说道德内涵的辨证解读，《文学界（理论版）》2012 年第 5 期

马兰，王畅晨：卡夫卡作品的异化主题，《剑南文学（经典教苑）》2012 年第 3 期

米兰：论文学叙事中的"间离"手法，《内蒙古农业大学学报（社会科学版）》2012 年第 3 期

莫光华：色彩是"光的业绩，业绩和苦难"——论歌德的《色彩学》和色彩观，《同济大学学报（社会科学版）》2012 年第 4 期

聂锦芳：文本学方法及其在《德意志意识形态》研究中的运用，《河北学刊》2012 年第 4 期

聂军：消解虚拟叙事，重现真实感受——解读彼得·汉德克的小说《大黄蜂》，《国外文学》2012 年第 4 期

潘天强：一种历史的两种艺术表达——《铁皮鼓》的小说和电影，《电影艺术》2012 年第 2 期

潘薇芝：卡夫卡作品中宗教精神的流变，《孝感学院学报》2012 年 2 期

彭建华，邢莉君：郭沫若与德语文学翻译，《郭沫若学刊》2012 年第 1 期

彭婷：简论 Ludwig Tieck 的《穿靴子的猫》，《西南民族大学学报（人文社会科学版）》2012 年 S1 期

彭彦录：论君特·格拉斯小说与反乌托邦小说的互文性，《齐齐哈尔师范高等专科学校学报》2012年第2期

Ren Guoqiang（任国强）：Appell zum Nationalbewußtsein durch literarische Bemühung Über den „deutschen Charakter" in Wackenroders Werk, in: Literaturstraße Band 13, herausgegeben von Zhang Yushu（张玉书），Horst Thomé（霍·托美），Wei Maoping（卫茂平），Zhu Jianhua（朱建华），Georg Braungart（格·布劳恩噶尔特），Würzburg: Königshausen & Neumann 2012

任国强：论德国流亡文学研究中的政治化倾向问题——从流亡文学杂志《汇集》风波说起，《同济大学学报（社会科学版）》2012年第2期

申粒蒂，张剑：不能承受的历史之重——评《朗读者》对德国历史的新型反思，《长春理工大学学报（社会科学版）》2012年第8期

沈南洋：浅析海因里希·伯尔小说《列车正点到达》中的异化主题，《剑南文学（经典教苑）》2012年第1期

宋珊：童话里的"蓝色花"——德国浪漫主义的奇葩，《安徽文学（下半月）》2012年第9期

宋沅俐：浅论《浮士德》与《旧约·约伯记》的关系，《北方文学（下半月）》2012年第8期

宋芸："人与书籍生活的地方"——布科维纳德意志文学的发展史及研究价值，《科教导刊（中旬刊）》2012年第2期

孙可人：启蒙运动文学创作影响下的歌曲创作，《文学教育（中）》2012年第4期

孙娜娜：论黑塞《玻璃球游戏》中的中国元素，《安徽文学（下半月）》2012年第2期

Tan Yuan（谭渊）：Zu Goethes Beschäftigung mit chinesischen Dichterinnen, in: Literaturstraße Band 13, herausgegeben von Zhang Yushu（张玉书），Horst Thomé（霍·托美），Wei Maoping（卫茂平），Zhu Jianhua（朱建华），Georg Braungart（格·布劳恩噶尔特），Würzburg: Königshausen & Neumann 2012

谭渊：从流亡到寻求真理之路——布莱希特笔下的"老子出关"，《解放军外国语学院学报》2012 年第 6 期

田明：语言与历史总体的呈现——《德国悲悼剧起源》中的历史认识论思想，《江苏社会科学》2012 年第 4 期

王滨滨：格拉斯《剥洋葱》的文本真实性与历史真实性，《同济大学学报（社会科学版）》2012 年第 1 期

王达敏：我们都是朗读者——本哈德·施林克的《朗读者》，《名作欣赏》2012 年第 28 期

王丹若：对歌德"世界文学"理念的重新解读，《文学界（理论版）》2012 年第 4 期

王红霞：论爱·摩·福斯特小说中对自由的追求——从尼采哲学视角探析，《鲁东大学》2012 年第 9 期

王鸿：简论《荒原狼》中的流浪漂泊意识，《郑州铁路职业技术学院学报》2012 年第 2 期

王姬萍：一个灵魂裸露者的独白——卡夫卡及其作品解读，《时代文学（下半月）》2012 第 2 期

王静：歌德关于艺术理想与现实生活关系的思考，《湖南工程学院学报（社会科学版）》2012 年第 1 期

Wei Maoping（卫茂平）：Ein neuer Versuch zu Goethes „Weltliteratur"-Begriff, in: Literaturstraße Band 13, herausgegeben von Zhang Yushu（张玉书），Horst Thomé（霍·托美），Wei Maoping（卫茂平），Zhu Jianhua（朱建华），Georg Braungart（格·布劳恩噶尔特），Würzburg: Königshausen & Neumann 2012

卫茂平：席勒戏剧在中国——从起始到当下的翻译及研究述评，《东南大学学报（哲学社会科学版）》2012 第 5 期

Wei Yuqing（魏育青）：Das Imaginäre und Kreative in der Erinnerungstrilogie von Günter Grass, in: Literaturstraße Band 13, herausgegeben von Zhang Yushu（张玉书），Horst Thomé（霍·托美），Wei Maoping（卫茂平），Zhu Jianhua（朱建华），Georg Braungart（格·布劳恩噶尔特），Würzburg: Königshausen & Neumann 2012

温仁百：建构话语规范：大学生手机短信的批评话语分析，《外语教学》2012 年第 2 期

吴华英："他的死是一场秀"——克莱斯特自杀之谜，《世界文化》2012 年第 2 期

吴建广：用德语的帛裂之声作诗——保尔·策兰《声音》诗文之诠释，《同济大学学报（社会科学版）》2012 年第 1 期

吴建广，项雯：在古典与浪漫的形式中展现此在的终结——歌德《浮士德》"山谷"之诠释，《德国研究》2012 年第 1 期

吴霜：歌德的"世界文学"思想与中国传统儒家文化发展的可能性，《现代营销（学苑版）》2012 年第 2 期

Wu Yongli（吴勇立）: Die Einbildungskraft und die Freiheit. Eine Untersuchung im Licht von Kant und Schiller, in: Literaturstraße Band 13, herausgegeben von Zhang Yushu（张玉书）, Horst Thomé（霍·托美）, Wei Maoping（卫茂平）, Zhu Jianhua（朱建华）, Georg Braungart（格·布劳恩噶尔特）, Würzburg: Königshausen & Neumann 2012

夏豫宁，王成军："我的内心存在着可怕的不安"——《卡夫卡日记》论析，《译林（学术版）》2012 年第 1 期

肖岚：卡夫卡《饥饿艺术家》解读，《文学教育（下）》2012 年第 2 期

谢建文：图像与文本——论布林克曼的《剪贴》，《同济大学学报（社会科学版）》2012 年第 6 期

谢淼：新时期文学在德国的传播与德国的中国形象建构，《中国现代文学研究丛刊》2012 年第 2 期

谢盛友："一定要说"：格拉斯在说什么，《世界知识》2012 年第 9 期

邢文荟：卡夫卡小说中的时间意识，《语文知识》2012 年第 2 期

徐秋晓：以福柯的权力观解读卡夫卡《判决》中的父权问题，《重庆科技学院学报（社会科学版）》2012 年第 8 期

许健：从档案到戏剧——对 4 部德国"文献剧"代表作的解析，《文化艺术研究》2012 年第 1 期

严峻，彭腾瑶：论《浮士德》文本中的"狂欢文化"，《时代文学（下半月）》2012 年第 2 期

杨必容：论《浮士德》中的"人生悖论情结"及其消减方式，《文学界（理论版）》2012 年第 2 期

杨好：回声，麻烦的回声——歌德与德国，《名作欣赏》2012 年第 10 期

Yang jin（杨劲）：„Das Leben transponieren". Zu Hofmannsthals Feuilletontexten *Die Bilder und Ein Brief*, in: Literaturstraße Band 13, herausgegeben von Zhang Yushu（张玉书），Horst Thomé（霍·托美），Wei Maoping（卫茂平），Zhu Jianhua（朱建华），Georg Braungart（格·布劳恩噶尔特），Würzburg: Königshausen & Neumann 2012

杨劲：替代与自我身份的重建——评克莱斯特的短篇小说《义子》，《外国文学评论》2012 年第 3 期

杨劲：异国都市中的文化际遇与艺术奇遇——评海涅小说《佛罗伦萨之夜·第二夜》，《外国文学》2012 年第 1 期

杨楠：从《变形记》看卡夫卡的异化世界，《中国传媒科技》2012 年 12 期

杨欣：卡夫卡小说中的悖论，《文学教育（中）》2012 年第 7 期

叶隽：德诗东渐过程中的主体原则与资源向度，《中国文学研究》2012 年第 2 期

叶隽：歌德学概念的溯源及其学术建制内生成，《同济大学学报（社会科学版）》2012 年第 4 期

叶隽：启蒙之路与现代性未竟之业——以伯尔、格拉斯、施林克等为代表的战后德国文学的历史观，《译林（学术版）》2012 年第 3 期

叶隽：资本积累视阈中"国民性仆从意识"——《臣仆》与亨利希·曼的时代批判，《德国研究》2012 年第 2 期

叶如祥：荒诞的真实，异化的悲哀——卡夫卡《变形记》的"现代性"主题再认识，《长春理工大学学报（社会科学版）》2012 年第 1 期

于雷：《雷姬亚》："德国浪漫主义转型期"的人文困惑，《国外文学》2012 年第 3 期

于文霖，孙晨：浅谈法与异化——评卡夫卡的《审判》，《企业导报》2012 年 14 期

袁鹤翔：反映与反思：中西比较文学简论，《中国比较文学》2012 第 1 期

袁克秀：《马来狂人》中疾病的隐喻，《北京第二外国语学院学报》2012 年第 8 期

曾艳兵：卡夫卡与古希腊文化，《东方论坛》2012 年第 3 期

曾艳兵：卡夫卡与机器时代——《在流放地》解析，《国外文学》2012 年第 3 期

翟大炳：困惑·质疑·思考——我读《朗读者》，《美与时代（下）》2012 年第 9 期

张冬梅：卡夫卡小说的荒诞意识，《北方论丛》2012 年第 5 期

张帆：德国新生代女性小说片论，《文艺争鸣》2012 年第 1 期

张慧珺：浅析荣格心理学理论对赫尔曼·黑塞作品的影响——以《德米安》为例，《武汉商业服务学院学报》2012 年第 4 期

张继云：施莱格尔的"新神话"解析，《湖南社会科学》2012 年第 3 期

张莉：在荒诞中寻找出路——卡夫卡与 20 世纪后期中国荒诞小说，《名作欣赏》2012 年 21 期

张巧：破碎的乐园梦与永恒理性的有限性——再论浮士德的"盲目"，《时代文学（上半月）》2012 年第 6 期

张仁香："诗与真"的中西文化蕴含——梁宗岱与歌德、庄子艺术美学精神之关系，《学术交流》2012 年第 6 期

张莎：莱辛文学中的悲剧意识——以《野草在歌唱》为例，《文学界（理论版）》2012 年第 2 期

张岩泉：里尔克与中国现代新诗，《外国文学研究》2012 年第 3 期

Zhang Yan（张晏）:Stefan Zweigs Kreativität in Biographien am Beispiel von *Joseph Fouché, Bildnis eines politischen Menschen*, in: Literaturstraße Band 13, herausgegeben von Zhang Yushu（张玉书）, Horst Thomé（霍·托美）, Wei Maoping（卫茂平）, Zhu Jianhua（朱建华）, Georg Braungart（格·布劳恩噶尔特）, Würzburg: Königshausen & Neumann 2012

Zhang Yi（张意）: Vicki Baum wieder entdecken. Über die China-Darstellungen im Roman *Hotel Shanghai* von Vicki Baum, in: Literaturstraße Band 13, herausgegeben von Zhang Yushu（张玉书）, Horst Thomé（霍·

托美），Wei Maoping(卫茂平)，Zhu Jianhua(朱建华)，Georg Braungart（格·布劳恩噶尔特），Würzburg: Königshausen & Neumann 2012

Zhang Yushu（张玉书）：Es waren schwerer Stunden viele. Versuch, den Schaffensprozeß von Schillers *Maria Stuart* nachzuvollziehen, in: Literaturstraße Band 13, herausgegeben von Zhang Yushu（张玉书），Horst Thomé（霍·托美），Wei Maoping（卫茂平），Zhu Jianhua（朱建华），Georg Braungart（格·布劳恩噶尔特），Würzburg: Königshausen & Neumann 2012

张玉书：海涅的中国情结，《德国研究》2012 年第 2 期

赵升平：卡夫卡的文学世界，《太原师范学院学报（社会科学版）》2012 年第 4 期

赵亚珉，张军：让悲剧不再重演——《朗读者》多层主题解读，《名作欣赏》2012 年第 21 期

郑海娟："万有"之路——读黑塞《玻璃球游戏》，《伊犁师范学院学报（社会科学版）》2012 第 2 期

郑萌芽：论反思的否定功能，《四川教育学院学报》2012 年第 7 期

郑萌芽：论《明娜·冯·巴尔赫姆》中身体感知的启蒙问题，《外国文学》2012 年第 1 期

郑舟，赖勤芳：席勒"游戏说"的生存意味及其局限，《河北北方学院学报（社会科学版）》2012 年第 2 期

钟华：卡夫卡的死亡观探析，《东方论坛》2012 年第 3 期

周梅芬：赫塔·米勒身份认同书写中的"双重焦虑"，《广西民族大学》2012 年 9 月

周文姝，王松：维特与绿蒂——论歌德笔下人物性格的二律悖反，《沈阳工程学院学报（社会科学版）》2012 年第 2 期

周晓娴：谈文学创作与文学翻译的关系，《长沙通信职业技术学院学报》，2012 年第 1 期

研究文献汇编

语 言 学

陈辉：若干语言学术语的德英汉称谓分析，《中国科技术语》2012 年
第 1 期

Chen Qi（陈琦）：Nonverbale Zeichen im interkulturellen Kontext. Zur Bild-
Schrift-Interaktion in deutschen und chinesichen Todesanzeigen, in:
Literaturstraße Band 13, herausgegeben von Zhang Yushu（张玉书），
Horst Thomé（霍·托美），Wei Maoping（卫茂平），Zhu Jianhua
（朱建华），Georg Braungart（格·布劳恩噶尔特），Würzburg: König-
shausen & Neumann 2012

陈琦：德语空间范畴形容词及其隐喻机制，《解放军外国语学院学报》
2012 年第 4 期

陈嵘：浅议瑞士的德语变体，《德语学习》2012 年第 4 期

丁敏：德语发音疑难解析，《德语学习》2012 年第 1 期

Duan Lijie（段丽杰）：Strukturmuster der Pressegespräche deutscher Unter-
nehmen, in: Literaturstraße Band 13, herausgegeben von Zhang Yushu
（张玉书），Horst Thomé（霍·托美），Wei Maoping（卫茂平），Zhu
Jianhua（朱建华），Georg Braungart（格·布劳恩噶尔特），Würzburg:
Königshausen & Neumann 2012

龚乐宁：德汉否定词分析及对比，《吉林省教育学院学报（上旬)》
2012 年第 7 期

韩薇薇：德语语法上的"疑问句"在日常交流中的应用，《天津职业院
校联合学报》2012 年第 4 期

李菲菲：德汉派生词比较研究，《安徽文学（下半月)》2012 年第 9 期

梁爽：形容词配价研究及配价理论的实践应用，《绥化学院学报》2012
年第 3 期

Liu Qisheng（刘齐生）：Sekretärchinesisch. Eine politisch-grammatische
Untersuchung der Selbstdarstellungstexte chinesischer Unternehmen,
in: Literaturstraße Band 13, herausgegeben von Zhang Yushu（张玉书），
Horst Thomé（霍·托美），Wei Maoping（卫茂平），Zhu Jianhua

（朱建华），Georg Braungart（格·布劳恩噶尔特），Würzburg: Königs-
hausen & Neumann 2012

彭婷：德语词类及词类的划分，《西南民族大学学报（人文社会科学
版）》2012 年第 S1 期

谭娟：科技德语中的名词化结构和功能分析，《成功（教育）》2012 年
第 5 期

Wang Beibei（王蓓蓓）：Vergleich und Übersetzung deutscher und chinesischer
Metaphern aus kognitiv-linguistischer Perspektive, in: Literaturstraße
Band 13, herausgegeben von Zhang Yushu（张玉书），Horst Thomé
（霍·托美），Wei Maoping（卫茂平），Zhu Jianhua（朱建华），
Georg Braungart（格·布劳恩噶尔特），Würzburg: Königshausen &
Neumann 2012

王静：奥地利德语的历史发展和现状，《西安外国语大学学报》2012
年第 1 期

王鹏：被动句在科技德语中的应用，《群文天地》2012 年第 18 期

Wang Yi, Zhao Gen（王轶，赵亘）：Liguistische Erforschung der Hecken.
Ursprung, Stand und Perspektiven, in: Literaturstraße Band 13, heraus-
gegeben von Zhang Yushu（张玉书），Horst Thomé（霍·托美），Wei
Maoping（卫茂平），Zhu Jianhua（朱建华），Georg Braungart（格·布
劳恩噶尔特），Würzburg: Königshausen & Neumann 2012

魏笑阳：德语史话，《德语学习》2012 年第 1 期

吴芙芸：《核心词后置结构的加工与生成》介绍，《外语教学与研究》
2012 年第 1 期

武晨：空缺理论视阈下的德语倒装句习得，《西安外国语大学学报》
2012 年第 3 期

Zhang Jianxin, Wang Yi（张建欣，王轶）：Ist das chinesische Schriftsystem
logographisch, phonographisch, oder...? Das deutsche und das
chinesische Schriftsystem im Vergleich, in: Literaturstraße Band 13,
herausgegeben von Zhang Yushu（张玉书），Horst Thomé（霍·托美），
Wei Maoping（卫茂平），Zhu Jianhua（朱建华），Georg Braungart

（格·布劳恩噶尔特），Würzburg: Königshausen & Neumann 2012

张颖慧："Bildung"和"教化"概念辨析，《中南大学学报（社会科学版)》2012 年第 1 期

张宇：德语动物词詈语研究，《德语学习》2012 年第 4 期

Zhao Jin（赵劲）：Merkmalsbeschreibung des Wirtschaftsdeutschen und seine didaktischen Realisierungen in einem Lehrbuch für chinesiche Germanistikstudenten, in: Literaturstraße Band 13, herausgegeben von Zhang Yushu（张玉书），Horst Thomé（霍·托美），Wei Maoping（卫茂平），Zhu Jianhua（朱建华），Georg Braungart（格·布劳恩噶尔特），Würzburg: Königshausen & Neumann 2012

Zhu Jin（朱锦）：Rektionskomposita und Nichtrektionskomposita im Deutschen und im Chinesischen, in: Literaturstraße Band 13, herausgegeben von Zhang Yushu（张玉书），Horst Thomé（霍·托美），Wei Maoping（卫茂平），Zhu Jianhua（朱建华），Georg Braungart（格·布劳恩噶尔特），Würzburg: Königshausen & Neumann 2012

邹小忆：小议德语构词法，《科技信息》2012 年第 2 期

翻 译

卞红联：浅析汉德动植物词汇吉祥语义之异同，《文学界（理论版)》2012 年第 5 期

常昕：试译"不折腾"，《德语学习》2012 年第 1 期

陈辉：若干语言学术语的德英汉称谓分析，《中国科技术语》2012 年第 1 期

陈家新：《共产党宣言》在中国的翻译和版本研究，《中国国家博物馆馆刊》2012 年第 8 期

陈早：施莱尔马赫异化翻译观念产生的社会文化条件，《通化师范学院学报》2012 年第 1 期

方旭东：道德情感与道德知识——牟宗三对康德"Das Moralische Gefühl"一语的翻译和理解，《华东师范大学学报（哲学社会科学

版)》，2012 年第 5 期

桂乾元：论翻译矛盾——从《德译中国成语故事》谈起，《上海翻译》
　　2012 年第 3 期

桂乾元：中国成语故事选译之一，《德语学习》2012 年第 1 期

桂乾元：中国成语故事选译之二，《德语学习》2012 年第 2 期

桂乾元：中国成语故事选译之四，《德语学习》2012 年第 4 期

桂乾元，高星璐：中国成语故事选译之三，《德语学习》2012 年第 3 期

桂乾元，周美华：诗歌翻译是翻译的"黄灯特区"——论诗歌翻译，
　　《语言与翻译》2012 年第 3 期

黎东良：从一则德语"致谢"的英译看德英语互译的特点，《德语学
　　习》2012 年第 3 期

黎东良：德语国家独特的人名排名文化与命名纪念日文化，《德语学
　　习》2012 年第 4 期

黎东良，郭剑：汉德术语互译的若干问题研究，《中国科技术语》2012
　　年第 1 期

黎东良，黎滋培：从 Beilage 的错译看国内出版物里的德汉互译错误，
　　《德语学习》2012 年第 1 期

刘冬妮：论德语谚语的汉译，《语文学刊（外语教育教学）》2012 年第
　　3 期

刘冬妮：篇章类型与翻译方法的结合与应用，《语文学刊（外语教育教
　　学）》2012 年第 1 期

卢静文，崔惠珍：海涅《还乡集 82》原文及译文的及物性分析，《郑
　　州航空工业管理学院学报（社会科学版）》2012 年第 2 期

陆霞：接受美学视野中的中国古典名著——《红楼梦》库恩译本及史
　　华慈译本翻译策略浅析，《当代文坛》2012 年第 1 期

陆霞：说说格林童话全集的汉译史，《当代文坛》2012 年第 4 期

马绎：译名中的乾坤——结合翻译理论浅谈德语人名汉译的技巧和准
　　则，《科教导刊（中旬刊）》2012 年第 9 期

彭建华：晚清民国时期转译的歌德作品，《西华大学学报（哲学社会科

研
究
文
献
汇
编

学版)》2012 年第 4 期

彭建华，邢莉君：郭沫若与德语文学翻译，《郭沫若学刊》2012 年第 1 期

任瑞娜：汉语"走"与德语的对译，《黑龙江教育学院学报》2012 年第 5 期

史思琪：从文化背景看中德熟语的差异及翻译实务取向，《理论观察》2012 年第 2 期

孙娟，杨超：德语新词释义处理问题商榷——以《德汉新词词典》为例，《内江师范学院学报》2012 年第 5 期

王鹏：被动句在科技德语中的应用，《群文天地》2012 年第 18 期

王勇：从文化视角来比较鲁迅《祝福》的两个德文译本翻译，《文学界（理论版）》2012 年第 2 期

王勇：浅谈汉德语言中主客观思维方式对于翻译表达的影响，《剑南文学（经典教苑）》2012 年第 1 期

卫茂平：席勒戏剧在中国——从起始到当下的翻译及研究述评，《东南大学学报（哲学社会科学版）》2012 年第 5 期

武晨：空缺理论视阈下的德语倒装句习得，《西安外国语大学学报》2012 年第 3 期

徐玲：德汉科技翻译方法举要，《科技信息》2012 年第 1 期

徐亦让：也谈恩格斯一书的译法，《哲学动态》2012 年第 2 期

于威娜：与"身体部位"有关的汉语熟语在德语中的应用，《德语学习》2012 年第 4 期

詹春花：《今古奇观》德译版本情况，《古籍整理研究学刊》2012 年第 4 期

张冠楠，崔惠珍：德语成语的文化渊源及翻译策略，《郑州航空工业管理学院学报（社会科学版）》2012 年第 6 期

教 学 法

邓宁，邓文达：德国莱法州学校教育质量指导纲要述评，《职业教育研

究》2012 年第 5 期

冯小俐，张大均，Detlef H. Rost：教育现实情境取向的教育心理学研究——德国近十年教育心理学发展的基本走向，《心理科学》2012年第 2 期

郭祺：对外德语（DaF）课堂的"视听说"——"多媒介"教学法初探，《外国语文》2012 年第 S1 期

韩党生：中国军人学德语——德国联邦语言局德语水平测试亲历记，《德语学习》2012 年第 1 期

黄尚猛，李华川：基于行动导向教学法的教学改革与创新，《新课程研究（中旬刊）》2012 年第 1 期

靳晓丽，肖蕾，张欢，陈迟，于泓，赵中辛：德国柏林职业教育模式的启示，《中国高等医学教育》2012 年第 6 期

郎瑾：情景化教学法在德语教学中的运用探究，《浙江科技学院学报》2012 年第 2 期

李静：语言与文化的碰撞——探究文化导入在大学德语教学中的应用，《长沙铁道学院学报（社会科学版）》2012 年第 2 期

李清华：大学德语教学中词汇学习方法探析，《科教文汇（中旬刊）》2012 年第 2 期

李清华：非德语专业德语教学的探索与实践，《浙江万里学院学报》2012 年第 2 期

刘静：试论德语口语语法的特点及教学的新思考，《长春教育学院学报》2012 年第 3 期

莫梓：以英语作为第一外语的德语学习者语法学习和测试分数的关系——一项基于 CGT—4 语法测试结果的研究，《高等函授学报（哲学社会科学版）》2012 年第 5 期

聂普荣：德语声乐作品的风格与教学刍议，《交响（西安音乐学院学报）》2012 年第 2 期

秦琳：从师徒制到研究生院——德国博士研究生培养的结构化改革，《学位与研究生教育》2012 年第 1 期

孙进：德国促进基础教育均衡发展的政策分析，《教育发展研究》2012

年第 7 期

孙进：德国教师教育标准：背景·内容·特征，《比较教育研究》2012
年第 8 期

孙霖琳：浅谈影响德语听力的因素以及听力考试解题技巧，《科技信
息》2012 年第 24 期

万云慧：试从认知心理角度探索循序渐进的本科德语口译教学模式，
《江苏外语教学研究》2012 年第 1 期

万云慧：论德语口译教材的选编，《煤炭高等教育》2012 年第 2 期

王飞：德国"教育学 - 教学论"范式与美国"教育科学 - 课程论"范
式的比较研究，《清华大学教育研究》2012 年第 2 期

Wang Jingping（王京平）：Über die Aufgaben der Lehrer im Daf-Anfangs-
unterricht in kognitiver Hinsicht, in: Literaturstraße Band 13, herausge-
geben von Zhang Yushu（张玉书），Horst Thomé（霍·托美），Wei
Maoping（卫茂平），Zhu Jianhua（朱建华），Georg Braungart（格·
布劳恩噶尔特），Würzburg: Königshausen & Neumann 2012

王京平：欧洲语言测试标准与我国外语测试改革，《外语测试与教学》
2012 年第 1 期

王敬，王勇，曹建国，邢晓琳：德国工程类专业"双元制"职业教育
课程设置及教育启示——赴德考察学习随感与思考，《继续教育》
2012 年第 1 期

王任俊：大学德语课堂纠错研究，《黑龙江科技信息》2012 年第 19 期

韦红教：德国柏林职业教育模式的启示，《西部交通科技》2012 年第 4 期

武翠红：二战后德国新教育史学的发展及政治化特征，《大学教育科
学》2012 年第 1 期

徐昌和，柳爱群：质量为本：德国二十一世纪前十年基础教育改革回
眸，《外国中小学教育》2012 年第 5 期

徐磊，熊明华：德国行动导向教学范式解析，《教学与管理》2012 年
第 9 期

薛菲：浅谈德语听力策略在教学当中的实践探索，《商业文化（上半
月）》2012 年第 2 期

姚燕：《德语语言大纲》(Profile Deutsch) 述评，《外语教学与研究》2012 年第 1 期

于陆："跨文化能力"在高校德语专业的研究状况与培养实践，《当代教育理论与实践》2012 年第 2 期

战祥乐：德国职业教育教学计划特点及其启示，《职业教育研究》2012 年第 4 期

张晓晖：非通用语种外语公共选修课课程及教材改革研究，《黑龙江教育学院学报》2012 年第 3 期

张燕：声乐专业中德语语音课的有效教学，《新西部（理论版)》2012 年第 7 期

赵斐，赵卓：应用德语专业教学质量量化标准研究——以江苏经贸职业技术学院为例，《江苏经贸职业技术学院学报》2012 年第 2 期

赵亘，王轶：浅谈新求精中级 I 精读课程的教学内容安排，《德语学习》2012 年第 3 期

赵俊梅，席庆荣：项目教学法在德语课程中的实践与思考——以机电一体化专业 IHK 项目为例，《北京工业职业技术学院学报》2012 年第 1 期

赵啸海：德国远程教育综述，《广西广播电视大学学报》2012 年第 1 期

周薇：中德教育体制对比浅析，《赤峰学院学报（自然科学版)》2012 年第 14 期

朱锦岚：德国中小学汉语教学综述及启示，《外国中小学教育》2012 年第 2 期

德 国 研 究

历史政治

[德] 安可·哈塞尔（Anke Hassel)：大改组：德国开放的政治学，《浙江大学学报（人文社会科学版)》2012 年第 3 期

[德] 米夏埃尔·普法菲尔（Micheal Pfeiffer)，韩佩德：德国制造：中

国企业的未来？，《社会观察》2012 年第 4 期

陈从阳：一部研究德意志民族分裂统一历史的创新之作——评《民主德国德国政策的演变（1949—1990)》，《长江论坛》2012 年第 3 期

陈会颖：战后法国对德政策调整的观念因素，《清华大学学报（哲学社会科学版)》2012 年第 4 期

陈莹：对德国职业教育"发展动力"的研究，《河北师范大学学报（教育科学版)》2012 年第 5 期

陈周浔，尤和宜：德意志联邦共和国专科医师培训制度对我国的启示，《西北医学教育》2012 年第 2 期

丁超：论十九世纪德国工业革命进程中的历史阶段，《滁州学院学报》2012 年第 1 期

杜卫华：德国海盗党的兴起及其影响，《德国研究》2012 年第 2 期

傅安洲，彭涛，吴国斌：20 世纪 50—70 年代联邦德国政治教育思想的争论，《中国地质大学学报（社会科学版)》2012 年第 2 期

傅安洲，阮一帆，彭涛：论德国政治修养观的思想内涵，《高等教育研究》2012 第 3 期

高松：德国高等教育领域双元制培养模式发展评析，《国家教育行政学院学报》2012 年第 5 期

顾伟，王广怀，张忠华：德国军费规模、结构及其发展趋势，《军事经济研究》2012 年第 9 期

郭命津，李国平：德国"双元制"职业教育体系的成因及启示，《职教论坛》2012 年第 27 期

郭原奇：德国文化外交政策探析：理念、运用及启示，《中共济南市委党校学报》2012 年第 3 期

黄春明，鹿志超："中国与德国经济体制比较"学术研讨会观点综述，《科学社会主义》2012 年第 3 期

黄怡容：德国汉学家福兰阁论中国历史，《史学史研究》2012 年第 1 期

蒋锐：德国现行选举制度及其特点，《德国研究》2012 年第 2 期

李富森：论二战前后德国的工业政策，《学术探索》2012 年第 9 期

李国丰：浅析德国农村社会养老保险制度及对中国的启示，《法制与社会》2012 年第 14 期

李楠：德国义务教育法制变迁历程探究，《安康学院学报》2012 年第 2 期

梁添明：德国违宪审查制度探析，《湖南工业职业技术学院学报》2012 年第 3 期

陆庭瑶：中国与德国教育制度上的差异及其历史因素研究，《商业经济》2012 年第 10 期

罗夏：德国公务员制度及其对中国公务员制度的启示，《东方企业文化》2012 年第 11 期

罗湘衡：欧洲主权债务危机中的德国，《理论视野》2012 年第 4 期

罗湘衡：政府间财政平衡体系与府际关系的调整——以统一后的德国为例，《上海行政学院学报》2012 年第 2 期

马瑞丰，李晓娟：对德国双元制教育的认识和思考，《新疆职业教育研究》2012 年第 1 期

莫笛：栽在政治丑闻之下的德国政要，《德语学习》2012 年第 2 期

潘艳红，黄辉明：德国国家法哲学：反宪政主义的历史叙说国外社会科学，《国外社会科学》2012 年第 4 期

庞媛媛：德国在二战中的石油战述评，《河南工业大学学报（社会科学版)》2012 年第 2 期

彭越：浅谈二战前夕德国灵活外交的有利环境，《哈尔滨学院学报》2012 年第 5 期

阮一帆：战后德国政治"再教育"运动及其影响，《中国地质大学学报（社会科学版)》2012 年第 2 期

阮一帆，傅安洲，彭涛：政治教育与"二战"后德国政治文化的转型，《比较教育研究》2012 年第 5 期

史洪雷，刘国辉：袁世凯抚鲁时期与德国关系述略，《黑河学刊》2012 年第 1 期

宋雷：中德职业教育不同发展道路的历史文化反思，《中国 - 东盟博览》2012 年第 6 期

隋学礼：互助原则还是竞争机制？——艰难的德国医疗制度改革，《经

济社会体制比较》2012 年第 4 期

田野，张晓波：国家自主性、中央银行独立性与国际货币合作——德国国际货币政策选择的政治逻辑，《世界经济与政治》2012 年第 1 期

童建挺：德国社会民主党党建经验教训，《当代世界与社会主义》2012 年第 2 期

汪晖，[德] 托马·斯迈尔，[德] 塞尔吉奥·葛拉西，夕昆：世界政治制度中"代表性"的缺失——对话汪晖，《国外理论动态》2012 年第 8 期

王翠：借鉴德国"双元制"教育模式解决大学生就业难题的探讨，《中国电力教育》2012 年第 14 期

王存福：二战后德国中产阶级的发展壮大与社会民主党由"阶级党"到"人民党"的转型，《云南行政学院学报》2012 年第 5 期

王凤才：新世纪以来德国马克思主义发展趋向，《复旦学报（社会科学版)》2012 年第 3 期

王丽平：尼采的权力意志与纳粹的理论支撑，《河南机电高等专科学校学报》2012 年第 1 期

王漠：德国思想政治教育初探，《人力资源管理》2012 年第 8 期

王平：康德目的论历史观在德国古典哲学中的嬗变及其意义，《中南大学学报（社会科学版)》2012 年第 2 期

王琦，刘国辉：袁世凯"帝制自为"时期与德国关系述略，《经济研究导刊》2012 年第 3 期

王守中：济南开埠与对德国文明的"观摩受益"，《东方论坛》2012 年第 1 期

吴广庆：德国政治教育的实践特色及其启示，《理论月刊》2012 年第 4 期

吴广庆：德国政治养成教育的理论与实践及其借鉴，《岭南学刊》2012 年第 1 期

吴思：德国人如何对待历史，《炎黄春秋》2012 年第 4 期

武翠红：二战后德国新教育史学的发展及政治化特征，《大学教育科学》2012 年第 1 期

肖剑：让德国总统武尔夫倒下的"三重门"，《廉政瞭望》2012 年第 3 期

邢来顺：国际战略空间经营与德意志帝国的崛起，《贵州社会科学》2012 年第 4 期

杨建国：德国应用技术大学内部治理结构对我国高职院校制度建设的启示，《成都航空职业技术学院学报》2012 年第 2 期

杨琳：政治是什么——试析施米特《政治的概念》中的基本逻辑，《法制与社会》2012 年第 5 期

杨恕，后俊：德国的中亚政策，《德国研究》2012 年第 1 期

杨解朴：从文化共同体到后古典民族国家：德国民族国家演进浅析，《欧洲研究》2012 年第 2 期

于秀伟：从"三支柱模式"到"三层次模式"——解析德国养老保险体制改革，《德国研究》2012 年第 2 期

于雪梅：德国创意农业一瞥，《中国乡镇企业》2012 年第 4 期

袁锐：浅析苏德战争前德国与苏联的外交博弈，《黑龙江教育学院学报》2012 年第 1 期

苑爽，张艳丽，丁红岩：试论冷战起源的德国因素，《合肥师范学院学报》2012 年第 5 期

岳伟，邢来顺：文化多元主义与联邦德国的移民教育政策，《华中师范大学学报（人文社会科学版）》2012 年第 5 期

臧峰宇：何谓"哲学科学"——兼及《德意志意识形态》与《费尔巴哈论》中的"历史科学"规定，《江海学刊》2012 年第 5 期

张丽：透过实践看自然与历史——以《德意志意识形态》为例，《中共铜仁市委党校学报》2012 年第 2 期

张丽君："弃用核能"的政策选择与德国国家形象的塑造，《河南师范大学学报（哲学社会科学版）》2012 年第 2 期

赵柯：货币国际化的政治逻辑——美元危机与德国马克的崛起，《世界经济与政治》2012 年第 5 期

赵帅：德国历史学派的人力资本思想及其发展，《知识经济》2012 年第 4 期

赵一之：清末中德关系分析——以德国强占胶澳地区为焦点，《科教导刊（中旬刊）》2012 年第 6 期

朱明君，潘玮：德国法定医疗保险发展概览，《中国医疗保险》2012 年第 1 期

朱孝远：关于德国宗教改革强化世俗政府问题的一些分析，《历史教学（下半月刊）》2012 年第 9 期

社会教育

[德] 阿尔布雷希特·黑塞（Abrecht Hesse）：德国广播电视媒体的社会责任与法律规范，《中国广播电视学刊》2012 年第 7 期

[德] 艾德乐（Andreas Edele）：德国联邦政府企业社会责任行动方案概要，《WTO 经济导刊》2012 年第 4 期

鲍伟：德国职业教育探索与研究，《北京劳动保障职业学院学报》2012 年第 2 期

曹长英：关于德国等职业教育模式给我们的思考和启示，《吉林农业》2012 年第 1 期

陈军武：借鉴德国职业教育 构建具有中国特色的职教模式，《中等职业教育（理论）》2012 年第 7 期

陈文，赖炳根，关福远：德国高校创业教育特点及启示，《学校党建与思想教育》2012 年第 28 期

陈莹：对德国职业教育"发展动力"的研究，《河北师范大学学报（教育科学版）》2012 年第 5 期

崔俊红：大众化阶段德国研究生教育改革及其对中国的启示，《江苏教育学院学报（社会科学）》2012 年第 4 期

代百生：当代德国学校音乐教育观念的变迁，《黄钟（中国.武汉音乐学院学报）》2012 年第 2 期

代百生：听赏的理论与教学——当代德国音乐教育观念与教学法研究之一，《音乐探索》2012 年第 2 期

邓宁，邓文达：德国莱法州学校教育质量指导纲要述评，《职业教育研

究》2012 年第 5 期

邓媛：中国与德国中小学音乐教育之比较，《北方文学（下半月）》2012 年第 5 期

刁桂梅：德国成人教育的特色及其借鉴，《河北大学成人教育学院学报》2012 年第 3 期

段玉青：德国职业教育经费保障体系对我国西部职业教育的启示，《教育财会研究》2012 年第 2 期

范晓君，徐红罡，Dietrich Soyez，代姗姗：德国工业遗产的形成发展及多层级再利用，《经济问题探索》2012 年第 9 期

费真：德国职业教育师资培养经验及启示，《广州职业教育论坛》2012 年第 4 期

高玲：当代德国高等职业教育管理市场化趋势的争论与解析，《辽宁行政学院学报》2012 年第 4 期

高群：来自德国职业教育模式的启示，《太原城市职业技术学院学报》2012 年第 6 期

高松：德国高等教育领域双元制培养模式发展评析，《国家教育行政学院学报》2012 年第 5 期

高松：德国双元制职业教育专业设置及对我国的启示，《职业技术教育》2012 年第 19 期

高永梅：德国职业教育培训纵览及启示，《职教通讯》2012 年第 11 期

格桑多吉：体验德国职业教育，《学习先进教学方法中国职业技术教育》2012 年第 4 期

郭慧研，李晴：国外旅游职业教育实训教学探讨——以美国、德国、澳大利亚实训教学为例，《当代职业教育》2012 年第 2 期

韩东，杨承涛：浅谈德国的高等教育及特点，《陕西教育（高教版）》2012 年第 9 期

韩树明：基于德国职业教育评价体系的高职人才培养模式创新研究——以健雄职业技术学院为例，《职业教育研究》2012 年第 7 期

韩毅红：体验德国职业教育与教学方法，《中国职业技术教育》2012 年第 4 期

郝艳兵：德国法学教育制度及其启示，《学理论》2012 年第 15 期

忽思乐，曹畅：对德国德累斯顿理工大学职业学院职业与技术教师教育课程设置结构的分析（英文），《语文学刊（外语教育教学）》2012 年第 6 期

胡多姿：德国"双元制"职业教育对我国中等职业教育的启示，《中国电力教育》2012 年第 22 期

胡丽：德国高等教育的新发展——"博洛尼亚进程"在德国的推进，《纺织教育》2012 年第 2 期

黄华：从多轨制到双轨制——德国基础教育学制改革实证研究介评，《教育研究与实验》2012 年第 1 期

姜冰清：德国高等教育考察浅思，《经济研究导刊》2012 年第 24 期

姜大源：德国联邦职业教育法译者序，《中国职业技术教育》2012 年第 10 期

姜大源：应然与实然：德国职业教育法制建设的启示，《河南科技学院学报》2012 年第 2 期

姜大源：应然与实然：职业教育法制建设思辨——来自德国的启示，《中国职业技术教育》2012 年第 9 期

姜汉荣：德国"双元制"教育与中国情境教育的比较研究——基于教育情境建构的视角，《河南科技学院学报》2012 年第 8 期

蒋昕臻：德国农业职业教育对我国农民教育的启示，《农民科技培训》2012 年第 10 期

景琴玲，王革：德国职业教育体系透析与展望，《国家教育行政学院学报》2012 年第 2 期

孔庆华，杨承涛：德国的职业教育及特点，《价值工程》2012 年第 5 期

李海峰：德国农业职业教育的特点及启示，《中国农业教育》2012 年第 5 期

李娜，魏昊，张小燕：德国职业教育模式对我国高等职业教育的启示，《北京工业职业技术学院学报》2012 年第 2 期

李平：借鉴德国职业教育先进经验 探索应用型本科教育之路——基于德国应用技术大学办学特色的思考，《武汉商业服务学院学报》

2012 年第 3 期

李霞：河南省中等职业教育存在的问题及治理路径研究——基于德国"双元制"模式的思考，《河南科技学院学报》2012 年第 4 期

李晓琼，吴迪：试论德国职业教育的主要特点及启示，《濮阳职业技术学院学报》2012 年第 2 期

李晓艳：对德国职业教育行动导向教学法在教学中应用的探讨，《陕西教育（高教版）》2012 年第 4 期

李学雷：寻求借鉴德国职业教育的切入点——德国职业教育考察报告，《世界教育信息》2012 年第 8 期

刘岱：浅谈德国农业人才教育体系，《中国职业技术教育》2012 年第 4 期

刘海蓉：德国职业教育教师队伍建设与启示，《天津电大学报》2012 年第 1 期

陆庭瑶：中国与德国教育制度上的差异及其历史因素研究，《商业经济》2012 年第 10 期

逯长春：德国双元制高职教育模式探析——以亚琛应用科技大学双元制电气工程专业为例，《职教通讯》2012 年第 19 期

罗琳：全纳教育在部分国家的探索与实践及对我国的启示——以加拿大、美国、英国、德国为例，《陕西教育（高教版）》2012 年第 Z2 期

马富成，马雪琴：中国德国学前教育比较及启示，《凯里学院学报》2012 年第 1 期

毛小红：从德国教育展看出版单位的展览营销手段，《编辑学刊》2012 年第 4 期

彭佩烘：感悟德国职业教育，《中国职业技术教育》2012 年第 4 期

沈化：高职教育：从专业技能到综合素质的跨越——德国的职业教育课程改革趋势之借鉴，《广东技术师范学院学报》2012 年第 1 期

孙玫璐：德国成人教育中心的发展特点与启示，《职教论坛》2012 年第 21 期

孙梅玉：德国职业教育"行动导向教学"研究，《工会论坛（山东省工会管理干部学院学报）》2012 年第 1 期

孙琰：德国双元制职业教育管理体制中的政府角色，《职业技术教育》

2012 年第 19 期

田磊：德国行政体制改革及其意义启示，《沈阳师范大学学报（社会科学版）》2012 年第 2 期

王安琳，毕海滨：德国教育出版及数字化管窥，《现代出版》2012 年第 2 期

王从联：服务社会 照亮一方——访德国教会社会服务事工有感，《天风》2012 年第 8 期

王翠：借鉴德国"双元制"教育模式解决大学生就业难题的探讨，《中国电力教育》2012 年第 14 期

王飞：德国"教育学 - 教学论"范式与美国"教育科学 - 课程论"范式的比较研究，《清华大学教育研究》2012 年第 2 期

王戟：引入德国"双元制职教模式"促进本土职业教育发展，《中国培训》2012 年第 2 期

王敬，王勇，曹建国，邢晓琳：德国工程类专业"双元制"职业教育课程设置及教育启示——赴德考察学习随感与思考，《继续教育》2012 年第 1 期

王俊：当代德国高等工程教育的主要特点与改革措施，《中国电力教育》2012 年第 19 期

王漠：德国思想政治教育初探，《人力资源管理》2012 年第 8 期

王琦：管窥德国不同种类的职业教育机构类型以及各自的任务与作用，《重庆城市管理职业学院学报》2012 年第 1 期

王瑛：德国学者：博洛尼亚未能实现教育体系的统一，《世界教育信息》2012 年第 4 期

王莹：20 世纪初德国的高等教育的危机及启示，《教育研究与实验》2012 年第 2 期

韦红教：德国柏林职业教育模式的启示，《西部交通科技》2012 年第 4 期

吴广庆：德国政治教育的实践特色及其启示，《理论月刊》2012 年第 4 期

吴广庆：德国政治养成教育的理论与实践及其借鉴，《岭南学刊》2012

年第 1 期

吴全全：校企合作的跨国体验 教改导向的师资进修——我国职业教育
    教师在德国进修期间对校企合作的体会选萃，《中国职业技术教
    育》2012 年第 4 期

吴铁稳，陈晓彤：浅析 19 世纪末 20 世纪初德国工业崛起及启示——
    教育的视角，《法制与经济（中旬）》2012 年第 4 期

夏明国：德国双轨制职业教育的内涵及启示，《黑龙江科技信息》2012
    年第 7 期

夏芊若：在德国课堂，发言是一种义务，《宁夏教育》2012 年第 3 期

熊火金：德国双元制中等职业教育与高等职业教育的层次比较，《广东
    技术师范学院学报》2012 年第 4 期

徐斌艳：基于能力标准的德国教师教育改革，《基础教育》2012 年第
    2 期

徐昌和，柳爱群：质量为本：德国二十一世纪前十年基础教育改革回
    眸，《外国中小学教育》2012 年第 5 期

徐春梅：德国双元制及其对我国职业教育校企合作的启示，《宁波职业
    技术学院学报》2012 年第 3 期

许南：高等教育国际化：德国经验及其对中国教育和经济发展的启示，
    《教育与经济》2012 年第 3 期

阳旭：德国职业教育对中国高职发展的启示，《柳州职业技术学院学
    报》2012 年第 2 期

杨沫，张海静：攀爬运动研究述评——以德国慕尼黑和拜伊洛特市的
    幼儿园运动教育促进项目为例，《新西部（下旬 . 理论版)》2012
    年第 Z1 期

杨庆云，王小丁，刘丽：德国高职教育发展文献综述，《晋城职业技术
    学院学报》2012 年第 4 期

杨晓杰，谭武，宋文娟：中德高校学生社会责任感教育的对比与启示，
    《高校辅导员学刊》2012 年第 4 期

殷倩：从"报纸学"到"传媒学"——以莱比锡大学为例看德国新闻
    学教育，《新闻知识》2012 年第 7 期

游志斌：德国志愿者提升社会管理水平，《传承》2012 年第 15 期

袁琳，王建梁：德国高等教育国际化财政资助探略，《教育与经济》2012 年第 2 期

岳伟，邢来顺：文化多元主义与联邦德国的移民教育政策，《华中师范大学学报（人文社会科学版）》2012 年第 5 期

查泉：德国魏玛时代失业问题探析，《西华师范大学学报（哲学社会科学版）》2012 年第 5 期

战祥乐：德国职业教育教学计划特点及其启示，《职业教育研究》2012 年第 4 期

张广新：德国双元制职业教育模式中国化的关键问题，《职业》2012 年第 18 期

张峻峰：共识·理性·务实 参加德国社会责任国际会议印象，《WTO 经济导刊》2012 年第 Z1 期

张立荣：德国"双元制"职业教育模式对我国职业教育的启示，《工业技术与职业教育》2012 年第 1 期

张民，路士超：德国职业教育对我省技能人才培养的启示，《山东人力资源和社会保障》2012 年第 Z1 期

赵凌：德国高等教育绩效拨款制透视，《高教探索》2012 年第 1 期

赵梅菊，雷江华：德国特殊教育发展的特点，《现代特殊教育》2012 年第 1 期

赵仕民：德国职业教育思考与启示——赴德国职业教育考察培训的报告，《科学咨询（科技·管理）》2012 年第 7 期

赵晓芳：德国的利益集团与社会保险制度的起源，《兰州学刊》2012 年第 8 期

赵啸海：德国远程教育综述，《广西广播电视大学学报》2012 年第 1 期

郑飞：德国中学的物理教育及给我们的启示，《科学大众（科学教育）》2012 年第 7 期

郑建萍：博洛尼亚进程中德国分阶经济教师教育——汉堡案例，《外国教育研究》2012 年第 8 期

周荣美：德国在社会管理和社会建设方面的主要做法，《当代世界》

2012 年第 1 期

朱苏飞：德国信息领域职业继续教育的经验及启示，《北方经济》2012
年第 12 期

哲学美学

陈海燕：论谢林的艺术与自然观，《东方论坛》2012 年第 4 期

陈海燕：谢林艺术哲学的现代性体现及意义，《美与时代（下）》2012
年第 1 期

陈琳：李白之诗与海德格尔之思，《鸡西大学学报》2012 年第 2 期

何荣卉：康德道德哲学浅析，《辽宁行政学院学报》2012 年第 9 期

何中华：马克思哲学之思想史前提的广义理解，《学术月刊》2012 年
第 1 期

洪眉，高洋：现象学、哲学与科学——浅谈胡塞尔的哲学观，《理论
界》2012 年第 9 期

黄学胜："人的问题何以可能？"——论康德哲学对启蒙的吸收与转化，
《天津行政学院学报》2012 年第 3 期

金寿铁：希望回归哲学之路，《学术评论》2012 年第 2 期

李春生：马克思实践人学的理论缘起、生成路径及思想变革，《南昌大
学学报（人文社会科学版）》2012 年第 2 期

李飞，薛建玲，杨添天：沉沦中的救赎：从道德神学到人的解放——
德国古典哲学的逻辑路向及价值维度，《宁夏党校学报》2012 年
第 1 期

李红霞：德国文化哲学研究的新动向，《国外社会科学》2012 年第 3 期

李慧国，隆占玺：浅谈席勒对蔡元培美学思想的几点影响，《新疆艺术
学院学报》2012 年第 2 期

李丽：费尔巴哈人本主义对马克思实践哲学的影响，《文学界（理论
版）》2012 年第 6 期

李士军：哲学视域下的接受美学理论探源，《洛阳师范学院学报》2012
年第 7 期

李钥：论《尼伯龙根之歌》中的死亡审美价值，《海南大学学报（人文社会科学版）》2012 年第 3 期

梁维科：尼采艺术哲学思想探析，《山东理工大学学报（社会科学版）》2012 年第 1 期

刘春波，慎先进：马克思以实践思维方式论哲学基本问题的思想，《湖北社会科学》2012 年第 5 期

陆杰荣，高斯扬：论康德关于"人性"设定的内在环形结构及困境，《辽宁大学学报（哲学社会科学版）》2012 年第 2 期

罗翔：黑格尔哲学逻辑的社会历史意蕴及其对马克思的影响，《山东社会科学》2012 年第 4 期

马婉君："高贵的单纯和静穆的伟大"——温克尔曼的美学思想初探，《鸡西大学学报》2012 年第 3 期

马亚鹏：马克思主义自由观与德国古典哲学自由精神，《东方企业文化》2012 年第 13 期

毛华滨，刘苏燕：青年马克思走进黑格尔哲学的缘起——读马克思《给父亲的信》，《江西社会科学》2012 年第 1 期

苗曼：论福禄倍尔教育思想的哲学基础，《湖北大学学报（哲学社会科学版）》2012 年第 2 期

潘艳红，黄辉明：德国国家法哲学：反宪政主义的历史叙说，《国外社会科学》2012 年第 4 期

宋阔，张伟杰，冯引：浅议布洛赫希望哲学的"尚未"范畴及其现实意义，《世纪桥》2012 年第 5 期

宋友文：重新理解马克思与形而上学问题——兼驳海德格尔对马克思"达到了虚无主义的极致"的批评，《中国人民大学学报》2012 年第 1 期

孙琳琼：从审美维度看马克思的自由观及其对德国古典哲学的继承，《理论界》2012 年第 4 期

孙琳琼：审美：理解马克思自由观的重要维度，《社科纵横》2012 年第 5 期

唐瑭：《1844 年经济学哲学手稿》异化劳动理论之思路，《常熟理工学

院学报》2012 年第 5 期

田嫚嫚：从感性直观到理性抽象——浅谈康德前后期美学，《社科纵横（新理论版）》2012 年第 2 期

王立华：文本差异与逻辑会通——马克思《关于费尔巴哈的提纲》和恩格斯《路德维希·费尔巴哈和德国古典哲学的终结》的比较，《长白学刊》2012 年第 2 期

王利军：费尔巴哈对"意识内在性"的批判及变革企图，《天府新论》2012 年第 2 期

王平：康德目的论历史观在德国古典哲学中的嬗变及其意义，《中南大学学报（社会科学版）》2012 年第 2 期

王庆节："Transzendental"概念的三重定义与超越论现象学的康德批判——兼谈"transzendental"的汉语译名之争，《世界哲学》2012 年第 4 期

王晓升：超越主体哲学的困境——关于马克思主义哲学研究新路径的思索，《学术月刊》2012 年第 8 期

王勇：论康德开辟的哲学道路，《边疆经济与文化》2012 年第 4 期

夏莹：康德道德哲学浅析，论科耶夫哲学要义及其对现象学的误读——以对《科耶夫给唐·迪克淘的信》的解读为基础，《现代哲学》2012 年第 2 期

先刚：德国浪漫派的"哲学观"，《学术月刊》2012 年第 2 期

谢永康：人类学作为第一哲学——马克思与近代哲学精神，《学习与探索》2012 年第 2 期

阎秀荣：康德到谢林：主客体矛盾的呈现和在主观中的消解，《白城师范学院学报》2012 年第 1 期

杨青：马克思运用"劳动"对德国古典哲学实践命题的改造，《湖北社会科学》2012 年第 10 期

杨泉：康德美学的先验形式，《太原大学学报》2012 年第 1 期

于雷：尼采的狄奥尼索斯精神，《才智》2012 年第 23 期

曾繁仁：对德国古典美学与中国当代美学建设的反思——由"人化自然"的实践美学到"天地境界"的生态美学，《文艺理论研究》

2012 年第 1 期

张桂权：知识、恶与"原罪"——黑格尔《哲学全书·逻辑学》对"原罪说"的解读，《四川师范大学学报（社会科学版）》2012 年第 4 期

张继云，陆杰荣：施莱格尔的"新神话"解析，《湖南社会科学》2012年第 3 期

张进：浅谈诗人哲学家席勒的审美教育思想，《重庆科技学院学报（社会科学版）》2012 年第 15 期

张文瀚：论卡西尔人学思想及其对教育的关照，《教学与管理》2012年第 9 期

张龑：凯尔森法学思想中的新康德主义探源，《环球法律评论》2012年第 2 期

张政文：和解：德国古典哲学的美学现代性诉求，《哲学研究》2012年第 3 期

赵立坤，秦美美：论席勒的审美启蒙思想，《重庆交通大学学报（社会科学版）》2012 年第 2 期

文化艺术

崔冀文：洛维斯·柯林特与 19 世纪末德国绘画的转型，《大众文艺》2012 年第 16 期

董悦：德国特色饮食及中德餐饮习惯比较，《黑河学刊》2012 年第 6 期

付利叶：欣赏科隆大教堂读不尽的艺术百科全书，《中国地名》2012年第 6 期

圭特·克莱南，曾金寿：从历史音乐学到音乐先锋派的窘境——以当代德国作曲家和音乐理论家的观点为思考的重点，《音乐探索》2012年第 1 期

郭原奇：德国文化外交政策探析：理念、运用及启示，《中共济南市委党校学报》2012 年第 3 期

郭朝成："包豪斯模式"对当代艺术教育学科构建的启示，《艺术教育》2012 年第 7 期

侯继红：中德人际交往中问题交际的文化诠释，《合肥学院学报（社会科学版）》2012 年第 3 期

黄琳：舒曼艺术歌曲技法探析，《泰州职业技术学院学报》2012 年第 2 期

焦授松，夏雪：通过德语足球词汇探究德国足球文化，《德语学习》2012 年第 4 期

李洁：呼号·抗议·悲悯——论凯绥·珂勒惠支的版画，《艺术教育》2012 年第 6 期

李双：舒曼钢琴变奏曲中的幻想性，《湖北广播电视大学学报》2012 年第 9 期

林纯洁：德国州徽的起源与涵义，《德语人文研究》2012 年第 2 期

刘少才：海德堡：最美不过砖拱桥，《城市开发》2012 年第 12 期

刘爽：德国艺术歌曲的基本特征和艺术价值，《山东工会论坛（山东省工会管理干部学院学报）》2012 年第 3 期

刘玥：论德国"表现主义"绘画成因，《新疆师范大学学报（哲学社会科学版）》2012 年第 3 期

刘震：德国佛教艺术史研究方法举隅：以九色鹿故事为例，《史林》2012 年第 1 期

刘志兵：德国表现主义艺术的成因，《长春师范大学学报》2012 年第 5 期

刘志兵：德国新表现主义形成成因，《长江大学学报（社会科学版）》2012 年第 4 期

刘志兵：略论德国表现主义艺术形式的特点，《淮海工学院学报（人文社会科学版）》2012 年第 5 期

路庆梅："学徒期"的本雅明论艺术与受众的关系，《名作欣赏：文学研究旬刊》2012 年第 24 期

盛原：从巴赫到中国的未来，《钢琴艺术》2012 年第 8 期

宋雄华：论德国理性主义怪诞观的褊狭性，《理论月刊》2012 年第 5 期

王霄：格哈德·里希特"虚无主义"艺术观念的主体意识与反思，《美与时代旬刊》2012 年第 7 期

杨柳，孙洋：包豪斯精神对现代艺术教育的启示，《中国集体经济》

2012 年第 26 期

杨倩：德奥艺术歌曲发展脉络探寻，《大众文艺》2012 年第 8 期

杨解朴：从文化共同体到后古典民族国家：德国民族国家演进浅析，
《欧洲研究》2012 年第 2 期

杨延宁：对巴洛克时期亨德尔音乐作品风格的分析，《艺术研究》2012
年第 2 期

杨志娟，阿杰：中国油画家王民平 VS 德国油画家艾尔玛 展现中德油
画艺术，加强中德文化交流，《西部广播电视》2012 年第 Z2 期

叶隽：文明结构与文化功用，《北京观察》2012 年第 6 期

于涛：德国表现主义：冲动的艺术，《世界文化》2012 年第 5 期

岳伟，邢来顺：文化多元主义与联邦德国的移民教育政策，《华中师范
大学学报（人文社会科学版）》2012 年第 5 期

张荣生：德国"桥社"画家罗特路甫，《外国文学》2012 年第 5 期

张士伟，辛琳琳：谈德国《协和报》在华宣传策略，《临沂大学学报》
2012 年第 4 期

周建舟：舒曼艺术歌曲的美学思想分析，《大众文艺》2012 年第 4 期

周思婷：德国人的"幸运符"，《德语人文研究》2012 年第 3 期

朱卉：德国表现主义与新表现主义的共性和差异，《艺术研究》2012
年第 1 期

经济

[德] 阿尔伯特·施魏因贝格尔（Albert Schweinberger）（孙彦红译）：
欧债危机：一个德国视角的评估，《欧洲研究》2012 年第 3 期

陈思进：德国经济萎靡不振意味着什么，《中国经济周刊》2012 年第
26 期

陈新，熊厚：战后德国经济为何保持稳健增长，《经济》2012 年第 8 期

陈彦彤：中国企业应向"德国制造"学些什么？，《时代金融》2012
年第 13 期

德国经济研究所：继续教育有助于缓解德国专业人员缺乏状况，《世界

中国德语语言文学研究文献汇编（2010-2015）| 161 |

教育信息》2012 年第 6 期

丁纯：欧洲哀鸿遍野、柏林一枝独秀 德国模式缘何笑傲危机，《人民论坛》2012 年第 18 期

黄春明，鹿志超："中国与德国经济体制比较"学术研讨会观点综述，《科学社会主义》2012 年第 3 期

江涌：有序和谐：德国的魅力，《世界知识》2012 年第 10 期

姜照辉：经济危机中的德国如何实现就业奇迹？，《德国研究》2012 年第 1 期

李程骅，黄南：中德产业发展比较，《群众》2012 年第 8 期

李根：对德国经济发展的研究及其启示，《经济研究导刊》2012 年第 27 期

李光斗：柏林绝地重生背后，《决策》2012 年第 6 期

李以所：公私合作伙伴关系（PPP）的经济性研究——基于德国经验的分析，《兰州学刊》2012 年第 6 期

刘刚：日德两国应对本币升值压力的经验借鉴与启示，《现代经济探讨》2012 年第 6 期

刘林森：德国中小企业何以称霸世界，《改革与开放》2012 年第 11 期

刘琳：德国促进中小企业创新的主要举措，《创新科技》2012 年第 6 期

刘向：德国制造业传奇的人才支撑，《决策探索（上半月)》2012 年第 9 期

罗湘衡：政府间财政平衡体系与府际关系的调整——以统一后的德国为例，《上海行政学院学报》2012 年第 2 期

罗泳泳，邱金龙，刘雪萍，綦文竹：德国金融体系的发展历程及其启示，《经营管理者》2012 年第 5 期

莫莉：欧洲经济秋意渐浓 德国态度备受瞩目，《中国金融家》2012 年第 8 期

裘元伦：德国经济为什么能够保持长期相对稳定增长，《中国党政干部论坛》2012 年第 8 期

单晓蓉：浅析 21 世纪以来的中国 - 德国双边贸易（2001—2011），《科技信息》2012 年第 25 期

史世伟：德国，风景这边独好，《金融博览》2012 年第 3 期

万文翔，杨雪鹄，李萌，朱昌兵，杨发勇，张均平：德国财政预算政
策研究，《中国财政》2012 年第 10 期

王蓉：德国经济体制对中国的借鉴意义，《经济研究导刊》2012 年第
3 期

吴迪：衰退边缘的德国经济，《IT 经理世界》2012 年第 17 期

杨佩昌：德国经济率先走出危机的奥秘，《中国中小企业》2012 年第
2 期

杨佩昌：是"德国的欧洲"还是"欧洲的德国"？——德国经济如何
保持强劲，《同舟共进》2012 年第 8 期

查泉：德国魏玛时代失业问题探析，《西华师范大学学报（哲学社会科
学版）》2012 年第 5 期

张艳梅，王永佳，张北辰：二战后德国经济腾飞原因探究，《现代经济
信息》2012 年第 3 期

张燕：德国马克升值的历史经验及借鉴，《福建金融》2012 年第 7 期

钟表：马克对美元升值时期德国汇率政策的经验与启示，《中国物价》
2012 年第 3 期

周建明：两次世界大战之间德国的对外贸易，《深圳大学学报（人文社
会科学版）》2012 年第 1 期

周剑新："德国造"面临新问题 VDMA 新任主席来华寻求解决方案，
《矿业装备》2012 年第 7 期

朱丹：文化引领中小企业之德国经验，《金融管理与研究》2012 年第 4 期

法律

[德] 克里斯托夫·太贺曼（C. Teichmann）（王彦明，吕楠楠译）：有限
责任公司的现代化——德国公司法文本竞争的嬗变，《社会科学战
线》2012 年第 7 期

[德] 英格沃·埃布森（Ingwer Ebsen），喻文光：德国《基本法》中的
社会国家原则，《法学家》2012 年第 1 期

[德] 扎比内·马德尔：德国广播电视机构的法律义务和规范，《中国广播电视学刊》2012 年第 7 期

安文霞：德国未成年人犯罪 VOM 制度研究，《青少年犯罪问题》2012 年第 4 期

曹明德，崔金星：欧盟、德国温室气体监测统计报告制度立法经验及政策建议，《武汉理工大学学报（社会科学版）》2012 年第 2 期

陈定伟，曹艳林，Erin Hammers，刘方，袁江帆：美国、德国医疗保险服务协议相关法律问题及对中国的启示，《中国医院》2012 年第 1 期

陈华彬：从保全抵押权到流通抵押权——基于对德国不动产担保权发展轨迹的研究，《法治研究》2012 年第 9 期

陈婉玲：德国信用合作在我国的传播及立法技术运用，《辽宁大学学报（哲学社会科学版）》2012 年第 4 期

范宏云：1945 年德国法律地位问题对两岸关系的启示，《特区实践与理论》2012 年第 3 期

管洪彦：德、法、奥对精神打击法律救济的比较与启示，《河北科技大学学报（社会科学版）》2012 年第 3 期

韩赤风：德国法律对艺术伪造行为的规制——兼与我国相关法律的比较，《知识产权》2012 年第 3 期

胡童：论利益保障视域下城市规划中的公众参与——基于德国双层可持续参与制度的启示，《研究生法学》2012 年第 2 期

贾红梅：看德国立法变更退休年龄，《中国人大》2012 年第 13 期

姜雅朦：不正当竞争行为类型化的比较研究——欧盟法与德国法的经验，《嘉应学院学报》2012 年第 3 期

孔英戈：德国食品安全监管体系的启示，《中国质量技术监督》2012 年第 10 期

李馥君：对诉讼时效与抵销权相冲突的探讨——兼及对德国民法关于抵销之借鉴，《法制与社会》2012 年第 18 期

李垒：论授益行政行为的撤销——以《德国行政程序法》第 48 条规定为视角，《政治与法律》2012 年第 4 期

梁燕君：德国用法律确定环保标准，《质量探索》2012 年第 Z1 期

刘军玲：浅析小资产阶级如何解决"住宅问题"——恩格斯《论住宅问题》研究，《法制与经济（中旬）》2012 年第 2 期

刘义：德国宪法诉愿的双阶受理程序及其法理——兼论对我国立法法第 90 条第 2 款的启示，《浙江学刊》2012 年第 4 期

刘毅强：附随义务侵害与合同解除问题研究——以德国民法典第 324 条为参照，《东方法学》2012 年第 3 期

刘莹：德国的温室气体减排法律制度，《世界环境》2012 年第 5 期

刘莹，李金凤：德国可再生能源的立法选择与借鉴，《环境保护》2012 年第 15 期

刘召成：德国法上民事合伙部分权利能力理论及其借鉴，《政治与法律》2012 年第 9 期

沈百鑫：德国和欧盟水法概念考察及对中国水法之意义（上），《水利发展研究》2012 年第 1 期

沈百鑫：德国和欧盟水法概念考察及对中国水法之意义（下），《水利发展研究》2012 年第 1 期

沈波，许为民：学术评议会：大学学术权力的制度保障与借鉴——以德国大学为例的分析，《中国高教研究》2012 年第 7 期

沈佳丽：法律和规章下的德国高校体育，《体育学刊》2012 年第 4 期

史莉莉：德国公共收费的概况、立法及启示，《政治与法律》2012 年第 8 期

隋平，罗康：德国监事民事责任制度在实践中的障碍，《湘潭大学学报（哲学社会科学版）》2012 年第 3 期

孙立峰：德国对外国投资者并购德国公司的安全审查制度及其法律对策，《西北大学学报（哲学社会科学版）》2012 年第 3 期

汤文平：德国预约制度研究，《北方法学》2012 年第 1 期

王葆莳，仇德胜：德国大学法律教育的特点及其借鉴意义——以民法教学为例，《保险职业学院学报》2012 年第 1 期

王聪：审判组织：合议制还是独任制？——以德国民事独任法官制的演变史为视角，《福建法学》2012 年第 1 期

王锴：德国法的经验对完善我国公共财产制度的启示，《行政与法》2012 年第 3 期

王漠：德国基本法上财产权的保障——兼对我国征收补偿的反思，《南昌教育学院学报》2012 年第 7 期

王新：德国反洗钱刑事立法述评与启示，《河南财经政法大学学报》2012 年第 1 期

王钰：论德国刑法典中的"不实施救助"罪，《贵州警官职业学院学报》2012 年第 3 期

韦雪梅：德国劳务派遣法律制度简述，《法制与社会》2012 年第 16 期

肖冰：日本与德国职务发明报酬制度的立法比较及其借鉴，《电子知识产权》2012 年第 4 期

谢志钊，王向红：德国高校培养应用型法律人才的经验浅析，《当代教育论坛》2012 年第 3 期

徐静：对突破合同相对性原则的再认识——兼及对《德国民法典》第 359 条之借鉴，《法学论坛》2012 年第 1 期

徐祺昆：德国《环境责任法》对受害人保护的优劣分析，《环境保护》2012 年第 14 期

徐信贵：德国消费危险预防行政中的公共警告制度，《云南行政学院学报》2012 年第 5 期

徐元媛：论德国民法的意思表示错误理论，《商场现代化》2012 年第 3 期

许乐：德国与美国刑事证据排除规则衍生史及制度构型比较研究，《陕西师范大学学报（哲学社会科学版)》2012 年第 2 期

杨柳：德国财产释明制度对应下的我国强制债务人财产申报制度社会科学辑刊，《社会科学辑刊》2012 年第 1 期

杨萌：德国刑法学中法益概念的内涵及其评价，《暨南学报（哲学社会科学版)》2012 年第 6 期

杨萌：德国刑法学中法益理论的历史发展及现状述评，《学术界》2012 年第 6 期

于飞：《德国民法典》第 823 条第 1 款上"其他权利"的法解释发展

——积极意义及解释困境,《中国政法大学学报》2012 年第 3 期

于飞:"法益"概念再辨析——德国侵权法的视角,《政法论坛》2012
年第 4 期

张大海:论我国环境保护团体诉讼的建构——以德国环境保护团体诉
讼制度为参考,《法律适用》2012 年第 8 期

张汉然:主观公权利、法律上利益与反射利益之区别——德国公权理论
发展视角下的考究,《佳木斯大学社会科学学报》2012 年第 1 期

张天淳:从德国民事诉讼法诚信原则看我国的相关立法,《黑龙江省政
法管理干部学院学报》2012 年第 3 期

张慰:适应与自主之间的德国基本权利教义学——德国国家信息行为
的宪法教义学建构,《法制与社会发展》2012 年第 3 期

张兴国:德国社会团体民事公益诉讼主体资格研究及借鉴,《河北青年
管理干部学院学报》2012 年第 5 期

赵宏:欧洲整合背景下的德国行政程序变革,《行政法学研究》2012
年第 3 期

赵谦:德国农村土地整理融资立法及对中国的启示,《世界农业》2012
年第 7 期

郑尚元:德国社会保险法制之形成与发展——历史沉思与现实启示,
《社会科学战线》2012 年第 7 期

郑志华:德国刑事证人法律援助制度研究,《法制博览(中旬刊)》
2012 年第 1 期

仲伟珩:论德国保险法关于投保人违反告知义务规定及对我国保险法
的启示,《法律适用》2012 年第 6 期

庄乾龙:卧底警察不作为犯罪研究——以德国立法例的考察分析为视
角,《北京政法职业学院学报》2012 年第 1 期

其他

[德]莱纳·穆勒(Rainer Müller):德国汉堡的创意城市发展策略,《国
际城市规划》2012 年第 3 期

[德] 尤尔根·拜茨 (Jürgen Bätz)，哲伦：一个德国小村庄的革命，《资源与人居环境》2012 年第 4 期

毕宇珠，苟天来，张睿之，胡新萍：战后德国城乡等值化发展模式及其启示——以巴伐利亚州为例，《生态经济 (中文版)》2012 年第 5 期

蔡今朝：德国机床工业去年增长 33% 2012 年小幅增长可期，《中国机电工业》2012 年第 3 期

陈秀珍：德国城市生活垃圾管理经验及借鉴，《特区实践与理论》2012 年第 4 期

陈衍泰，史世伟：德国新兴产业发展演化及其影响因素分析：以风机制造产业为例，《德国研究》2012 年第 2 期

程鹏飞：谈德国数字化城市管理建设和发展现状，《山西建筑》2012 年第 26 期

程云：假如书也有翅膀——德国的街头书柜，《德语人文研究》2012 年第 3 期

崔斌箴：德国出版"走出去"正在重铸辉煌，《出版参考》2012 年第 13 期

葛晓敏：德国住宅太阳能市场仍具吸引力，《太阳能》2012 年第 6 期

何超：非欧元区需求强劲德国工业订单反弹，《工程机械与维修》2012 年第 2 期

霍彦：德国高速公路的编号系统，《德语人文研究》2012 年第 4 期

李富森：论德国第二次工业革命的成就与特点，《临沂大学学报》2012 年第 3 期

李庆文：德国汽车工业的七大战略特征，《汽车工业研究》2012 年第 3 期

李靬：德国双轨广播电视制度研究，《今传媒》2012 年第 2 期

刘抚英：德国埃森"关税同盟"煤矿XII号矿井及炼焦厂工业遗产保护与再利用，《华中建筑》2012 年第 3 期

刘佳佳：工业品牌塑造中的广告策略研究——以德国巴斯夫广告为例，《现代营销 (学苑版)》2012 年第 4 期

刘涟涟，陆伟，蔡军：基于绿色交通系统的德国城市环保交通管理策

略，《城市发展研究》2012 年第 3 期

卢铿：小城双堡，《商周刊》2012 年第 4 期

欧阳维宏，谢立新：德国劳动关系模式的调整路径对中国劳动关系模式转变的研究，《商品与质量：理论研究》2012 年第 2 期

庞晓华：德国赢创工业计划将上海 PMMA 产能扩大一倍，《橡塑技术与装备》2012 年第 2 期

蒲俊：德国新能源在争论中前进，《发展》2012 年第 8 期

钱丽娜，马新莉，夷萍，Christian Neuner：是什么成就了"德国制造"？，《商学院》2012 年第 4 期

曲卫东：德国村庄更新规划对中国的借鉴，《中国土地科学》2012 年第 3 期

曲哲：德国农机：准备好了，《农经》2012 年第 1 期

儒杰：德国集体谈判情况简介，《中国工会财会》2012 年第 7 期

申健：德国志愿者消防，《消防技术与产品信息》2012 年第 2 期

石向荣，田斌：从德国"绿腰带项目"看中国休闲创意农业发展趋势，《理论月刊》2012 年第 8 期

孙榕：德国网络零售业成功经验与借鉴，《商业经济》2012 年第 17 期

汪佳绮：德国这样治理交通，《中国公路》2012 年第 2 期

王炳：德国城市的"平衡"，《宁波经济（财经视点）》2012 年第 3 期

王培铨：加快德国工业园开发建设，不断提升园区竞争力，《现代经济信息》2012 年第 14 期

王伟波，向明，范红忠：德国的城市化模式，《城市问题》2012 年第 6 期

王文琰：德国《igvw 质量标准 SQ P2 悬吊》，《演艺科技》2012 年第 4 期

韦幼苏，郑慧英：德国社会民主党关于生态环境问题的政策与启示，《河南社会科学》2012 年第 9 期

翁玉虎：德国医疗保险制度对我国的启示，《财政监督》2012 年第 13 期

相震：德国可再生能源开发与利用现状及促进措施，《四川环境》2012 年第 1 期

向春玲：165 岁的德国住房保障制度，《城市住宅》2012 年第 3 期

徐继承：工业化时期德国西部城市的崛起及其影响，《德国历史：宗教

与社会》2012 年第 5 期

徐世垣：德国印刷工业及经济发展综述，《今日印刷》2012 年第 1 期

徐世垣：德国印刷企业如何增强环境特征，《印刷世界》2012 年第 2 期

薛德升，苏迪德，李俊夫，李志刚：德国住房保障体系及其对我国的
　　启示，《国际城市规划》2012 年第 4 期

阳卫国：借德国经验之"石"攻株洲工业之"玉"，《新湘评论》2012
　　年第 1 期

杨佩昌：在德国当农民是件美差，《廉政瞭望》2012 年第 5 期

杨茜：德国环境责任保险制度的启示，《环境经济》2012 年第 7 期

曾珥，郭莉萍，刘菊梅：德国清单法在水环境风险源分级管理中的应
　　用研究，《科学咨询（科技·管理)》2012 年第 7 期

甄西：德国图书市场雨过天晴，《出版参考》2012 年第 9 期

钟玲，张小丹，刘清芝，李江：德国实施温室气体排放交易管理体系
　　经验及启示，《环境与可持续发展》2012 年第 1 期

周孙锋，杜春臣：德国报废汽车回收利用体系对我国的启示，《汽车工
　　业研究》2012 年第 5 期

周毅：德国医疗保障体制改革经验及启示，《学习与探索》2012 年第
　　2 期

朱泽君：科学规划 特色建设 低碳生活——完善城市规划、建设和管理
　　的体会和思考，《广东经济》2012 年第 1 期

主力军：欧盟和德国关于植入式广告的规制，《中国广告》2012 年第 1 期

2013 年

著 作

文 学

专、编著

[奥]里尔克（Rainer Maria Rilke）（林克编选）：里尔克诗选，武汉：长江文艺出版社，2013。

谷裕：德语修养小说研究，北京：北京大学出版社，2013。

刘聪：通往"蓝花"深处——马克思与德国浪漫派研究，北京：中央编译出版社出版时，2013。

姚力，丛明才[编]：德语经典诗歌解析，北京：外语教学与研究出版社，2013。

余匡复：德国文学史（上、下卷），上海：上海外语教育出版社，2013。

张玉书，魏育青，张意，胡蔚[主编]：德语文学与文学批评（第7卷·2013），北京：人民文学出版社，2013。

译著

[奥]彼得·汉德克（Peter Handke）（付天海，顾牧译）：骂观众，上海：上海人民出版社，2013。

[奥]茨威格（Stefan Zweig）（高中甫编选，韩耀成等译）：一个陌生女人的来信，北京：北京燕山出版社，2013。

[奥]茨威格（Stefan Zweig）（吴桐译）：昨日的世界，武汉：华中科技大学出版社，2013。

[奥]卡夫卡（Franz Kafka）（李文俊译）：变形记，北京：中国友谊出

版公司，2013。

［奥］卡夫卡（Franz Kafka）（魏晓亮译）：城堡，哈尔滨：北方文艺出版社，2013。

［奥］卡夫卡（Franz Kafka）（徐逸林译）：审判，安徽：安徽师范大学出版社，2013。

［奥］卡夫卡（Franz Kafka）（叶廷芳等译）：卡夫卡短篇小说经典，重庆：重庆大学出版社，2013。

［奥］卡夫卡（Franz Kafka）（朱更生，孙坤荣，石见穿译）：变形记，北京：光明日报出版社，2013。

［奥］米拉·洛贝（Mira Lobe）（施庞诗，王泰智，沈惠珠译）：童话森林第一辑，石家庄：河北少儿出版社，2013。

［奥］米拉·洛贝（Mira Lobe）（王泰智，沈惠珠译）：童话森林第二辑，石家庄：河北少儿出版社，2013。

［德］E. T. A. 霍夫曼（Ernst Theodor Wilhelm Hoffmann）（陈恕林译）：雄猫穆尔的生活观，上海：上海三联书店，2013。

［德］阿尔曼德·格贝尔（Armande Gerber）（赖雅静译）：歌剧院之谜，北京：北京联合出版公司，2013。

［德］埃里希·凯斯特纳（Erich Kästner）（侯素琴译）：凯斯特纳精选故事集，北京：北京科学技术出版社，2013。

［德］安妮·格斯特许森（Anne Gesthuysen）（杜新华译）：我们是姐妹，北京：人民文学出版社2013。

［德］奥得弗雷德·普鲁士勒（Otfried Preußler）（杨武能译）：松果小精灵，南昌：二十一世纪出版社，2013。

［德］保尔·海泽（Paul Johann Ludwig von Heyse）（杨武能译）：保尔·海泽中短篇小说经典，重庆：重庆大学出版社，2013。

［德］保尔·海泽（Paul Johann Ludwig von Heyse）（余莉，王旭译）：在天堂里，北京：新星出版社2013。

［德］布莱希特（Bertolt Brecht）（王正浩，汪春花译）：四川好人，北京：光明日报出版社，2013。

［德］策兰（Paul Celan），［奥］巴赫曼（Ingeborg Bachmann）（芮虎，

王家新译）：心的岁月：策兰、巴赫曼书信集，北京：中国人民大学出版社，2013。

[德] 达妮艾拉·库洛特（Daniela Kulot）（司南译）：阿鼹和神奇电视机，石家庄：河北少年儿童出版社，2013。

[德] 丹妮拉·克林（Daniela Krien）（李伊予译）：有朝一日，你我互诉衷肠，北京：新世界出版社，2013。

[德] 朵拉·海尔特（Dora Heldt）（刘海宁译）：带上老爸去度假，贵州：贵州人民出版社，2013。

[德] 朵拉·海尔特（Dora Heldt）（孙宁译）：情缘已了，贵阳：贵州人民出版社，2013。

[德] 朵拉·海尔特（Dora Heldt）（殷明译）：密不可分，贵阳：贵州人民出版社，2013。

[德] 朵拉·海尔特（Dora Heldt）（朱刘华译）：英格姑妈出走了，贵阳：贵州人民出版社，2013。

[德] 盖哈特霍普特曼（Gerhart Johann Robert Hauptmann）（余莉译）：亚特兰蒂，北京：新星出版社，2013。

[德] 歌德（Johann Wolfgang von Goethe）（关惠文译）：少年维特的烦恼，天津：百花文艺出版社，2013。

[德] 歌德（Johann Wolfgang von Goethe）（郭沫若译）：浮士德，合肥：安徽人民出版社，2013。

[德] 歌德（Johann Wolfgang von Goethe）（潘子立译）：浮士德，天津：天津人民出版社，2013。

[德] 歌德（Johann Wolfgang von Goethe）（潘子立译）：歌德抒情诗选，北京：中国友谊出版公司，2013。

[德] 歌德（Johann Wolfgang von Goethe）（杨武能译）：德语短篇小说经典，重庆：重庆大学出版社，2013。

[德] 歌德（Johann Wolfgang von Goethe）（杨武能译）：少年维特的烦恼，北京：中国盲文出版社，2013。

[德] 歌德（Johann Wolfgang von Goethe）（张慧，邵佳云译）：少年维特的烦恼，贵阳：贵州大学出版社，2013。

[德] 格奥尔格·克莱因 (George Klein)（朱刘华译）：来自我们童年的小说，南宁：接力出版社，2013。

[德] 海涅 (Heinrich Heine)（王智量译）：德俄四家诗选，上海：华东师范大学出版社，2013。

[德] 海因茨·史腊斐 (Heinz Schlaffer)（胡蔚译）：德意志文学简史，北京：北京大学出版社，2013。

[德] 豪夫 (Wilhelm Hauff)（杨武能译）：德语中篇小说经典，重庆：重庆大学出版社，2013。

[德] 荷尔德林 (Johann Christian Friedrich Hölderlin)（顾正祥译）：荷尔德林诗新编，北京：商务印书馆，2013 年。

[德] 荷尔德林 (Johann Christian Friedrich Hölderlin)（刘皓明译）：荷尔德林后期诗歌，上海：华东师范大学出版社，2013。

[德] 荷尔德林 (Johann Christian Friedrich Hölderlin)（赵静译）：当我还是少年时，北京：光明日报出版社，2013。

[德] 赫尔曼·黑塞 (Hermann Hesse)（蔡进松译）：黑塞作品 12：东方之旅，上海：上海三联书店，2013。

[德] 赫尔曼·黑塞 (Hermann Hesse)（蔡伸章译）：黑塞作品 13：孤独者之歌，上海：上海三联书店，2013。

[德] 赫尔曼·黑塞 (Hermann Hesse)（陈晓南译）：黑塞作品 02：乡愁，上海：上海三联书店，2013。

[德] 赫尔曼·黑塞 (Hermann Hesse)（陈晓南译）：黑塞作品 07：美丽的青春，上海：上海三联书店，2013。

[德] 赫尔曼·黑塞 (Hermann Hesse)（陈迅译）：丢失的行李箱，南京：江苏文艺出版社，2013。

[德] 赫尔曼·黑塞 (Hermann Hesse)（李双志译）：荒原狼，北京：人民文学出版社，2013。

[德] 赫尔曼·黑塞 (Hermann Hesse)（李迎春译）：悉达多，北京：光明日报出版社，2013。

[德] 赫尔曼·黑塞 (Hermann Hesse)（李映萩译）：黑塞作品 08：读书随感，上海：上海三联书店，2013。

［德］赫尔曼·黑塞（Hermann Hesse）（欧凡译）：漫游者寄宿所，上海：上海人民出版社，2013。

［德］赫尔曼·黑塞（Hermann Hesse）（苏念秋译）：黑塞作品11：彷徨少年时，上海：上海三联书店，2013。

［德］赫尔曼·黑塞（Hermann Hesse）（吴忆帆译）：黑塞作品03：生命之歌，上海：上海三联书店，2013 。

［德］赫尔曼·黑塞（Hermann Hesse）（吴忆帆译）：黑塞作品05：艺术家的命运，上海：上海三联书店，2013。

［德］赫尔曼·黑塞（Hermann Hesse）（吴忆帆译）：黑塞作品06：漂泊的灵魂，上海：上海三联书店，2013。

［德］赫尔曼·黑塞（Hermann Hesse）（吴忆帆译）：黑塞作品10：在轮下，上海：上海三联书店，2013。

［德］赫尔曼·黑塞（Hermann Hesse）（萧逢年译）：黑塞作品01：荒原狼，上海：上海三联书店，2013。

［德］赫尔曼·黑塞（Hermann Hesse）（谢莹莹，欧凡译）：温泉疗养客，上海：上海人民出版社，2013。

［德］赫尔曼·黑塞（Hermann Hesse）（徐进夫译）：黑塞作品04：流浪者之歌，上海：上海三联书店，2013。

［德］赫尔曼·黑塞（Hermann Hesse）（徐进夫译）：黑塞作品14：玻璃珠游戏，上海：上海三联书店，2013。

［德］赫尔曼·黑塞（Hermann Hesse）（宣诚译）：黑塞作品09：知识与爱情，上海：上海三联书店，2013。

［德］赫尔曼·黑塞（Hermann Hesse）（张文思译）：荒原狼，北京：新星出版社，2013。

［德］卡尔麦（Karl Friedrich May）（代秦译）：荒漠迷踪，北京：新世界出版社，2013。

［德］卡尔麦（Karl Friedrich May）（小曼译）：藏金潭夺宝，石家庄：花山文艺出版社，2013。

［德］卡尔麦（Karl Friedrich May）（小曼译）：洞窟幽灵，石家庄：花山文艺出版社，2013。

[德] 卡尔麦（Karl Friedrich May）（小曼译）：恐怖大漠，石家庄：花山文艺出版社，2013。

[德] 卡尔麦（Karl Friedrich May）（小曼译）：老母塔之夜，石家庄：花山文艺出版社，2013。

[德] 卡尔麦（Karl Friedrich May）（小曼译）：老铁手传奇，石家庄：花山文艺出版社，2013。

[德] 卡尔麦（Karl Friedrich May）（小曼译）：沙漠秘井，石家庄：花山文艺出版社，2013。

[德] 卡尔麦（Karl Friedrich May）（小曼译）：印第安酋长，石家庄：花山文艺出版社，2013。

[德] 凯泽林克（Linde von Keyserlingk）（贾涵斐译）：被遗忘的孩子，长春：北方妇女儿童出版社，2013。

[德] 克莱谢尔（Ursula Krechel）（韩瑞祥译）：上海，远在何方，北京：人民文学出版社，2013。

[德] 尼采（Friedrich Wilhelm Nietzsche）（周国平译）：尼采诗集，北京：作家出版社，2013。

[德] 诺伊豪斯（Nele Neuhaus）（方玉译）：白雪公主必须死，上海：上海文艺出版社，2013。

[德] 诺伊豪斯（Nele Neuhaus）（方玉译）：不受欢迎的女人，上海：上海文艺出版社，2013。

[德] 诺伊豪斯（Nele Neuhaus）（方玉译）：深深的伤口，上海：上海文艺出版社，2013。

[德] 诺伊豪斯（Nele Neuhaus）（郑莉译）：谋杀之友作者，上海：上海文艺出版社，2013。

[德] 施托姆（Theodor Storm）（高中甫，关惠文等译）：施托姆中短篇小说经典，重庆：重庆大学出版社，2013。

[德] 叔本华（Arthur Schopenhauer）（张宁译）：要么孤独要么庸俗，南京：江苏文艺出版社，2013。

[德] 舒尔策（Ingo Schulze）（潘璐译）：简单的故事，上海：上海译文出版社，2013。

[德] 台奥多·冯塔纳（Theodor Fontane）（赵蕾莲译）：混乱与迷惘，哈尔滨：黑龙江教育出版社，2013。

[德] 台奥多·冯塔纳（Theodor Fontane）（赵蕾莲译）：施蒂娜，哈尔滨：黑龙江教育出版社，2013。

[德] 泰格迈尔（Holger Tegtmeyer）（刘兴华译）：柏林苍穹下，南京：江苏人民出版社，2013。

[德] 汤米·尧德（Tommy Jaud）（洪清怡译）：男人都是智障：屌丝斗士，上海：上海人民出版社，2013。

[德] 托马斯·曼（Thomas Mann）（傅惟慈译）：布登勃洛克一家，南京：译林出版社，2013。

[德] 托马斯·曼（Thomas Mann）（朱雁冰译）：多难而伟大的十九世纪，杭州：浙江大学出版社，2013。

[德] 托马斯·曼（Thomas Mann）（朱雁冰译）：歌德与托尔斯泰，杭州：浙江大学出版社，2013。

[德] 瓦尔泽（Martin Walser）（郑华汉等译）：惊马奔逃，上海：上海文艺出版社，2013。

[德] 威廉·格林（Wilhelm Grimm）（梁家林译）：亲爱的小莉，北京：新星出版社，2013。

[德] 威廉·施密德（Wilhelm Schmidt）（魏育青译）：欲望花园的哲学，上海：上海译文出版社，2013。

[德] 维尔纳·霍尔茨瓦特（Werner Holzwarth）（陈敏译）：孩子，你的名字叫幸福，天津：新蕾出版社，2013。

[德] 倭铿（Rudolf Christoph Eucken）（周新建，周洁译）：人生的意义与价值，南京：译林出版社，2013。

[德] 沃尔夫·埃布鲁赫（Wolf Erlbruch）（陈科慧译）：当鸭子遇见死神，天津：新蕾出版社，2013。

[德] 西格弗里德·伦茨（Siegfried Lenz）（许昌菊译）：德语课，海口：南海出版公司，2013。

[德] 席拉赫（Baldur Benedikt von Schirach）（吴掏飞译）：罪责，海口：南海出版公司，2013。

［德］朱迪丝·莎兰斯基（Judith Schalansky）（晏文玲译）：岛屿书，长沙：湖南文艺出版社，2013。

［德］朱迪丝·莎兰斯基（Judith Schalansky）（叶澜译）：长颈鹿的脖子，北京：人民文学出版社，2013。

语 言 学

郎曼：德语新闻报道语篇连贯的认知研究，北京：光明日报出版社，2013。

黎东良：常用德语英语对比语法，上海：同济大学出版社，2013。

李慧坤：德语专业篇章动态分析模式研究，北京：北京理工大学出版社，2013。

德 国 研 究

专、编著

曹卫东［主编］：德国青年运动，上海：世纪文景／上海人民出版社，2013。

赫英斌：二战德国陆军单兵装备，北京：北京艺术与科学电子出版社，2013。

凯琳：二战德国王牌飞行员，西安：中国长安出版社，2013。

李蕙蓁，谢统胜：德意志制造，北京：生活·读书·新知三联书店，2013。

李骏阳：德国的统一：1989—1990，上海：上海大学出版社，2013。

李以所：德国公私合作制促进法研究，北京：中国民主法制出版社，2013。

刘晓海［主编］：德国知识产权理论与经典判例研究，北京：知识产权出版社，2013。

张民安，宋志斌［编］：隐私权的比较研究——法国、德国、美国及其他国家的隐私权，广州：中山大学出版，2013。

译著

[奥] 弗洛伊德（Sigmund Freud）（陈晓云，那振玲译）：梦的解析，武汉：武汉出版社，2013。

[奥] 弗洛伊德（Sigmund Freud）（花火译）：梦的解析，北京：中国华侨出版社，2013。

[奥] 维特根斯坦（Ludwig Josef Johann Wittgenstein）（韩林译）：逻辑哲学论，北京：商务印书馆，2013 年。

[德] 奥托·迈耶（Otto Mayer）（刘飞译）：德国行政法，北京：商务印书馆，2013 年。

[德] 迪特·亨利希（Dieter Henrich）（乐小军译）：在康德与黑格尔之间，北京：商务印书馆，2013。

[德] 迪特·亨利希（Dieter Henrich）（郑辟瑞译）：思想与自身存在，杭州：浙江大学出版社，2013。

[德] 迪特·施林洛甫（Dieter Schlingloff）（刘震，孟瑜译）：叙事和图画：欧洲和印度艺术中的情节展现，兰州：兰州大学出版社，2013。

[德] 冯·埃里希·曼施泰因（Erich V. Manstein）（戴耀先译）：失去的胜利：曼施泰因元帅战争回忆录，长沙：湖南人民出版社，2013。

[德] 格奥尔格·耶里内克（Georg Jellinek）（李锦辉译）：人权与公民权利宣言——现代宪法史论，北京：商务印书馆，2013。

[德] 格勒弗特（Hans Dieter Gelfert）（常咺译）：看德国/德国特征——德国人如何走到今天，南京：南京大学出版社，2013。

[德] 格伦·B·茵菲尔德 (Glenn B. Infield)（莱茵哈特译）：最长的一周，北京：北京艺术与科学电子出版社，2013。

[德] 汉斯·莫姆森（Hans Mommsen）（赵涟译）：希特勒与20世纪德国，北京：社会科学文献出版社，2013。

[德] 汉斯-约阿希姆·马茨（Hans-Joachim Maaz）（徐珺译）：情感堵

塞：民主德国的心理转型，北京：中央编译出版社，2013。

[德] 加保·施泰因加特（Gabor Steingart）（李彬等译）：德国，一个超级明星的衰落，南京：南京大学出版社，2013。

[德] 克劳斯·罗克辛（Claus Roxin）（王世洲译）：德国刑法学总论（第2卷）：犯罪行为的特别表现形式，北京：法律出版社，2013。

[德] 拉德布鲁赫（Gustav Radbruch）（米健译）：法学导论，北京：商务印书馆，2013。

[德] 莱因荷德·齐佩利乌斯（Reinhold Zippelius）（金振豹译）：法哲学，北京：北京大学出版社，2013。

[德] 里夏德·达维德·普雷希特（Richard David Precht）（王泰智，沈惠珠译）：哲学家与儿童对话，北京：生活.读书.新知三联书店，2013。

[德] 尼采（Friedrich Wilhelm Nietzsche）（林笳译）：重估一切价值，上海：华东师范大学出版社，2013。

[德] 尼采（Friedrich Wilhelm Nietzsche）（孟明译）：狄俄尼索斯颂歌，上海：华东师范大学出版社，2013。

[德] 舒曼（Robert Schumann）（马竞松译）：我们时代的音乐：罗伯特·舒曼文选，桂林：漓江出版社，2013。

[德] 维尔纳·弗卢梅（Wemer Flume）（论迟颖译，米健校）：法律行为，北京：法律出版社，2013。

[德] 沃尔夫·埃布鲁赫（Wolf Erlbruch）（袁筱一译）：大问题，北京：北京联合出版公司，2013。

[德] 尤尔根·哈贝马斯（Jürgen Habermas）（郭官义译）：重建历史唯物主义，北京：社会科学文献出版社，2013。

[德] 尤尔根·哈贝马斯（Jürgen Habermas）（郁喆隽译）：对于缺失的意识，北京：商务印书馆，2013。

[加] 卜正民（Timothy Brook），[德] 维克多·克莱普勒（Victor Klemperer）（印芝虹译）：第三帝国的语言：一个语文学者的笔记，北京：商务印书馆，2013。

[加] 大卫·戴岑豪斯（David Dyzenhaus）（刘毅译）：合法性与正当性：魏玛时代的施米特、凯尔森与海勒，北京：商务印书馆，2013。

[美] 米尔顿·迈耶（Milton Mayer）（王崇兴，张蓉译）：他们以为他们是自由的：1933—1945年间的德国人，北京：商务印书馆，2013。

[英] 杰克·希金斯（Jack Higgins）（依廉译）：德国式英雄，北京：同心出版社，2013。

[英] 理查德 J. 埃文斯（Richard J. Evans）（蒋莉华，王彦兴译）：揭秘第三帝国，北京：中国民主法制出版社，2013。

[英] 詹姆斯·雷塔拉克（James Retallack）（王莹，方长明译）：威廉二世时代的德国，北京：北京大学出版社，2013。

教材、教参、工具书

教　　材

陈晓春等 [编]：高级德语（第二册），上海：上海外语教育出版社，2013。

唐进伦：德语篇章语言学，北京：外语教学与研究出版社，2013。

教　　参

[德] Hans-Heinrich Rohrer，Carsten Schmidt（张夔，杨建培译）：职场德语口语，上海：上海外语教育出版社，2013。

[德] 金莎黛（Friederike Jin），弗思（Ute Voß）[编]（阎振江译）：德语基础语法轻松练，上海：上海外语教育出版社，2013。

[德] 施赖纳（Kurt Schreiner）[编]（何庆元译）：德语语法关键词，北京：商务印书馆，2013。

[德] 斯蒂芬·弗洛伊德（Stephen Freud），亦心 [编]：从零开始学德语，北京：中国纺织出版社，2013。

[德] 斯蒂芬妮·普利斯·德·威加 (Stefanie Plisch de Vega) (庄雯译)：全方位德语指导与训练，上海：上海译文出版社，2013。

[美] 泽温 (Dieter Sevin) [编] (梁亮译)：轻松学德语（下）(第 8 版)，北京：北京大学出版社，2013。

[英] 保罗·考格尔 (Paul Coggle)，[德] 海因纳·申科 (Heiner Schenke) (汪菊敏译)：德语全攻略，上海：上海译文出版社，2013。

陈栋 [编]：德福 /DSH 核心词汇详解（修订版），上海：同济大学出版社，2013。

方宜盛，彭彧，薛琳：德语国家国情 1000 题，上海：同济大学出版社，2013。

黄克琴：德语语法精讲，上海：上海译文出版社，2013。

姜莎莎，周濛濛 [编]：使用频率最高的 7000 德语单词，北京：中国宇航出版社，2013。

彭彧：德语时事阅读，上海：同济大学出版社，2013。

全国高等学校德语专业八级考试中心 [编]：全国高等学校德语专业八级考试样题集（新题型），北京：外语教学与研究出版社，2013。

盛力：论德语和英语的相互借鉴，杭州：浙江大学出版社，2013。

同济大学留德预备部 [编]：新求精德语语法精解与练习（修订版），上海：同济大学出版社，2013。

王京平：德语词汇巧学妙记，北京：外语教学与研究出版社，2013。

王京平：德语词汇说文解字，北京：外语教学与研究出版社，2013。

王颖频 [主编]，邓白桦 [编]：大学德语四六级考试高分突破——听力理解，北京：外语教学与研究出版社，2013。

王颖频 [主编]，王轶 [编]：大学德语四六级考试高分突破——四级阅读，北京：外语教学与研究出版社，2013。

杨建培 [编]：新求精德语强化教程——中级学习提要，上海：同济大学出版社，2013。

中国国际广播电台 [编]：你好，中国（德语版），北京：高等教育出版社，2013。

朱建华等：新编大学德语（第二版）(3)（教师手册），北京：外语教学与研究出版社，2013。

庄盛洁，黄舒婷 [编]：实用德语口语大全，上海：同济大学出版社，
2013。

工 具 书

陈栋 [编]：德语专业词汇宝典，上海：上海译文出版社，2013。

葛万成，吴静 [编]：德汉袖珍词典，上海：同济大学出版社，2013。

赵登荣，周祖生 [主编]：杜登德汉大词典，北京：北京大学出版社，
2013。

论 文

文 学

[德] Kerstin Schoor（丰卫平译）：寻求一个文化身份的新起点——纳
粹德国及流亡犹太作家文本中对柏林的文学审视，《德语人文研
究》2013 年第 1 期

[德] Michael Ostheimer（李双志译）：创伤、城市与回忆——以阿尔
弗雷德•德布林的《柏林亚历山大广场》和 W. G. 泽巴尔德的《奥
斯特尔里茨》为例，《德语人文研究》2013 年第 2 期

卞丽：优游于记忆的废墟：论《芬尼根守灵夜》的叙事美学，《外国文
学研究》2013 年第 2 期

曹敏：“否定”的语言和形式——从后现代主义文学反观阿多诺的文学
思想，《江西社会科学》2013 年第 10 期

Chen Hongyan（陈红嫣）：Die Selbstinszenierung im Glanzlicht der Großstadt.
Zu Irmgard Keuns *Das kunstseidene Mädchen*, in: Literaturstraße Band
14, Ehrenherausgeber: Zhang Yushu（张玉书），herausgegeben von Feng
Yalin（冯亚琳），Wei Maoping（卫茂平），Zhu Jianhua（朱建华），

Georg Braungart（格·布劳恩噶尔特），Gerhard Lauer（格哈特·劳尔），Würzburg: Königshausen & Neumann 2013

Chen Liangmei（陈良梅）：Metapher als Zugang zu einem komplexen Textverständnis. Über die Metapher in Jelineks Roman *Die Liebhaberinnen*, in: Literaturstraße Band 14, Ehrenherausgeber: Zhang Yushu（张玉书），herausgegeben von Feng Yalin（冯亚琳），Wei Maoping（卫茂平），Zhu Jianhua（朱建华），Georg Braungart（格·布劳恩噶尔特），Gerhard Lauer（格哈特·劳尔），Würzburg: Königshausen & Neumann 2013

陈敏：迷失于威尼斯——从注意力角度解读席勒《招魂唤鬼者》中的主体建构问题，《外国文学》2013 年第 1 期

陈琦：建构与互动——德国当代篇章研究的社会学理据，《德语人文研究》2013 年第 2 期

丁佳宁：浅析德语文学中的道家思想，《才智》2013 年第 21 期

丁伟祥，房春光：诵读与启蒙，拯救与逍遥——试论《朗读者》中朗读的启蒙隐喻意义，《解放军外国语学院学报》2013 年第 4 期

董学文：马克思文艺批评方法的本质特征，《华中师范大学学报（人文社会科学版）》2013 年第 4 期

Du Rong（杜荣）：Rezeption der Kinder- und Hausmärchen der Brüder Grimm in China, in: Literaturstraße Band 14, Ehrenherausgeber: Zhang Yushu（张玉书），herausgegeben von Feng Yalin（冯亚琳），Wei Maoping（卫茂平），Zhu Jianhua（朱建华），Georg Braungart（格·布劳恩噶尔特），Gerhard Lauer（格哈特·劳尔），Würzburg: Königshausen & Neumann 2013

杜荣：民族的日耳曼学者——纪念欧洲 19 世纪人文学者雅各布·格林逝世 150 周年，《德国研究》2013 年第 1 期

范捷平：文学仪式和面具的遮蔽功能——兼论异域文学中的"东方形象"，《德语人文研究》2013 年第 1 期

方维规：不愿捉迷藏的人——论伯尔的美学思想，《同济大学学报（社会科学版）》2013 年第 2 期

方智敏：论舍伍德·安德森《林中之死》的自然主义倾向，《才智》
2013 年第 7 期

Feng Weiping（丰卫平）: Die Legende als Spiegelbild der Geschichte. Über
die Legende Die Geheimnisse der Prinzessin von Kagran in Ingeborg
Bachmanns *Malina*, in: Literaturstraße Band 14, Ehrenherausgeber:
Zhang Yushu（张玉书）, herausgegeben von Feng Yalin（冯亚琳）,
Wei Maoping（卫茂平）, Zhu Jianhua（朱建华）, Georg Braungart
（格·布劳恩噶尔特）, Gerhard Lauer（格哈特·劳尔）, Würzburg:
Königshausen & Neumann 2013

Feng Yalin（冯亚琳）: Erinnerung in Korrelation von Bild und Text bei Günter
Grass, in: Literaturstraße Band 14, Ehrenherausgeber: Zhang Yushu（张
玉书）, herausgegeben von Feng Yalin（冯亚琳）, Wei Maoping（卫
茂平）, Zhu Jianhua（朱建华）, Georg Braungart（格·布劳恩噶尔
特）, Gerhard Lauer（格哈特·劳尔）, Würzburg: Königshausen &
Neumann 2013

冯亚琳：马克斯·弗里施《能干的法贝尔》中的记忆与工具理性批判，
《外国语文》2013 年第 1 期

冯亚琳：芸芸众生，天地人间——歌德《威廉·麦斯特的漫游时代》中
人与自然的关系，《同济大学学报（社会科学版)》2013 年第 6 期

高庆：论《少年维特之烦恼》的浪漫主义精神，《宜春学院学报》2013
年第 8 期

郭祺：从荷尔德林的诗歌看德国早期浪漫派的神学倾向，《外国语文》
2013 年第 S1 期

韩瑞祥：彼得·汉特克："我在观察、理解、感受、回忆、质问"，《文
学报》2013 年 5 月 24 日。

郝春燕：赫尔曼·黑塞诗化生存哲思中的悖论研究，《信阳师范学院学
报（哲学社会科学版)》2013 年第 5 期

河野英二：讽刺文学的述行性"语言建筑学"——卡尔·克劳斯的现实
意义在其短文《中国长城》中的体现，《德语人文研究》2013 年
第 2 期

贺克：以小说《维也纳一家人》为例探讨家庭聚会仪式的重复性与生成性，《德语人文研究》2013 年第 2 期

胡梦园，江山：试析自然对"无用人"的精神重塑——以德国浪漫派作家艾兴多夫《一个无用人的生涯》为例，《科技信息》2013 年第 25 期

Hu Wei（胡蔚）：Bild und Text in der Literatur und Wissenschaft. Bericht zum *Literaturstraße*-Symposium an der Universität Basel（28. bis 30. September 2012），in: Literaturstraße Band 14, Ehrenherausgeber: Zhang Yushu（张玉书），herausgegeben von Feng Yalin（冯亚琳），Wei Maoping（卫茂平），Zhu Jianhua（朱建华），Georg Braungart（格·布劳恩噶尔特），Gerhard Lauer（格哈特·劳尔），Würzburg: Königshausen & Neumann 2013

胡蔚：新中国六十年歌德戏剧研究，《同济大学学报（社会科学版）》2013 年第 6 期

Huang Keqin（黄克琴）：Aspekte des Frauenbildes in Herta Müllers frühen Erzählungen, in: Literaturstraße Band 14, Ehrenherausgeber: Zhang Yushu（张玉书），herausgegeben von Feng Yalin（冯亚琳），Wei Maoping（卫茂平），Zhu Jianhua（朱建华），Georg Braungart（格·布劳恩噶尔特），Gerhard Lauer（格哈特·劳尔），Würzburg: Königshausen & Neumann 2013

黄燎宇：批评家死了，《世界文坛》2013 年 10 月 18 日

江山，岳梅：德国儿童生态文学中的环境教育思想探究，《铜陵学院学报》2013 年第 2 期

Jin Xiuli（金秀丽）：Tilman Spenglers *Der Maler von Peking*. Die Malergestalt Lazzo zwischen westlicher und östlicher Kunst, in: Literaturstraße Band 14, Ehrenherausgeber: Zhang Yushu（张玉书），herausgegeben von Feng Yalin（冯亚琳），Wei Maoping（卫茂平），Zhu Jianhua（朱建华），Georg Braungart（格·布劳恩噶尔特），Gerhard Lauer（格哈特·劳尔），Würzburg: Königshausen & Neumann 2013

孔德明，张莉芬：他者感知研究理论述评：批判性接受与应用，《德语

乐萍，熊欣：为了抗拒遗忘的写作——赫塔·米勒《心兽》解读，《求索》2013 年第 3 期

李红：论米勒文学创作的独立与自由精神，《求索》2013 年第 8 期

李静：浪漫主义之花——海德堡浪漫派的发展和特征，《牡丹江大学学报》2013 年第 3 期

李明明：世纪末的复兴——20 世纪末的德语戏剧：1980—2000，《外国文学》2013 年第 4 期

Li Shuangzhi（李双志）：„Noch spür ich ihren Atem auf den Wangen", Betrachtung einer konstanten Konfiguration bei Hugo von Hofmannsthal, in: Literaturstraße Band 14, Ehrenherausgeber: Zhang Yushu（张玉书），herausgegeben von Feng Yalin（冯亚琳），Wei Maoping（卫茂平），Zhu Jianhua（朱建华），Georg Braungart（格·布劳恩噶尔特），Gerhard Lauer（格哈特·劳尔），Würzburg: Königshausen & Neumann 2013

李双志：汉语荷尔德林的意味和形式，《读书》2013 年第 10 期

李双志：家族史与当代德国文学的历史记忆叙述模式，《当代外国文学》2013 年第 4 期

李双志：乡土经验与世界文学——试论莫言与赫塔·米勒的文学创作的异同，《南京社会科学》2013 年第 2 期

李醒：浅析歌德《少年维特之烦恼》，《成人教育》2013 年第 7 期

李烨：纳粹阴魂不散——从小说《时间过半》看 20 世纪 50 年代联邦德国的一个社会侧面，《外语教学》2013 年第 2 期

李银波，苏晖：论德国文化对易卜生戏剧创作的影响，《外国文学研究》2013 年第 5 期

励洁丹：浅谈 20 世纪中后期德语诗坛的具体诗，《宁波大学学报（人文科学版)》2013 年第 1 期

刘林：本雅明："讽喻是现代人的盔甲"，《山东社会科学》2013 年第 12 期

刘美珅：浅析民间童话中体现的中德文化——以家乡民间童话"老猴

精"、格林童话《狼和七只小羊》及《小红帽》为例,《科教导刊
(中旬刊)》2013 年第 11 期

刘萍:《亲和力》与歌德晚年对启蒙理性的反思,《安徽师范大学学报
(人文社会科学版)》2013 年第 3 期

Liu Wei(刘炜):Die Zeitgeschichte in der Erinnerung der Zeitgenossen. Die
Memoiren als Widerspiegelung der chinesisch-deutschen Beziehungen
während des Dritten Reichs, in: Literaturstraße Band 14, Ehrenherausgeber:
Zhang Yushu (张玉书), herausgegeben von Feng Yalin (冯亚琳),
Wei Maoping (卫茂平), Zhu Jianhua (朱建华), Georg Braungart
(格·布劳恩噶尔特), Gerhard Lauer (格哈特·劳尔), Würzburg:
Königshausen & Neumann 2013

Liu Yongqiang (刘永强):Mediale Verschränkungen von Sehen und Lesen.
Allegorische Anschauung in Hugo von Hofmannsthals *Das Glück am
Weg* (1893), in: Literaturstraße Band 14, Ehrenherausgeber: Zhang
Yushu (张玉书), herausgegeben von Feng Yalin (冯亚琳), Wei
Maoping (卫茂平), Zhu Jianhua (朱建华), Georg Braungart
(格·布劳恩噶尔特), Gerhard Lauer (格哈特·劳尔), Würzburg:
Königshausen & Neumann 2013

刘永强:"我试图回忆,但我回忆到的只是种种回忆"——论霍夫曼斯
塔尔《在希腊的瞬间》中的记忆和主体性问题,《德语人文研究》
2013 年第 1 期

柳士军:朗费罗与歌德文缘关系及其理论意义,《河南理工大学学报
(社会科学版)》2013 年第 3 期

卢白羽:莱辛笔下的"真戏"与"假戏"——喜剧《明娜·封·巴尔赫姆》
中台尔海姆的悲剧与明娜的"悲剧",《国外文学》2013 年第 1 期

Lu Mingjun(卢铭君):Funktion und Dramaturgie der Ringintrige im Drama
Minna von Barnhelm, in: Literaturstraße Band 14, Ehrenherausgeber:
Zhang Yushu (张玉书), herausgegeben von Feng Yalin (冯亚琳),
Wei Maoping (卫茂平), Zhu Jianhua (朱建华), Georg Braungart
(格·布劳恩噶尔特), Gerhard Lauer (格哈特·劳尔), Würzburg:

Königshausen & Neumann 2013

卢盛舟：克莱斯特译介的中继站，《书城》2013 年第 8 期

卢伟：被启蒙的与被毁灭的——《在轮下》与《魔山》对位研究，《湖北社会科学》2013 年第 8 期

马剑："假如没有音乐，我们的生活会是什么样子！"——赫尔曼·黑塞诗歌中的音乐主题，《欧美文学论丛》2013 年第 0 期

马剑：视角与方法——读顾彬的《中国诗史》，《中国文化研究》2013 年第 11 期

Mao Mingchao（毛明超）: Elis, eine entzweite Seele. Ein interpretatorischer Versuch über E. T. A. Hoffmanns *Bergwerke zu Falun*, in: Literaturstraße Band 14, Ehrenherausgeber: Zhang Yushu（张玉书），herausgegeben von Feng Yalin（冯亚琳），Wei Maoping（卫茂平），Zhu Jianhua（朱建华），Georg Braungart（格·布劳恩噶尔特），Gerhard Lauer（格哈特·劳尔），Würzburg: Königshausen & Neumann 2013

南楠，杨静：《朗读者》对战后德国反思文学的传承与发展，《江苏科技大学学报（社会科学版）》2013 年第 1 期

Ren Guoqiang（任国强）: Politische Stellungnahme eines „unpolitischen Menschen". Neue Betrachtungen zu Zweigs *Erasmus und Castellio gegen Calvin*, in: Literaturstraße Band 14, Ehrenherausgeber: Zhang Yushu（张玉书），herausgegeben von Feng Yalin（冯亚琳），Wei Maoping（卫茂平），Zhu Jianhua（朱建华），Georg Braungart（格·布劳恩噶尔特），Gerhard Lauer（格哈特·劳尔），Würzburg: Königshausen & Neumann 2013

任卫东：20 世纪 80 年代的德语小说，《外国文学》2013 年第 1 期

任卫东：20 世纪 90 年代德语文坛的作家群现象，《同济大学学报（社会科学版）》2013 年第 4 期

任卫东：德国统一对德语小说创作的影响，《外国语文》2013 年第 2 期

任卫东：建构异者，表现我者——以卡夫卡为例解读德语文学中的中国母题，《德语人文研究》2013 年第 1 期

盛佳：诺瓦利斯《奥夫特尔丁根》的成长主题分析，《文学界（理论

版）》2013 年第 1 期

宋秀红：论莱辛在戏剧题材上的贡献，《语文学刊（外语教育教学）》
2013 年第 12 期

谭诗民：从《德国悲剧的起源》看本雅明的"悲剧"理念，《哈尔滨师
范大学社会科学学报》2013 年第 5 期

Tang Wei（唐炜）：„[E]in wunderbares Schicksal und seltsame Erwartungen
treiben mich in das nächste Gebirge hinein". Wechselspiel zwischen
Schicksal und Sehnsucht in Ludwig Tiecks *Der Runenberg*, in: Literaturstraße
Band 14, Ehrenherausgeber: Zhang Yushu （张玉书）, herausgegeben
von Feng Yalin（冯亚琳）, Wei Maoping（卫茂平）, Zhu Jianhua（朱
建华）, Georg Braungart（格·布劳恩噶尔特）, Gerhard Lauer （格
哈特·劳尔）, Würzburg: Königshausen & Neumann 2013

唐弦韵：被动的身体与城市空间体验——论卡夫卡小说《失踪的人》
中身体与机器的关系，《德语人文研究》2013 年第 2 期

Wang Beibei, Tang Yin（王蓓蓓，唐引）：Ästhetische Bildung, humanisierte
Natur und romantische Ontologie Überlegungen über Novalis *Heinrich
von Ofterdingen*, in: Literaturstraße Band 14, Ehrenherausgeber: Zhang
Yushu（张玉书）, herausgegeben von Feng Yalin（冯亚琳）, Wei Maoping
（卫茂平）, Zhu Jianhua （朱建华）, Georg Braungart （格·布劳恩
噶尔特）, Gerhard Lauer（格哈特·劳尔）, Würzburg: Königshausen &
Neumann 2013

王炳钧：威廉·豪夫的《作为人的猴子》中的空间秩序逻辑，《外国文
学》2013 年第 1 期

王嘉奇：《西线无战事》中被遗忘的受难者，《中州大学学报》2013 年
第 5 期

王静：奥地利现代文学在中国的译介与影响，《外语教学》2013 年第
3 期

王静，张典：论歌德后期新古典主义精神的发展，《北方论丛》2013
年第 4 期

王静，张典：论歌德意大利时期的艺术批评原则，《解放军艺术学院学

报》2013 年第 2 期

王静，张典：论歌德早年的古典学教育，《武汉科技大学学报（社会科学版）》2013 年第 2 期

王天保：历史批判意识与德国悲悼剧的寓言式拯救——本雅明《德国悲悼剧的起源》对悲剧理论的理论建树，《河北学刊》2013 年第 5 期

王希：论毕希纳中篇小说《棱茨》的现代性，《名作欣赏》2013 年第 18 期

王秀芝：《朗读者》，无辜与罪恶的交响，《剑南文学（经典教苑）》2013 年第 10 期

王彦会：布罗赫《维吉尔之死》中的"das Wort"与老子《道德经》中的"道"的比较，《德语人文研究》2013 年第 2 期

王扬：无声胜有声——伯尔《小丑之见》的沉默主题，《现代语文（学术综合版）》2013 年 7 期

王瑶：到不了的目的地——以小说《城堡》为例试析弗兰茨·卡夫卡文学创作的"在路上"情结，《剑南文学（经典教苑）》2013 年第 3 期

王莹：神话与隐喻——《死于威尼斯》的"死亡"隐喻探析，《江苏外语教学研究》2013 年第 1 期

魏丕植：读策兰，《黄河之声》2013 年第 2 期

汶英：论《阴谋与爱情》中乐师米勒性格的不确定性，《长春师范学院学报》2013 年第 3 期

吴建广，梁黎颖：诗学对神性与自然的倾听——伽达默尔解读歌德和荷尔德林，《德国研究》2013 年第 3 期

相远方：《朗读者》：生命中不能忘却的回忆，《名作欣赏》2013 年第 8 期

谢芳：并非童话的现实和真相——评伯恩哈德的《退休之前》，《同济大学学报（社会科学版）》2013 年第 4 期

Xie Jianwen（谢建文）: Bilder und Text: Zu Rolf Dieter Brinksmanns *Schnitte*, in: Literaturstraße Band 14, Ehrenherausgeber: Zhang Yushu（张玉书）, herausgegeben von Feng Yalin（冯亚琳）, Wei Maoping（卫茂平）,

Zhu Jianhua(朱建华)，Georg Braungart(格·布劳恩噶尔特)，Gerhard Lauer（格哈特·劳尔），Würzburg: Königshausen & Neumann 2013

谢宁：德布林《王伦三跳》中的中国因素，《长江大学学报（社科版）》2013 年第 7 期

许志强：茨威格二题——关于《昨日的世界》，《书城》2013 年第 7 期

Xue Song（薛松）：Der chinesische blaue Mann auf dem Rollbild. Zu Brechts Gedicht *Der Zweifler*, in: Literaturstraße Band 14, Ehrenherausgeber: Zhang Yushu（张玉书），herausgegeben von Feng Yalin（冯亚琳），Wei Maoping（卫茂平），Zhu Jianhua（朱建华），Georg Braungart（格·布劳恩噶尔特），Gerhard Lauer（格哈特·劳尔），Würzburg: Königshausen & Neumann 2013

杨宏芹：牧歌发展之"源"与"流"——西方文学中的一个悠久的文学传统，《同济大学学报（社会科学版）》2013 年第 4 期

Yang Jin（杨劲）：Liebe und Schmerz. Eine vergleichende Betrachtung zum Motiv der Liebesbriefe in Hugo von Hofmannsthals *Dramolett Der Tor und der Tod* und in seiner Erzählung *Lucidor*, in: Literaturstraße Band 14, Ehrenherausgeber: Zhang Yushu（张玉书），herausgegeben von Feng Yalin（冯亚琳），Wei Maoping（卫茂平），Zhu Jianhua（朱建华），Georg Braungart（格·布劳恩噶尔特），Gerhard Lauer（格哈特·劳尔），Würzburg: Königshausen & Neumann 2013

杨劲："我那向你逃离的痛苦"——论斯蒂芬·茨威格作品《一个陌生女人的来信》中的情书母题，《德语人文研究》2013 年第 2 期

杨雷：以诗人的天性对抗历史和遗忘——记诗人保罗·策兰，《世界文化》2013 年第 4 期

杨斯静：芳香之旅中的人性追逐——评德国小说《香水》，《山西农业大学学报（社会科学版）》2013 年第 2 期

杨扬：忧郁的冷蓝调——论述当代德语作家尤迪特·海尔曼短篇小说《冷冷的蓝色》，《长春理工大学学报（社会科学版）》2013 年第 7 期

印芝虹：趋向差异多元的文学流变——战后德国现实主义到后现代主义风格的一种考察，《南京社会科学》2013 年第 10 期

叶长海：糅杂与戏仿：布莱希特剧作"历史化"在后世戏剧中的嬗变，《四川戏剧》2013 年第 7 期

曾艳兵：歌德与卡夫卡，《华中师范大学学报（人文社会科学版）》2013 年第 6 期

曾艳兵：卡夫卡对当代中国文学的影响和启示，《首都师范大学学报（社会科学版）》2013 年第 2 期

Zhang Fan（张帆）：China-Thematik in Anna Seghers Werken, in: Literaturstraße Band 14, Ehrenherausgeber: Zhang Yushu（张玉书）, herausgegeben von Feng Yalin（冯亚琳）, Wei Maoping（卫茂平）, Zhu Jianhua（朱建华）, Georg Braungart（格·布劳恩噶尔特）, Gerhard Lauer（格哈特·劳尔）, Würzburg: Königshausen & Neumann 2013

张克芸：论埃利亚斯·卡内蒂的变形观，《同济大学学报（社会科学版）》2013 年第 2 期

张立：《格林童话》中的性别歧视问题，《安徽文学（下半月）》2013 年第 6 期

张蓉：德意志浪漫主义文学究竟是"高贵的单纯"还是"虚幻的肢解"——评 W·H 瓦肯罗德《一个热爱艺术的修士的内心倾诉》，《安徽文学（下半月）》2013 年第 7 期

张霞玲，包向飞：浅论克尔曼和他的《测量世界》，《文学教育（上）》2013 年第 10 期

Zhang Yan（张晏）：Sprache und Gewalt in Ingeborg Bachmanns *Malina*, in: Literaturstraße Band 14, Ehrenherausgeber: Zhang Yushu（张玉书）, herausgegeben von Feng Yalin（冯亚琳）, Wei Maoping（卫茂平）, Zhu Jianhua（朱建华）, Georg Braungart（格·布劳恩噶尔特）, Gerhard Lauer（格哈特·劳尔）, Würzburg: Königshausen & Neumann 2013

Zhang Yi（张意）：Zur Reiseliteratur von Frauen vom 18. Jahrhundert bis zum Anfang des 20. Jahrhunderts, in: Literaturstraße Band 14, Ehrenherausgeber: Zhang Yushu（张玉书）, herausgegeben von Feng Yalin

（冯亚琳），Wei Maoping（卫茂平），Zhu Jianhua（朱建华），Georg Braungart（格·布劳恩噶尔特），Gerhard Lauer（格哈特·劳尔），Würzburg: Königshausen & Neumann 2013

张意："他者之镜"——评伊丽莎白·冯·海靖的书信体小说《他未曾收到的那些书信》，《东北大学学报（社会科学版）》2013 年第 5 期

张意：艺术和政治共栖——勇于突破禁区的德国当代作家君特·格拉斯，《社会科学辑刊》2013 年第 3 期

张园：德国启蒙悲剧的文化追问，《文艺理论研究》2013 年第 3 期

赵昉：布莱希特《大胆妈妈和她的孩子们》解读，《语文天地（高教 . 理论）》2013 年第 1 期

赵赫男：浅谈德国成长小说的特征——以哥特弗里德·凯勒的《绿衣亨利》以及赫尔曼·黑塞的《席特哈尔塔》为例，《安徽文学（下半月）》2013 年第 2 期

赵金霞：迪伦马特戏剧作品中的狂欢化渊源，《四川戏剧》2013 年第 8 期

Zhao Leilian（赵蕾莲）: Über Gegensätze in Hölderlins Roman *Hyperion oder der Eremit in Griechenland*, in: Literaturstraße Band 14, Ehrenherausgeber: Zhang Yushu（张玉书），herausgegeben von Feng Yalin（冯亚琳），Wei Maoping（卫茂平），Zhu Jianhua（朱建华），Georg Braungart（格·布劳恩噶尔特），Gerhard Lauer（格哈特·劳尔），Würzburg: Königshausen & Neumann 2013

赵蕾莲：论台奥多·冯塔纳对普鲁士贵族价值观的批评——以《艾菲·布里斯特》《泽西利亚》《混乱与迷惘》和《施蒂娜》为例，《德国研究》2013 年第 4 期

赵蕾莲：论柏拉图对荷尔德林和谐观的影响，《中国人民大学学报》2013 年第 5 期

赵小琪，张慧佳：德语表现主义文学中国形象的权力关系论，《安徽大学学报（哲学社会科学版）》2013 年第 4 期

郑春光：远大前程还是荒凉山庄？——2012 欧洲文学年度报告，《中国图书评论》2013 年第 4 期

周美华：席勒剧作《阴谋与爱情》女主人公的人物形象分析，《安徽警官职业学院学报》2013 年第 6 期

周启超：多语种跨学科的辐射与覆盖理论与实践有效结合的平台——论当代中国对巴赫金文论的接受，《求是学刊》2013 年第 1 期

语 言 学

陈明浩：重视语言学理论对德语测试的指导，《解放军外国语学院学报》2013 年第 1 期

陈琦：德语移动动词的指示性和隐喻认知阐释，《语文学刊（外语教育教学）》2013 年第 3 期

邓芷涓：中德"心"的词义对比研究，《文学界（理论版）》2013 年第 1 期

何敏：形容词用法在德语与英语中的异同，《科技创新导报》2013 年第 30 期

霍光：德汉基本颜色词隐喻认知对比分析，《辽宁经济管理干部学院（辽宁经济职业技术学院学报）》2013 年第 4 期

凌波：德语会话中的言语性反馈信号分析，《语文学刊（外语教育教学）》2013 年第 5 期

刘齐生，胡忠利：德语构词的惑与解，《德语人文研究》2013 年第 2 期

刘珊英：德语词类转化法构词比较，《语文学刊（外语教育教学）》2013 年第 5 期

刘悦：当代德语中的中文外来词及其发展趋势，《浙江大学学报（人文社会科学版）》2013 年第 4 期

Pang Wenwei（庞文薇）: Herders Abhandlung über den Ursprung der Sprache aus anthropologischer Sicht, in: Literaturstraße Band 14, Ehrenherausgeber: Zhang Yushu（张玉书）, herausgegeben von Feng Yalin（冯亚琳）, Wei Maoping（卫茂平）, Zhu Jianhua（朱建华）, Georg Braungart（格·布劳恩噶尔特）, Gerhard Lauer（格哈特·劳尔）, Würzburg: Königshausen & Neumann 2013

师燕君：浅谈当代德语词汇的特点及发展趋势，《兰州教育学院学报》2013 年第 11 期

师燕君：浅议当代德语新词的构成方式与特点，《长春教育学院学报》2013 年第 7 期

苏忞：浅谈当代德语的基本特点，《延安职业技术学院学报》2013 年第 3 期

王静：奥地利日报中的奥地利德语词汇，《语文学刊（外语教育教学）》2013 年第 2 期

王尧东：德语连词"aber"的错例解析，《文学教育（中）》2013 年第 7 期

温仁百：汉语手机短信会话的类型分析，《外语教学》2013 年第 3 期

吴迪：浅析汉、英、德三语中影响注意力分配的句法层面因素，《大学英语（学术版）》2013 年第 1 期

武晨：德语公示语的语言特点及文化内涵，《陕西教育（高教版）》2013 年 Z1 期

谢宁：德语熟语学研究现状与特征分析，《郑州航空工业管理学院学报（社会科学版）》2013 年第 6 期

杨文革：德汉语篇衔接方式对比研究——以 Borchert 的短篇小说《Brot》及其汉语译文为例，《德语人文研究》2013 年第 1 期

张树萍：德语篇章阅读中的解码——图式理论与阅读，《教育教学论坛》2013 年第 22 期

周天兵：德语陈述句中的语序问题，《科教导刊（中旬刊）》2013 年第 10 期

周薇：德汉抱怨语的性别语用对比，《南昌教育学院学报》2013 年第 11 期

教　学　法

陈拓：项目教学法在经济德语课堂教学中的应用，《科技信息》2013 年第 7 期

崔丽莉：江原德语教师课堂德英语码转换的关联顺应性研究，《湖北经济学院学报（人文社会科学版）》2013 年第 3 期

Du Weihua(杜卫华)：Die politischen Hintergründe in China und das Lehren der deutschen Sprache vor 1949, in: Literaturstraße Band 14, Ehrenherausgeber: Zhang Yushu（张玉书），herausgegeben von Feng Yalin（冯亚琳），Wei Maoping（卫茂平），Zhu Jianhua（朱建华），Georg Braungart（格·布劳恩噶尔特），Gerhard Lauer（格哈特·劳尔），Würzburg: Königshausen & Neumann 2013

光诚：谈三本院校德语课程设置，《安徽文学（下半月)》2013 年 1 期

桂雯雯：高职德语写作教学改革刍议，《剑南文学（经典教苑)》2013 年第 8 期

郭祯：通过英德比较学习二外德语，《科教文汇（中旬刊)》2013 年第 7 期

何春艳：提高学生德语听力理解能力的策略——德福考试与德语专业八级考试听力理解部分的内容介绍与比较分析，《北京第二外国语学院学报》2013 年第 2 期

侯宇晶："情景交际德语教学法"在德语教学中的引入，《华章》2013 年第 25 期

胡丹：德语听力理解的因素及其应对策略探究，《剑南文学（经典教苑)》2013 年第 5 期

黄崇岭，陈晓芸：德语专业本科生学习动机动态研究，《天津外国语大学学报》2013 年第 5 期

贾文键：德语专业复合型、国际化人才培养模式的改革及实践，《中国大学教学》2013 年第 7 期

黎红豆：浅谈高校德语阅读课堂的教学，《文学教育（中)》2013 年第 9 期

李帆：以"柏林模式"分析和促进合作办学中的德语教学——以江苏理工学院中德国际学院为例，《中国校外教育》2013 年第 7 期

刘磊：中德警示语的篇章性对比研究，《社科纵横》2013 年第 8 期

刘颖：试析德语教学中的母语文化导入，《湖北广播电视大学学报》

2013 年第 1 期

罗晨：企业员工德语语言培训探索，《科教导刊（中旬刊）》2013 年第
11 期

马丽丽：德国校企合作模式对我国高职德语专业教学的启示，《教育教
学论坛》2013 年第 27 期

马林：英语对德语学习的影响，《中外企业家》2013 年第 8 期

潘亚玲：我国德语专业学生跨文化能力培养目标与路径——基于实证
研究的分析与建议，《德语人文研究》2013 年第 1 期

师燕君：高级德语精读课程教学法的选择与应用，《南昌教育学院学
报》2013 年第 2 期

唐宏宇：德语二外教学模式的创新与探索，《科教文汇（上旬刊）》
2013 年第 12 期

万云慧：就业视角下的德语专业人才培养探讨，《煤炭高等教育》2013
年第 5 期

王丹若：学习动机与毕业去向对德语本科课程学习的影响——以上海理
工大学德语专业本科生为例，《现代妇女（下旬）》2013 年第 11 期

王希：高职应用型外语翻译教学改革建议——以应用德语专业为例，
《职业教育研究》2013 年第 8 期

王瑶：浅谈任务型教学法在德语课堂教学中的运用，《教育教学论坛》
2013 年第 48 期

王颖频：基于语料的中国德语学习者口语非流利产出研究——特点、
原因和对策，《德语人文研究》2013 年第 1 期

王志强：跨文化性与跨文化日耳曼学，《德国研究》2013 年第 3 期

Wu Jianxiong（吴建雄）：Das Genus beim DaF-Lernen in China. Ein Bericht
über die experimentelle Studie, in: Literaturstraße Band 14, Ehrenherausgeber:
Zhang Yushu（张玉书）, herausgegeben von Feng Yalin（冯亚琳）,
Wei Maoping（卫茂平）, Zhu Jianhua（朱建华）, Georg Braungart
（格·布劳恩噶尔特）, Gerhard Lauer（格哈特·劳尔）, Würzburg:
Königshausen & Neumann 2013

武晨：德语句型习得过程及策略分析——一项关于二语习得顺序的实

德 国 研 究

历史政治

[德] 安德雷亚斯·霍夫曼（Andreas Hofmann），[德] 沃尔夫冈·威瑟尔斯（Wolfgang Wessels）（夏晓文译）：权力的结构性转移——欧债危机作为机制转变的触发剂和强化剂，《德国研究》2013 年第 3 期

[德] 马库斯·雷德勒（Markus Lederer）（夏晓文译）：欧盟在国际气候与能源政策中的领导角色和德国的能源转向政策，《德国研究》2013 年第 2 期

[日] 木村直司（蔡小玥译）：作为历史学家的席勒，《德语人文研究》2013 年第 2 期

安永庆，郑伟，王堃：浅谈 19 世纪初普鲁士军事改革及其启示，《社科纵横》2013 年第 1 期

白若萌：俾斯麦外交体系的内在逻辑——兼论对中国和平崛起的启示，《社会科学家》2013 年第 5 期

别娅楠：论希特勒魏玛共和国时期德国的视觉文化影响力，《才智》2013 年第 29 期

常帅：德意志第二帝国的崛起与其海权发展，《黑龙江史志》2013 年第 19 期

陈长风：西班牙法西斯政权的建立及在二战中保持中立的原因，《淮海工学院学报（人文社会科学版）》2013 年第 4 期

陈强，霍丹：德国创新驱动发展的路径及特征分析，《德国研究》2013 年第 4 期

戴卫东，顾梦洁：德国退休年龄政策改革、讨论及启示，《德国研究》2013 年第 2 期

方家，张士昌：近代德国国内人口变迁析论，《哈尔滨学院学报》2013 年第 9 期

高小升：欧盟后哥本哈根气候政策的变化及其影响，《德国研究》2013 年第 3 期

高宗一：帝国法与近代早期德国的宗教关系（1517—1648），《山东师范大学学报（人文社会科学版）》2013 年第 2 期

桂莉：20 世纪五六十年代联邦德国的美国政策研究，《江汉论坛》2013 年第 5 期

郭建：德国：中国的一面镜子，《炎黄春秋》2013 年第 7 期

胡丹：联邦德国走向腾飞与独立的破冰之旅——《彼得斯贝格协定》及其意义，《社会科学家》2013 年第 4 期

胡凯：中国新闻界在"水晶之夜"前后对纳粹反犹报道的变化及其背景分析，《德国研究》2013 年第 3 期

胡雨：穆斯林移民在德国及其社会融入，《德国研究》2013 年第 3 期

黄正柏：联邦德国 1960—80 年代的学生运动和"公民行动"，《温州大学学报（社会科学版）》2013 年第 6 期

李富森：试论德国成为第二次工业革命中心之原因，《沧州师范学院学报》2013 年第 1 期

李光：德国的伊斯兰社区米里格瑞斯及其转型困境，《德国研究》2013 年第 4 期

李晶：铁血宰相俾斯麦及其外交思想，《现代妇女（下旬）》2013 年第 12 期

李明明：论欧债危机的政治化与大众意见：基于权威合法性关系的视角，《德国研究》2013 年第 3 期

李维：论德意志经验对卡莱基"泛欧"联合思想的影响，《德国研究》2013 年第 2 期

李翔：苏俄与孙中山对植入党军体制的认知分析，《江苏社会科学》2013 年第 1 期

林雅华：做历史责任的承担者——德国二战后的历史反思，《中国党政干部论坛》2013 年第 7 期

刘丽：新媒体环境下的德国对华公共外交——以德国驻华大使馆新浪微博为例，《德国研究》2013 年第 1 期

刘丽荣：德国对华政策的特殊性及其对欧盟对华政策的影响，《德国研究》2013 年第 3 期

刘勇：德意志农业改革进程的重新认识，《长江师范学院学报》2013年第 3 期

梅然：经济追求、相互依赖与德国在 1914 年的战争决定，《国际政治研究》2013 年第 2 期

梅兆荣：德国重新崛起之道及其在欧盟及中欧关系中的地位，《德国研究》2013 年第 1 期

孟钟捷：公众史学学科建设的可行路径——从德国历史教育学改革模式谈起，《天津社会科学》2013 年第 3 期

尚慧霞：1948—1949 柏林空运的影响初探，《重庆科技学院学报（社会科学版）》2013 年第 11 期

宋曦：20 世纪 60 年代西德青年文化发展探因，《理论月刊》2013 年第 10 期

孙文沛：联邦德国"二战"历史教育的发展历程及其启示，《比较教育研究》2013 年第 7 期

陶杨华：《论列强》与德国的强国梦——反思德意志历史主义，《社科纵横》2013 年第 2 期

王葆莳："儿童最大利益原则"在德国家庭法中的实现，《德国研究》2013 年第 4 期

王春：1928—1938 年德国在华军事顾问团主要军事工作评析，《军事历史研究》2013 年第 2 期

王菁菁：以俾斯麦治下的德意志崛起为例谈均势自动生成论的局限性，《吉林省教育学院学报（下旬)》2013 年第 7 期

王睿：试析一战前丘吉尔对德态度转变的原因，《牡丹江师范学院学报（哲学社会科学版)》2013 年第 4 期

王世兰：德国侵占胶州湾地区与遗产性殖民文化，《黑龙江史志》2013 年第 21 期

王伟：爱算计公款的德国警察，《文史博览》2013 年第 3 期

王雪：19 世纪德国犹太知识分子身份认同问题研究，《北方论丛》2013 年第 2 期

吴凡：二十世纪三十年代苏德关系的演变，《黑龙江史志》2013 年第

15 期

伍慧萍：欧洲世俗化进程的转向——兼论宗教与社会的关系，《德国研究》2013 年第 3 期

夏洪亮：法国推行对德绥靖政策原因探析，《沧桑》2013 年第 3 期

肖刚：废墟上的重生——创造战后经济奇迹的德国，《北京宣武红旗业余大学学报》2013 年第 4 期

徐乐天：路德宗教改革与德意志民族主义，《云南民族大学学报（哲学社会科学版）》2013 年第 4 期

徐乐天：宗教天职与世俗政治的弥合与裂变——以路德参与 1528 年德国预防性战争的争论为例，《曲靖师范学院学报》2013 年第 5 期

许章润：置身邦国，如何安顿我们的身心——从德国历史学家迈内克的"欢欣雀跃"论及邦国情思、政治理性、公民理性与国家理性，《政法论坛》2013 年第 1 期

杨捷：20 世纪 20 年代中德贸易关系的重构及其动因，《江西社会科学》2013 年第 1 期

于景涛：组织忠诚度中的文化因素——基于中德文化差异的分析，《德国研究》2013 年第 3 期

张爱：试析德国政治现代化进程中资产阶级领导地位的缺失及其原因，《华中师范大学研究生学报》2013 年第 2 期

张淑清：近代柏林犹太妇女沙龙及其困境，《河南大学学报（社会科学版）》2013 年第 2 期

张湉：20 世纪 20—30 年代德国大选新探，《中国海洋大学学报（社会科学版）》2013 年第 6 期

张晓锋：德日两国对二战反省态度差异的原因分析，《哈尔滨师范大学社会科学学报》2013 年第 5 期

张晓锋：论德国问题的欧洲解答，《重庆科技学院学报（社会科学版）》2013 年第 10 期

赵箭：法德和解与欧洲一体化进程，《黑龙江史志》2013 年第 21 期

郑春荣：利比亚危机以来德国安全政策的新动向，《德国研究》2013 年第 2 期

周施廷：斯宾格勒与纽伦堡的"路德小组"，《贵州社会科学》2013 年
　　第 11 期

朱孝远：论宗教改革时期德国的两种地方政权，《史学集刊》2013 年
　　第 3 期

左双文，王英俊：民国时期中德关系研究述评（1927—1949），《史学
　　集刊》2013 年第 1 期

社会教育

[德] 埃希霍夫（Eberhard Eichenhofer）（王建斌译）：德国社会保险的
　　形成，《社会保障研究（北京）》2013 年第 2 期

陈方：德国"体验"与"陶冶"全面发展教育观对我国音乐教育的启
　　示，《青春岁月》2013 年第 12 期

陈声玥：20 世纪 30 年代媒体视野中的德国经验——以《大公报》为
　　例考察，《黑龙江史志》2013 年第 22 期

陈旭彬：德国职业教育师资队伍建设对广东技工教育的启示，《中国会
　　议》2013 年第 11 期

陈于青：德国的移民教育，《宜宾学院学报》2013 年第 2 期

代建军：德国行业协会在职业教育和培训中的角色，《南方职业教育学
　　刊》2013 年第 2 期

戴莎白，黄晓光：德国全科医生的教育和就业情况及现存问题，《中国
　　全科医学》2013 年第 10 期

邓露：德国的思想政治教育及其启示，《才智》2013 年第 28 期

杜刚，孙宾宾，王华：德国高等职业教育特点，《大学教育》2013 年
　　第 17 期

范文晶：德国职教师资培养特色启示，《教育与职业》2013 年第 34 期

符博：中德两国职业学校思想道德教育比较与借鉴，《职业》2013 年
　　第 6 期

贡和法，沈国新：德国基础教育片羽与断想，《课程研究（上旬刊）》
　　2013 年第 8 期

顾慧芳：企业职业培训——"德国制造"的基石，《上海市经济管理干部学院学报》2013 年第 6 期

郭梅：德国高职教师培养的特色及其启示，《安徽职业技术学院学报》2013 年第 3 期

郭洋波：德国教育对我国国民教育的启示，《黑龙江省社会主义学院学报》2013 年第 3 期

贺彩玲：德国职业教育教学特色与借鉴，《吉林省教育学院学报（下旬)》2013 年第 5 期

侯宇晶：中德合作办学的发展现状研究，《课程教育研究：新教师教学》2013 年第 27 期

黄萍：德国小学教育考察记，《广西教育》2013 年第 6 期

金月波：德国教师教育的特色初探，《琼州学院学报》2013 年第 4 期

靳怡：德国公民教育的历史进程及其实现途径，《合作经济与科技》2013 年第 13 期

李帆，张志军：德国工科类大学教学模式与启示，《郑州铁路职业技术学院学报》2013 年第 4 期

李文婧：德国的教育督导制度探析，《郑州师范教育》2013 年第 3 期

李砚颖，王歆燕：德国环境教育的演进及启示，《环境教育》2013 年第 8 期

李政涛，巫锐：德国教育学传统与教育学的自身逻辑——访谈德国教育学家本纳教授，《教育研究》2013 年第 10 期

梁文晓：战后德国政治教育的资源整合与启示，《新疆职业教育研究》2013 年第 2 期

廖伟伟，吴波：德国教育立法权配置的基本逻辑，《国家教育行政学院学报》2013 年第 3 期

刘瑞新：德国职业教育"双元制"及职业能力培养目标的实现，《教育与职业》2013 年第 20 期

刘胜辉：学习和借鉴德国职业教育办学理念，《电影画刊（上半月刊)》2013 年第 11 期

刘向荣：联邦德国新五州职业教育的转型，《职业技术教育》2013 年

第 28 期

马长世：德国"双元制"为何在我国难"生根"，《职业技术教育》
2013 年第 24 期

马进，黄朝晖：借鉴德国职业教育先进理念，指导我国高职英语课堂，
《教学科技视界》2013 年第 27 期

孟虹：继承与创新：德国高等教育的改革及其启示，《中国人民大学教
育学刊》2013 年第 1 期

牛志芳：德国职业教育领先地位原因之分析，《科技资讯》2013 年第
23 期

钱国宏：德国教育更注重技能，《江西教育》2013 年第 13 期

全守杰：德国大学的崛起与式微（1810—1945），《现代大学教育》
2013 年第 1 期

石龙：德国体育的启示与思考（之一），《运动》2013 年第 4 期

石龙：德国体育的启示与思考（之二），《运动》2013 年第 7 期

苏峰：和而不同：二战后德国公民教育政策的实践模式，《基础教育》
2013 年第 5 期

粟景妆：斯普朗格：德国现代教育体系的开创者，《教育与职业》2013
年第 7 期

孙菲：德国职业教育之我见——以计算机应用技术专业为例，《齐齐哈
尔师范高等专科学校学报》2013 年第 2 期

孙进：德国高等教育机构的分类与办学定位，《中国高教研究》2013
年第 1 期

孙文沛：联邦德国"二战"历史教育的发展历程及其启示，《比较教育
研究》2013 年第 7 期

孙云晓：从中德教科书看如何加强两国青少年的相互认识，《基础教育
论坛》2013 年第 Z2 期

唐若水：德国孩子学"规则"，《教师博览》2013 年第 10 期

汪沂：中德公民思想政治教育方法比较及启示，《胜利油田党校学报》
2013 年第 4 期

王宝玉，李荣：借鉴德国职教经验促进职教改革，《中国科教创新导

刊》2013 年第 8 期

王军红：高职教育发展策略分析——对德国高职教育的分析及借鉴，
《华中师范大学学报（人文社会科学版）》2013 年第 S6 期

王莉：德国职业教育体系的特色及借鉴，《中国成人教育》2013 年第
4 期

王涛：德国职业教育的发展演变、特点及启示，《职业时空》2013 年
第 9 期

韦如意，薛玉平，曲同颖：借鉴德国经验优化生态校园建设研究，《青
岛职业技术学院学报》2013 年第 5 期

文明：浅谈德国高等教育发展的经验与启示——赴德国研修札记，《陕
西教育学院学报》2013 年第 1 期

吴玉光："二战"后德国高等职业教育发展的特点及启示，《教师》
2013 年第 23 期

肖芳：德国职业教育给我国职业教育体系构建的启示，《科技创新导
报》2013 年第 31 期

谢生力：浅论德国式教育理念，《青年文学家》2013 年第 23 期

谢天：凯兴斯泰纳：思想先驱，职教巨匠，《教育与职业》2013 年第
6 期

谢卫民：第三只眼睛看职业教育—德国职业教育培训考察报告，《职业
教育（中旬刊）》2013 年第 11 期

熊淑平：德国职业教育特色及启示，《辽宁教育》2013 年第 21 期

徐雪莲，孙传钊：也谈思想的力量——19 世纪初期德国大学改革理念
的局限，《淮海工学院学报（人文社会科学版）》2013 年第 6 期

杨军红：德国土耳其移民子女的教育难题及德国的政策应对，《科教文
汇（下旬刊）》2013 年第 12 期

杨佩昌：德国的竞争力来自何处？，《领导文萃》2013 年第 8 期

姚晓平："德国制造"与职业能力，《成人教育》2013 年第 9 期

姚燕：德国社会市场经济体制中的基督教伦理，《世界宗教文化》2013
年第 4 期

叶隽：王国维、蔡元培等人对德系资源的比较接受及其相关教育理想，

《教育学报》2013 年第 3 期

余焱群，牛文杰，崔学政：德国职业教育专业教学模式借鉴，《教育与职业》2013 年第 31 期

徐聪：德国双元制职业教育体系的体制性优势分析，《中国证券期货》2013 年第 8 期

俞可：PISA 撬动德国教育政策变革，《上海教育》2013 年第 35 期

俞可：德国大选后的教育政策走向，《上海教育》2013 年第 29 期

俞可：国际评估引发德国教育的实证转向，《上海教育》2013 年第 2 期

俞可：论德国"大学向老年人开放"运动，《复旦教育论坛》2013 年第 2 期

俞宙明：德国精英倡议计划和高校差异化进程，《德国研究》2013 年第 2 期

张宝梅：论费希特的民族教育思想，《太原理工大学学报（社会科学版)》2013 年第 5 期

张国有：民众素质以义务教育为基础——德国考察启示之五，《科学中国人》2013 年第 11 期

赵杰：新加坡、德国、美国的普职分流模式及其对我国的启示，《教育与职业》2013 年第 29 期

赵敏：尼采：我们教育机构的未来，《四川教育》2013 年第 6 期

赵晓茜：借鉴德国应用技术大学工程管理专业教学模式，探索现代应用型教育的转型之路，《考试周刊》2013 年第 9 期

郑兆巍：德国职业教育现状分析和启示，《职业》2013 年第 11 期

忠东：德国的爱心教育，《少年心世界》2013 年第 10 期

周小丁，黄群：德国高校与企业协同创新模式及其借鉴，《德国研究》2013 年第 2 期

周小英：德国高等教育国际化的启示，《知识窗（教师版)》2013 年第 1 期

周绣阳：德国高等教育的评估模式与借鉴，《科技致富向导》2013 年第 35 期

朱新卓，陈俊一：我国中等教育阶段普职关系面临的问题与变革的方向——德国中等教育阶段普职关系对我国的启示，《教育研究与实验》2013 年第 4 期

庄国栋：德国小学教育概况简介，《现代教学》2013 年第 10 期

哲学美学

[德] 克劳斯·菲韦格（Klaus Vieweg）（牛文君译）："道德世界观"——论黑格尔对先验哲学实践理性的批评，《安徽师范大学学报（人文社会科学版）》2013 年第 1 期

安维复，代利刚：康德的《遗著》是理解批判哲学体系的一把钥匙——批判哲学和《遗著》关系问题述评，《甘肃社会科学》2013 年第 4 期

蔡志军：论马克思哲学超越维度对西方近代浪漫主义哲学的扬弃，《石家庄铁道大学学报（社会科学版）》2013 年第 3 期

陈爱梅：论马克思思想的卢梭之源，《哈尔滨师范大学社会科学学报》2013 年第 5 期

陈默：试论莱布尼茨的充足理由原则对后世哲学的影响，《武汉大学学报（人文科学版）》2013 年第 5 期

陈泽环：让强有力的思辨哲学体系成为匆匆过客——施韦泽的康德、费希特和黑格尔研究，《哲学分析》2013 年第 1 期

陈治国：海德格尔论同一性问题——以《同一律》为中心，《安徽大学学报（哲学社会科学版）》2013 年第 1 期

代利刚，安维复：康德《遗著》研究：文献和动态，《自然辩证法研究》2013 年第 3 期

戴生岐：存在于《德意志意识形态》中的价值哲学意蕴，《长安大学学报（社会科学版）》2013 年第 3 期

邓安庆：从道德世界向伦理世界的生存论突围——论谢林早期伦理思想的意义，《陕西师范大学学报（哲学社会科学版）》2013 年第 3 期

邓安庆：从启蒙倒退到神话之后的生存哲学——论谢林中后期哲学的伦理思想，《云南大学学报（社会科学版）》2013 年第 4 期

邓习：议列宁对黑格尔哲学的研究与诠释，《湖州师范学院学报》2013 年第 2 期

邓晓芒：现代哲学对德国古典哲学的继承与发挥，《武汉大学学报（人文科学版）2013 年第 2 期

丁君君：僭越与道德——简评《恶的美学》，《德语人文研究》2013 年第 1 期

冯璐璐：西欧理性主义危机的人格化体现——马克斯·韦伯生平及其思想理论体系研究之一，《沈阳大学学报（社会科学版）》2013 年第 5 期

高鸣，张丽：马克思的哲学观与《资本论》，《昆明学院学报》2013 年第 Z1 期

葛体标：元伦理居住的法则：海德格尔的荷尔德林阐释，《理论界》2013 年第 4 期

郭斌：卢梭与海德格尔：一个民粹主义的神话，《江西社会科学》2013 年第 9 期

郭婕：德国古典哲学的现实与未来——罗伯特·斯特恩（Robert Stern）教授访谈录，《晋阳学刊》2013 年第 2 期

郭奕鹏：马克思思想中的古典与现代——基于马克思与亚里士多德关系的考察，《现代哲学》2013 年第 4 期

郝立忠："马克思哲学本质之争"的产生、发展与化解，《武汉科技大学学报（社会科学版）》2013 年第 2 期

黄小洲：黑格尔教化思想的方法论特征，《广西师范大学学报（哲学社会科学版）》2013 年第 4 期

江山，陈晓梅：环境史视野下的德国生态学起源研究，《科技信息》2013 年第 8 期

蒋继华：论伊格尔顿意识形态批评理论的确立——基于伊格尔顿对本雅明解构思想的接受维度，《文艺理论与批评》2013 年第 5 期

金寿铁：理解与获取——恩斯特·布洛赫论黑格尔的辩证法遗产，《现

代哲学》2013 年第 4 期

阚相华：论黑格尔哲学的历史前提与逻辑起点，《淮北师范大学学报（哲学社会科学版）》2013 年第 5 期

孔刘辉：多面的尼采形象——陈铨与尼采学说的来龙去脉，《中国比较文学》2013 年第 2 期

孔新鲁：马克思主义哲学产生的条件，《才智》2013 年第 32 期

雷勇，陈锦宣：试析费尔巴哈"感性哲学"中的"矛盾"，《理论与现代化》2013 年第 2 期

李包庚：解构与超越——马克思和维特根斯坦哲学革命的价值论考察，《西南大学学报（社会科学版）》2013 年第 2 期

李成旺：康德关于自由论题的理路及其现实困境，《社会科学》2013 年第 10 期

李聪：中国改革与"总体性"的辩证法——黑格尔、马克思和卢卡奇"总体性"思想比较，《理论界》2013 年第 1 期

李金鑫：先验哲学视域下的现代政治设计——康德法权思想研究述评，《井冈山大学学报（社会科学版）》2013 年第 6 期

李素余：近代哲学的世界观定位与马克思"哲学 - 世界观"理论形态，《重庆交通大学学报（社会科学版）》2013 年第 2 期

李咏吟：马克思美学的特质及其文化理想，《文艺评论》2013 年第 7 期

李幼蒸：论"重读胡塞尔"的意义，《山东社会科学》2013 年第 3 期

梁会兰：黑格尔哲学的现代价值及对中国哲学创新的启示，《湖北社会科学》2013 年第 7 期

林蓉：谢林哲学思想探析，《中国证券期货》2013 年第 1 期

刘庆申：马克思对费尔巴哈哲学的信仰与超越，《枣庄学院学报》2013 年第 4 期

刘同舫，陈晓斌：哲学的命运与无产阶级的救赎——马克思《〈黑格尔法哲学批判〉导言》释义，《广东社会科学》2013 年 6 期

刘杨，郭燕：从"自然状态"走向"永久和平"——康德国际法哲学思想刍议，《山东理工大学学报（社会科学版）》2013 年第 5 期

刘作：从形式到质料：成圣的康德伦理学，《海南大学学报（人文社会科学版）》2013 年第 4

罗纲：近年国内"马克思与浪漫主义"哲学研究述评，《现代哲学》2013 年第 2 期

罗久：范畴是主观的吗？——康德先验演绎的目的与限度，《云南大学学报（社会科学版）》2013 年第 2 期

马小虎：论尼采《悲剧的诞生》的核心问题，《同济大学学报（社会科学版）》2013 年第 1 期

苗贵山，王博文：共同体伦理的嬗变：黑格尔与马克思之间，《河南科技大学学报（社会科学版）》2013 年第 2 期

牛子宏：施特劳斯与历史主义，《理论月刊》2013 年第 7 期

佘诗琴：从永恒主体到诗意个体的时间性——荷尔德林《当诗人一旦掌握了精神》时间性探析，《晋阳学刊》2013 年第 6 期

佘诗琴：荷尔德林对费希特"绝对自我"的批判，《哲学分析》2013 年第 5 期

沈国琴：奥特弗利德·赫费的生活艺术学探析，《学术探索》2013 年第 12 期

石芝圃：以当代视角解读康德分析"美"的契机——《判断力批判》关于"美本质"学习笔记，《哈尔滨市委党校学报》2013 年第 4 期

司强："康德与费希特之争"初探，《中国矿业大学学报（社会科学版）》2013 年第 3 期

宋洋：从"权力意志"到"冲创意志"——不同时期中国学者对尼采"der Wille zur Macht"的理解，《通化师范学院学报》2013 年第 3 期

宋友文：马克思主义在何种意义上是一种哲学？——纪念柯尔施发表《马克思主义和哲学》90 周年，《南京社会科学》2013 年第 8 期

孙成竹：论浪漫主义与马克思的哲学革命，《武汉科技大学学报（社会科学版）》2013 年第 5 期

孙民：建构马克思主义哲学新形态——论俞吾金教授对马克思主义哲学的理论贡献，《海南师范大学学报（社会科学版）》2013 年第 3 期

孙祎：马克思哲学思想精神的当代思考，《吉林广播电视大学学报》

2013 年第 9 期

孙媛：尼采的音乐精神及其他——读尼采的《悲剧的诞生》，《大众文艺》2013 年第 22 期

田园：德国古典哲学与马克思——"第二届京津马克思哲学论坛"综述，《教学与研究》2013 年第 1 期

王歌：德国早期浪漫主义的动态美学，《云南大学学报（社会科学版）》2013 年第 5 期

王歌：德国早期浪漫主义的反启蒙与启蒙——以"自我"概念为契机，《现代哲学》2013 年第 2 期

王广州：不确定的"黑格尔"——黑格尔著作与文献问题，《东岳论丛》2013 年第 5 期

王坚：海德格尔对保罗书信的现象学阐释——加拉太书阐释作为导论，《现代哲学》2013 年第 6 期

王静，张典：歌德《论德意志建筑艺术》的美学精神，《东方论坛》2013 年第 2 期

王静，张典：论歌德与龙格及弗里德里希之关系，《内蒙古大学艺术学院学报》2013 年第 1 期

王静，张典：美与特征之辩——论由希尔特"特征论"引发的美学思考，《北京社会科学》2013 年第 5 期

王荔：费希特法权哲学的独创性及其当代启示，《兰州学刊》2013 年第 1 期

王强：马克思主义哲学 - 伦理学的方法论旨趣，《中共天津市委党校学报》2013 年第 3 期

王庆丰：重思马克思对黑格尔辩证法的"颠倒"，《天津社会科学》2013 年第 5 期

王庆丰：《资本论》与哲学的未来，《学习与探索》2013 年第 1 期

卫茂平：决断主义视域下的德国三哲，《读书》2013 年第 10 期

吴立忠：返回马克思哲学的范式以实现马克思主义哲学大众化，《兰州学刊》2013 年第 10 期

夏莹：黑格尔"精神"概念的构造方式及其社会内核——基于青年马

克思哲学视域的考察,《清华大学学报（哲学社会科学版）》2013
年第 4 期

谢永康：从教育到伪教育——黑格尔和阿多诺对近代教育观念的批判,
《高校理论战线》2013 年第 1 期

谢裕伟：充足根据律与康德哲学的开端,《现代哲学》2013 年第 5 期

徐飞强：对德国浪漫主义的批判性反思,《中外企业家》2013 年第 6Z 期

徐国民：论马克思主义对德国古典哲学的根本变革——重读马克思
《关于费尔巴哈的提纲》的体会,《社会科学家》2013 年第 10 期

许斗斗：马克思哲学的现实性和彻底性转向——马克思,《〈黑格尔法
哲学批判〉导言》新探,《学术研究》2013 年第 4 期

阎孟伟：从"感性世界"观念看马克思与费希特的理论关联,《教学与
研究》2013 年第 2 期

颜军：马克思解放观念的美学阐释,《贵州师范学院学报》2013 年第
1 期

杨耕：马克思主义哲学：我们时代的真理和良心,《玉林师范学院学
报》2013 年第 1 期

杨平：王国维与康德,《美与时代（下）》2013 年第 12 期

杨艳,石亚军：走近康德的批判视界学,《理论》2013 年第 6 期

杨楹：马克思生活哲学的出场、实质及其意义,《学术研究》2013 年
第 3 期

杨楹,周丽英：二重批判：马克思新世界观确立的方法论维度,《东南
学术》2013 年第 5 期

杨祖陶：《启蒙伦理与现代社会的公序良俗——德国古典哲学的"道德
事业"之重审》序,《博览群书》2013 年第 11 期

叶秀山：格己致知——从德国哲学论哲学之为"知己"的科学,《华中
师范大学学报（人文社会科学版）》2013/ 年第 2 期

易莲媛：从《拉奥孔》看朱光潜问题意识的转变——一个理论旅行视
角,《美育学刊》2013 年第 5 期

游兆和：论对黑格尔哲学思想的四重误解,《学术研究》2013 年第 8 期

于欣荣,卢丽娟："消灭哲学"与"实现哲学"——马克思主义哲学变

革的实质,《重庆邮电大学学报(社会科学版)》2013 年第 1 期

余平:"朝向实事本身"之思——从笛卡儿到海德格尔,《四川大学学报(哲学社会科学版)》2013 年第 2 期

俞吾金:如何理解并阐释马克思的哲学观(下),《江海学刊》2013 年第 5 期

袁晓慧:试论新世纪以来的德国马克思主义发展动向,《商》2013 年第 23 期

张宝梅:论费希特的民族教育思想,《太原理工大学学报(社会科学版)》2013 年第 5 期

张波:价值问题:康德的人学思辨与马克思的社会批判,《西北农林科技大学学报(社会科学版)》2013 年第 6 期

张继云,陆杰荣:施莱格尔关于"浪漫诗"理论的历史解释原则,《现代哲学》2013 年第 2 期

张进:拖着庸人辫子的天才哲学家——浅谈黑格尔的庸人性格与美学成就,《前沿》2013 年第 8 期

张静:论荷尔德林的狂热希腊崇拜,《安徽文学(下半月)》2013 年第 6 期

张俊峰,冯立昇:黑格尔与提丢斯 - 波德定则科学,《科学文化评论》2013 年第 1 期

张柯:论海德格尔思想之"Dasein"概念的内涵与汉译问题,《云南大学学报(社会科学版)》2013 年第 2 期

张楠:不是体系哲学的马克思哲学体系,《前沿》2013 年第 9 期

张鹏翔:历史性的人——马克思哲学的人学理想,《吉林师范大学学报(人文社会科学版)》2013 年第 4 期

张涛,杨薇,凌晓莉:论费尔巴哈哲学能否归入德国古典哲学之列,《重庆科技学院学报(社会科学版)》2013 年第 8 期

张衍庆:浅析尼采的生命哲学,《学理论》2013 年第 16 期

张彦婷:论黑格尔美学体系中的逻辑与历史相统一今日,《中国论坛》2013 年第 1 期

张志宏:儒家与德国早期启蒙运动——第五届《哲学分析》讲堂综述,

《哲学分析》2013 年第 6 期

张仲民：黑格尔哲学在清末中国的容受，《学术月刊》2013 年第 5 期

赵敦华：重估尼采哲学，《中国高校社会科学》2013 年第 4 期

赵亮：突破理性的枷锁："唯一者"与"超人"——从尼采与施蒂纳的
　　合与分中看人个性的发展，《理论月刊》2013 年第 3 期

赵林：《耶拿逻辑》与"黑格尔哲学的真正起源和秘密"，《武汉大学
　　学报（人文科学版）》2013 年第 3 期

郑桦，任晴：论马克思哲学的生存论转向，《怀化学院学报》2013 年
　　第 4 期

郑如：是捍卫还是背离？——论亨利希·库诺夫对马克思唯物史观的解
　　读与运用，《中南大学学报（社会科学版）》2013 年第 2 期

钟汉川：在世存在的畏与爱：舍勒对《存在与时间》的解读，《现代哲
　　学》2013 年第 6 期

周德海：黑格尔的国家：具体自由的现实，《中共济南市委党校学报》
　　2013 年第 2 期

周宏，徐志坚：恩格斯在《终结》中对马克思哲学的理解，《江海学
　　刊》2013 年第 4 期

周树山：叔本华论读书，《书屋》2013 年第 7 期

周颖，张金明：本雅明的思想立场与精神救赎探析，《燕山大学学报
　　（哲学社会科学版）》2013 年第 2 期

文化艺术

[德] 克里斯蒂·沃斯（Christine Voth）（郑露萍编译）：德国音乐默剧
　　《Hans was Heiri》的舞美设计及实现，《演艺科技》2013 年第 5 期

安战国：对德国文化政策与管理的认识与启示，《当代兵团》2013 年
　　第 10 期

白瑞斯，王霄冰：德国文化遗产保护的政策、理念与法规，《文化遗
　　产》2013 年第 3 期

陈燕：维也纳大众剧——德语国家民间戏剧的巅峰，《戏剧文学》2013

年第 7 期

杜宇：维也纳古典乐派在世界歌剧舞台上的重要地位，《歌剧》2013
年第 9 期

付晓玲：浪漫主义时期欧洲歌剧"三国鼎立"的形成，《音乐创作》
2013 年第 6 期

顾允珏：德国普及严肃音乐的文化政策及对我国的启示，《理论与现代
化》2013 年第 6 期

郭晨子：近三十年中国的布莱希特研究，《戏剧（中央戏剧学院学报）》
2013 年第 5 期

何玉蔚：布莱希特戏剧理论及创作刍议，《艺术评论》2013 年第 7 期

Kong Deming, Zhang Lifen（孔德明，张莉芬）：Bildverstehen – Textverstehen.
Analyse der Bild-Text-Verhältnisse von Titelbildern deutscher und
chinesischer Zeitschriften, in: Literaturstraße Band 14, Ehrenherausgeber:
Zhang Yushu（张玉书），herausgegeben von Feng Yalin（冯亚琳），
Wei Maoping（卫茂平），Zhu Jianhua（朱建华），Georg Braungart
（格·布劳恩噶尔特），Gerhard Lauer（格哈特·劳尔），Würzburg:
Königshausen & Neumann 2013

Kong Jingqian（孔婧倩）：Vermittlung der Interkulturalität in den neuen deutsch-
türkischen Kinos. Filmanalyse am Beispiel von *Kurz und schmerzlos*
von Fatih Akin, in: Literaturstraße Band 14, Ehrenherausgeber: Zhang
Yushu（张玉书），herausgegeben von Feng Yalin（冯亚琳），Wei
Maoping（卫茂平），Zhu Jianhua（朱建华），Georg Braungart（格·
布劳恩噶尔特），Gerhard Lauer（格哈特·劳尔），Würzburg: Königs-
hausen & Neumann 2013

库慧君，王延松："毕希纳"在中国的"神性叙事"——关于《莱昂瑟
与莱娜》导演艺术的对谈，《戏剧文学》2013 年第 10 期

Li Yuan, Song Jiangxuan（李媛，宋蒋瑄）：Bild und Text im deutschen
Dokumentarfilm „Chinas Grenzen". Eine multimodale Diskursanalyse
unter besonderer Berücksichtigung der wirtschaftlichen Aspekte Chinas,
in: Literaturstraße Band 14, Ehrenherausgeber: Zhang Yushu（张玉书），

herausgegeben von Feng Yalin（冯亚琳），Wei Maoping（卫茂平），
Zhu Jianhua（朱建华），Georg Braungart（格·布劳恩噶尔特），
Gerhard Lauer（格哈特·劳尔），Würzburg: Königshausen & Neumann
2013

刘红柱：关于瓦格纳的歌剧改革理论，《歌唱艺术》2013年第7期

Liu Qisheng（刘齐生）：Das Gemeinte und das Mitgemeinte in Text und
Bild. China im Spiegel der deutschen Medien, in: Literaturstraße Band
14, Ehrenherausgeber: Zhang Yushu（张玉书），herausgegeben von
Feng Yalin（冯亚琳），Wei Maoping（卫茂平），Zhu Jianhua（朱
建华），Georg Braungart（格·布劳恩噶尔特），Gerhard Lauer（格
哈特·劳尔），Würzburg: Königshausen & Neumann 2013

刘颖：小议德国人的幸运符，《文学教育（下）》2013年第1期

欧南：瓦格纳与歌剧，《歌剧》2013年第2期

欧南：瓦格纳的创作之路——从《黎恩济》到《名歌手》，《歌剧》
2013年第8期

欧南：瓦格纳与《尼伯龙根的指环》，《歌剧》2013年第11期

王静：歌德《意大利游记》的艺术取向剖析，《艺苑》2013年第1期

王静：论"魏玛艺术之友"的审美精神——从1799—1805年的艺术竞
赛出发，《文化艺术研究》2013年第1期

王维佳：统一后的德国东部艺术研究及对中国当代艺术的启示，《文艺
评论》2013年第5期

王伟：戏剧交往的主体间性——重释姚斯的审美认同话语，《艺苑》
2013年第2期

王志亮：批判现代主义——本雅明·布赫洛新前卫理论的建构基础，
《南京艺术学院学报（美术与设计）》2013年第5期

伍维曦：古典精神与哥特传奇——瓦格纳1850年前后文论中的二元性
音乐戏剧观及其民族意识与阶级意识，《星海音乐学院学报》2013
年第2期

闫凌燕，吴萌：德国文化创意产业对天津滨海新区发展的启示，《环渤
海经济瞭望》2013年第8期

张汇株：浅谈莫扎特歌剧创作及影响，《大众文艺》2013 年第 21 期

张盼：从《特里斯坦与伊索尔德》看瓦格纳的歌剧创新，《音乐创作》
2013 年第 9 期

赵佳：看德国塔利亚剧院小剧场话剧《契克，远方的世界》——用肢
体拓展更广阔的表现空间，《戏剧文学》2013 年第 12 期

Zhao Jin（赵劲）：Text über Bild, Bild im Text. Analyse des deutschen Live-
Kommentars zur Eröffnungsfeier der Olympischen Spiele 2008 in
Beijing, in: Literaturstraße Band 14, Ehrenherausgeber: Zhang Yushu
（张玉书），herausgegeben von Feng Yalin（冯亚琳），Wei Maoping
（卫茂平），Zhu Jianhua（朱建华），Georg Braungart（格·布劳恩
噶尔特），Gerhard Lauer（格哈特·劳尔），Würzburg: Königshausen &
Neumann 2013

周施廷：丢勒与故乡纽伦堡的市民文化，《文化艺术研究》2013 年第
3 期

朱丹：德国制造的文化因素，《金融管理与研究》2013 年第 6 期

庄加逊：瓦格纳伟大的歌剧革命者，《音乐爱好者》2013 年第 9 期

经济

[德] 罗兰·贝格（Roland Berger）：关于德国的经济模式，《商周刊》
2013 年第 9 期

[德] 罗兰·贝格（Roland Berger），董金鹏，孙春艳：德国如此不同，
《中外管理》2013 年第 10 期

陈浩：欧洲经济德国化对中日韩 FTA 的启示，《铜陵学院学报》2013
年第 3 期

陈浩：欧盟增强合作机制的产生、运作与影响，《德国研究》2013 年
第 2 期

陈猛，翟石磊：近年来德国智库对中非经贸关系的评论及其启示，《德
国研究》2013 年第 4 期

陈亚芸：欧债危机背景下欧盟信用评级机构监管改革研究，《德国研

究》2013 年第 1 期

程晓宁：欧债危机时期德国和希腊的经济博弈，《市场研究》2013 年第 6 期

杜秀桂：关于"德国社会市场经济模式"研究的文献综述，《管理观察》2013 年第 23 期

尔言：欧洲的德国病，《中国经济周刊》2013 年第 11 期

韩冬涛，孔令兰萱：德国就业"奇迹"的深层次原因及其隐患，《德国研究》2013 年第 1 期

贾爱明：德国社会市场经济制度对中国新一轮改革的启示，《改革与战略》2013 年第 10 期

江清云：德国 KG 基金在船舶融资中的作用及其对我国的借鉴意义，《德国研究》2013 年第 1 期

江时学：德国：经济上的"欧洲巨人"，《经济》2013 年第 8 期

蓝波：德国发展循环经济的经验及其对我国西部地区的启示，《桂海论丛》2013 年第 2 期

李斌：宏观经济政策可考虑全面转向"德国模式"，《中小企业管理与科技（中旬刊）》2013 年第 1 期

李彬，田玉鹏：实体经济与虚拟经济发展的思考——金融危机后看美国、德国经济的发展经验，《现代产业经济》2013 年第 8 期

李稻葵：德国经济模式的五个支柱及借鉴意义，《中国中小企业》2013 年第 5 期

李稻葵：解读德国模式的三大维度，《城市开发》2013 年第 4 期

李思彤：德国节能措施简介，《认证技术》2013 年第 6 期

李晓辉：德国区域经济政策的经验及启示，《广东经济》2013 年第 6 期

梁洪力，王海燕：创新体系：德国经济的"稳定器"，《中国对外贸易》2013 年第 5 期

蔺捷：欧盟证券交易中的利益冲突规范及其启示，《德国研究》2013 年第 1 期

刘洁：德国自主创新能力探究，《经济研究导刊》2013 年第 25 期

刘琳：德国高技术战略为什么能够成功，《决策探索（下半月）》2013
年第 18 期

刘琳："技术激情"德国新的创新理念，《科技潮》2013 年第 2 期

马立恒：解密德国阿德勒斯霍夫科技园区，《中国高新区》2013 年第
5 期

毛振亚：中国与德国循环经济发展比较研究，《环境保护与循环经济》
2013 年第 4 期

梅然：经济追求、相互依赖与德国在 1914 年的战争决定，《国际政治
研究》2013 年第 2 期

史惠宁：欧洲公司法一体化的困境与前景分析：以欧盟有限责任公司
法的立法过程为例，《德国研究》2013 年第 1 期

宋紫峰：德国发展实体经济的主要经验，《山东济战略研究》2013 年
第 6 期

王苇航，武沛：欧债危机以来德国经济增长的可持续性分析，《中国财
政》2013 年第 1 期

吴明奇：金融危机对德国经济、社会的影响及应对，《改革与开放》
2013 年第 10 期

吴明奇：浅谈德国在金融危机中具有一枝独秀表现的原因，《产业与科
技论坛》2013 年第 4 期

许多：文化差异对中德经济的影响，《现代经济信息》2013 年第 18 期

许钊颖：德国模式：社会市场经济启示中国，《中国中小企业》2013
年第 5 期

杨佩昌：德国经济的"慢"与"精"，《资源再生》2013 年第 2 期

法律

[德] Holger Haas，黄永华：中国投资者对德国金融机构收购和投资的
相关法律规定，《中国律师》2013 年第 3 期

[德] 汉斯·阿亨巴赫（Hans Achenbach）（周遵友译）：德国经济刑法的
发展，《中国刑事法杂志》2013 年第 2 期

包莉莉：中德破产企业收购若干问题研究，《东方企业文化》2013 年第 15 期

蔡桂生：德国刑法中的杜歇纳条款研究——教唆的未遂的一个域外样本，《东方法学》2013 年第 4 期

柴晓宇：德国个人信息保护立法的特色及对中国的启示，《人大研究》2013 年第 3 期

常冰：德国核燃料税"违宪"，《国外核新闻》2013 年第 3 期

陈航：民刑关系视野下的我国亲告罪立法：比较与反思——以德、日刑事法为借镜，《甘肃理论学刊》2013 年第 3 期

陈进：德国法上框架合同理论的演变及其启示，《政治与法律》2013 年第 3 期

陈娜：论德国一般交易条款法的产生，《河南师范大学学报（哲学社会科学版）》2013 年第 6 期

程迈：民主的边界——德国《基本法》政党取缔条款研究，《德国研究》2013 年第 4 期

丁一：德国税收授权立法之学理与实务，《税务研究》2013 年第 6 期

丁勇：德国公司决议瑕疵诉讼滥用问题研究及启示，《比较法研究》2013 年第 4 期

董念清：航空承运人航班延误责任在欧盟法的发展与实践——以欧盟法院判决为解读文本，《法学杂志》2013 年第 11 期

方力：德国收紧玩具有害物质限制，《中国质量技术监督》2013 年第 12 期

冯超：德国知识共享协议研究，《市场周刊（理论研究)》2013 年第 6 期

伏创宇：核能安全立法的调控模式研究——基于德国经验的启示，《科技管理研究》2013 年第 17 期

傅广宇：从"飞机旅行案"看德国的民法方法论，《华东政法大学学报》2013 年第 4 期

葛苑芃，赵珊珊：德国体育无形资产开发的相关法律法规研究，《知识经济》2013 年第 5 期

郭道晖："非法之法"与德国的判例，《楚天主人》2013 年第 7 期

郭龙：改变德国的一部法律，《中国人才》2013 年第 4 期

郭龙：英国法律改变德国，《政工学刊》2013 年第 9 期

侯玲玲，王林清：从民法到社会保障的工资债权保护——以德法两国工资保障为视角，《法学杂志》2013 年第 7 期

胡川宁：德国社会住房法律制度研究，《社会科学研究》2013 年第 3 期

胡川宁：德国刑事诉讼费用制度研究，《理论月刊》2013 年第 4 期

胡浩，谢展风，刘俊洁，李慧玲：德国劳务派遣对我国的启示，《中国校外教育》2013 年第 24 期

胡红茎：德国行政诉讼调解制度经验借鉴，《学理论》2013 年第 20 期

胡晓静，殷艳梅：论设立中公司的民事主体地位——以德国法为借鉴，《吉林大学社会科学学报》2013 年第 6 期

胡晓媛：德国融资租赁涉税法律制度研究，《公民与法（综合版）》2013 年第 12 期

黄先雄：德国行政诉讼中司法权的边界及其成因，《比较法研究》2013 年第 2 期

黄先雄：论德国行政诉讼中司法权的边界，《行政与法》2013 年第 1 期

黄昱绯：新闻出版商邻接权的困境 对德国著作权法第七次修改的评价，《电子知识产权》2013 年第 10 期

黄喆：情势变更原则在建设工程合同中的适用——德国建筑私法实践及其对我国的启示，《法律科学（西北政法大学学报）》2013 年第 5 期

贾长森，游洪升：德国犯罪支配理论的现实思考，《大庆师范学院学报》2013 年第 2 期

贾甲麟：德国侦查权司法控制机制之借鉴，《河南司法警官职业学院学报》2013 年第 2 期

蒋舸：德国《雇员发明法》修改对中资在德并购之影响，《知识产权》2013 年第 4 期

隗斌：限制中的自由——从德国债法中的消费者保护制度看契约自由原则，《法制与社会》2013 年第 7 期

雷晓天：德国集体谈判体系的变化与发展，《生产力研究》2013 年第 2 期

李昌超：德国律师公司制度窥探——从律师职业特性出发，《河北法学》2013 年第 12 期

李超颖：论德国一般交易条款的内容控制对我国格式条款的借鉴意义，《佳木斯教育学院学报》2013 年第 7 期

李琳：域外法制比较研究二篇（之二）德国民事诉讼促进义务研究，《广东行政学院学报》2013 年第 5 期

李普：从平等标准看德国平等权制度，《商丘师范学院学报》2013 年第 8 期

李升，李卫华：中德行政许可撤销法律之契合性比较，《法治研究》2013 年第 2 期

李文伟：论德国刑事诉讼中直接言词原则的理论范畴，《山东社会科学》2013 年第 2 期

李小波，冯道康：法、德、日警察权考察及其启示，《净月学刊》2013 年第 4 期

李亚楠，侯杰：美国竞争法对德国竞争法的影响及二者理念的差异，《现代商业》2013 年第 36 期

李以所：远程公路建设再融资模式研究：从德国法律视角的考察，《兰州学刊》2013 年第 1 期

李玉洋：德国的空间活动法律规则研究，《学理论》2013 年第 29 期

廖伟伟，吴波：德国教育立法权配置的基本逻辑，《国家教育行政学院学报》2013 年第 3 期

林静：西方违宪审查制度及借鉴意义——以德国宪法法院模式为例，《法制与社会》2013 年第 12 期

刘畅：论德国刑法中作为义务之代表性法理依据——平面的社会群体关系学说，《法制博览（中旬刊）》2013 年第 10 期

刘琼：中德抽象行政行为司法审查之比较，《学理论》2013 年第 14 期

刘善华：日本和德国法上的再交涉义务及对我国合同法的启示，《山东大学学报（哲学社会科学版）》2013 年第 6 期

刘召成：出生前侵害侵权法救济的根本障碍及体系克服——以德国司法实践与学说论争为借鉴，《政治与法律》2013 年第 6 期

龙非：德国《信息自由法》中的"过程性信息"保护，《行政法学研究》2013 年第 3 期

龙柯宇：德国调解制度的最新建构与启示，《河北法学》2013 年第 6 期

龙柯宇：祛魅与赋值：德国调解制度的路径选择与反思，《法治研究》2013 年第 4 期

娄宇：公民社会保障权利"可诉化"的突破——德国社会法形成请求权制度述评与启示，《行政法学研究》2013 年第 1 期

娄宇："管办分离"与"有序竞争"——德国社会医保经办机构法律改革述评与对中国的借鉴意义，《比较法研究》2013 年第 5 期

卢佩：德国关于不确定法律概念之第三审级司法审查，《现代法学》2013 年第 6 期

卢文杰：德国法上情势变更原则的比较研究，《法制与社会》2013 年第 8 期

陆放，邵宇航，陈坤明：德国劳动法对劳动者界定及启示，《改革与开放》2013 年第 6 期

陆静：德国夫妻财产制的特色，《理论导报》2013 年第 7 期

骆永兴：德国 ADR 的发展及其与英美的比较，《中南大学学报（社会科学版）》2013 年第 3 期

敏振海：清末德国法对中国法制改革的影响，《社科纵横（新理论版）》2013 年第 1 期

倪静：论我国专利无效宣告程序的完善——美、日、德三国制度比较及启示，《江西社会科学》2013 年第 6 期

聂若愚：论中国《反不正当竞争法》中知识产权保护的缺陷及其完善——以德国《反不正当竞争法》知识产权保护为参照，《法制与社会》2013 年第 15 期

牛武：德国团体诉讼的功能探析及对我国的借鉴意义，《法制与社会》2013 年第 8 期

泮伟江：民族与宪政的双重变奏——以德国宪政的生成与发展为例，《学海》2013 年第 6 期

彭文华：德国刑法中对错误的规制及其启示，《法治研究》2013 年第 5 期

齐文远，唐子艳：德国商业秘密刑法保护规定及其启示，《中南民族大学学报（人文社会科学版）》2013 年第 4 期

祁春轶：德国一般交易条款内容控制的制度经验及其启示，《中外法学》2013 年第 3 期

钱福臣：德、美两国宪法私法效力之比较，《求是学刊》2013 年第 1 期

秦萌，李荣：德国高管薪酬法律规制立法实践及对我国的启示，《中国商贸》2013 年第 29 期

秦齐，崔宏岩：论德国法典化运动与中国民法体系构建——以萨维尼法典化思想为对照，《吉林师范大学学报（人文社会科学版）》2013 年第 5 期

沈百鑫：德国洪水风险管理法律制度，《水利发展研究》2013 年第 7 期

沈建峰：德国集体性劳动争议处理的框架及其启示，《中国劳动关系学院学报》2013 年第 3 期

沈建峰：一般人格权财产性内容的承认、论证及其限度——基于对德国理论和实践的考察，《比较法研究》2013 年第 2 期

水丰，王瓅：德国：率先给"让路"立法，《应用写作》2013 年第 2 期

司玲玲：浅析德国对罗马法的继受，《法制与社会》2013 年第 22 期

苏定：德国人权保障研究，《今日中国论坛》2013 年第 9 期

孙大伟，刘舜英：侵权违法性理论的功能探究——基于德国法脉络的考察，《云南大学学报（法学版）》2013 年第 5 期

孙晖：浅谈德国电影的法律法规、审查制度及辅助金制度，《北京电影学院学报》2013 年第 3 期

孙立峰：在德国并购企业的融资相关法律问题——以三一重工并购德国普茨迈斯特有限责任公司为例，《时代法学》2013 年第 4 期

孙云程：美、德宪法实施机制研究及对中国的启示，《山东省农业管理干部学院学报》2013 年第 2 期

陶建国：德国环境行政公益诉讼制度及其对我国的启示，《德国研究》2013 年第 2 期

陶建国：德国老人家庭护理休假法制及其对我国的启示，《德国研究》
2013 年第 4 期

田芳：德国违宪审查中的立法裁量理论及启示，《时代法学》2013 年
第 1 期

田万程，邱国侠：德国循环经济立法对中国的启示，《经济研究导刊》
2013 年第 19 期

涂伟：论我国产业行动的立法——基于德国的经验，《中国人力资源开
发》2013 年第 1 期

涂伟：对我国产业行动的立法思考——基于德国的经验，《中国工人》
2013 年第 3 期

王恒：追寻民主政治的历史印记——联邦德国民主宪法的历史梳理，
《人民论坛》2013 年第 26 期

王晋：德国刑事诉讼审前程序的思考与借鉴，《广播电视大学学报（哲
学社会科学版）》2013 年第 3 期

王晋：德国刑事诉讼审前程序评析，《内蒙古财经大学学报》2013 年
第 3 期

王倩：德国年休假法律制度，《德国研究》2013 年第 2 期

王涛：晚近德国法上禁止刑讯与保护人性尊严之讨论，《国家检察官学
院学报》2013 年第 6 期

王心怡：绝对化的终结：德国基本权利的相对化面向——以呼应两大
法学派的交锋为视角，《法制博览（中旬刊）》2013 年第 5 期

王媛媛：论社会情理与媒体监督维度下的法官独立——兼评德国法域
下法官独立及其启示，《求索》2013 年第 9 期

王云慧：德国物权变动理论研究，《法制与社会》2013 年第 20 期

王振宇，阎巍：德国与法国行政审判制度观察及借鉴，《法律适用》
2013 年第 10 期

王志远：德日共犯制度实践思维当中的"主体间"与"单方化"——
我国共犯制度思维合理性的域外视角审视，《法律科学（西北政法
大学学报）》2013 年第 6 期

魏汉涛，赵志福：德日"诱惑侦查"的法律规制及其启示，《洛阳师范

学院学报》2013 年第 9 期

肖建国：执行当事人变更与追加的救济制度研究——基于德、日、韩执行文制度的比较研究，《法律适用》2013 年第 7 期

谢伟：德国环境团体诉讼制度的发展及其启示，《法学评论》2013 年第 2 期

谢伟：司法在环境治理中的作用：德国之考量，《河北法学》2013 年第 2 期

谢焱：德国教唆犯司法认定中的若干问题及其启示，《人民司法》2013 年第 5 期

谢永霞：论德国行政法原则承载的效益价值——基于组织管理理论，《人民论坛》2013 年第 29 期

胥苗苗：德国海商法"瘦身"，《中国船检》2013 年第 10 期

徐鹏博：中德环境立法差异及对我国的启示，《河北法学》2013 年第 7 期

徐倩：德国经济法的发展历程及其对我国的借鉴意义，《牡丹江大学学报》2013 年第 5 期

徐庭祥：论我国私人承担行政任务的行政法规范模式选择——基于德国主观主义模式与法国客观主义模式的比较，《西南政法大学学报》2013 年第 2 期

许乐：持续性羁押措施在德国司法实践中的运行及启示——以欧洲人权法院为分析视角，《河北法学》2013 年第 9 期

杨晶：德国民法典与法国民法典之比较，《法制与社会》2013 年第 20 期

杨立新，刘召成：德国民法典规定一体化消费者概念的意义及借鉴，《法学杂志》2013 年第 1 期

杨柳：德国民事诉讼非法证据的效力：以证人窃听的证言为例——基于德国联邦宪法法院和普通法院的司法裁判，《法律适用》2013 年第 1 期

杨士林：论德国及我国台湾地区社会法的基本范畴，《温州大学学报（社会科学版）》2013 年第 4 期

易萍：德国保险法告知义务评析，《西部法学评论》2013 年第 6 期

于晓丽：中德两国离婚财产分割制度之比较，《陕西理工学院学报（社会科学版）》2013 年第 3 期

于莹：环境公益诉讼之适格原告之德国经验，《中国外资》2013 年第 18 期

喻文光：德国社会救助法律制度及其启示——兼论我国行政法学研究领域的拓展，《行政法学研究》2013 年第 1 期

袁剑湘：德、日刑法中原因自由行为理论述评，《政法学刊》2013 年第 2 期

臧晓冰：浅析德国基本权利的水平效力，《湖北警官学院学报》2013 年第 7 期

张承平，徐子良：德国检察官选任制度评介，《人民检察》2013 年第 13 期

张华：论"欧盟航空减排指令"与国际法的冲突问题——欧洲法院司法审查的悖论，《德国研究》2013 年第 2 期

张岚：德国展会知识产权执法措施及应对，《贵州社会科学》2013 年第 6 期

张彤：德国公司法监事独立性之保障制度研究，《兰州学刊》2013 年第 1 期

张伟：德日共犯界限变迁轨迹及根基追问，《前沿》2013 年第 13 期

张慰：第三性别的法律地位——德国民事身份登记立法之变，《德国研究》2013 年第 4 期

张翔：德国宪法对主流价值的维护，《山东社会科学》2013 年第 2 期

张宇晖：试比较中国和德国关于"转介条款"的规定，《法制博览（中旬刊）》2013 年第 5 期

张泽涛，肖振国：德国《调解法》述评及其启示，《法学评论》2013 年第 1 期

赵广宇：善用德国企业破产程序，《中国海关》2013 年第 4 期

赵秀举：德国民事诉讼中的诚实信用原则，《华东政法大学学报》2013 年第 2 期

郑俏菁：浅析德国代理授权行为无因性理论及我国的继受，《法制博览

（中旬刊）》2013 年第 7 期

钟碧莹：德国警察主体法律体系评析及对我国的启示——以治安职能
　　为核心，《河北法学》2013 年第 5 期

周培：从德国劳动争议诉讼制度看我国劳动法院的建立，《中国劳动关
　　系学院学报》2013 年第 1 期

朱江枫：论欧盟消费者撤回权制度在德国法中的发展——兼论对我
　　国《消费者权益保护法》修订的启示，《广东广播电视大学学报》
　　2013 年第 4 期

朱莅寅，李倩颖：浅析我国《合同法》上的格式条款定义——以德国
　　法为视角，《法制与社会》2013 年第 29 期

庄加园：德国法上干扰婚姻关系与抚养费追偿，《华东政法大学学报》
　　2013 年第 3 期

邹梦希：中德两国对表见代理的构成要件之比较研究，《法制博览（中
　　旬刊）》2013 年第 5 期

2014 年

著 作

文 学

专、编著

安尼：聆听沉默之音：战后德国小说与罪责话语研究，上海：华东师
　　范大学出版社，2014。

曹霞：诺瓦利斯作品中的和谐整体观，上海外国语大学，2014 年

陈燕：大众剧的现代性特征探询：魏玛共和国时期霍尔瓦特、弗莱瑟
　　尔大众剧研究，北京：文化艺术出版社，2014。

贾晨：阿图尔·施尼茨勒小说中的自我问题研究，北京外国语大学，
　　2014

刘小枫 [编著]（丰卫平译）：西方古典文献学发凡，北京：华夏出版
　　社，2014。

魏育青，张意，胡蔚 [主编]：德语文学与文学批评（第 8 卷·2014），
　　北京：人民文学出版社，2014。

阎寒：天才的画像：瑞士德语文学十大家，重庆：重庆大学出版社，
　　2014。

译著

[奥] 赫尔嘉·嘉勒（Helga Galler）（王星译），小黑鸟，济南：明天出
　　版社，2014。

[奥] 克里斯蒂娜·涅斯玲格（Christine Nöstlinger）（沈锡良译）：电视
　　里的卡尔，济南：明天出版社，2014。

[奥] 克里斯蒂娜·涅斯玲格（Christine Nöstlinger）（沈锡良译）：亲爱的魔鬼先生，济南：明天出版社，2014。

[奥] 克里斯蒂娜·涅斯玲格（Christine Nöstlinger）（沈锡良译）：神秘的爷爷，济南：明天出版社，2014。

[奥] 克里斯蒂娜·涅斯玲格（Christine Nöstlinger）（沈锡良译）：幽灵婆婆罗莎，济南：明天出版社，2014。

[奥] 鲁道夫·斯坦纳（Rudolf Steiner）（潘定凯译）：童年的王国，深圳：深圳报业集团出版社，2014。

[奥] 斯蒂芬·茨威格（Stefan Zweig）（徐畅译）：与魔鬼搏斗，南京：译林出版社，2014。

[奥] 魏拉·菲拉·米库拉（Vera Ferra Mikura）（刘风译）：神秘的包裹，长春：吉林美术出版社，2014。

[奥] 魏拉·菲拉·米库拉（Vera Ferra Mikura）（王星译）：丹尼斯的宝贝老鼠，长春：吉林美术出版社，2014。

[奥] 魏拉·菲拉·米库拉（Vera Ferra Mikura）（王星译）：捣蛋鬼丹尼斯，长春：吉林美术出版社，2014。

[奥] 魏拉·菲拉·米库拉（Vera Ferra Mikura）（王星译）：老丹尼斯、大丹尼斯和小丹尼斯，长春：吉林美术出版社，2014。

[奥] 魏拉·菲拉·米库拉（Vera Ferra Mikura）（王星译）：生日快乐!小丹尼斯，长春：吉林美术出版社，2014。

[奥] 魏拉·菲拉·米库拉（Vera Ferra Mikura），[罗] 罗穆鲁思·甘德阿 [绘]（刘风译）：巨人矮人来做客，长春：吉林美术出版社，2014

[奥] 西维亚·海因莱因（Sylvia Heinlein），[德] 古德龙·梅布斯（Gudrun Mebs），[德] 埃娃·波拉克（Eva Polak）（周莹译），迷你怪兽惹麻烦，北京：电子工业出版社，2014。

[德] 阿尔米恩·博伊什尔（Armin Beuscher）（王星译）：走过那条宽宽的河，北京：北京联合出版公司，2014。

[德] 埃伯哈德·柯尼希（Eberhard Koenig），[德] 加布里埃莱·巴茨（Gabriel Bartz）（朱橙译）：米开朗基罗，北京：北京美术摄影出

版社，2014。

[德]安塞尔姆·格林（Anselm Grün）（何珊译）：心灵的平静，上海：
华东师范大学出版社，2014。

[德]安塞尔姆·格林（Anselm Grün）（何珊译）：怎么过上美好生活，
上海：华东师范大学出版社，2014。

[德]保罗·马尔（Paul Maar）（湘雪译）：在那遥远的森林里，北京：
北京少年儿童出版社，2014。

[德]保罗·马尔（Paul Maar）（周佳音，王燕生译）：小怪物六六5，
六六陷入险境，南昌：二十一世纪出版社，2014。

[德]保罗·马尔（Paul Maar）（周佳音，王燕生译）：小怪物六六6，
可疑的阿尔文叔叔，南昌：二十一世纪出版社，2014。

[德]保罗·马尔（Paul Maar），[德]赛普·施特鲁伯（Sepp Strubel）
（湘雪译）：草原精灵小矮人，北京：北京少年儿童出版社，2014。

[德]贝蒂娜·文策尔（Bettina Wenzel），[德]卡拉·施耐德（Karla
Schneider），[德]英格丽德·于贝（Ingrid Uebe）（杜平，周莹
译）：布丁公主和菜汤骑士，北京：电子工业出版社，2014。

[德]博多·舍费尔（Bodo Schäfer）（金福子译）：小狗钱钱：全彩漫画
版，成都：四川少年儿童出版社，2014。

[德]博多·舍费尔（Bodo Schäfer）（王景楠译）：小狗钱钱2：发掘和
培养孩子的优秀品格，成都：四川少年儿童出版社，2014。

[德]博多·舍费尔（Bodo Schäfer）（王钟欣，余茜译）：小狗钱钱：让
孩子和家长共同成长的金融读物，成都：四川少年儿童出版社，
2014。

[德]古德荣·梅布斯（Gudrün Mebs）（王星译）：莎娜想要演马戏，北
京：新星出版社，2014。

[德]赫尔曼·黑塞（Hermann Hesse）（张佩芬译）：玻璃球游戏，上海：
上海文艺出版社，2014。

[德]赫塔·米勒（Herta Müller）（陈民、安尼译）：人是世上的大野鸡，
南京：江苏文艺出版社，2014。

[德]赫塔·米勒（Herta Müller）（钟慧娟，沈锡良译）：心兽，南京：

江苏文艺出版社，2014。

[德]加比·诺伊迈尔（Gabi Neumayer），[德]贝蒂娜·魏根纳斯特（Bettina Wegenast）（张黎，杜平译）：被盗的露营地，北京：电子工业出版社，2014。

[德]卡特琳·施洛克（Katrine Schrock）（郑萌芽译）：个性都市，南昌：二十一世纪出版社，2014。

[德]凯雅·瑞德（Katja Reider）[著]，君特·雅各布[绘]（徐胤译）：小女巫的魔法之旅，北京：外语教学与研究出版社，2014。

[德]克劳斯·胡伯特（Klaus Hübotter）（肖君译）：胡伯特两行诗三百首，北京：红旗出版社，2014。

[德]昆特·布霍茨（Quint Buchholz）（王星译）：晚安，小熊，北京：新星出版社，2014。

[德]拉贝（John Rabe），张宪文[主编]（刘海宁，郑寿康，杨建明，李清华，郭鸣琴，钦文等译）：南京大屠杀史料集13，拉贝日记，南京：江苏人民出版社，2014。

[德]路易丝·霍尔特豪森（Luise Holthausen）（张世胜等译）：别怕怪物一家，北京：电子工业出版社，2014。

[德]帕特里克·聚斯金德（Patrick Süßkind）（蔡鸿君，张建国，陈晓春译）：鸽子，上海：上海译文出版社，2014。

[德]帕特里克·聚斯金德（Patrick Süßkind）（黄克琴，宋健飞译）：低音提琴，上海：上海译文出版社，2014。

[德]萨斯奇亚·胡拉（Saskia Hula）（张黎，林素芳译）：闲不住的塞尔玛，北京：电子工业出版社，2014。

[德]施托姆（Theodor Storm）（巴金译）：茵梦湖，乌鲁木齐：新疆青少年出版社，2014。

[德]瓦尔特·本雅明（Walter Benjamin）（王炳钧等译）：作为生产者的作者，开封：河南大学出版社，2014。

[德]瓦尔特·本雅明（Walter Benjamin）（王炳钧，杨劲译）：德国浪漫派的艺术批评概念，北京：北京师范大学出版社，2014。

[德]乌特·艾尔哈特（Ute Ehrhardt）（刘海宁译）：好女孩上天堂"坏"

女孩走四方，北京：华夏出版社，2014。

[德]雅诺什（Janosch）（何晨阳译）：埃米尔和它的伙伴们，杭州：浙江少年儿童出版社，2014。

[德]雅诺什（Janosch）（何晨阳译）：从前有只大公鸡，杭州：浙江少年儿童出版社，2014。

[德]雅诺什（Janosch）（何晨阳译）：虎皮鸭子和青蛙，杭州：浙江少年儿童出版社，2014。

[德]雅诺什（Janosch）（何晨阳译）：科伯斯先生想亲小母鸡，杭州：浙江少年儿童出版社，2014。

[德]雅诺什（Janosch）（何晨阳译）：驴子和猫头鹰，杭州：浙江少年儿童出版社，2014。

[德]雅诺什（Janosch）（何晨阳译）：你好，睡裤号，杭州：浙江少年儿童出版社，2014。

[德]雅诺什（Janosch）（何晨阳译）：强盗和街头艺人，杭州：浙江少年儿童出版社，2014。

[德]雅诺什（Janosch）（何晨阳译）：三个强盗和乌鸦国王，杭州：浙江少年儿童出版社，2014。

[德]雅诺什（Janosch）（何晨阳译）：小汤勺卡斯波尔和他的好奶奶，杭州：浙江少年儿童出版社，2014。

[德]雅诺什（Janosch）（何晨阳译）：小提琴手蟋蟀和鼹鼠，杭州：浙江少年儿童出版社，2014。

[德]雅诺什（Janosch）（何晨阳译）：小猪和大国王，杭州：浙江少年儿童出版社，2014。

[德]雅诺什（Janosch）（王星译）：婆皮阿：妈妈花园里 13 个有趣的歌谣，杭州：浙江少年儿童出版社，2014。

[德]雅诺什（Janosch）（王星译）：我所有的小鸭子：一个讲不完的故事，杭州：浙江少年儿童出版社，2014。

[德]雅诺什（Janosch）（王星译）：熊马戏团，杭州：浙江少年儿童出版社，2014。

[德]雅诺什（Janosch）（詹湛译）：国王的新衣，上海：华东师范大学

出版社，2014。

[德] 尤尔根•基舍（Jürgen Kieser）（张世胜等译）：两只老鼠历险记
（4 ~ 6 册），北京：电子工业出版社，2014。

[瑞] 朵丽丝•利茜尔（Doris Lecher）（王星译）：偷蛋贼，郑州：文心
出版社，2014。

[瑞] 梅琳达•纳吉•阿波尼（Melinda Nadj Abonji）（陈壮鹰译）：鸽子
起飞，上海：上海译文出版社，2014 年。

[瑞] 约克•史坦纳（Jörg Steiner）（孔杰译）：森林大熊，北京：新星
出版社，2014。

[瑞] 约克•史坦纳（Jörg Steiner）（王星译）：再见，小兔子，北京：
新星出版社，2014。

翻　　译

刘炜，[德] 威廉姆斯（Thomas Willems）：汉德口译实践入门，北京：
外语教学与研究出版社，2014。

教　学　法

关玉红：结合中国德语课堂分析德语学习者易犯错误类型及其相应策
略，北京：外文出版社，2014。

德　国　研　究

专、编著

杜青钢 [总主编]，朱范 [主编]：大国文化心态（德国卷），武汉：武
汉大学出版社，2014。

孙劲松 [主编]：中德发展道路研究论丛 2014，北京：中共中央党校
出版社，2014。

殷桐生，刘立群［主编］：德语国家资讯与研究（第二辑），北京：外语教学与研究出版社，2014。

殷桐生，刘立群［主编］：德语国家资讯与研究（第三辑），北京：外语教学与研究出版社，2014。

译著

［奥］马努埃尔·郝瑞特（Manuel Horeth），［奥］玛格达勒娜·埃德尔（Magdalena Edel）（黄婧译）：感官操控力：如何解读和影响他人的思想，武汉：武汉大学出版社，2014。

［德］H. 米歇尔·斯特尔曼（H. Michael Stellmann），［德］格尔奥格·索尔德纳（Georg Soldner）（申洁译）：婴幼儿疾病自然疗法，北京：中国妇女出版社，2014。

［德］贝特赫尔德·奥腾斯（Berthold Ottens）（张振华编译）：矿物世界，北京：地质出版社，2014。

［德］彼德·斯洛特戴克（Peter Sloterdijk）（常恒译）：资本的内部：全球化的哲学理论，北京：社会科学文献出版社，2014。

［德］格特·米特灵（Gert Mittring）（王丹若，彭碧馨译）：就是算得快：在生活的加减乘除中训练最强大脑，北京：北京时代华文书局，2014。

［德］玛蒂娜·吕特尔（Martina Rüter）（闫健译）：德国小学生最喜欢的111 个科学小实验：提高版，北京：中国铁道出版社，2014。

［德］托尼奥·赫尔舍（Tonio Holscher）（陈亮译）：古希腊艺术：插图版，北京：世界图书出版公司北京公司，2014。

［德］乌尔里希·贝克（Ulrich Beck），［德］伊丽莎白·贝克 - 格恩塞姆（Elisabeth Beck-Gernsheim）（樊荣译）：全球热恋：全球化时代的爱情与家庭，北京：北京大学出版社，2014。

德国韦尔伯尔出版社（Velber）［编著］（王尚方，张强，刘景昌译）：德国孩子自己提出的十万个为什么，动物，北京：中国铁道出版社，2014。

德国韦尔伯尔出版社（Velber）［编著］（王尚方，张强，刘景昌译）：德国孩子自己提出的十万个为什么，环境·生命，北京：中国铁道出版社，2014。

德国韦尔伯尔出版社（Velber）［编著］（王尚方，张强，刘景昌译）：德国孩子自己提出的十万个为什么，恐龙·人类文明，北京：中国铁道出版社，2014。

德国韦尔伯尔出版社（Velber）［编著］（王尚方，张强，刘景昌译）：德国孩子自己提出的十万个为什么，人体·生活，北京：中国铁道出版社，2014。

德国韦尔伯尔出版社（Velber）［编著］（王尚方，张强，刘景昌译）：德国孩子自己提出的十万个为什么，自然现象，北京：中国铁道出版社，2014。

［瑞］科瑞尼·莎茨（Roman Signer）（王盼译）：罗曼·西格纳雕塑，杭州：中国美术学院出版社，2014。

教材、教参、工具书

教　材

［德］武塔·艾特尔（Uta Ettel）［编著］：当代大学德语（4）（听说训练），北京：外语教学与研究出版社，2014。

［韩］金美仙（黄丽柏译）：别笑！我是德语学习书，长春：吉林出版集团有限责任公司，2014。

蔡幼生［编著］：高级德语（第三册），上海：上海外语教育出版社，2014。

桂乾元［主编］：新公共德语上册，上海：上海外语教育出版社，2014。

贾慧蝶，袁志英［编著］：德语商贸信函（修订版），上海：同济大学出版社，2014。

李媛 [主编]：德语语音教程，上海：上海外语教育出版社，2014。

陆春林 [编著]：科技德语听力教程，北京：外语教学与研究出版社，
2014。

陆春林 [编著]：科技德语阅读教程，北京：外语教学与研究出版社，
2014。

钱敏汝 [主编]：文化视窗高级德语教程（2）（学生用书），北京：外
语教学与研究出版社，2014。

虞龙发，刘炜 [主编]：大学德语教程第 1 册，上海：同济大学出版
社，2014。

张爱红，于珊 [主编]：商务德语，武汉：武汉大学出版社，2014。

赵劲 [编著]：走进德国，上海：同济大学出版社，2014。

郑华汉 [主编]：高级德语视听说，上海：上海外语教育出版社，
2014。

教　参

[德] 冯克（Hermann Funk），柯尼希（Michael Koenig），罗尔曼
（Lutz Rohrmann）[编]（阎振江，刘艺编译）：德语基础语法，上
海：上海外语教育出版社，2014。

[德] 鲁道夫·霍贝格（Rudolf Hoberg），[德] 乌尔苏拉·霍贝格
（Ursula Hoberg）[编著]（朱建华主编译）：杜登德语语法，上海：
上海译文出版社，2014。

[英] 希瑟·埃默里（Heather Amery）[编著]（常菁仪译）：我的第一
本德语单词本，上海：同济大学出版社，2014。

常晅 [主编]：零起点德语超简单，大连：大连理工大学电子音像出版
社，2014。

陈栋 [编著]：德福高频语法应试宝典，上海：同济大学出版社，
2014。

程云 [编著]：人人学德语，这样入门最有效，北京：中国宇航出版
社，2014。

程云，刘航启 [编著]：人人读德语，这样阅读最有效，北京：中国宇航出版社，2014。

江燮松 [编著]：新编德语语法精要，上海：上海译文出版社，2014。

教育部学位与研究生教育发展中心 [编]：成人高等教育本科生学士学位德语水平考试大纲（非德语专业），北京：高等教育出版社，2014。

柯林斯轻松学系列：德语分类词汇，上海：上海译文出版社，2014。

李崇艺，周磊 [编著]：德语专业四级应试指南与模拟测试，上海：同济大学出版社，2014。

彭彧 [编著]：德语中高级词汇练习与解析：专八考试必备，上海：同济大学出版社，2014。

彭彧 [编著]：地道德语轻松学：对偶词组，上海：同济大学出版社，2014。

钱敏汝 [主编]：文化视窗高级德语教程（2）（教师手册），北京：外语教学与研究出版社，2014。

全国专业技术人员职称德语等级考试大纲，北京：中国人事出版社，2014。

宋洁，杨旸 [编著]：德语听力精练，天津：天津科技翻译出版有限公司，2014。

孙永春 [编著]：使用频率最高的德语生活口语，北京：中国宇航出版社，2014。

王启霞，宋玉华：德语语法精讲（第 2 版），合肥：合肥工业大学出版社，2014。

王晔 [主编]：德语发音跟我学，上海：上海交通大学出版社，2014。

王兆渠等 [编]：现代德语实用语法（第 6 版），上海：同济大学出版社，2014。

席闯 [编著]：基础德语应用语法，哈尔滨：哈尔滨工业大学出版社，2014。

席琳，程云，陈扬 [编著]：人人听德语，这样练听力最有效，北京：中国宇航出版社，2014。

徐立华［编著］：德福考前必备，口语，北京：高等教育出版社，2014。

徐立华［编著］：德福考前必备，写作，北京：高等教育出版社，2014。

徐立华［编著］：德福考前必备，阅读，北京：高等教育出版社，2014。

杨建培［编著］：留学德国常用文体，上海：同济大学出版社，2014。

叶本度，刘芳本［编著］：德语语法ABC：杂谈·拾遗，北京：外语教学与研究出版社，2014。

叶海丽［编著］：我的德语教室：零起点速学发音单词句子会话，北京：世界图书出版公司北京公司，2014。

虞龙发，方宜盛［编著］：新编德语入门（第2版），上海：同济大学出版社，2014。

翟永庚［编著］：德语速成（修订本），南京：译林出版社，2014。

张剑平，乐燕清，［德］Katrin Jander［编著］：新求精德语强化教程，中级听力训练（Ⅱ），上海：同济大学出版社，2014。

周抗美［编著］：德语动词1000（第2版，修订版），上海：同济大学出版社，2014。

朱建华［主编］：新编大学德语（第二版）（阅读训练），北京：外语教学与研究出版社，2014。

庄盛洁［编著］：德英汉口语大全，上海：同济大学出版社，2014。

卓言外语教研组［编著］：零起点应急说德语，北京：中国宇航出版社，2014。

工 具 书

［德］巴舒森（Richard van Basshuysen），舍费尔（Fred Schaefer）（张然治，吴建全，景国玺等译）：现代发动机技术大全，北京：国防工业出版社，2014。

［英］海伦·戴维斯（Helen Davies）［编著］（常菁仪译）：我的第一本

德语图典，上海：同济大学出版社，2014。

李倩瑗 [主编]：现代德语口语句典，北京：北京语言大学出版社，
2014。

潘再平，张宝发 [编著]：新德汉小词典（修订本），上海：上海译文
出版社，2014。

许震民 [编著]：德语谚语词典：德汉对照，北京：外语教学与研究出
版社，2014。

论 文

文 学

[德] 托马斯·曼（Thomas Mann）（傅惟慈译）：布登勃洛克一家，《当
代外国文学》2014 年第 1 期

[德] 乌尔里希·雅奈茨基（Ulrich Janetzki）（陈雨田译）：在中德作家
论坛开幕式上的致辞，《东吴学术》2014 年第 1 期

[德] 乌尔苏拉·克雷歇尔（Ursula Krechel）（韩瑞祥译）：文学必须坚
持特殊性，服从独一无二性，《东吴学术》，2014 年第 1 期。

[英] 马修·安德森（王琪峰编译）：斯蒂芬·茨威格：《布达佩斯大饭
店》的灵感来源，《中国艺术报》2014 年 3 月 31 日

Anita Runge，杨占鳌：性别研究中的知识传承——德国文学研究的视
角，《妇女研究论丛》2014 年第 3 期

艾萍娥：《歌德谈话录》中有关《少年维特之烦恼》的谈话分析，《作
家》2014 年第 14 期

艾士薇，杜青钢：时空之思与物我之辨——里尔克的诗学透视，《外国
文学研究》2014 年第 2 期

安尼：从"尽职的快乐"到"茹格布尔的失败"——对《德语课》中
"尽职"话语的再思考，《外国文学评论》2014 年第 1 期

安娅：2013 年度德国图书奖揭晓，《世界文学》2014 年第 1 期

安娅：2014 年度巴赫曼奖揭晓，《世界文学》2014 年第 5 期

安娅：萨沙·斯塔尼西奇获 2014 年莱比锡图书奖，《世界文学》2014
年第 3 期

安娅：乌尔斯·维德默尔去世，《世界文学》2014 年第 4 期

毕秀："像弗兰茨·卡夫卡一样孤独"——分析卡夫卡作品中表现的孤
独意识，《作家》2014 年第 4 期

曹霞：从《塞斯的学徒》看诺瓦利斯的三阶段论，《湘潭大学学报（哲
学社会科学版）》2014 年第 1 期

曹漾漾：从存在主义的视角读卡夫卡的《变形记》，《青春岁月》2014
年第 9 期

Chen Hongyan（陈虹嫣）：Rezeption deutschsprachiger Literatur in der
Fachzeitschrift Weltliteratur（1953—2013），in: Literaturstraße Band
15, Ehrenherausgeber: Zhang Yushu（张玉书），herausgegeben von
Feng Yalin（冯亚琳），Zhu Jianhua（朱建华），Wei Yuqing（魏育
青），Georg Braungart(格奥尔格·布劳恩加特)，Gerhard Lauer(格
哈德·劳尔)，Würzburg: Königshausen & Neumann 2014

陈燕：德国启蒙时代的戏剧改革及对其反思，《戏剧文学》2014 年第
8 期

陈佑松：身体的反抗——徐静蕾电影《一个陌生女人的来信》再解读，
《中外文化与文论》 2014 年第 2 期

大卫，杜朗，邢培健：卡夫卡变虫记，《阅读》2014 年第 13 期

丁吉娅：歌德代表作《少年维特之烦恼》的精神内涵，《短篇小说（原
创版）》2014 年第 30 期

丁雅静：外语教学中跨文化交际能力的培养——浅论文学在德语学习
中的作用，《考试周刊》2014 年第 20 期

董张，刘畅，李鑫：由《变形记》浅谈卡夫卡创作的艺术特点，《新教
育时代电子杂志（教师版）》2014 年第 13 期

杜新华：2013 年德语文学概述，《外国文学动态》2014 年第 6 期

范捷平：文本编织中的历史空间记忆——托马斯·霍利曼的小说《四十
朵玫瑰》，《德语人文研究》2014 年第 1 期

方言：从歌德到贝多芬——浮士德阴影下的天才与荒凉，《齐鲁周刊》2014 年第 28 期

方颖超：对卡夫卡荒诞小说的多维解读，《参花（上）》2014 年第 5 期

Feng Weiping（丰卫平）: Märchen und mehr – Eine Untersuchung zur Märchenszene in Georg Büchners *Woyzeck*, in: Literaturstraße Band 15, Ehrenherausgeber: Zhang Yushu（张玉书），herausgegeben von Feng Yalin（冯亚琳），Zhu Jianhua（朱建华），Wei Yuqing（魏育青），Georg Braungart（格奥尔格·布劳恩加特），Gerhard Lauer（格哈德·劳尔），Würzburg: Königshausen & Neumann 2014

冯冰淞：最近十年卡夫卡的长篇小说在中国的研究视角，《金田》2014 年第 8 期

冯晓春：跌宕的人生，华丽的终曲——评《玛尔塔是谁？》，《外国文学动态》2014 年第 1 期

Feng Yalin（冯亚琳）: „Der Krieg ist ein Totengräber" – Inszenierung der Gewalt und deren Mechanismen in Alfred Döblins historischem Roman *Wallenstein*, in: Literaturstraße Band 15, Ehrenherausgeber: Zhang Yushu（张玉书），herausgegeben von Feng Yalin（冯亚琳），Zhu Jianhua（朱建华），Wei Yuqing（魏育青），Georg Braungart（格奥尔格·布劳恩加特），Gerhard Lauer（格哈德·劳尔），Würzburg: Königshausen & Neumann 2014

付艳霞：顾彬来了，《作品》2014 年第 10 期

高晓琳：阻拒——卡夫卡的象征世界，《青年文学家》2014 年第 21 期

戈瑜琤：言有尽而意无穷——试论四则德语超微小说，《安徽文学（下半月）》2014 年第 12 期

耿宝强：李长之文学批评的德国核心元素，《石家庄铁道大学学报（社会科学版）》2014 年第 1 期

公斐：歌德作品中完美人性典范的展现——对诗歌《神性》的评述，《家教世界》2014 年第 2 期

宫晓婷：刍议黑塞作品里的归乡情节，《环球人文地理》2014 年第 16 期

顾孟潮：叶廷芳：对建筑一往情深，《博览群书》2014 年第 9 期

顾秀梅：《一个陌生女人的来信》女主人公悲剧命运的形成原因，《作家》2014 年第 22 期

顾正祥：别具一格的歌德传记——读袁志英著《歌德情感录：歌德和他的妻子》，《文汇报》2014 年 11 月 17 日

贵琳：德国土耳其移民文学，《才智》2014 年第 19 期

郭翠华：从布莱希特的戏剧《伽利略传》看科学家的责任意识，《中国电子商务》2014 年第 10 期

郭鸣鹤，刘蕾：论《少年维特的烦恼》的分析叙事特征，《长城》2014 年第 8 期

郭志清：不同文化背景下对战争的解读——以日本和德国二战文学为例，《才智》2014 年第 31 期

韩超：卡夫卡作品中的父亲情结，《长城》2014 年第 6 期

郝春燕：黑塞作品中"思"的生命价值分析，《长城》2014 年第 10 期

何雨露：音乐与死亡——浅析《菩提树》一曲在小说《魔山》中的意义，《安徽文学（下半月）》2014 年第 11 期

贺平萌娘：叶廷芳老师的一杯咖啡，《长江丛刊》2014 年第 15 期

贺相铸：生命和谐之困境与希望——解读托马斯·曼《威尼斯之死》，《名作欣赏》2014 年第 9 期

赫·布洛赫，皮皮：女仆赛琳娜的故事，《世界文学》2014 年第 1 期

侯景娟：君特·格拉斯《铁皮鼓》的象征意象与女性书写，《山花》2014 年第 14 期

侯景娟：君特·格拉斯在中国：译介与研究，《芒种》2014 年第 19 期

侯景娟：新世纪以来德国君特·格拉斯研究概论，《山花》2014 年 10 期

胡丹：解读中国的"茨威格热潮"，《青年文学家》2014 年第 14 期

胡继华：哀歌迎神 宗教和解 略论荷尔德林的《面包与葡萄酒》，《中国文化》2014 年 2 期

胡明贵，胡月箫：论《朗读者》两代人及"文盲"的隐喻，《安庆师范学院学报（社会科学版）》2014 年第 6 期

胡晓萍：从女性视角再解读茨威格作品的女性形象，《萍乡高等专科学校学报》2014 年第 5 期

黄河清：从维特到绿衣亨利——试析近现代德语文学中艺术家形象的生存困境，《首都外语论坛》2014 年 00 期

黄怀军：尼采的文学批评，《中国文学研究》2014 年第 1 期

黄燎宇：60 年来中国的托马斯·曼研究，《中国图书评论》2014 年第 4 期

黄夏：里尔克的"蝶蛹之变"，《北京日报》2014 年 7 月 24 日

霍英：霍夫曼艺术童话的反讽叙事风格，《语文学刊（外语教育教学）》2014 年第 3 期

霍英：解读霍夫曼《跳蚤师傅》的情节结构，《文学教育（上）》2014 年第 11 期

纪梦：含糊、改变和解放——从《歌德谈话录》看歌德眼中的审美教育，《中学时代》2014 年第 16 期

Jia Hanfei（贾涵斐）：„Ganzer Mensch" und ästhetische Position – zu Goethes *Wilhelm Meisters Lehrjahre*, in: Literaturstraße Band 15, Ehrenherausgeber: Zhang Yushu（张玉书）, herausgegeben von Feng Yalin（冯亚琳）, Zhu Jianhua（朱建华）, Wei Yuqing（魏育青）, Georg Braungart（格奥尔格·布劳恩加特）, Gerhard Lauer（格哈德·劳尔）, Würzburg: Königshausen & Neumann 2014

贾晓鸽：从人际功能角度分析《一个陌生女人的来信》片段，《青春岁月》2014 年第 1 期

江山，周炎晖：文学中的生态文化思考——生态文学视角下德国浪漫主义文学，《南昌教育学院学报》2014 年第 4 期

Jiang Aihong（姜爱红）：Das Unheimliche in Theodor Storms *der Schimmelreiter*, in: Literaturstraße Band 15, Ehrenherausgeber: Zhang Yushu（张玉书）, herausgegeben von Feng Yalin（冯亚琳）, Zhu Jianhua（朱建华）, Wei Yuqing（魏育青）, Georg Braungart（格奥尔格·布劳恩加特）, Gerhard Lauer（格哈德·劳尔）, Würzburg: Königshausen & Neumann 2014

姜爱红：德语诗歌中主体意识的生成轨迹，《外国文学》2014 年第 2 期

姜甜：山林孤寂：人在自然中的镜像——以德国浪漫派作家蒂克的《金发埃克贝尔特》为例，《海外英语》2014 年第 2 期

蒋才坤：最美的石头——浅析罗丹与里尔克的诗歌，《语文建设》2014年第 17 期

Jin Xiuli（金秀丽）：Realismus in den Werken Bertolt Brechts, Lu Xuns und Mao Duns, in: Literaturstraße Band 15, Ehrenherausgeber: Zhang Yushu（张玉书）, herausgegeben von Feng Yalin（冯亚琳）, Zhu Jianhua（朱建华）, Wei Yuqing（魏育青）, Georg Braungart（格奥尔格·布劳恩加特）, Gerhard Lauer（格哈德·劳尔）, Würzburg: Königshausen & Neumann 2014

黎金兰：神话之镜中的现实——论《第三只鸽子的故事》的原型，《鸭绿江（下半月版）》2014 年第 8 期

李昌珂，王绪梅：持久不衰的魅力所在——论托马斯·曼的《约瑟和他的兄弟们》，《外国文学研究》2014 年第 3 期

李杜：追忆荷尔德林（外一篇），《山西文学》2014 年第 9 期

李帆：浅析德国实证主义文学研究法，《考试周刊》2014 年第 26 期

李贵苍，陈超君：叙事的狂欢：莫言与格拉斯笔下的侏儒形象，《中国比较文学》2014 年第 4 期

李惠君：《一个女人一生中的二十四小时》之心理现实主义解析，《青年文学家》2014 年第 33 期

李林蓉：尼采早期诗学与希腊悲剧之关系初探，《芒种》2014 年第 10 期

李森：写作乃祈祷的形式——与卡夫卡对话，《作家》2014 年第 21 期

李石：被误读的《德语课》，《世界文化》2014 年第 12 期

李硕："你必须改变你的生活"——论菲利普·罗斯《乳房》以里尔克《远古的阿波罗残雕》结尾的意义，《现代语文（学术综合版）》2014 年第 6 期

李婷：浅析古典主义视域下的德国喜剧艺术——以克莱斯特《破罐记》为例，《牡丹江大学学报》2014 年第 11 期

李翔飞：简析《高加索灰阑记》，《中小企业管理与科技（下旬刊）》2014 年第 4 期

李翔飞：浅析《丹东之死》，《才智》2014 年第 11 期

李欣盈：现代主义与自然主义的交汇——解析雷马克小说《西线无战

事》，《名作欣赏》2014 年第 30 期

李亦男：20 世纪 60 年代以来的德语国家剧场艺术——"导演剧场"
与"戏剧构作"，《戏剧（中央戏剧学院学报）》2014 年第 5 期

李永平：荷尔德林：在诗与哲学之间，《外国文学评论》2014 年第 4 期

李卓然：从女性主义视角分析黑塞文学作品中的人物形象与思想意识，
《青年文学家》2014 年第 36 期

梁黎颖：德语小说《艾菲·布里斯特》的结构构建及动机象征，《南风》
2014 年第 15 期

梁黎颖，吴建广：德语小说《艾菲·布里斯特》基于时间框架的文本分
析，《语言教育》2014 年第 1 期

梁文婷：卡夫卡并不孤独，《中国社会科学报》2014 年 12 月 8 日

梁雪波：里尔克、博尔赫斯和镜子，《青年作家》2014 年第 21 期

廖心可：二次世界大战中的德国与作家赫尔曼·黑塞，《时代文学（下
半月）》2014 年第 12 期

林克：一只乌鸫鸟的悲鸣，《世界文学》2014 年第 6 期

林珊玲，文艳：《浮士德》中的魔鬼靡菲斯特，《语文学刊》2014 年第
8 期

刘福珍：对里尔克诗歌的哲学阐释——以《啊，朋友们，这并不是新
鲜》为例，《剑南文学（上半月）》2014 年第 11 期

刘红莉：重写神话与重审诗人身份——解读里尔克的《俄耳甫斯·欧律
狄刻·赫耳墨斯》，《浙江学刊》2014 年第 3 期

刘玲玉：看他者，观自身，思人类——2014 年埃里希 - 弗里德文学奖
获奖作品述评，《外国文学动态》2014 年第 6 期

刘麒麟：一个现代人的生命断片——里尔克的《沉重的时刻》绎读，
《成都大学学报（社会科学版）》2014 年第 1 期

Liu Wei（刘炜）：Die literarische Darstellung im Kampf gegen das Vergessen –
Über das jüdische Exil in Shanghai am Beispiel von Susanne Hornfecks
Roman *Torte mit Stäbchen, eine Jugend in Schanghai*, in: Literaturstraße
Band 15, Ehrenherausgeber: Zhang Yushu（张玉书），herausgegeben
von Feng Yalin（冯亚琳），Zhu Jianhua（朱建华），Wei Yuqing（魏

育青），Georg Braungart（格奥尔格·布劳恩加特），Gerhard Lauer
（格哈德·劳尔），Würzburg: Königshausen & Neumann 2014

刘雅麒：荒诞与真实的悖谬——卡夫卡《饥饿艺术家》解读，《参花
（下）》2014 年第 7 期

刘英杰：见或不见——歌德叙事歌谣《爱尔王》的结构分析，《世界文
学评论（高教版）》2014 年第 2 期

Liu Yongqiang（刘永强）：Befreiung von den Schranken der Schrift Das
„Primitive" und das Schöpferische bei Hugo von Hofmannsthal, in:
Literaturstraße Band 15, Ehrenherausgeber: Zhang Yushu（张玉书），
herausgegeben von Feng Yalin（冯亚琳），Zhu Jianhua（朱建华），
Wei Yuqing（魏育青），Georg Braungart（格奥尔格·布劳恩加特），
Gerhard Lauer（格哈德·劳尔），Würzburg: Königshausen & Neumann
2014

刘永强：文字秩序中的越界尝试——论霍夫曼斯塔尔《时间的胜利》
中的感知模式与媒介间性，《德语人文研究》2014 年第 1 期

刘永强：象征与献祭仪式——论霍夫曼斯塔尔《谈诗》中的象征理论
与原始主义，《外国文学》2014 年第 3 期

刘忠晖：从"眷注死亡"到"献身生命"——托马斯·曼对"德意志性"
的反思，《北京邮电大学学报（社会科学版）》2014 年第 6 期

卢盛舟：论克莱斯特《论木偶戏》中的雅俗文化冲突，《同济大学学报
（社会科学版）》2014 年第 6 期

陆晶靖：黑塞和布莱希特，《意林文汇》2014 年第 3 期

罗炜：德语文学中的女性主义，《文艺报》2014 年 8 月 11 日

罗炜：西格弗里德·伦茨：理解的文学，《文艺报》2014 年 11 月 7 日

罗执廷：雷马克的《西线无战事》与民国时期的非战／尚战话语，《中
国现代文学研究丛刊》2014 年第 10 期

吕晨睿：论尼采悲剧思想的滥觞，《青年文学家》2014 年第 24 期

马慧萍：论莫言和卡夫卡小说中的异化现象，《长城》2014 年第 10 期

马慧萍：现代派作品中异化现象根源之探析——以莫言和卡夫卡作品
为例，《青年文学家》2014 年第 5 期

马佳欣："左翼"与"经典"并行的时代——析 1937—1949 年德语文学在中国的译介和接受,《北华大学学报(社会科学版)》2014 年第 4 期

Ma Jian(马剑):Romantik in Rezensionen von Hermann Hesse, in: Literaturstraße Band 15, Ehrenherausgeber: Zhang Yushu(张玉书), herausgegeben von Feng Yalin(冯亚琳), Zhu Jianhua(朱建华), Wei Yuqing(魏育青), Georg Braungart(格奥尔格·布劳恩加特), Gerhard Lauer(格哈德·劳尔), Würzburg: Königshausen & Neumann 2014

Ma Yan(马琰):Spur – Walter Benjamins Suche nach der Literatur und Geschichte im Interieur, in: Literaturstraße Band 15, Ehrenherausgeber: Zhang Yushu(张玉书), herausgegeben von Feng Yalin(冯亚琳), Zhu Jianhua(朱建华), Wei Yuqing(魏育青), Georg Braungart(格奥尔格·布劳恩加特), Gerhard Lauer(格哈德·劳尔), Würzburg: Königshausen & Neumann 2014

麦尔也木·库尔班,曹晓丽:卡夫卡小说创作的艺术模式,《芒种》2014 年第 1 期

毛小红:德语小说《鲍家漂亮姑娘》与《东周列国志》之对比研究,《语文学刊》2014 年第 10 期

Mao Yabin(毛亚斌):Wie erzählt Ingo Schulze die Wendesgeschichte in Simple storys? Analyse von Struktur und Erzählstrategie, in: Literaturstraße Band 15, Ehrenherausgeber: Zhang Yushu(张玉书), herausgegeben von Feng Yalin(冯亚琳), Zhu Jianhua(朱建华), Wei Yuqing(魏育青), Georg Braungart(格奥尔格·布劳恩加特), Gerhard Lauer(格哈德·劳尔), Würzburg: Königshausen & Neumann 2014

孟祥瑞:斯蒂芬·茨威格文学创作中的心理活动描写研究,《作家》2014 年第 20 期

牟春燕:浅论尼采"权力意志"思想,《金田》2014 年第 6 期

南楠:《朗读者》——德国反思文学的承前启后之作,《沈阳大学学报(社会科学版)》2014 年 6 期

南楠：论德国小说《朗读者》的创作手法与反思主题，《辽宁工业大学学报（社会科学版）》2014 年第 3 期

南楠，杨静：论德国反思文学新态势及成因，《西安外国语大学学报》2014 年第 2 期

倪晓雨：论小说《第七个十字架》中的现实与表达，《河南工业大学学报（社会科学版）》2014 年第 1 期

聂华：一个新德国人的跨文化写作——评 2014 年莱比锡文学奖得主斯塔尼西奇及其新作，《外国文学动态》2014 年第 4 期

庞娜娜：放弃吧，放弃吧——浅析卡夫卡作品的神秘感与孤独感，《品牌》2014 年第 6 期

彭莹："爱与罪"的回忆"灵与肉"的离合——论《朗读者》的叙事艺术，《长春教育学院学报》2014 年第 11 期

钦文：茨威格的巴西岁月，《经济观察报》2014 年 7 月 28 日

任玲：德国歌德和席勒式的讽刺文学探究，《才智》2014 年第 26 期

任玲：黑塞作品中浮士德精神的体现，《青年文学家》2014 年第 26 期

任明：布莱希特的"好人困局"与庄子的智慧，《21 世纪经济报道》2014 年 12 月 22 日

施显松：从浪漫主义到绿色环保运动——试论德国文化的浪漫反叛精神，《世界文学评论（高教版）》2014 年第 1 期

苏建华：布莱希特陌生化戏剧美学方法探究，《大众文艺》2014 年第 21 期

苏建华：探寻布莱希特戏剧美学思想之马克思主义根源，《艺术评论》2014 年第 12 期

苏景龙：卡夫卡《变形记》中的表现主义手法，《金田》2014 年第 1 期

孙大鹏，沈岗：当代德国儿童文学的内在特性探析，《编辑学刊》2014 年第 6 期

孙利亚：论《但泽三部曲》中"历史"与"历时"的困境，《金田》2014 年第 7 期

孙利亚：论君特·格拉斯《但泽三部曲》中的"成长"困境，《常州工学院学报（社科版）》2014 年第 5 期

孙雁超：浅析《阴谋与爱情》中人物的爱情婚姻观，《青年文学家》2014 年第 18 期

谭娟：话语权与伽利略的悲剧命运——浅析布莱希特的《伽利略传》，《青年文学家》2014 年第 26 期

谭渊：遨游于现实与幻想的边缘——评 2013 年德国毕希纳奖获得者莱维查洛夫，《外国文学动态》2014 年第 3 期

谭渊：赋魅与除魅——德布林在《王伦三跃》中对东方宗教世界的建构，《同济大学学报（社会科学版）》2014 年第 6 期

谭渊：《梅塞堡咒语》背后的宗教冲突与文化妥协——"异教文学"中的文化编码研究，《德语人文研究》2014 年第 1 期

谭渊：丝绸之国与希望之乡——中世纪德国文学中的中国形象探析，《德国研究》2014 年第 2 期

唐妙琴：同一还是他者：里尔克与卡夫卡的性爱观比较，《浙江学刊》2014 年第 3 期

唐小兵：让历史记忆照亮未来，《读书》2014 年第 2 期

唐燕红：卡夫卡对余华的小说创作影响，《金田》2014 年第 9 期

陶发美：是里尔克的雕像，还是断不了尾巴的蝌蚪，《长江丛刊》2014 年第 21 期

陶沙，傅鲤耀：里尔克诗歌的后现代主义解读，《当代文坛》2014 年第 5 期

王炳钧：文化学，《德语人文研究》2014 年第 1 期

王炳钧：文学与交往模式，《外国文学》2014 年第 6 期

王福和：郁达夫创作中的施笃姆影响，《名作欣赏》2014 年第 15 期

王慧，刘曦菲：弗洛伊德理论在卡夫卡的《变形记》中的体现，《短篇小说（原创版）》2014 年第 30 期

王建：理性的诗学——试论戈特舍德的诗学理论，《比较文学与世界文学》2014 年第 2 期

王丽华，张炜：德国教育小说中成长烦恼的意义——以歌德《威廉·麦斯特的学习年代》为例，《作家》2014 年第 4 期

Wang Liping（王丽萍）：Hans im Dao. Hans im Glück im Licht der daoistischen

Philosophie, in: Literaturstraße Band 15, Ehrenherausgeber: Zhang Yushu（张玉书）, herausgegeben von Feng Yalin（冯亚琳）, Zhu Jianhua（朱建华）, Wei Yuqing（魏育青）, Georg Braungart（格奥尔格·布劳恩加特）, Gerhard Lauer（格哈德·劳尔）, Würzburg: Königshausen & Neumann 2014

王微：何处春江无月明——浅析歌德晚期诗歌中的"月"，《青年作家》2014 年第 22 期

王妍：卡夫卡作品中的女性形象，《作家》2014 年第 6 期

王莹：双声叠唱话《怪兽》——莫拉及其新作《怪兽》评介，《外国文学动态》2014 年第 4 期

王颖：我变成了大甲虫——绘本《卡夫卡变虫记》导读，《阅读》2014 年第 33 期

王哲：历史从下面看——论君特·格拉斯《铁皮鼓》的艺术性，《大众文艺》2014 年第 22 期

卫茂平：邂逅"尼采石"——"沉醉的夜歌"的翻译及解读，《创作与评论》2014 年第 14 期

魏娟：浅析斯蒂芬·茨威格《女人和大地》的思想意蕴，《短篇小说（原创版）》2014 年第 32 期

吴建广：诗与思擦肩而过——保尔·策兰相遇马丁·海德格尔，《同济大学学报（社会科学版）》2014 年第 4 期

吴建广，刘英杰：走向对此在的彻底决绝——保尔·策兰诗文《一次》之诠释，《德国研究》2014 年第 3 期

吴声白：德国女作家菲丽齐塔丝·霍佩访问上海，《外国文学动态》2014 年第 4 期

吴文权：论赫塔·米勒《呼吸秋千》中的超现实隐喻，《广东外语外贸大学学报》2014 年第 4 期

吴小丹：浅析德国浪漫主义文学，《青年文学家》2014 年第 30 期

吴勇立："永恒的'一'多样地呈现着自身"——歌德视域下的"一"与"多"，《同济大学学报（社会科学版）》2014 年第 2 期

武晨：荒诞的意义——评君特·格拉斯的小说《铁皮鼓》，《山花》

2014 年第 22 期

武琳："荣誉"的牢笼——论冯塔纳长篇小说《艾菲·布里斯特》中的荣誉问题,《山花》2014 年第 4 期

夏强：论冯至《十四行集》的自我认同,《安徽农业大学学报（社会科学版）》2014 年第 3 期

夏学杰：里尔克：折腾的生命,《新民周刊》2014 年第 32 期

肖巧慧：卡夫卡小说中死亡意识的哲学底蕴,《长城》2014 年第 10 期

谢建文：慢的原则与陷阱——论施得恩·纳多尔尼《缓慢的发现》,《同济大学学报（社会科学版）》2014 年 6 期

谢宁：亨利希·曼小说《懒人乐园》主题与叙事方法分析,《作家》2014 年第 6 期

谢宁：批判的现实与现实的批判——冯塔纳与亨利希·曼创作异同分析,《山花》2014 年第 14 期

熊鹰：当莫言的作品成为"世界文学"时——对英语及德语圈里"莫言现象"的考察与分析,《山东社会科学》2014 年第 3 期

徐彩红：从《城堡》里的"相似人"看卡夫卡孤独背后的去感知化倾向,《金田》2014 年第 9 期

徐珂：作为文学家的卡夫卡——浅谈卡夫卡的文体,《青年文学家》2014 年第 26 期

徐秋影,薛智明：从"父与子"的文学母题看卡夫卡的"畏父"情结,《青年文学家》2014 年第 14 期

薛原：一个叛逆者的欧洲咏叹调——读 2014 年莱比锡图书奖获奖小说《节日前夕》,《译林》2014 年第 4 期

阳亚蕾：魔鬼与孩童：论《铁皮鼓》中奥斯卡的伦理身份,《湖北经济学院学报（人文社会科学版）》2014 年第 3 期

Yang Jin（杨劲）：Inflationärer Schriftverkehr – Zum Motiv der Liebesbriefe in Gottfried Kellers Novelle *Die mißbrauchten Liebesbriefe*, in: Literaturstraße Band 15, Ehrenherausgeber: Zhang Yushu（张玉书）, herausgegeben von Feng Yalin（冯亚琳）, Zhu Jianhua（朱建华）, Wei Yuqing（魏育青）, Georg Braungart（格奥尔格·布劳恩加特）,

Gerhard Lauer（格哈德·劳尔），Würzburg: Königshausen & Neumann 2014

杨劲：女人的好奇与痛苦的渊薮——论霍夫曼斯塔尔的哑剧《丘比特与普绪刻》和芭蕾剧《斯基罗斯岛上的阿喀琉斯》，《德语人文研究》2014 年第 2 期

杨劲：世纪之交的审美范式转换——论霍夫曼斯塔尔的报刊文艺栏作品《两幅画》和《一封信》，《同济大学学报（社会科学版)》2014 年第 2 期

杨劲：“文学与交往模式”全国学术研讨会纪要，《外国文学》2014 年第 4 期

杨柳：海因里希·伯尔的人道主义美学思想及其文学镜像——基于作家的后期作品《女士及众生相》，《南京航空航天大学学报（社会科学版)》2014 年第 2 期

杨双菊：《浮士德》中主仆共生的文化价值，《作家》2014 年第 18 期

杨斯静：德语文学在中国的译介与影响，《中国出版》2014 年第 23 期

杨懿晶：异域中的“故乡”书写，《文汇报》2014 年 10 月 27 日

杨月：“一部长篇自白书”——浅析歌德与《浮士德》，《金田》2014 年第 2 期

姚公涛：论托马斯·曼的《特里斯坦》和赵玫的《寻找伊索尔德》，《江苏第二师范学院学报》2014 年第 1 期

叶隽：高潮论、异文化与德意志性——读史腊斐的《德意志文学简史》，《北京观察》2014 年第 4 期

叶隽：少女翩翩乘风来——从斯拉夫背景回归德国文化的米勒，《东吴学术》2014 年第 2 期

叶隽：社会问题还是宗教情结？——论莱辛剧本《犹太人》对传统种族价值的颠覆，《同济大学学报（社会科学版)》2014 年第 2 期

叶雷：一个德国人眼中的“中国特色”——读雷克新著《中国，特色》，《水利天地》2014 年第 10 期

伊丽娜：比较文学视域下德国作家德布林的《王伦三跳》，《芒种》2014 年第 5 期

尹岩松：法国大革命对魏玛古典主义影响，《参花（下）》2014 年第 7 期

于博，孙闻：德国中世纪骑士文学及骑士精神分析，《高教学刊》2014
年第 9 期

Yu Yang（于洋）：Zur Ästhetik des fremden Blicks in *Reisende auf einem Bein* von Herta Müller, in: Literaturstraße Band 15, Ehrenherausgeber: Zhang Yushu（张玉书）, herausgegeben von Feng Yalin（冯亚琳）, Zhu Jianhua（朱建华）, Wei Yuqing（魏育青）, Georg Braungart（格奥尔格·布劳恩加特）, Gerhard Lauer（格哈德·劳尔）, Würzburg: Königshausen & Neumann 2014

袁雪乔：托马斯·曼小说《布登勃洛克一家》自传性成分探析，《山东工会论坛》2014 年第 4 期

袁彧：浅析酒神精神下尼采的《悲剧的诞生》，《金田》2014 年第 7 期

远人：写作确认：从卡夫卡谈起，《文学界（专辑版)》2014 年第 7 期

曾艳兵：卡夫卡姓名辨释，《中华读书报》2014 年 3 月 19 日

曾艳兵：卡夫卡遗嘱考辨，《中华读书报》2014 年 5 月 21 日

曾艳兵：卡夫卡在中国，《中国出版传媒商报》2014 年 11 月 14 日

张博：德国文学中的宫廷恋歌，《参花（上）》2014 年第 5 期

Zhang Fan（张帆）：Krankheit als Gesellschaftskritik in Christa Wolfs Werken, in: Literaturstraße Band 15, Ehrenherausgeber: Zhang Yushu（张玉书）, herausgegeben von Feng Yalin（冯亚琳）, Zhu Jianhua（朱建华）, Wei Yuqing（魏育青）, Georg Braungart（格奥尔格·布劳恩加特）, Gerhard Lauer（格哈德·劳尔）, Würzburg: Königshausen & Neumann 2014

张帆：安娜·西格斯笔下的中国革命镜像，《文艺争鸣》2014 年第 4 期

张继云："诗"与共和主义——对施莱格尔形而上学思想的一种诠释，《现代哲学》2014 年第 4 期

张继云：文学与意识形态表达——对德国浪漫文学的另一种解读，《东吴学术》2014 年第 1 期

张静：浅析茨威格小说与我国传统文学中"替佳人立言"的不同视角，《文教资料》2014 年第 36 期

张丽娜：浅谈德国土耳其裔作家扎伊莫格鲁的小说《土耳其佬德语》，《卷宗》2014 年第 10 期

张丽娜：中德诗歌写作文化比较，《卷宗》2014 年第 11 期

张莉：以时间的方式思考存在——卡夫卡的时间叙事体系研究，《同济大学学报（社会科学版）》2014 年第 4 期

张梦瑶：从精神存在到爱的实践——卡夫卡的"精神自我"辨析，《名作欣赏》2014 年第 16 期

Zhang Pei(张培)：Die historischen Ansichten des Clowns in Heinrich Bölls *Ansichten eines Clowns*, in: Literaturstraße Band 15, Ehrenherausgeber: Zhang Yushu（张玉书）, herausgegeben von Feng Yalin（冯亚琳）, Zhu Jianhua（朱建华）, Wei Yuqing（魏育青）, Georg Braungart（格奥尔格·布劳恩加特）, Gerhard Lauer（格哈德·劳尔）, Würzburg: Königshausen & Neumann 2014

张强：把文学作品当文学教——以黑塞《获得教养的途径》为例，《语文学习》2014 年第 5 期

张文艳：浅谈德国童话的分类和特点，《黑河学刊》2014 年第 4 期

张晓静：《维也纳一家人》——一部小丑式的浮士德肥皂剧？，《外国文学动态》2014 年第 6 期

张晓青：茨威格现当代研究论略，《河南大学学报（社会科学版）》2014 年第 4 期

张辛仪：另类的现实主义——君特·格拉斯写作风格面面观，《同济大学学报（社会科学版）》2014 年第 4 期

张辛仪：批评家之死——德语文学教皇赖希·拉尼茨基与一个时代的逝去，《外国文学动态》2014 年第 1 期

张辛仪：小叙事和大意象——论君特·格拉斯笔下的饮食世界，《当代外国文学》2014 年第 1 期

Zhang Yehong(张叶鸿)：Literatur als Mechanismus der Subjektkonstitution im Fall der Schiller- Rezeption, in: Literaturstraße Band 15, Ehrenherausgeber: Zhang Yushu（张玉书）, herausgegeben von Feng Yalin（冯亚琳）, Zhu Jianhua（朱建华）, Wei Yuqing（魏育青）, Georg Braungart（格

奥尔格·布劳恩加特），Gerhard Lauer（格哈德·劳尔），Würzburg: Königshausen & Neumann 2014

Zhang Yi（张意）: Kann man noch von Liebe reden? Zur Problematik der Liebesdarstellung bei der deutschen Gegenwartsliteratur der Frauen, in: Literaturstraße Band 15, Ehrenherausgeber: Zhang Yushu（张玉书），herausgegeben von Feng Yalin（冯亚琳），Zhu Jianhua（朱建华），Wei Yuqing（魏育青），Georg Braungart（格奥尔格·布劳恩加特），Gerhard Lauer（格哈德·劳尔），Würzburg: Königshausen & Neumann 2014

张莹，张宛初，冯菲菲：身份认同的缺失与追寻——解读《鸽子飞去》，《东北大学学报（社会科学版）》2014 年第 3 期

张莹，周文姝：人类中心主义生态观的再批判——《母鼠》的生态解读，《长春工业大学学报（社会科学版）》2014 年第 6 期

张赟：新主体性德语文学与彼得·汉特克的旅行小说，《文学教育（上）》2014 年第 1 期

章灵燕：荒诞的情节 愤怒的控诉——读卡夫卡《变形记》，《情感读本》2014 年第 5 期

赵锦英：人的全面发展：从浪漫主义到历史唯物主义，《教学与研究》2014 年第 10 期

赵蕾莲：论荷尔德林小说《许佩里翁或希腊的隐士》中的对立观，《外国文学研究》2014 年第 3 期

郑杰：从《高加索灰阑记》看布莱希特式的社会主义想象，《外国文学评论》2014 年第 2 期

周化媛：浮士德精神的再思考，《长城》2014 年第 10 期

祖静：卡夫卡的顶层楼座，《林区教学》2014 年第 5 期

左珊珊：浅析茨威格小说中的成长心理，《城市地理》2014 年第 12 期

语 言 学

陈琦：反顾抑或投射：德语互动性因果构式的语用研究，《外国语文》

2014 年第 5 期

陈嵘：论系统功能语法功能语态观——以德语语态现象为例，《德语人文研究》2014 年第 2 期

陈玥：中德叹词对比，《中国科教创新导刊》2014 年第 10 期

丁红卫：中国大学生德语音节尾辅音发音的实验研究，《南京师范大学文学院学报》2014 年第 3 期

丁佳宁：德语标点符号的修辞功能——以感叹号、问号和破折号为例，《南风》2014 年第 15 期

董琦：德语学习过程中情态小品词与汉语语气词的对比，《陕西教育（高教)》2014 年第 11 期

杜卫华：中德跨文化交际中的语言词汇陷阱，《现代交际》2014 年第 6 期

段丽萍：德语语气词的语法特性，《剑南文学（经典阅读)》2014 年第 2 期

范振健：基于语料的德语专业本科高年级学生错误分析，《景德镇高专学报》2014 年第 5 期

高莉：语义关系与德语词汇的学习，《语文学刊（外语教育教学)》2014 年第 12 期

葛萌：德语语音训练问题与难点分析——以江苏理工学院中德学院德语课堂为例，《时代教育》2014 年第 21 期

胡裕：从构式语法看德语动词的名词并入现象，《江苏外语教学研究》2014 年第 2 期

Huangfu Yijun（皇甫宜均）: Förderung der interkulturellen Kompetenz durch den Vergleich der deutschen und chinesischen Phraseologie, in: Literaturstraße Band 15, Ehrenherausgeber: Zhang Yushu（张玉书）, herausgegeben von Feng Yalin（冯亚琳）, Zhu Jianhua（朱建华）, Wei Yuqing（魏育青）, Georg Braungart（格奥尔格·布劳恩加特）, Gerhard Lauer（格哈德·劳尔）, Würzburg: Königshausen & Neumann 2014

计婳：德语与汉语情态动词对比研究，《文学教育（下)》2014 年第 3 期

金子烨：浅析《桌子就是桌子》中折射的语言符号的约定俗成性，《青年文学家》2014 年第 3 期

雷蕾：概念整合理论下基于二语习得的德语一词多义研究，《哈尔滨职业技术学院学报》2014 年第 5 期

李葆嘉，刘慧：从莱斯格到布雷阿尔：十九世纪西方语义学史钩沉，《外语教学与研究》2014 年第 4 期

李彬：福柯话语理论关照下的德语话语语言学的源起与发展，《德语人文研究》2014 年第 2 期

李晶晶：浅析德语派生动词与合成动词的构词前缀，《时代教育》2014 年第 3 期

李霞：以展会名称为例对比德汉名词性短语的词序灵活性差异，《青春岁月》2014 年第 12 期

李雨桐：当代德语的语音及语法特点，《魅力中国》2014 年第 19 期

李宗强：德国语言规划与政策简论，《湖北经济学院学报（人文社会科学版）》2014 年第 5 期

梁丹丹：德汉熟语作为篇章衔接手段的对比研究，《北方工业大学学报》2014 年第 2 期

刘方：青年语法学派的"圣经"——论保罗《语言史原理》在西方语言学史中的地位，《德语人文研究》2014 年第 2 期

刘庆，刘隽，王勃：德英主从复合句之对比，《陕西教育（高教）》2014 年第 11 期

娄梦佳：从德语隐喻现象分析隐喻对人类思维和语言构建的作用，《现代语文（语言研究）》2014 年第 3 期

马珊珊：谈德语动词分类对造句的意义，《佳木斯教育学院学报》2014 年第 1 期

Ma Ying（马颖）：SMS-Nutzung unter besonderer Berücksichtigung von Code-Switching, in: Literaturstraße Band 15, Ehrenherausgeber: Zhang Yushu（张玉书）, herausgegeben von Feng Yalin（冯亚琳）, Zhu Jianhua（朱建华）, Wei Yuqing（魏育青）, Georg Braungart（格奥尔格·布劳恩加特）, Gerhard Lauer（格哈德·劳尔）, Würzburg:

Königshausen & Neumann 2014

Mao Mingchao（毛明超）: „Vom ersten Keimen zur letzten Frucht "– Zu Goethes beiden Aufsätzen *Von Deutscher Baukunst* im Kontext der romantischen Verklärung der Gotik, in: Literaturstraße Band 15, Ehrenherausgeber: Zhang Yushu（张玉书）, herausgegeben von Feng Yalin（冯亚琳）, Zhu Jianhua（朱建华）, Wei Yuqing（魏育青）, Georg Braungart（格奥尔格·布劳恩加特）, Gerhard Lauer（格哈德·劳尔）, Würzburg: Königshausen & Neumann 2014

秦怡：浅谈德意志民族严谨性格特征对于德语的影响，《青年文学家》2014 年第 9 期

任铮铮：德语中的法兰西印迹，《学园》2014 年第 30 期

阮茜：德语篇章中"间接回指"，《南风》2014 年第 24 期

阮贞：浅谈德语手机短信的词法结构特点，《科教文汇（中旬刊）》2014 年第 6 期

宋晓玮：德语方言浅析，《青年文学家》2014 年第 9 期

苏忞：试探德语与其他语种的亲缘关系，《济源职业技术学院学报》2014 年第 3 期

孙霖琳，张雪莹：简析德语名词与俄语名词，《科技视界》2014 年第 21 期

汤春艳：篇章类型研究在德国：传统与转向，《天津外国语大学学报》2014 年第 5 期

王仁强：《简明汉德词典》词类标注研究，《当代外语研究》2014 年第 11 期

温盛妮：跨文化视域下的德汉恭维语对比研究，《山东工会论坛》2014 年第 6 期

武晨：德汉语篇认知空缺及其消除策略，《湖北科技学院学报》2014 年第 10 期

薛菲：浅谈从汉德语言的对比看中德文化差异，《科技风》2014 年第 19 期

杨永忠：指宾状语句的句法结构及推导，《现代外语》2014 年第 1 期

于博，赵鑫：浅析英德语法中名词性从句，《课程教育研究》2014 年第 32 期

岳彦青：德英双语比较之被动态篇探析，《晋中学院学报》2014 年第 5 期

张博：从篇章语言学角度对德语篇章进行描写，《华章》2014 年第 17 期

张明月：中、英、法、德语的否定反义疑问句结构及问答对比，《青春岁月》2014 年第 12 期

Zhang Ning（张宁）：Der Einfluss des Englischen auf die deutsche Jugendsprache, in: Literaturstraße Band 15, Ehrenherausgeber: Zhang Yushu（张玉书）, herausgegeben von Feng Yalin（冯亚琳）, Zhu Jianhua（朱建华）, Wei Yuqing（魏育青）, Georg Braungart（格奥尔格·布劳恩加特）, Gerhard Lauer（格哈德·劳尔）, Würzburg: Königshausen & Neumann 2014

张若玉：德语中情态动词用法解析，《剑南文学》2014 年第 1 期

张秀松：基于认知处理和逻辑规则的语义演变，《中国语文》2014 年第 1 期

张旭：汉德句法之汉德主语分析及对比，《现代企业教育》2014 年第 14 期

赵慧：通过框架理论分析现在完成时助动词使用——以英语、法语、德语为例，《语文学刊（外语教育教学）》2014 年第 9 期

Zhao Jin（赵劲）：Textsorte im diachronischen Wandel am Beispiel von deutschen und chinesischen wissenschaftlichen Rezensionen, in: Literaturstraße Band 15, Ehrenherausgeber: Zhang Yushu（张玉书）, herausgegeben von Feng Yalin（冯亚琳）, Zhu Jianhua（朱建华）, Wei Yuqing（魏育青）, Georg Braungart（格奥尔格·布劳恩加特）, Gerhard Lauer（格哈德·劳尔）, Würzburg: Königshausen & Neumann 2014

赵守辉，尚国文：德语正字法改革的历程及其历史经验——兼与《通用规范汉字表》比较，《北华大学学报（社会科学版）》2014 年第 1 期

Zhu Jin（朱锦）：Die qualitative und quantitative Valenz des Adjektivs im Deutschen und Chinesischen, in: Literaturstraße Band 15, Ehrenherausgeber: Zhang Yushu（张玉书），herausgegeben von Feng Yalin（冯亚琳），Zhu Jianhua（朱建华），Wei Yuqing（魏育青），Georg Braungart（格奥尔格·布劳恩加特），Gerhard Lauer（格哈德·劳尔），Würzburg: Königshausen & Neumann 2014

翻　　译

陈骏飞，唐玉婷：老子哲学思想在德国之翻译、介绍与传播，《江苏科技大学学报（社会科学版）》2014 年第 2 期

关世杰：论"龙"与德文"Drache"，《北大新闻与传播评论》2014 年第 1 期

何俊：从郭沫若翻译《茵梦湖》看其"风韵译"，《郭沫若学刊》2014 年第 1 期

侯沛沛，刘灵珊，马贝：德语中反身代词的翻译探析，《青春岁月》2014 年第 20 期

胡愈：纽伦堡审判与四国语言的同声传译，《德语人文研究》2014 年第 2 期

赖勤芳：席勒《美育书简》的汉译，《美育学刊》2014 年第 2 期

雷蕾：基于概念整合下的德语谚语翻译浅析，《科技风》2014 年第 4 期

黎东良：德英语互译理论与实践课程研究，《中国大学教学》2014 年第 3 期

李小龙：从功能翻译理论浅析《论语》卫礼贤德语译本及其"仁"字的跨文化翻译，《文教资料》2014 年第 5 期

李雪涛：与顾彬对谈翻译与汉学研究，《中国翻译》2014 年第 2 期

刘荣跃："译坛巨匠"是怎样炼成的？——杨武能教授访谈录，《中国翻译》2014 年第 5 期

刘鲜：颜色在中德文化中的联想及翻译，《郑州航空工业管理学院学报（社会科学版）》2014 年第 4 期

钱敏，单春艳：旅游宣传资料翻译中文化因子的移植，《科技视界》2014 年第 36 期

谭克新：德语诗歌文体特征及其翻译策略，《宁波工程学院学报》2014 年第 4 期

王雪，刘蕾：赫尔德翻译语言观对德国浪漫主义时期翻译理论家的影响，《天津大学学报（社会科学版）》2014 年第 4 期

王雪梅：德国功能翻译理论视角下的政治文献英译，《沈阳建筑大学学报（社会科学版）》2014 年第 3 期

温盛妮：跨文化视域下的德汉恭维语对比研究，《山东工会论坛》2014 年第 6 期

谢淼：译介背后的意识形态、时代潮流与文化场域——中国当代文学在两德译介的迥异状况，《比较文学与世界文学》2014 年第 2 期

解黎：奥地利汉学家施瓦茨的《论语》德语译本，《大众文艺》2014 年第 18 期

解黎：德语区汉学界对《论语》之"君子"的解读，《中华文化论坛》2014 年第 1 期

解黎：德语区孔子研究的途径之一——比较，《青年文学家》2014 年第 20 期

解黎：《论语》第一部德语译本及其相关评述，《安徽史学》2014 年第 1 期

徐玲：德汉科技翻译方法及其对教学的启示，《科教导刊》2014 年第 33 期

徐若楠，王建斌：论本雅明的翻译观——以卫礼贤对"道"的译解为例，《西安外国语大学学报》2014 年第 3 期

杨斯静：德语文学在中国的译介与影响，《中国出版》2014 年第 23 期

杨文革，贾一诚：基于德国功能翻译理论的笔译教学新思维，《西安外国语大学学报》2014 年第 3 期

杨武能，熊辉：与日耳曼民族对话的中国人——德语文学翻译家杨武能访谈录，《红岩》2014 年第 S1 期

叶苏：国情及跨文化知识对德语科技翻译培养的重要性，《安徽文学

（下半月）》2014 年第 9 期

于秀伟：德语经济语篇的翻译策略与方法，《语文学刊（外语教育教学）》2014 年第 5 期

俞吾金：如何理解并翻译德语形容词 pragmatisch？，《哲学动态》2014 年第 6 期

张欣：《水浒传》库恩译本的翻译策略及其文化传播价值，《云南师范大学学报（对外汉语教学与研究版）》2014 年第 1 期

周芳蓉：科技德语摄影文本中定语的翻译方法，《才智》2014 年第 32 期

庄超然：解释学视角分析《十个词汇里的中国》德译本，《科技视界》2014 年第 33 期

教 学 法

曹霞：德语教学中创新式写作之提倡，《当代教育理论与实践》2014 年第 2 期

曹芸：以任务型教学法为导向的经济德语课程设置，《语文学刊（外语教育教学）》2014 年第 3 期

常瑞：德语情景化教学法实践探究，《科教导刊（中旬刊)》2014 年第 20 期

常瑞：信息技术环境下的德语教学创新分析，《戏剧之家》2014 年第 5 期

陈鹤：有关德语专业教学三语习得的现状研究，《首都外语论坛》2014 年 00 期

陈婧：浅谈身姿语在德语课堂教学中的运用，《知识经济》2014 年第 3 期

陈婧：浅析基础德语教学中的教学法应用，《青年文学家》2014 年第 6 期

陈默：英德双语应用型人才培养高级阶段德语教学改革构想，《吉林华桥外国语学院学报》2014 年第 S1 期

陈婷，罗琛：从艾宾浩斯遗忘曲线谈德语教学，《科技创新导报》2014

年第 20 期

陈婷，罗琛：德语课堂有效教学探索，《新课程·下旬》2014 年第 6 期

陈婷，罗琛：对于德语二外学习困难学生的教育方法初探，《时代教育》2014 年第 17 期

陈婷，罗琛：多媒体技术辅助德语教学的运用探索，《新课程·中旬》2014 年第 6 期

陈婷，罗琛：合作学习在德语课堂教学中的应用探索，《教育界》2014 年第 24 期

陈婷，罗琛：网络课程教学在德语课程中的建设，《新课程·中旬》2014 年第 6 期

陈婷，罗琛：针对德语词汇学习策略的探索，《教育界》2014 年第 24 期

陈婷，谭芳：对于第二门外语德语有效教学方法初探，《新课程·下旬》2014 年第 6 期

陈婷，谭芳：浅谈如何提高德语二外课堂教学效率，《校园英语》2014 年第 17 期

陈婷，谭芳：针对二外德语课堂的改革初探，《校园英语》2014 年第 17 期

崔娜娜：浅谈高职德语课堂教学中的游戏教学，《科技信息》2014 年第 2 期

董坤：德语专业教学中的因需施教，《佳木斯教育学院学报》2014 年第 5 期

董坤：浅谈德语语法教学，《吉林画报（教育百家 A)》2014 年第 4 期

董琦：德语学习过程中情态小品词与汉语语气词的对比，《陕西教育（高教)》2014 年第 11 期

杜卫华：中国德语专业课程设置的国际比较及改进之建议，《人力资源管理》2014 年第 12 期

杜卫华：中德跨文化交际中的语言词汇陷阱，《现代交际》2014 年第 6 期

范振健：基于语料的德语专业本科高年级学生错误分析，《景德镇高专学报》2014 年第 5 期

高方然：德国高校 DaF 专业教学研究——以莱比锡大学为例，《开封教育学院学报》2014 年第 9 期

高清：《基础德语》模块化教学探索与实践，《湖北科技学院学报》2014 年第 5 期

葛萌：德语语音训练问题与难点分析——以江苏理工学院中德学院德语课堂为例，《时代教育》2014 第 21 期

巩婕：德语跨文化教学的具体可操作性和可测试性探析，《教育教学论坛》2014 年第 25 期

郭祺：媒介与文化认知——德语专业高年级视听说课程的教学理论与实践，《当代教育理论与实践》2014 年第 5 期

洪艳：文化背景知识导入在德语教学中的应用探究，《新校园（上旬刊）》2014 年第 8 期

侯景娟：任务教学法在德语教学中的应用与反思——一项基于德语基础阶段精读课教学的实证研究，《伊犁师范学院学报（社会科学版）》2014 年第 2 期

胡光婷：汉语背景下的德语学习策略研究，《鸭绿江（下半月版）》2014 年第 4 期

胡玉洁：任务导向的高职商务德语教学模块设计，《时代教育》2014 第 11 期

黄新伟：初探中德物流项目德语教学，《教育界》2014 年第 3 期

霍颖楠：从跨文化视角谈法律德语教学，《社科纵横》2014 年第 7 期

霍颖楠：德语专业二年级综合德语课程建设研究，《语文学刊（外语教育教学)》2014 年第 1 期

计姗：德语与汉语情态动词对比研究，《文学教育（下）》2014 年第 3 期

姜丹：大学德语听力教学跨文化交际能力培养，《沈阳农业大学学报（社会科学版)》2014 年第 6 期

蒋瑛："情景交际教学法"在德语语法课堂中的探索，《现代基础教育研究》2014 年第 4 期

金海：利用英语知识提高德语教学效果，《当代教育理论与实践》2014 年第 4 期

孔德明，刘玲玉，常昍：高校德语专业四级考试十年回顾总结与成绩分析，《外语测试与教学》2014 年第 2 期

匡洁：留德学生跨文化能力培养模式研究——以德国国情课为例，《石家庄铁道大学学报（社会科学版）》2014 年第 4 期

雷蕾：概念整合理论下基于二语习得的德语一词多义研究，《哈尔滨职业技术学院学报》2014 年第 5 期

黎东良：德英语互译理论与实践课程研究，《中国大学教学》2014 年第 3 期

黎东良，黎滋培：国内各类出版物里的德汉互译错误及其启示，《黄海学术论坛》2014 年第 1 期

李颖：浅谈英德词汇对比对初级阶段德语学习的正迁移作用，《华章》2014 年第 6 期

李雨桐：关于英语对德语学习的影响探讨，《魅力中国》2014 年第 18 期

梁惠容：德语词汇教学，《语文学刊（外语教育教学）》2014 年第 10 期

林杰：论图片在德语教学中的妙用《教育教学论坛》2014 年第 29 期

林天辉：浅谈自由习作在德语教学中的应用，《牡丹江大学学报》2014 年第 11 期

刘辉：德语教学经验，《中外企业家》2014 年第 12X 期

刘玲玉：情感因素和写作策略对写作成绩的影响，《德语人文研究》2014 年第 2 期

刘庆，刘隽，王勃：德英主从复合句之对比，《陕西教育（高教）》2014 年第 11 期

刘珊珊：大学德语课堂中的词典查阅训练策略，《考试周刊》2014 年第 91 期

刘珊珊：德语同义词辨析——基于词典和语料库的教学模式，《佳木斯职业学院学报》2014 年第 8 期

刘颖：试析影响德语听力训练的因素与对策，《湖北广播电视大学学报》2014 年第 5 期

卢静文，崔惠珍：多媒体技术辅助德语教学的运用探索，《新校园（中旬刊）》2014 年第 10 期

路希：德语翻译教学存在的问题与改革创新，《产业与科技论坛》2014
年第 13 期

路希：德语教学中的互动式教学法探析，《统计与管理》2014 年第 6 期

罗琳：构建新的德语教学模式，《科技资讯》2014 年第 23 期

罗柳梅：微课视角下高中特色校本课程的开发与设计——塘厦中学
"走近德国"系列微课，《课程教学研究》2014 年第 12 期

骆超群：探讨任务导向型教学在德语课堂中的运用，《才智》2014 年
第 35 期

马季珂：浅析情景教学法在旅游德语教学中的使用，《鸭绿江（下半月
版）》2014 年第 9 期

马珊珊：谈德语动词分类对造句的意义，《佳木斯教育学院学报》2014
年第 1 期

莫笛：高职学生德语词汇学习策略分析，《读写算（教育教学研究）》
2014 年第 51 期

莫笛：项目教学法在高职应用德语专业基础课程中的实践，《读写算
（教育教学研究）》2014 年第 43 期

彭薇：关于"3+1"交流项目中本科生德语词汇学习策略使用的实证研
究，《赤子（中旬）》2014 年 14 期

曲冰：德语教学中跨文化交际内容的导入，《读书文摘》2014 年第 8 期

任平：德国中小学的"汉语热"，《上海教育》2014 年第 14 期

任平：德国中小学汉语教学发展现状综述，《新课程研究（上旬刊）》
2014 年第 5 期

阮贞："以教促学法"在德语单词教学过程中的实践，《时代教育》
2014 年第 13 期

商丹妮：德语读写课的实践教学改革，《神州（中旬刊）》2014 年第 2 期

商丹妮：实践性教学改革中德语文学课程的出路，《才智》2014 年第
12 期

宋文博：论德语论文写作的规范要求，《剑南文学（经典阅读）》2014
年第 1 期

孙锦：以跨文化交往为目的的德语习得过程中的中德文化比较学习，

《考试周刊》2014 年第 50 期

孙霖琳，张雪莹：简析德语名词与俄语名词，《科技视界》2014 年第 21 期

汤晖：多媒体教学在大学德语课堂中的应用探究，《科教导刊》2014 年第 27 期

汤晖：浅析大学德语语法教学中语言游戏的应用，《考试周刊》2014 年第 71 期

汤静雯：大学基础德语教学中课程内容组织原则的研究与应用，《湖北函授大学学报》2014 年第 11 期

万云慧：以就业为导向的德语复合型人才培养探讨，《教育与职业》2014 年第 21 期

王晓梅：派生法在德语词汇习得中应用技巧研究，《环球人文地理》2014 年第 20 期

王瑶：浅谈大学基础德语课堂词汇教学，《教育界》2014 年第 12 期

王媛：浅析德语二外教学中迁移策略的应用，《时代教育》2014 年第 3 期

王志强，王爱珊：德国对外文化政策视角下德语对外传播及其实践，《德国研究》2014 年第 4 期

卫茂平：外语专业中文学课的地位及其他——以德语本科为例，《中国大学教学》2014 年第 2 期

文国琴：论大学德语教学中跨文化意识的培养，《重庆交通大学学报（社会科学版）》2014 年第 1 期

巫江天：德语专业四级考试写作题型分析及备考指南，《新校园（上旬刊）》2014 年第 12 期

吴刚：我国高职高专二外德语教学存在的问题及对策，《教育教学论坛》2014 年第 30 期

席琳，朱虹雨：中德合作办学框架下的德语教学问题与教学改革探讨——以青岛科技大学中德科技学院为例，《文教资料》2014 年第 28 期

肖冰雪：德语语言教学方法，《开封教育学院学报》2014 年第 5 期

肖冰雪：论功能交际法在德语教学中的运用，《佳木斯教育学院学报》2014 年第 5 期

谢舒婷：浅谈德语新闻听力技巧，《华章》2014 年第 15 期

谢晓东：把原版德语电影引入大学德语教学的方法，《科教导刊》2014 年第 15 期

徐鸿翔，盛艳：中德合作办学机械专业课程教学实践与探索——以"机械设计基础"课程为例，《职教通讯》2014 年第 21 期

徐丽娜：略谈德语专业人才培养方案改革，《才智》2014 年第 32 期

许洁：浅析实践教学在应用型德语人才综合能力培养中的作用，《时代教育》2014 年第 12 期

薛菲：探究如何培养高职院校学生的德语写作能力，《文理导航（下旬）》2014 年第 3 期

杨秋宁：医学院校开展德语二外教学的实践与思考，《中华医学教育探索杂志》2014 年第 5 期

阴晓辉：三本院校德汉笔译课程的教学实践与探讨，《新教育时代电子杂志（教师版）》2014 年第 16 期

殷世钞：如何将提高语言能力与鉴赏文学相统——对《德语文学选读》课堂设计的探索，《品牌》2014 年第 11 期

于博，唐宁：英德语法中情态动词对比，《课程教育研究》2014 年第 35 期

于豪：浅析项目教学法在德语专业教学中的运用，《卷宗》2014 年第 10 期

于露：德语本科毕业论文写作的文体问题分析及对教学的建议，《新教育时代电子杂志（教师版）》2014 年第 35 期

于涛：德语二语习得学习过程与学习者研究，《中国校外教育》2014 年第 S3 期

于涛：德语学习中的社会语境研究，《课程教育研究》2014 年第 35 期

于涛：德语习得中的英德对比教学，《沈阳大学学报（社会科学版）》2014 年第 3 期

袁媛：民族院校德语二外教学情况及学生兴趣激发策略——以《新编

大学德语》为例，《学园》2014 年第 32 期

岳彦青：德英双语比较之被动态篇探析，《晋中学院学报》2014 年第 5 期

岳彦青：浅谈多媒体技术在德语教学中的应用，《山西经济管理干部学院学报》2014 年第 2 期

岳彦青：试析德语写作的难点及对策，《忻州师范学院学报》2014 年第 6 期

翟宇翚：德语口语课堂教学的纠错方法，《考试周刊》2014 年第 50 期

张冰：德语教学中"5C"标准的实践与探索，《考试周刊》2014 年第 2 期

张婧：英德语音比较在初级德语教学中的应用，《合肥学院学报（社会科学版）》2014 年第 4 期

赵慧：通过框架理论分析现在完成时助动词使用——以英语、法语、德语为例，《语文学刊（外语教育教学）》2014 年第 9 期

郑静雯：论德语教学中文化元素的导入，《求知导刊》2014 年第 7 期

郑静雯：商务德语信函的特征及礼貌原则的应用，《现代交际》2014 年第 5 期

郑启南：浅析高年级阶段双语德语教学中的问题及对策，《才智》2014 年第 12 期

周沁雅：德语情态小品词及其在德语教材中的教学呈现，《时代教育》2014 年第 1 期

周飒：国情文化与德语交流研究，《商业文化》2014 年第 26 期

周文姝，王松：试论交际法语言教学理论在德语教学中的应用，《才智》2014 年第 20 期

朱谕：德语国情教学的发展分析，《吉林省教育学院学报（上旬）》2014 年第 2 期

德 国 研 究

历史政治

[德] 安格莉卡·范特（蔡和平译）：德国公民的社会参与能力及方式分析，《行政管理改革》2014 年第 1 期

[德] 乌塔·格哈特（Uta Gerhardt）（陈琛译）：战后德国的历史反思与再教育，《抗日战争研究》2014 年第 3 期

[日] 宫崎悠，李静和：战后德国与波兰有关历史教科书的对话，《国际政治研究》2014 年第 3 期

柴勃臻：浅析德国绿党生态理念的历史发展，《学理论》2014 年第 26 期

程迈：德国联邦议院党团法律制度研究，《德国研究》2014 年第 4 期

崔文龙：同济医工学堂与德国对华文化政策，《史林》2014 年第 3 期

戴启秀，王志强：德国新政府外交政策调整及走向，《国际观察》2014 年第 4 期

戴问天：《德意志之歌》的演变与德国人对历史的反思，《歌剧》2014 年第 5 期

范丁梁：集体历史意识塑造权之争——1980 年代的联邦德国政党关于历史政策的争论，《浙江学刊》2014 年第 5 期

范丁梁，吕一民：历史社会科学：联邦德国史学领军流派崛起之路，《浙江大学学报（人文社会科学版）》2014 年第 5 期

傅安洲，吴国斌：德国文化教育学的哲学倾向对二战后政治教育的影响，《武汉大学学报（人文科学版）》2014 年第 2 期

耿喃喃：联邦德国历史课与对二战历史的反思，《西安电子科技大学学报（社会科学版）》2014 年第 3 期

何任远：自由与统一：穿越德意志历史的建筑之旅，《南风窗》2014 年第 25 期

何旭：两株奇花"改变"欧洲史，《人事天地》2014 年第 12 期

黄发红：德国是这样反思历史的，《当代社科视野》2014 年第 8 期

黄晓丹：德国政治生态环境下的女性政治参与，《妇女研究论丛》2014

年第 2 期

景德祥：中德历史主义学派之比较——兼论历史主义学派的总评价，《甘肃社会科学》2014 年第 4 期

匡宇：德国历史学家之争：对历史修正主义的批判与辩护，《北京师范大学学报（社会科学版）》2014 年第 4 期

李超：德国"积极外交政策"评析，《现代国际关系》2014 年第 9 期

李富森：近代德意志民族主义产生原因探析，《内江师范学院学报》2014 年第 9 期

李其荣：建立起自己正向的历史：德国难民政策及其影响，《学海》2016 年第 4 期

李宗强：德国语言规划与政策简论，《湖北经济学院学报（人文社会科学版）》2014 年第 5 期

林纯洁：政教关系的重建：马丁·路德与近代政治的起源，《世界宗教研究》2014 年第 5 期

刘慧：德国左翼党的历史、现状及未来，《党政研究》2014 年第 3 期

罗盘：魏玛德国晚期的民众心态与纳粹党的崛起，《理论界》2014 年第 2 期

吕晗子：德国如何走上赎罪之路，《兰台内外》2014 年第 2 期

吕一民，范丁梁："克服过去"：联邦德国如何重塑历史政治意识，《人民论坛·学术前沿》2014 年第 10 期

马觉：中国应该找到自己的方式——汪晖教授对话前西德总理赫尔穆特·施密特，《南风窗》2014 年第 6 期

孟钟捷：从德国范式看公众史学争议的起因、进程与影响，《江海学刊》2014 年第 2 期

孟钟捷：德国历史中的"国家"，《华东师范大学学报（哲学社会科学版）》2014 年第 4 期

孟钟捷：国家演进史中的治理结构重建——德国"独特道路论"再思考，《人民论坛·学术前沿》2014 年第 10 期

孟钟捷：一位"入戏的观察者"：德裔美国史学家弗里茨·斯特恩，《史学理论研究》2014 年第 3 期

裴元伦：德国如何在大变革中保持社会稳定，《中国中小企业》2014
年第 2 期

阮一帆，李战胜，傅安洲：20 世纪 60 年代末大学生运动与联邦德国
政治教育的变革，《高等教育研究》2014 年第 8 期

尚慧霞，姜春晖：战后初期德意志民族的政治抉择，《长春师范学院学
报》2014 年第 1 期

史秋菊，陈建：关于德国社会民主党转型的历史考察，《湖南工业大学
学报（社会科学版）》2014 年第 5 期

孙立新：联邦德国"新右派"历史修正主义批判，《史学史研究》2014
年第 4 期

孙涛：爱尔福特纲领：历史与辩证的考量——对德国社会民主党 1891
年纲领的再认识及启示，《理论建设》2014 年第 5 期

孙文沛：20 世纪 60 年代联邦德国二战历史教育的变革——以阿多诺
社会批判思想为背景，《武汉大学学报（人文科学版）》2014 年第
2 期

谭鹏：德国社会民主党"新中间道路"的理念、实践与启示，《中国浦
东干部学院学报》2014 年第 5 期

王宏波：浅论 20 世纪德国两次民主制度替代专制制度的国际因素，
《史学理论研究》2014 年第 4 期

王建礼：《共产党宣言》1883 年德文版序言研究——兼论当代社会主
义运动相关问题，《江西师范大学学报（哲学社会科学版）》2014
年第 4 期

吴黎明：德国版的"为官不易"，《当代社科视野》2014 年第 5 期

吴黎明：为官不易且看德国如何，《共产党员（河北）》2014 年第 8 期

于乐：德国"新中间派政策"的理论基础——浅析何谓"第三条道
路"，《辽宁行政学院学报》2014 年 11 期

张丽，李姣婷：政党制度与政治稳定的关系分析——以德国和泰国的
政党制度为例，《传承》2014 年第 3 期

张鹏：论德国社会民主党纲领发展轨迹，《才智》2014 年第 27 期

张盛发：俄罗斯和德国在历史反思问题上的分歧与争论，《俄罗斯东欧

中亚研究》2014 年第 1 期

张添翼：政治哲学的视界转换——重释马克思与青年黑格尔派的分歧，
《学术界》2014 年第 3 期

张文红：永不停息的改革者——德国社民党的历史成就与现实挑战，
《人民论坛·学术前沿》2014 年第 10 期

张颖，李林蔚，程冬梅，王若楚：二战前犹太人和德意志人共生现象
研究——以门德尔松为例，《才智》2014 年第 9 期

张紫玥：浅论德国政治文化中的"纯粹"文化，《长春教育学院学报》
2014 年第 11 期

赵俊杰：从默克尔"变脸"看德国对华政策调整，《世界知识》2014
年第 15 期

郑春荣，朱金锋：从乌克兰危机看德国外交政策的调整，《同济大学学
报（社会科学版）》2014 年第 6 期

朱金锋：浅议当今德国议会制度同历史上魏玛共和国时期议会制度的
渊源，《黑龙江史志》2014 年第 20 期

朱孝远：国家主权与现代政治秩序之基——德国的宗教改革与国家教
会关系演变，《人民论坛·学术前沿》2014 年第 10 期

祝捷：论德国联邦议院议席分配制度与选举平等原则——以联邦宪法
法院的判决为中心，《德国研究》2014 年第 4 期

社会教育

[德] 迪尔·雷瓦德（Till Rehwaldt）（夏欣译）：德国的风景园林教育，
《中国园林》2014 年第 11 期

陈学金：德国教育人类学的理论渊源与发展脉络，《复旦教育论坛》
2014 年第 4 期

戴洪萍，郭兰中，陈友洋，李学军：中德合作办学模式下的学生管理
工作探索——以常熟理工学院中德合作办学项目为例，《武汉商学
院学报》2014 年第 6 期

德意：德国大学的录取标准，《侨园》2014 年第 9 期

邓小米：中德合作办学"专业＋语言"模式的优势与困境，《武汉商学院学报》2014 年第 4 期

丁振铎：中德职业教育历程比较及我国职业教育发展对策，《黑龙江生态工程职业学院学报》2014 年第 2 期

董坤：通过校企合作实践基地培养德语专业人才的职场能力，《吉林广播电视大学学报》2014 年第 5 期

董英娟，白涛：中德合作办学的学生特点分析及对策，《现代企业教育》2014 年第 20 期

高金：浅谈德语专业未来就业方向，《中学生导报（教学研究)》2014 年第 4 期

高萍萍：从人员输出到技术输出的校企合作之路——德国职业教育考察思考，《中国现代教育装备》2014 年第 16 期

桂雯雯：高职德语商务技能型人才培养探索，《青年与社会》2014 年第 12 期

韩璐璐：德国高等教育对我国应用型人才培养的启示，《知识经济》2014 年第 24 期

侯超：独立学院转型发展过程中的高年级德语课程建设研究，《青年科学（教师版)》2014 年第 7 期

黄崇岭，[法] Odile Schneider-Mizony：德国高等教育英语化现象及其中国式解读，《语言教育》2014 年第 2 期

黄扬：歌德学院在中国的历史发展述评，《学周刊》2014 年第 28 期

李童悦子，李欣忆：德国英语探究，《英语广场（学术研究)》2014 年第 7 期

李霄：浅析中国特色现代大学制度内部管理的民主化趋势——德国大学民主管理传统带来的启示，《知识经济》2014 年第 12 期

李志明，邢梓琳：德国的社会救助制度，《中国民政》2014 年第 10 期

刘建兵：德国教育管理体制特色及启示，《教育与职业》2014 年第 1 期

刘小湄：打开德国之门的金钥匙——记苏教国际歌德语言中心，《国际人才交流》2014 年第 11 期

陆霞：德国职业教育学生数量或减少，《世界教育信息》2014 年第 15 期

路云：德国汉语教学现状与汉语推广策略的思考，《聊城大学学报（社会科学版）》2014 年第 2 期

罗毅：德国高校就读学生 10 年增长 60 万，《世界教育信息》2014 年第 3 期

罗毅：歌德学院推动德语在全球范围内加速传播，《世界教育信息》2014 年第 3 期

罗元云：试论十九世纪德国柏林大学成功的奥秘——品读《德国大学与大学学习》的一点启示，《湖北科技学院学报》2014 年第 1 期

马静：对德国汉语学习现状的若干思考，《学术论坛》2014 年第 5 期

毛小红：德国中小学教材出版业现状与发展困境，《中国出版》2014 年第 3 期

孟钟捷：试析魏玛德国失业保险体制的建立，《华东师范大学学报（哲学社会科学版）》2014 年第 22 期

彭琰：中德高等职业教育合作的新状况，《邢台职业技术学院学报》2014 年第 6 期

齐迹：德国高校英语学位课程对外语教学定位的启示，《陕西教育（高教）》2014 年第 11 期

秦天宝，扶怡：德国法学教育的新发展及对我国的启示，《江苏大学学报（社会科学版）》2014 年第 5 期

覃丽君：德国教师教育政策的历史变迁与发展特征，《教师教育学报》2014 年第 4 期

全守杰：包尔生与德国大学的研究——基于中译本《德国大学与大学学习》的研究，《教育与教学研究》2014 年第 1 期

师慧丽：德国职教教师教育专业课程设置的特征及启示——以科隆大学经济教育专业为例《比较教育研究》2014 年第 12 期

孙蓓，秦飞：德国警察大学精英化教育特色初探，《甘肃警察职业学院学报》2014 年第 3 期

孙进：德国：不让移民学生输在起跑线上，《辽宁教育》2014 年第 14 期

孙立峰：德国汉语教学现状与汉语国际教育硕士能力培养，《国际汉语教育》2014 年第 1 期

孙文沛，傅安洲：中德两国二战历史教育比较及启示，《理论月刊》
2014 年第 2 期

汤晓华：斯图加特职业教育第一印象，《职业技术教育》2014 年第 30 期

王梦洁：德国大学生数量过多或影响国家经济发展，《世界教育信息》
2014 年第 10 期

王薇：歌德学院的发展及启示，《公共外交季刊》2014 年第 3 期

韦应珠，罗少芳，曹锐：从德国"双元制"职业教育看中国高职校企
合作机制的现状及问题，《才智》2014 年第 28 期

吴刚，李晋：浅谈歌德学院对孔子学院发展的借鉴，《郑州牧业工程高
等专科学校学报》2014 年第 3 期

伍慧萍："融入"的现实困境与文化冲突——德国的移民政策和外来移
民运动，《人民论坛·学术前沿》2014 年第 8 期

武慧：跨文化视角下的中德教育对比，《魅力中国》2014 年第 23 期

徐纯，钱逸秋，黄利非：借鉴与创新——认识德国的应用技术大学，
《天津市经理学院学报》2014 年第 3 期

徐聪：德国企业参与双元制职业教育的因素分析，《职业技术教育》
2014 年第 16 期

徐聪：对德国公共养老金体系演进历史的反思，《经济研究导刊》2014
年第 21 期

徐飞：德国历史上职业教育师资培训模式研究分析，《黑龙江史志》
2014 年第 7 期

严寒，王鑫：浅析应用型德语人才的能力构成，《教育界》2014 年第
12 期

阎妍：高职院校德语专业毕业生就业前景与对策，《林区教学》2014
年第 7 期

阎妍：论高职院校德语专业人才的培养，《林区教学》2014 年第 2 期

杨荣：德国"双轨制"应用科技大学对中国高等教育的借鉴意义，《河
池学院学报》2014 年第 4 期

易琦，龚剑琴，范雨晴，黄虹彰：关于高校德语及其他小语种学生就
业前景及现状的调查报告，《人力资源管理》2014 年第 11 期

于喆，曲铁华：德国跨文化教师教育改革的发展与新动向，《东北师大学报（哲学社会科学版）》2014 年第 6 期

于喆，曲铁华：可持续发展教育背景下德国职前教师教育改革的新动向及启示，《教师教育研究》2014 年第 1 期

曾繁相：德国职业教育发达的历史与现实成因及其对我国职业教育的启示，《教育与职业》2014 年第 5 期

张春鹏，赵阳：德国"双元制"教育对我国职业教育的发展启示，《黑龙江科学》2014 年第 10 期

朱剑，睦依凡，俞婷婕，田小红，王占军：德国新型教师教育组织机构解读——基于洪堡大学教育专业学院和柏林自由大学教师教育中心的考察，《浙江师范大学学报（社会科学版）》2014 年第 6 期

庄庆松：德国小学课程与教学，《江西教育》2014 年第 31 期

庄庆松：德国中小学教师队伍建设，《江西教育》2014 年第 25 期

文化艺术

[奥] 伊莎贝拉·魏特（Isabel Wolte）（吴泽源译）：德语电影：为何特殊？《北京电影学院学报》2014 年第 1 期

蔡天新：维也纳：音乐之都，《地图》2014 年第 5 期

陈媛媛：浅析德国新媒体艺术特点，《大众文艺》2014 年第 22 期

褚晓冬：钢琴伴奏的艺术特色与演奏方法——以舒曼声乐套曲《诗人之恋》为例，《大舞台》2014 年第 5 期

戴彧斐，肖梅：舒曼钢琴套曲《童年情景》的艺术特色，《大舞台》2014 年第 4 期

董永刚：谈德国艺术歌曲的演唱——以勃拉姆斯《五月之夜》为例，《歌海》2014 年第 2 期

甘霞明："形象的回归"与"否"——德国新表现主义的文化语境问题，《天津美术学院学报》2014 年第 1 期

韩晴：《格林童话》中的德国文化，《戏剧之家（上半月）》2014 年第 6 期

何雨露：音乐与死亡——浅析《菩提树》一曲在小说《魔山》中的意义，《安徽文学（下半月）》2014 年第 11 期

侯富春：歌剧精神的完美诠释者——评德国花腔女高音歌唱家狄安娜·达姆娆的歌唱艺术，《艺境（山西艺术职业学院学报）》2014 年第 Z1 期

胡泽：史塔西治下的艺术存活——从《窃听风暴》看民主德国高品质艺术怪相，《电影评介》2014 年第 9 期

欢欢：多才多艺的德国女性艺术家伊萨·根泽肯，《公共艺术》2014 年第 3 期

姜涛：贝多芬艺术歌曲的创作特色研究，《邢台学院学报》2014 年第 1 期

孔婧倩：德国移民电影作为跨文化教育的媒介——以电影"恐惧吞噬心灵"为例，《德语人文研究》2014 年第 1 期

孔一铭：浅析舒伯特的艺术歌曲《纺车旁的玛格丽特》，《黄河之声》2014 年第 10 期

李楚婧：中国民间剪纸艺术与德国表现主义的人物造型比较研究，《美术教育研究》2014 年第 3 期

李建晶：德国世遗小城——班贝格，《中外建筑》2014 年第 1 期

李敬波：德国艺术歌曲与舒曼声乐套曲 OP.39 的思想内涵，《艺术研究》2014 年第 1 期

李黎阳：德国现代艺术（一），《中国美术》2014 年第 3 期

李黎阳：零是起点，通向无限——德国零派新理想主义的艺术观解读，《美术》2014 年第 10 期

李耀然：浅析舒曼声乐作品的风格与特点，《音乐时空》2014 年第 11 期

李勇：真实的历史记录——现实主义绘画在德国的发展，《艺术科技》2014 年第 5 期

林鸿，江牧：一战后德国现代主义设计诞生的社会深层因素，《苏州大学学报（哲学社会科学版）》2014 年第 6 期

刘晓冰：莱茵河畔的绿色古都——波恩——访德国波恩市长约尔根·尼姆迟先生，《中华建设》2014 年第 10 期

刘雨雄：从马库斯•吕佩尔兹的艺术观看德国新表现主义绘画，《艺术教育》2014 年第 6 期

刘雨雄：探析德国"新表"怪杰马库斯•吕佩尔茨的艺术风格，《艺术与设计（理论）》2014 年第 3 期

罗岚：解析德国式艺术教育，《戏剧之家》2014 年第 11 期

马兴智：浅谈德国艺术歌曲中语言与音乐的特点，《音乐时空》2014 年第 6 期

倪郡："利德"暨德语艺术歌曲的特点及在中国声乐教育中的现状，《音乐时空》2014 年第 16 期

潘龙瑞：德奥艺术歌曲教学实践中的歌唱语言训练——兼以实践教学《Der Lindenbaum》（菩提树）为例析，《艺术研究》2014 年第 4 期

齐丽花：德国当代音乐创作特征探究，《济南大学学报（社会科学版）》2014 年第 5 期

秦丽丽：莱妮•里芬斯塔尔的极端形式主义美学论——以《德意志的胜利》为例，《今传媒》2014 年第 12 期

邱红：论莱辛艺术思想的社会逻辑，《四川戏剧》2014 第 4 期

荣豫川：舒曼声乐套曲《妇女的爱情与生活》的艺术特征，《大舞台》2014 年第 8 期

申桂红：德国艺术歌曲的特点及表现，《河南农业》2014 年第 6 期

苏菊，张更生：德国作曲家门德尔松《随想回旋曲》作品解析，《民族音乐》2014 年第 6 期

苏隐：迈克尔•法斯宾德：小心！鲨鱼出没，《优雅》2014 年第 5 期

孙怡雯：浅析电影《香水——一个杀人犯的故事》中的自然元素，《时代青年•视点》2014 年第 12 期

王林：德国电影《死亡实验》的角色分析——以埃里希•弗洛姆的"逃避机制"为理论依托，《菏泽学院学报》2014 年第 1 期

王睿：浅析德占时期青岛中西建筑文化的碰撞与交融，《黑龙江史志》2014 年第 20 期

王志强，王爱珊：德国对外文化政策视角下德语对外传播及其实践，《德国研究》2014 年第 4 期

魏智子：浅论德意志画家阿尔特多费尔的风景画，《美术大观》2014年第 1 期

萧蕾，谷明，陈坚：历史街区活化的景观策略——以德国慕尼黑"五个院子"和成都宽窄巷子为例，《建筑与文化》2014 年第 8 期

许晓薇：布莱希特戏剧美学思想在音乐表演中的应用，《北方音乐》2014 年第 5 期

闫海波，李晋娜：浅谈德国的动画艺术短片，《绥化学院学报》2014年第 8 期

杨建培：德国人时间观的文化解析，《河南广播电视大学学报》2014年第 3 期

杨宁，邹威：德国建筑师哈迪·特拉尼作品浅析，《中外建筑》2014 年第 7 期

杨善友：拉贝纪念馆：和平形象的传播者，《公共外交季刊》2014 年第 3 期

杨云飞：安塞姆·基弗的绘画风格与艺术观，《前沿》2014 年第 Z5 期

喻添旧：梦幻月色凝固在湖畔小镇，《旅游纵览》2014 年第 9 期

张宝华：20 世纪西方音乐概览（之三）表现主义音乐——贝尔格与韦伯恩，《音乐生活》2014 年第 5 期

张斐：德国讨论在跨文化日耳曼学中的意义——以《德国论争 1945—2005》中的四篇文章为例，《山西农业大学学报（社会科学版）》2014 年第 12 期

张光辉：德国文化产业与媒体发展印象，《新闻爱好者》2014 年第 4 期

张洪侠：德奥艺术歌曲在我国声乐教学上的价值探索，《南京艺术学院学报（音乐与表演）》2014 年第 3 期

张荣生：德国雕塑家恩斯特·巴拉赫，《外国文学》2014 年第 5 期

赵海龙：电影《再见列宁》的叙事策略，《电影文学》2014 年第 11 期

赵琳宇：当代艺术评论品格谈——从舒曼音乐评论说起，《艺术评论》2014 年第 10 期

赵艳妮：从艺术实验感知现实世界——德国艺术家艾娃·莳藤，《美术文献》2014 年第 1 期

钟怡：德奥、法国艺术歌曲的风格比较，《教师博览（科研版）》2014
年第 3 期

朱宏昆：浅析舒伯特艺术歌曲——《致音乐》为例，《戏剧丛刊》2014
年第 4 期

左丹婷：20 世纪德国频谱音乐的溯源与发展，《济南大学学报（社会
科学版）》2014 年第 5 期

哲学美学

[德] 玛丽娜·冯·贝科娃：马克思的哲学贡献——以马克思对德国观念
论的继承与评判为视角，《社会科学辑刊》2014 年第 3 期

[德] 汤姆·洛克莫尔（Tom Rockmore）（崔晨译）：如何理解作为一种
观念论的马克思哲学——马克思以及马克思主义与德国观念论的
关系研究，《江苏社会科学》2014 年第 5 期

[德] 沃尔夫冈·韦尔施（Wolfgang Welsch）（张蕴艳译）：重审"超越
美学的美学"，《江汉学术》2014 年第 6 期

白顺清，陆杰荣：论马克思实践真理观的内涵，《理论月刊》2014 年
第 7 期

白彤东：恻隐之心的现代性本质——从尼采与孟子谈起，《世界哲学》
2014 年第 1 期

毕照卿，周立秋：马克思类本质理论的逻辑进程，《长春工业大学学报
（社会科学版）》2014 年第 2 期

蔡文举：从直接性到中介性——洛克和莱布尼茨的观念学说探析，《延
边党校学报》2014 年第 1 期

蔡学英：谢林哲学中的自我意识，《江西社会科学》2014 第 10 期

陈嘉映：实践 / 操劳与理论，《同济大学学报（社会科学版）》2014 年
第 1 期

陈维荣，姚爱琴：康德和亚里士多德哲学实践范畴比较，《甘肃高师学
报》2014 年第 6 期

陈维荣，张红岩：康德哲学实践范畴本质研究，《甘肃高师学报》2014

年第 1 期

陈晓斌：重构"哲学"与"现实"的关系——论马克思对黑格尔法权
　　体系的批判路径，《天津社会科学》2014 年第 5 期

陈晓川：康德与黑格尔论个体道德性之确立，《海南广播电视大学学
　　报》2014 年第 2 期

陈奕诺：浅析马克思思想形成过程中赫斯的影响，《中国职工教育》
　　2014 年第 6 期

陈永宝：大众化：马克思主义研究的现实转向，《长春理工大学学报
　　（社会科学版）》2014 年第 10 期

成诚：马克思辩证法和黑格尔辩证法的区别，《改革与开放》2014 年
　　第 2 期

程彪，张艳辉：先验演绎与"现象学演绎"——康德和黑格尔对概念
　　客观有效性的论证，《理论月刊》2014 年第 12 期

程晓：感性活动是马克思哲学的批判基础，《学理论》2014 年第 13 期

崔剑齐：《德意志意识形态》中的唯物史观思想论析，《世纪桥》2014
　　年第 5 期

邓安庆：谢林后期哲学研究，《云南大学学报（社会科学版）》2014 年
　　第 3 期

都岩：康德—费希特哲学对马克思学生时期思想发展的影响，《马克思
　　主义与现实》2014 年第 2 期

冯景源：关于马恩唯物史观的"龙种"和"跳蚤"关系的几个问
　　题——重读《德意志意识形态》，《东南学术》2014 年第 2 期

付媛，苏百义：叔本华的悲观主义哲学——由生存意志谈起，《牡丹江
　　大学学报》2014 年第 11 期

傅安洲，吴国斌：德国文化教育学的哲学倾向对二战后政治教育的影
　　响，《武汉大学学报（人文科学版）》2014 年第 2 期

高桦：狄尔泰生命释义学的起源，《浙江学刊》2014 年第 6 期

高惠芳：青年马克思：思辨的方法通向经验的方法的革命，《湖北社会
　　科学》2014 年第 12 期

高宣扬：法德哲学交流对世界文明发展的意义，《深圳大学学报（人文

社会科学版)》2014 年第 6 期

耿品：德国古典哲学并未"终结"，《赤峰学院学报（汉文哲学社会科
学版)》2014 年第 8 期

顾伟伟：马克思主义哲学史的"体系性"否定，《学术研究》2014 年
第 4 期

关子尹：黑格尔与海德格尔——两种不同形态的同一性思维，《同济大
学学报（社会科学版)》2014 年第 1 期

郭铠毓，王玲杰：早期关于人的本质论断嬗变的深层逻辑——基于
《〈黑格尔法哲学批判〉导言》的文本之思，《宜宾学院学报》2014
年第 3 期

韩振华：王国维接受叔本华哲学、美学的双重诱因，《连云港师范高等
专科学校学报》2014 年第 3 期

郝建国：《费尔巴哈论》：一部系统阐释马克思主义世界观的经典之作，
《领导之友》2014 年第 1 期

何丽野：马克思要"消灭"和"实现"的是什么哲学？，《哲学动态》
2014 年第 5 期

贺来：哲学理论创新的基本要素：以德国古典哲学研究为个案，《江海
学刊》2014 年第 1 期

胡继华：自然道说宇宙悲情——德国观念论视野下的风景画美学，《艺
术百家》2014 年第 5 期

胡万年：康德的实在性与现实性的存在论区分与关联——基于康德存
在论题的视角，《同济大学学报（社会科学版)》2014 年第 3 期

黄芸花：马克思意识形态理论的科学分析，《经济与社会发展》2014
年第 6 期

金香花：比较哲学视域中康德与退溪的道德形而上学证明，《辽宁大学
学报（哲学社会科学版)》2014 年第 6 期

李道志，黄明理：马克思《＜黑格尔法哲学批判＞导言》中理论自觉
思想及其当代价值，《牡丹江大学学报》2014 年第 10 期

李娟：从道德政治到审美乌托邦的建构——现代性批判视野中的席勒
美学思想，《文艺理论研究》2014 年第 1 期

李龙：重构马克思主义美学的历史维度，《中国人民大学学报》2014年第 3 期

李辁：艺术起源批判及现代艺术的黑色理想——阿多诺关于艺术的审美理论之思，《同济大学学报（社会科学版）》2014 年第 6 期

李天一：论《拉奥孔》的美学思想及启蒙价值，《戏剧之家》2014 年第 13 期

李毅：马克思对黑格尔市民社会理论的继承与批判，《中共山西省直机关党校学报》2014 年第 4 期

李泽中：马克思《1844 年经济学哲学手稿》中的异化劳动思想，《理论观察》2014 年第 12 期

李志强：唯物史观视野中的自由及其秩序——论马克思和恩格斯道德哲学的基本点及其对德国古典自律他律思想的批判，《理论探讨》2014 年第 3 期

刘冲，翟洪利：浅析康德法哲学中的法与道德，《品牌》2014 年第 3 期

刘海：基于科学认知的自律性诉求——汉斯立克自律论音乐美学思想探微，《艺术探索》2014 年第 3 期

刘怀玉，章慕荣：马克思主义认识论：从历史回顾到当代追问，《学习与探索》2014 年第 6 期

刘江红：康德教育哲学思想探析，《太原理工大学学报（社会科学版）》2014 年第 4 期

刘婧，王德庆：论黑格尔美学中的"理想"，《科教文汇（上旬刊）》2014 年第 11 期

刘娟，文丰：浅析康德历史哲学的基本特点，《科技视界》2014 年 32 期

刘倩含：试论马克思主义哲学与传统哲学的对比，《品牌（下半月）》2014 年第 8 期

刘森林：何为"现实"：马克思与尼采的启示，《哲学研究》2014 年第 1 期

刘森林：面向现实的无能：尼采论虚无主义的根源，《学术月刊》2014 年第 12 期

刘尚明：施特劳斯对德国虚无主义的思考，《广东社会科学》2014 年

第 4 期

刘兴盛：浅谈哲学的批判本性——以康德对笛卡尔认识论的反思为例，《广东技术师范学院学报》2014 年第 9 期

刘兴章：论叔本华作为意志和表象的身体理论——兼评叔本华的悲情人生观，《求索》2014 年第 3 期

卢文忠：莱布尼茨哲学本体论探究，《常州大学学报（社会科学版）》2014 年第 2 期

鲁品越：祛魅与颠倒：两种唯物主义的方法论根源——兼论《黑格尔法哲学批判》的奠基性意义，《学术研究》2014 年第 12 期

罗久：纯粹理性的虚无主义——论雅可比的康德批判及其信仰主义哲学，《湖北大学学报（哲学社会科学版）》2014 年第 6 期

马立党：《德意志意识形态》中的意识形态理论及其价值与当代启示，《理论月刊》2014 年第 1 期

毛子昂：《德意志意识形态》对意识形态的批判与超越，《安徽冶金科技职业学院学报》2014 年第 3 期

梅岚：世界其实并非如此，世界可能不止如此——评《如何改变世界：马克思和马克思主义的传奇》，《中国图书评论》2014 年第 8 期

倪梁康：现象学与心理学的绞缠——关于胡塞尔与布伦塔诺的思想关系的回顾与再审，《同济大学学报（社会科学版）》2014 年第 3 期

潘峻岭：马克思"新唯物主义"与费尔巴哈哲学在哲学功能与使命上的差异，《湖北社会科学》2014 年第 5 期

潘业强，张玉洁，赵金科：论尼采的重估一切价值，《延边党校学报》2014 年第 6 期

庞学铨，王俊：重视当代德语哲学的译介与研究，《浙江学刊》2014 年第 2 期

彭燕韩：中式辩证法与黑格尔的否定之否定——谈"曲直交替律"，《学术评论》2014 年第 2 期

溥林：否定形而上学，延展形而上学？——对 Sein und Zeit 核心思想的一种理解，《同济大学学报（社会科学版）》2014 年第 1 期

乔戈：青年马克思批判方法再研究——一项基于"黑格尔法哲学批判"

的诠释，《广西师范学院学报（哲学社会科学版）》2014年第4期

乔戈："虚无"的颠覆与再奠基——从海德格尔"尼采问题"解释的限度来看，《现代哲学》2014年第2期

阮玉春：马克思早期思想的两次转变探析——以人本主义逻辑演进为线索，《佳木斯大学社会科学学报》2014年第6期

阮媛：论黑格尔《法哲学》中的自由概念，《兰州学刊》2014年第2期

尚伟，成雪峰：尼采哲学中的战争伦理思想探析，《唐都学刊》2014年第6期

佘诗琴：弗兰克对哈贝马斯主体间性思想的批判，《哲学动态》2014年第10期

石灵慧："批判的武器"与"武器的批判"——对《〈黑格尔法哲学批判〉导言》的解读，《学理论》2014年第15期

舒志锋：康德与浪漫主义的兴起，《海南师范大学学报（社会科学版）》2014年第9期

宋希仁：论马克思恩格斯的自律他律思想，《马克思主义与现实》2014年第2期

苏建华：探寻布莱希特戏剧美学思想之马克思主义根源，《艺术评论》2014年第12期

孙淑桥：《德意志意识形态》中的意识形态概念探析，《佳木斯大学社会科学学报》2014年第4期

孙周兴：永恒在瞬间中存在——论尼采永恒轮回学说的实存论意义，《同济大学学报（社会科学版）》2014年第5期

唐永，徐军：马克思对无产阶级历史使命的初次探索——《＜黑格尔法哲学批判＞导言》文本解读的四重维度，《中国矿业大学学报（社会科学版）》2014年第3期

田颖：谈叔本华对康德的批判，《学理论》2014年第5期

汪希：康德哲学的定位：批判哲学、先验哲学和科学形而上学，《同济大学学报（社会科学版）》2014年第3期

汪希达：民主：一场虚无主义运动——尼采的一个不合时宜的评判，《现代哲学》2014年第2期

汪正龙：马克思的感性论与 20 世纪美学的感性解放，《学习与探索》2014 年第 5 期

王聃，周秋立：马克思主义实践观及当代价值，《河北企业》2014 年第 7 期

王南湜：马克思哲学的近康德阐释（上）——其意谓与必要性，《社会科学辑刊》2014 年第 4 期

王庆节：超越、超越论与海德格尔的《存在与时间》，《同济大学学报（社会科学版）》2014 年第 1 期

王晓龙：唯识学对叔本华哲学认识结构的可能影响——叔本华哲学中东方哲学元素初探，《四川职业技术学院学报》2014 年第 3 期

王媛：尼采的超人哲学及其对现代中国的影响——有感于《查拉图斯特拉如是说》，《企业导报》2014 年第 22 期

温纯如：康德理性及其理论——实践二重化理论与哲学繁荣，《江淮论坛》2014 年第 2 期

吴建国，萧玲：马克思自然哲学思想"源头"考，《马克思主义研究》2014 年第 11 期

吴铁柱：二战后联邦德国"文化国家"战略与尧斯接受美学理论之关系，《学术交流》2014 年第 10 期

吴悦，谢佳，李琦：世界历史理论：浅析黑格尔与马克思理论逻辑的联系与区别，《长春教育学院学报》2014 年第 13 期

武茂昌：闪耀着历史唯物主义光芒的五封书信——恩格斯历史唯物主义书信的主要观点与简析，《前线》2014 年第 11 期

项武生：指导共产党人前进的强大思想武器——重读《路德维希·费尔巴哈和德国古典哲学的终结》，《奋斗》2014 年第 2 期

谢地坤：如何理解康德哲学——《纯粹理性批判》中一些概念的辨析，《哲学研究》2014 年第 8 期

徐浩：论德国古典历史主义及其演变，《贵州社会科学》2014 年第 11 期

徐梦：从《费尔巴哈论》看德国古典哲学的谢幕——兼论恩格斯的新哲学观，《河南商业高等专科学校学报》2014 年第 6 期

徐卫翔：一瓶浓缩了西方思想史的《香水》，《同济大学学报（社会科

学版)》2014 年第 5 期

薛媛：浅析德国"双元制"职业教育课程模式中的哲学思想，《教育教学论坛》2014 年第 11 期

杨君：政治的道德基础：从卢梭到马克思，《河南大学学报（社会科学版)》2014 年第 5 期

杨尚鸿，李欣童：试析《香水》中的嗅觉现象学与死亡美学，《电影文学》2014 年第 5 期

杨寿堪：海德格尔哲学思想与现代西方哲学的"转向"，《中国高校社会科学》2014 年第 4 期

杨燕：叔本华悲观主义哲学在《无名的裘德》中的体现，《辽宁工程技术大学学报（社会科学版)》2014 年第 1 期

杨一博：环境美学视域下的德国浪漫主义自然观，《郑州大学学报（哲学社会科学版)》2014 年第 6 期

尹岩松：父权体制下的男性霸权——论弗洛伊德对女性的歧视，《云南民族大学学报（哲学社会科学版)》2014 年第 2 期

苑秀丽：学习和运用历史唯物主义全面深化改革——学习《德意志意识形态》关于历史唯物主义的论述，《思想政治教育研究》2014 年第 4 期

张盾，袁立国：论马克思与古典政治经济学的理论渊源，《哲学研究》2014 年第 3 期

张沛锋：德国哲学家泡尔生对毛泽东体育思想的影响，《内蒙古师范大学学报（教育科学版)》2014 年第 8 期

张添翼：政治哲学的视界转换——重释马克思与青年黑格尔派的分歧，《学术界》2014 年第 3 期

张薇薇：尼采的"大地"与中国之天命观：法则展开之源叙事，《政法论坛》2014 年第 6 期

张旭，张惠颖：浅论叔本华与尼采的生命哲学，《长春理工大学学报（社会科学版)》2014 年第 6 期

张艳萍：马克思人的解放思想研究——以《＜黑格尔法哲学批判＞导言》为例，《中共济南市委党校学报》2014 年第 6 期

张一：荒芜与流光——Isa Genzken 的废墟美学，《东方艺术》2014 年
　　第 7 期

张玉能：蒋孔阳与中国当代美学发展——蒋孔阳的德国古典美学研究，
　　《社会科学战线》2014 年第 10 期

张韵琪：爱德华·封·哈特曼《道德意识现象学》的意识架构解读，
　　《商》2014 第 16 期

张再林：从尼采的世界到《周易》的世界，《周易研究》2014 第 6 期

张政文：感性的思想谱系与审美现代性的转换，《中国社会科学》2014
　　年第 11 期

张政文，吴铁柱：论二战后德国美学与国家文化政策的相向关系，《哲
　　学研究》2014 年第 9 期

赵敦华：德国哲学的第二个"四十年"：黑格尔之后到现象学诞生的
　　过渡，《学术交流》2014 年第 5 期

赵敦华：马克思的批判哲学和启蒙时代精神的精华，《北京大学学报
　　(哲学社会科学版)》2014 年第 4 期

赵家祥："德国古典哲学的终结"还是"全部哲学的终结"，《中国高
　　校社会科学》2014 年第 3 期

赵庆元，许婉璞：试论马克思"消灭哲学"的真实意蕴及马克思在哲
　　学问题上的特定立场，《南京政治学院学报》2014 年第 2 期

赵异：马克思、恩格斯对历史唯物主义真理性的理论论证及其启示，
　　《理论研究》2014 年第 3 期

郑建：批判继承——从黑格尔到费尔巴哈再到走向历史唯物主义，《前
　　线》2014 年第 6 期

周新原：梅林《论历史唯物主义》的理论贡献，《牡丹江大学学报》
　　2014 年第 3 期

庄振华：康德"目的"概念析义，《北京社会科学》2014 年第 12 期

庄振华：略论谢林"肯定哲学"的思想史地位，《云南大学学报（社会
　　科学版)》2014 年第 3 期

经济

陈桂生：资源型区域经济发展中的政府治理：德国鲁尔区的经验及启示，《理论导刊》2014 年第 1 期

陈强，霍丹：德国创新驱动发展的举措及对中国的启示，《科技创新导报》2014 年第 20 期

代明明：德国经济成功的原因及对我国的启示，《中外企业家》2014 年第 22 期

邓春朝：经济增长与充分就业的德国模式研究，《人民论坛》2014 年第 35 期

邓子舒：德国社会市场经济模式对中国的启示，《党政干部学刊》2014 年第 5 期

丁纯，李君扬：试析欧债危机中德国经济社会的表现——兼议德国模式的作用及其前景，《欧洲研究》2014 年第 2 期

董国栋：德国："工业 4.0"战略的先行者，《杭州科技》2014 年第 6 期

方小敏：行走在竞争和规制之间的德国能源经济改革，《南京大学学报（哲学·人文科学·社会科学）》2014 年第 4 期

高翔：德国低碳转型的进展和经验，《德国研究》2014 年第 2 期

顾锦龙：德国发展低碳经济多措并举，《石油知识》2014 年第 1 期

管克江：风能：德国在工业化进程新动力，《中国中小企业》2014 年第 11 期

郭基伟，汪晓露：德国能源转型的经验、挑战及其启示，《全球科技经济瞭望》2014 年第 1 期

郭新双，郭红玉："1914 年德国道路"的特征与启示——德国处理"政府—产业"关系的历史经验，《人民论坛·学术前沿》2014 年第 10 期

郭迎锋，沈尤佳：本轮危机前后德国国有化研究概况及实践评析，《管理学刊》2014 年第 5 期

胡杰：从德国"工业 4.0"看中国未来制造业的发展，《民营科技》2014 年第 12 期

胡琨：德国社会市场经济模式及战后经济政策变迁刍议，《欧洲研究》2014 年第 2 期

胡天禄，栗华田，朱延永，何志雄，陆露：德国模式：政策性银行支持城镇化建设的有效借鉴，《农业发展与金融》2014 年第 12 期

黄建，孙静：德国、希腊处理社会保障改革与经济长期增长关系的经验和教训，《中国财政》2014 年第 8 期

焦思维：浅析德法和解中的经济因素，《黑龙江史志》2014 年第 7 期

李稻葵，伏霖：德国社会市场经济模式演进轨迹及其中国镜鉴，《改革》2014 年第 3 期

李庚："德国制造"：缘何长盛不衰？，《中外企业文化》2014 年第 12 期

李惠瑛：德国：欧洲经济"发动机"，《进出口经理人》2014 年第 1 期

李坚：德国新工业革命及其对我国的影响和启示，《中国塑料》2014 年第 7 期

李龙，张子龙：德国鲁尔经济转型对萍乡市的启示，《萍乡高等专科学校学报》2014 年第 5 期

李瑞裕：借鉴德国小果菜园协会的经营模式促进我国城市休闲农业的迅速发展，《中国乡镇企业》2014 年第 1 期

刘琳：从现代化角度分析德国工业化进程中的领导力量，《前沿》2014 年第 ZB 期

刘潇晗：李斯特的经济思想及其在中国的实践意义，《商场现代化》2014 年第 20 期

刘永焕：德国产业结构调整及其经验借鉴，《对外经贸实务》2014 年第 1 期

罗文：德国工业 4.0 战略对我国推进工业转型升级的启示（节选），《可编程控制器与工厂自动化》2014 年第 9 期

庞德良，刘兆国：德国汽车产业可持续发展的经验与启示，《环境保护》2014 年第 21 期

邱吉，赵紫玉，郭俊杰：制度与技术：德国走向低碳发展的两个"车轮"，《城市管理与科技》2014 年第 3 期

石平洋，段培华：德国如何扶持中小微企业发展，《群众》2014 年第
　　1 期

孙成：于尔根会长谈质量在德国经济中的作用，《上海质量》2014 年
　　第 11 期

孙静：欧洲国家社会保障改革与经济长期增长关系研究与启示——基
　　于德国、希腊的比较，《商业经济研究》2014 年第 19 期

王浩斌：德国的现代化道路与新中产阶级的产生和发展，《学习与探
　　索》2014 年第 8 期

王年咏，刘毅：经济转型期的德国金融改革及启示，《经济纵横》2014
　　年第 8 期

王慎刚：德国政府成功推进经济转型与产业升级探析，《山东经济战略
　　研究》2014 年第 9 期

王喜文：从德国工业 4.0 战略看未来智能制造业，《中国信息化》2014
　　年第 15 期

王涌：试论"二战"后德国经济发展的历史文化关联，《武陵学刊》
　　2014 年第 2 期

王张明，郭联：李斯特经济学说回顾、评述及启示，《西安石油大学学
　　报（社会科学版）》2014 年第 4 期

文史哲：德国艾策尔农场：生态农业最早的践行者，《农村·农业·农民
　　（A 版）》2014 年第 3 期

昕月：简述德国的外贸之路，《商业文化（上半月）》2014 年第 7 期

徐庭娅：德国能源转型的进展、挑战及前景，《宏观经济管理》2014
　　年第 3 期

薛彦平：德国经济治理的回顾与前瞻——社会市场经济模式的影响，
　　《当代世界》2014 年第 9 期

杨德：德国社会市场经济模式的历史演变及其启示，《中共济南市委党
　　校学报》2014 年第 3 期

杨捷：20 世纪 30 年代德国远东政策的嬗变及其对中德贸易的影响，
　　《甘肃社会科学》2014 年第 3 期

杨萌茵，蒋三庚：德国"全能银行"的优势分析与借鉴，《中国经贸导

刊》2014 年第 34 期

杨圣勤，李彬：德国发展低碳经济对我国的启示，《对外经贸》2014
年第 6 期

于博兴：美国及德国金融制度变迁的分析及思考，《河南科技》2014
年第 1 期

张海云：从德国的垃圾分类看低碳经济的应用，《中小企业管理与科技
（上旬刊）》2014 年第 4 期

赵军，王辉，陈力，胡晓峰：借鉴德国"债务刹车"经验防范我国地
方政府债务风险，《财政监督》2014 年第 27 期

赵柯：德国在欧盟的经济主导地位：根基和影响，《国际问题研究》
2014 年第 5 期

赵磊：专访德国亚太经济委员会主席林哈德：中德合作并不局限于经
贸往来，《中国经济周刊》2014 年第 14 期

周志杰，胡强：德国鲁尔工业遗产开发模式对青岛的启示，《福建农
业》2014 年第 8 期

朱丹：德国经济的隐性冠军——领先全球的德国中小企业，《才智》
2014 年第 2 期

祖林：宝马工厂折射德国工业 4.0，《现代班组》2014 年第 8 期

法律

[德] 弗朗茨 - 约瑟夫·派纳（Franz-Josef Peine）（刘飞译）：德国行政
程序法之形成、现状与展望，《环球法律评论》2014 年第 5 期

[德] 马蒂亚斯·戈贝尔（Matthias Goebel）：公务员惩戒制度——中德
公务员法的比较分析，《湖南警察学院学报》2014 年第 3 期

[德] 塔蒂安娜·霍恩雷（Tatjana Hörnle）（刘胜超译）：无需量刑指南
参考下的适度与非恣意量刑：德国的经验，《中国刑事法杂志》
2014 年第 6 期

毕琳琳：城市规划公众参与法律制度研究——美德两国比较分析，《世
界农业》2014 年第 9 期

曹瑞涛：施米特《宪法学说》中自由与民主对立思想探析，《中共杭州市委党校学报》2014 年 3 期

陈征：德国《基本法》与"废除死刑"，《国家检察官学院学报》2014 年第 5 期

陈征：论行政法律行为对基本权利的事实损害——基于德国法的考察，《环球法律评论》2014 年第 3 期

丁佳佳：论德国法上债权人迟延和给付不能之间的界定，《政法学刊》2014 年第 5 期

杜洋：德国纳粹党上台的法律及政治因素，《白城师范学院学报》2014 年第 4 期

范晓羽：对新公司法出台后挂名股东相关问题的探进——与德国公司法相关制度进行比较，《法制博览（中旬刊）》2014 年第 11 期

高泓跃：德国税收法律制度的考察与借鉴，《现代交际》2014 年第 8 期

高斯亮：德国民事上诉制度之控诉审中的事实和证据手段，《安徽警官职业学院学报》2014 年第 6 期

高薇：德国的区域治理：组织及其法制保障，《环球法律评论》2014 年第 2 期

高晓兰：论德国法法律行为概念与罗马契约概念的异同，《商》2014 年第 10 期

关思思：德国文化相关法律体系概述，《山东图书馆学刊》2014 年第 5 期

郭磊：德国农业法律政策的演变、特点与启示：以合作组织和土地规划为例，《世界农业》2014 年第 8 期

韩赤风：德国追续权制度及其借鉴，《知识产权》2014 年第 9 期

韩梅：德国土壤环境保护立法及其借鉴，《法制与社会》2014 年第 30 期

贺赞：德国就业性别平等立法中的积极国家角色与中国借鉴，《探求》2014 年第 4 期

胡岩：法律视野下的德国环境保护，《法律适用》2014 年第 2 期

花月：德国促进企业参与职业教育法律的特色与启示——以《联邦职业教育法》为例，《南宁职业技术学院学报》2014 年第 5 期

黄艳，杨兴林：德国、法国、意大利三国民事诉讼法发展进程对我国民事诉讼制度变革的启发，《三峡大学学报（人文社会科学版）》2014 年第 S2 期

金多才：中德注册商标无效制度比较研究，《公民与法（法学版）》2014 年第 9 期

李冰，文卫华，谷俊明：德国数字版权法律制度的发展，《现代出版》2014 年第 1 期

李国庆：德国金融法制的保守与应变，《金融博览》2014 年第 8 期

李若愚：我国法律行为形式规则制度重构——以德国法为考察对象，《法制与社会》2014 年第 34 期

李以所：德国投资法的修订：基金公司参股 PPP 项目，《改革与战略》2014 年第 12 期

林俏：德国社会保障法律制度及对中国的借鉴，《天津行政学院学报》2014 年第 2 期

娄宇：德国法上就业歧视的抗辩事由——兼论对我国的启示，《清华法学》2014 年第 4 期

娄宇：德国反就业歧视的法律规制研究，《德国研究》2014 年第 4 期

鹿一民：浅析德国电子交易费用陷阱中的法律对策与借鉴意义，《理论界》2014 年第 8 期

鹿一民：谈德国联邦数据保护法中公共场所视频摄录的相关问题，《中国外资》2014 年第 4 期

苗晓丹：德国《循环经济和废物管理法》探析，《环境保护与循环经济》2014 年第 10 期

沈百鑫：水体污染民事责任的中德比较，《中国政法大学学报》2014 年第 2 期

唐金燕：德国的法定公证制度及其启示，《法制博览（中旬刊）》2014 年第 5 期

陶建国：德国家事诉讼中子女利益保护人制度及其启示，《中国青年政治学院学报》2014 年第 1 期

田芳：宪法调控民法的路径与意义——以中德相关案例为基础，《南京

大学学报（哲学·人文科学·社会科学）》2014年第5期

汪静：德国职业教育法律体系保障下的校企合作长效机制研究，《当代职业教育》2014年第5期

王恩海：德国刑法对贿选的规制，《检察风云》2014年第15期

王剑一：合同条款控制的正当性基础与适用范围——欧洲与德国的模式及其借鉴意义，《比较法研究》2014年第1期

王硕：因无照行医导致劳动合同无效的返还清算——德国联邦劳动法院一起劳动合同案概述与评析，《人民司法》2014年第18期

王伟亮：宪法解释方法剖析——以德国迁徙自由条款为例，《山西师大学报（社会科学版）》2014年第S3期

王雅琴：德国"法治国"的理论与实践，《太原大学学报》2014年第4期

魏海深：法德两国行政法院之异同比较，《河北法学》2014年第3期

魏玮：从德国的职教法律制度看我校的会计专业教学改革，《学周刊》2014年第16期

行江：德国破产刑法历史之考察，《电子科技大学学报（社科版）》2014年第3期

闫斌，韩继亮，杨俊毅：德国、日本和印度农村医疗法律保障制度的经验及启示，《世界农业》2014年第4期

杨雪薇：中德消费者保护法比较研究，《北京警察学院学报》2014年第6期

杨岳涛，沈海滨：德国风电上网法律制度研究——以《德国可再生能源法》（2012年修订版）为视角，《世界环境》2014年第5期

叶于博：德国民法代理概念的发现与发展，《合作经济与科技》2014年第5期

殷安军：瑞士法上民商合一立法模式的形成兼评"单一法典"理念，《中外法学》2014年第6期

占善刚：德国、日本民事诉讼中不知的陈述规制之比较及其启示，《法学评论》2014年第3期

张强：从德国职业教育立法考察我国职教体系法制化建设，《职教通

讯》2014 年第 16 期

张双根：德国法上股权善意取得制度之评析，《环球法律评论》2014
年第 2 期

张雪城：德国公法权利理论的梳理与分析，《研究生法学》2014 年第 1 期

张艳红，陈宇晴：德国调解法的介绍及启示，《怀化学院学报》2014
年第 10 期

张榆：德国：以法律保障职工董监事制度——访德国汉斯·伯克勒基金
会负责人拉塞·普茨，《上海国资》2014 年第 12 期

周嘉昕：什么是财产权？——德国古典哲学中法权学说的思想史考察，
《天津社会科学》2014 年第 3 期

周昱，刘美云，徐晓晶，保嶽，陈辉：德国污染土壤治理情况和相关
政策法规，《环境与发展》2014 年第 5 期

朱晓喆：布洛克斯的《德国民法总论》及其法学方法论，《东方法学》
2014 年第 1 期

其他

敖淑芹：德国媒体的发展与危机，《新闻传播》2014 年第 4 期

陈镜波：德国纸与纸板产销量回升，《印刷技术》2014 年第 22 期

陈伟：还原与动感——论胡塞尔与普凡德尔的西费尔德会面之现象学
意义，《同济大学学报（社会科学版）》2014 年第 5 期

成华：德国造纸工业销售额下降，《造纸信息》2014 年第 4 期

凡鹏飞：德国能源转型协奏曲，《国家电网》2014 年第 2 期

葛艳娜：德国切削机械师专业的历史沿革及发展研究，《现代制造工
程》2014 年 10 期

宫丽颖，祁迪：德国公共图书馆的青少年儿童阅读推广，《出版参考》
2014 年第 13 期

Hu Kai（胡凯）：Das Deutschlandbild in *Shen Pao* im Jahre 1938, in: Lite-
raturstraße Band 15, Ehrenherausgeber: Zhang Yushu（张玉书），heraus-
gegeben von Feng Yalin（冯亚琳），Zhu Jianhua（朱建华），Wei

Yuqing（魏育青），Georg Braungart（格奥尔格·布劳恩加特），Gerhard Lauer（格哈德·劳尔），Würzburg: Königshausen & Neumann 2014

黄震：凸显特色延伸服务差异竞争——德国《议会报》对办好我国人大刊物的启示，《人大研究》2014 年第 2 期

李春成：简论德国人的规则遵从及其文化成因，《南京社会科学》2014 年第 9 期

李振宇，李超，尹志芳：德国和日本交通碳排放发展及对中国的启示，《公路与汽运》2014 年第 1 期

李志明，邢梓琳：德国的社会救助制度，《中国民政》2014 年第 10 期

刘波：德国体育政策的演进及启示，《上海体育学院学报》2014 年第 1 期

刘玲玉，张明华：德国能源网络进入模式的演变及其对中国的启示，《学海》2014 年 6 期

刘涛：德国养老保险制度的改革：重构福利国家的边界，《公共行政评论》2014 年第 6 期

龙宇晓，裴电清：德语学术界苗族研究文献史略，《民族论坛》2014 年第 8 期

卢琦：德国城市老年居住建筑及其服务支持体系，《城市建筑》2014 年第 5 期

吕春：德国人的森林情结，《内蒙古林业》2014 年第 7 期

牛春莉：留学德国前不得不知的事儿，《考试与招生》2014 年第 Z1 期

欧阳潇：Heusch：一把剪毛刀的百年秘密，《纺织机械》2014 年第 4 期

田玉福：德国土地整理经验及其对我国土地整治发展的启示，《国土资源科技管理》2014 年第 1 期

王婀娜，吴全全：德国职业"关键能力"的内涵及培养途径研究，《中国职业技术教育》2014 年第 9 期

徐聪：对德国公共养老金体系演进历史的反思，《经济研究导刊》2014 年第 21 期

徐世垣：德国在线印刷的趋势和市场，《印刷杂志》2014 年第 11 期

徐星：德语闪耀甘泉，《上海教育》2014 年第 26 期

闫安，叶玉珠：德文电子资源的发掘与利用，《科技情报开发与经济》2014 年第 2 期

杨颖，高雯琦：2012 年中国德语国家研究文献目录（选）：第二部分，《德语人文研究》2014 年第 1 期

袁闪闪，徐伟，陈曦，孙德宇：德国绿色医院建筑发展研究，《建筑科学》2014 年第 2 期

张耀，瞿烨焓：中国后工业景观发展的初探——以德国北杜伊斯堡景观公园和上海国际节能环保园核心区为例，《科技视界》2014 年第 2 期

赵军：德国职业足球发展研究，《河北体育学院学报》2014 年第 1 期

郑婧，陈可石：德国弗赖堡绿色交通规划与策略研究，《现代城市研究》2014 年第 5 期

周奕珺，包向飞：情倾中国执着汉学——德国汉学家沃尔夫冈·顾彬访谈录，《武汉理工大学学报（社会科学版)》2014 年第 3 期

2015 年

著 作

专、编著

董向樵 [著]，魏育青 [编]：《浮士德》研究·席勒，上海：复旦大学
　　出版社，2015。

侯素琴：埃里希·凯斯特纳早期少年小说情结和原型透视，北京：中国
　　社会科学出版社，2015。

李烨："经济奇迹"的背后——联邦德国早期小说研究，北京：中国政
　　法大学出版社，2015。

刘颖：性别意识与叙事话语——特奥尔多·施笃姆小说研究，北京：新
　　华出版社，2015。

倪胜：早期德语文献戏剧的阐释和研究，上海：上海远东出版社，
　　2015。

王建：德国近代戏剧的兴起——从巴洛克到启蒙运动，北京：北京大
　　学出版社，2015。

卫茂平：新腔重弹旧调的余响，北京：生活 . 读书 . 新知三联书店，
　　2015。

魏育青：中国日耳曼学：管窥与偶得，上海：复旦大学出版社，2015。

谢建文：德语后现代主义文学研究，上海：上海三联书店，2015。

译著

[德] 安妮·弗兰克（Anne Frank）（刘晓海译）：安妮日记（青少年

版），武汉：长江少年儿童出版社，2015。

[德] 保尔·海泽（Paul Heyse）（舒莎，马婷婷译）：骄傲的姑娘，北京：北京理工大学出版社，2015。

[德] 保尔·海泽（Paul Heyse）（杨巍译）：犟妹子，南京：江苏凤凰文艺出版社，2015。

[德] 歌德（Johann Wolfgang von Goethe）（陆钰明译）：浮士德，广州：花城出版社，2015。

[德] 赫尔曼·黑塞（Hermann Hesse）（杨武能译）：纳尔齐斯与歌尔德蒙，南京：译林出版社，2015。

[德] 马丁·瓦尔泽（Martin Walser）（黄燎宇译）：第十三章，南京：译林出版社，2015。

[德] 尼采（Friedrich Nietzsche）（六六译）：在阴影中向太阳奔跑，北京：时代华文书局，2015。

[德] 尼采（Friedrich Nietzsche）（赵蕾莲译）：尼采遗稿，哈尔滨：黑龙江教育出版社，2015。

[德] 托马斯·曼（Thomas Mann）（陈荣译）：马里奥与魔术师，南京：江苏凤凰文艺出版社，2015。

[德] 托马斯·曼（Thomas Mann）（黄淑航，龚嫚莉译）：布登勃洛克一家，北京：北京理工大学出版社，2015。

[德] 席勒（Friedrich Schiller）（杨武能译）：阴谋与爱情，郑州：河南文艺出版社，2015。

[德] 杨·维勒（Jan Weiler）（任卫东译）：青春期动物，北京：人民文学出版社，2015。

[瑞] 汉娜·约翰森（Hanna Johnson）（尤岚岚译）：如果我是一只小鸟，桂林：漓江出版社，2015。

语　言　学

贾文键，缪雨露 [主编]：语言——文化之桥：中德语言政策和语言生活研究，北京：外语教学与研究出版社，2015。

刘玲玉：影响三语写作成绩的学习者因素研究：以德语为例，苏州：苏州大学出版社，2015。

钱敏汝，魏育青：跨语言跨文化跨学科：日耳曼学的边界扩展，北京：外语教学与研究出版社，2015。

史笑艳：留学与跨文化能力——跨文化学习过程实例分析，北京：外语教学与研究出版社，2015。

德 国 研 究

专、编著

[德] 罗兰·贝格（Roland Berger），王一鸣，郑新立，李稻葵，冯兴元等：弯道超车：从德国工业 4.0 到中国制造 2025，上海：上海人民出版社，2015。

卜祥记：青年黑格尔派与马克思，北京：商务印书馆，2015。

蔡天新：德国：来历不明的才智，北京：中华书局，2015。

曹卫东：审美政治化：德国表现主义问题，上海：上海人民出版社，2015。

陈鼓应：悲剧哲学家尼采，北京：中华书局，2015。

陈鼓应：尼采新论，北京：中华书局，2015。

陈洪波，蔡喜洋：全球房地产启示录之稳定德国，北京：经济管理出版社，2015。

陈洪捷：德国古典大学观及其对中国的影响（第三版），北京：北京大学出版社，2015。

陈晓川：面向恶而实现的自由——康德式善人的维度，北京：中国社会科学出版社，2015。

戴问天：德国为什么要二战：来自德国人的反思档案，北京：华文出版社，2015。

邓晓芒：德国哲学（2014 年卷），北京：社会科学文献出版社，2015。

邓晓芒：黑格尔《精神现象学》句读（第二卷），北京：人民出版社，

2015。

傅永军：绝对视域中的康德宗教哲学，北京：社会科学文献出版社，2015。

顾俊礼：列国志·德国（第二版），北京：社会科学文献出版社，2015。

何勤华，朱淑丽，马贺：纽伦堡审判：对德国法西斯的法律清算（第二版），北京：商务印书馆，2015。

李稻葵，[德]罗兰·贝格（Roland Berger）[编著]：中国经济的未来之路：德国模式的中国借鉴，北京：中国友谊出版公司，2015。

李飒：冷眼看世界：艺术德国，郑州：河南美术出版社，2015。

李雪涛，温馨[编]：莱茵访学——中国学人的德国记忆，北京：社会科学文献出版社，2015。

马灿荣：我在德国当大使，上海：同济大学出版社，2015。

苗力田：黑格尔通信百封，北京：中国人民大学出版社，2015。

孙小玲：存在与伦理——海德格尔实践哲学向度的基本论题考察，北京：人民出版社，2015。

孙周兴，陈家琪[主编]：德意志思想评论（第8卷），北京：商务印书馆，2015。

孙周兴，陈家琪[主编]：德意志思想评论（第9卷），北京：商务印书馆，2015。

王庆节：海德格尔与哲学的开端，北京：生活.读书.新知三联书店，2015。

王喜文：工业4.0：通向未来工业的德国制造2025，北京：机械工业出版社，2015。

王英：辩证法的具体性：马克思与黑格尔的逻辑学比较研究，长春：东北师范大学出版社，2015。

王颖斌：海德格尔和语言的新形象，北京：人民出版社，2015。

韦启昌：叔本华哲言录，上海：上海人民出版社，2015。

吴彦：康德法哲学及其起源——德意志法哲学文选，北京：知识产权出版社，2015。

夏汛鸽：生态市场经济：德国为例，北京：中国经济出版社，2015。

先刚：哲学与宗教的永恒同盟——谢林《哲学与宗教》释义，北京：北京大学出版社，2015。

肖郎：海德格尔现象学美学研究，上海：上海三联书店，2015。

杨博一：二战中的德国，长春：时代文艺出版社，2015。

杨丽婷：虚无主义的审美救赎——阿多诺的启示，北京：社会科学文献出版社，2015。

叶隽：德国精神的向度变型——以尼采、歌德、席勒的现代中国接受为中心，北京：中央编译出版社，2015。

殷桐生，刘立群[主编]：德语国家资讯与研究（第4辑），北京：外语教学与研究出版社，2015。

殷桐生，刘立群[主编]：德语国家资讯与研究（第5辑），北京：外语教学与研究出版社，2015。

于芳：德国的国际角色与外交政策，北京：人民日报出版社，2015。

袁建新：康德的《遗著》研究，北京：人民出版社，2015。

张桂权：论黑格尔哲学，北京：中国书籍出版社，2015。

张海迪：我的德国笔记，北京：中国盲文出版社，2015。

张君平：黑格尔人学思想研究，北京：知识产权出版社，2015。

郑伟：经验范式的辩证法解读：阿多诺"否定的辩证法"研究，北京：北京大学出版社，2015。

郑玉明：黑格尔美学的实践性内涵研究，北京：中国时代经济出版社，2015。

周烈，董秀丽，邢新宇，柳思思，徐亮，肖洋：世界大国（地区）文化外交（德国卷），北京：世界知识出版社，2015。

译著

[澳]彼得·辛格（Peter Singer）（张卜天译）：黑格尔，南京：译林出版社，2015。

[德]阿尔弗雷德·登克尔（Alfriede Denker）（孙周兴译）：海德格尔与

尼采，北京：商务印书馆，2015。

［德］艾尔克·丹勒克尔（Elke Dannecker）（吴勉，吴杨译）：100 个科学小实验，成都：四川人民出版社，2015。

［德］埃里克·希尔根多夫（Erik Hilgendorf）（江溯译）：德国刑法学：从传统到现代，北京：北京大学出版社，2015。

［德］安妮·默勒（Anne Müller）（喻之晓译）：翻翻自然：蜜蜂之家，天津：新蕾出版社，2015。

［德］安妮·默勒（Anne Müller）（喻之晓译）：翻翻自然：下雪了，动物在哪里？，天津：新蕾出版社，2015。

［德］芭芭拉·温思·波特梅耶（Barbara Wins Portmeyer）（毛学军译）：德国儿童情景体验翻翻书：动物宝宝真可爱，武汉：长江少年儿童出版社，2015。

［德］芭芭拉·温思·波特梅耶（Barbara Wins Portmeyer）（毛学军译）：德国儿童情景体验翻翻书：会魔法的天气，武汉：长江少年儿童出版社，2015。

［德］芭芭拉·温思·波特梅耶（Barbara Wins Portmeyer）（毛学军译）：德国儿童情景体验翻翻书：建筑工地真热闹，武汉：长江少年儿童出版社，2015。

［德］芭芭拉·温思·波特梅耶（Barbara Wins Portmeyer）（毛学军译）：德国儿童情景体验翻翻书：交通工具大比拼，武汉：长江少年儿童出版社，2015。

［德］芭芭拉·温思·波特梅耶（Barbara Wins Portmeyer）（毛学军译）：德国儿童情景体验翻翻书：去博物馆看恐龙，武汉：长江少年儿童出版社，2015。

［德］芭芭拉·温思·波特梅耶（Barbara Wins Portmeyer）（毛学军译）：德国儿童情景体验翻翻书：去森林里寻宝，武汉：长江少年儿童出版社，2015。

［德］芭芭拉·温思·波特梅耶（Barbara Wins Portmeyer）（毛学军译）：德国儿童情景体验翻翻书：神奇的地球，武汉：长江少年儿童出

版社，2015。

［德］芭芭拉·温思·波特梅耶（Barbara Wins Portmeyer）（毛学军译）：德国儿童情景体验翻翻书：我不怕看医生，武汉：长江少年儿童出版社，2015。

［德］芭芭拉·温思·波特梅耶（Barbara Wins Portmeyer）（毛学军译）：德国儿童情景体验翻翻书：我从哪里来，武汉：长江少年儿童出版社，2015。

［德］芭芭拉·温思·波特梅耶（Barbara Wins Portmeyer）（毛学军译）：德国儿童情景体验翻翻书：我的秘密花园，武汉：长江少年儿童出版社，2015。

［德］芭芭拉·温思·波特梅耶（Barbara Wins Portmeyer）（毛学军译）：德国儿童情景体验翻翻书：我的身体真奇妙，武汉：长江少年儿童出版社，2015。

［德］芭芭拉·温思·波特梅耶（Barbara Wins Portmeyer）（毛学军译）：德国儿童情景体验翻翻书：我会坐火车，武汉：长江少年儿童出版社，2015。

［德］芭芭拉·温思·波特梅耶（Barbara Wins Portmeyer）（毛学军译）：德国儿童情景体验翻翻书：消防车本领大，武汉：长江少年儿童出版社，2015。

［德］贝特霍尔德·考夫曼（Betthold Kaufmann）（徐智勇译）：德国被动房设计和施工指南，北京：中国建筑工业出版社，2015。

［德］海因茨·齐默曼（Heinz Zimmermann）（金振豹，刘璐译）：什么是人智学，深圳：深圳报业集团出版社，2015。

［德］赫尔曼·克里克勒尔（Hermann Chrikler）（段云译）：德国孩子最着迷的科学小实验，北京：中国铁道出版社，2015。

［德］黑格尔（Friedrich Hegel）（燕宏远，张国良译）：黑格尔著作集——宗教哲学讲演录Ⅰ，北京：人民出版社，2015。

［德］黑格尔（Friedrich Hegel）（燕宏远，张松译）：黑格尔著作集——宗教哲学讲演录Ⅱ，北京：人民出版社，2015。

［德］黑格尔（Friedrich Hegel）（杨祖陶译）：黑格尔著作集——精神

哲学，北京：人民出版社，2015。

[德] 卡尔·洛维特（Karl Löwith）（彭超译）：海德格尔——贫困时代的思想家：哲学在 20 世纪的地位，西安：西北大学出版社，2015。

[德] 卡拉·费尔根特莱夫（Kara Felgendleif）（黄青译）：德国贴纸游世界，北京：中国铁道出版社，2015。

[德] 康德（Immanuel Kant）（邓晓芒译）：实践理性批判，北京：商务印书馆，2015。

[德] 克里斯蒂安娜·维登堡（Christiana Wiedenburg）（杨丽静译）：德国幼儿经典主题游戏：森林探险家，南宁：接力出版社，2015。

[德] 克里斯蒂安娜·维登堡（Christiana Wiedenburg）（杨丽静译）：德国幼儿经典主题游戏：游戏的一天，南宁：接力出版社，2015。

[德] 鲁道夫·奥伊肯（Rudolf Eucken）（张伟，左兰译）：人生的意义与价值，北京：北京理工大学出版社，2015。

[德] 罗伯特·布鲁内利（Robert Brunelli）（杨逸译）：默克尔传：创造德国奇迹的女人，北京：中国大百科全书出版社，2015。

[德] 罗尔夫·雷蒂希（Rolf Rettich），[德] 玛格丽特·蕾蒂希（Margret Rettich）（晓亮译）：可爱的倒霉蛋们，北京：北京联合出版公司，2015。

[德] 马丁·海德格尔（Martin Heidegger）（赵卫国译）：从莱布尼茨出发的逻辑学的形而上学始基，西安：西北大学出版社，2015。

[德] 马丁·考夫霍尔德（Martin Kaufhold）（郑春荣译）：欧洲的价值：如何获得我们的是非观，上海：同济大学出版社，2015。

[德] 尼采（Friedrich Nietzsche）（赵千帆译）：善恶的彼岸·论道德的谱系，北京：商务印书馆，2015。

[德] 叔本华（Arthur Schopenhauer）（六六译）：世界上的每一朵玫瑰花都有刺，北京：时代华文书局，2015。

[德] 叔本华（Arthur Schopenhauer）（木云，林求是译）：人生的智慧：如何才能幸福度过一生，长沙：湖南人民出版社，2015。

[德] 叔本华（Arthur Schopenhauer）（齐格飞译）：论生存与痛苦，上

海：上海人民出版社，2015。

[德] 西蒙妮·马森（Simeny Marsen）（杨丽静译）：德国幼儿经典数学
　　游戏：辨方位，南宁：接力出版社，2015。

[德] 西蒙妮·马森（Simeny Marsen）（杨丽静译）：德国幼儿经典数学
　　游戏：观察与识别，南宁：接力出版社，2015。

[德] 西蒙妮·马森（Simeny Marsen）（杨丽静译）：德国幼儿经典数学
　　游戏：认颜色，南宁：接力出版社，2015。

[德] 西蒙妮·马森（Simeny Marsen）（杨丽静译）：德国幼儿经典数学
　　游戏：数字与数量，南宁：接力出版社，2015。

[德] 西蒙妮·马森（Simeny Marsen）（杨丽静译）：德国幼儿经典数学
　　游戏：思考与分析，南宁：接力出版社，2015。

[德] 西蒙妮·马森（Simeny Marsen）（杨丽静译）：德国幼儿经典数学
　　游戏：学形状，南宁：接力出版社，2015。

[德] 西蒙妮·马森（Simeny Marsen）（杨丽静译）：德国幼儿经典主题
　　游戏：忙碌的农场，南宁：接力出版社，2015。

[德] 西蒙妮·马森（Simeny Marsen）（杨丽静译）：德国幼儿经典主题
　　游戏：一起盖房子，南宁：接力出版社，2015。

[法] 雅克·董特（Jacques d'Hondt）（李成季，邓刚译）：黑格尔传，上
　　海：上海人民出版社，2015。

[韩] 李元馥（千太阳译）：漫画德国，北京：中信出版社，2015。

[美] 汉斯·斯鲁格（Hans Sluga）（赵剑，孙小龙，李华，王策译）：海
　　德格尔的危机——纳粹德国的哲学与政治，北京：北京出版社，
　　2015。

[美] 特里·平卡德（Terry Pinkard）（朱进东，朱天幸译）：黑格尔传，
　　北京：商务印书馆，2015。

[美] 威廉·F. 梅勒（William F. Mailer）（雷素霞译）：杀向德国的血路，
　　重庆：重庆出版社，2015。

[美] 詹姆斯·米勒（James Miller）（李婷婷译）：思想者心灵简史：从
　　苏格拉底到尼采，北京：新华出版社，2015。

[苏] 阿尔森·古留加（Arsenij Gulyga）（孙荣，孙先武译）：密涅瓦的

猫头鹰——黑格尔，北京：中华工商联合出版社，2015。

[印] 阿盖什·约瑟夫（Ugesh A. Joseph）（赛迪研究院专家组译）：德国制造：国家品牌战略启示录，北京：中国人民大学出版社，2015。

[英] 戴维·坎贝尔（David Campbell）（金存惠译）：德国步兵 VS 苏联步兵，北京：中译出版社，2015。

[英] 古纳尔·贝克（Gunnar Baker）（黄涛译）：费希特和康德论自由、权利和法律，北京：商务印书馆，2015。

[英] 玛丽亚·罗莎·安托内萨（Maria Rosa Antognazza）（宋斌译）：莱布尼茨传，北京：中国人民大学出版社，2015。

《畅游德国》编辑部：畅游德国，北京：华夏出版社，2015。

教材、教参、工具书

教　　材

[德] 哈尔斯特（Eva Harst）等 [编著]：柏林广场 4（新版），上海：同济大学出版社，2015。

[德] 蕾迈克（Christiane Lemke），[德] 罗尔曼（Lutz Rohrmann），[德] 施尔令（Theo Scherling）[编著]：柏林广场 1（新版），上海：同济大学出版社，2015。

[德] 蕾迈克（Christiane Lemke），[德] 罗尔曼（Lutz Rohrmann），[德] 施尔令（Theo Scherling）[编著]：柏林广场 2（新版），上海：同济大学出版社，2015。

[美] 莫勒（Jack Moeller）等 [编]：你好！德语（学生用书），北京：外语教学与研究出版社，2015。

刘齐生 [主编]：德语语法教程，上海：上海外语教育出版社，2015。

路明，张世佶 [主编]：德语教程，北京：新华出版社，2015。

马宏祥：中德国情口译课程，北京：外语教学与研究出版社，2015。

潘碧蕾 [主编]：魅力德语入门，上海：华东理工大学出版社，2015。

宋健飞［主编］：中德跨文化口译教程，北京：外语教学与研究出版社，2015。

许宽华，徐小清［编］：中国文化简明教程，上海：上海外语教育出版社，2015。

虞龙发［主编］：新公共德语（下），上海：上海外语教育出版社，2015。

张爱红［主编］：德语日常口语，武汉：武汉大学出版社，2015。

张宝发，沈洲，陈骏翔［编著］：新概念德语语音教程，上海：上海交通大学出版社，2015。

张雄，富昭，［德］Stefan Sklenka［编著］：大学通用德语 1，北京：高等教育出版社，2015。

庄慧丽，穆兰［编］：德语语音，北京：外语教学与研究出版社，2015。

教　参

［德］Hans-Jurgen Hantsche，［德］Britta Weber［编］（刘贝贝，王晔译）：德语歌德学院 B1 考试备考攻略，上海：上海交通大学出版社，2015。

［德］奥贝格费尔（Christoph Obergfell）［编］（杨昕译）：德语特训 30天，北京：外语教学与研究出版社，2015。

［德］多尔（Lisa Dörr）［编］，郑俊［译编］：德语天天练，上海：上海外语教育出版社，2015。

［德］考夫曼（Susan Kaufmann）［编著］：柏林广场 4（教师手册）（新版），上海：同济大学出版社，2015。

［德］南大维（David Michael Nowak）［编著］：跟 David 学德语口语教程，上海：同济大学出版社，2015。

［德］史蒂夫（Christine Stief），［德］斯唐（Christian Stang）（亦心译）：朗氏简明标准德语语法，北京：中国纺织出版社，2015。

［德］韦尔曼（Eva Maria Weermann），［德］沃尔克（Ulrike Wolk）［编］，

徐琴 [译编]：德语常用动词变位与用法，上海：上海外语教育出版社，2015。

[德] 伊娃·哈尔斯特（Eva Harst）[编著]（李雪译）：柏林广场4（词汇手册）（新版），上海：同济大学出版社，2015。

[美] 莫勒（Jack Moeller）等 [编]：你好！德语（练习手册），北京：外语教学与研究出版社，2015。

[英] 威尔克斯（Angela Wilkes）[编著]（胡文静译）：我的第一本德语书，上海：同济大学出版社，2015。

谷菁 [编]：德福单项训练丛书 德福写作训练，上海：上海外语教育出版社，2015。

桂乾元，涂媛媛，吴丽丽 [编著]：风俗习惯见世情（德汉对照），上海：上海译文出版社，2015。

桂乾元，吴声白 [编著]：风云际会出人才（德汉对照），上海：上海译文出版社，2015。

李晓普 [编著]：简简单单学德语，上海：同济大学出版社，2015。

林璐 [编著]：德语发音与德奥经典艺术歌曲，苏州：苏州大学出版社，2015。

刘惠宇，王晓东，于斌，郭瀚 [编]：快乐德语学习指南（A1），上海：上海外语教育出版社，2015。

马羚 [编著]：德语新手一学就会，北京：中国宇航出版社，2015。

聂华 [编著]：德语专业四级听写攻略，上海：同济大学出版社，2015。

彭彧 [编]：德语新闻听力进阶训练 初级慢速篇，上海：同济大学出版社，2015。

任玲玲 [编著]：德语单词串串烧 巧学巧记德语词汇，上海：同济大学出版社，2015。

圣才考研网 [主编]：全国名校外国语学院二外德语考研真题详解，北京：中国石化出版社，2015。

孙瑜，李崇艺，陈琦 [编著]：德语专业八级应试全攻略，上海：同济大学出版社，2015。

徐丽姗 [编]：天天学外语——7 天开口说德语，北京：外语教学与研究出版社，2015。

杨建培 [编著]：德福句法及句型转换，上海：同济大学出版社，2015。

翟永庚 [主编]，徐凌飞，李茜 [编]：大学德语四级考试语法训练，北京：高等教育出版社，2015。

张穆，马艳 [编著]：德语实践语法精讲精练，北京：外语教学与研究出版社，2015。

周抗美，王兆渠 [编著]：德语语法解析与练习，上海：同济大学出版社，2015。

朱建华 [主编]：新编大学德语（第二版）（词汇练习），北京：外语教学与研究出版社，2015。

朱锦 [主编]：全国德语专业八级考试真题与解析 2012—2014，上海：上海外语教育出版社，2015。

朱章才 [编著]：德语常用动词例解，北京：外语教学与研究出版社，2015。

工 具 书

[德] Langenscheidt 编辑部：袖珍德汉汉德词典，北京：商务印书馆国际有限公司，2015。

[德] 艾兰•昆汀格（Eilan Kuntinge）（沈蓓译）：杜登儿童百科词典，北京：光明日报出版社，2015。

论　文

文　学

Chen Hongyan（陈虹嫣）：Die Weiblichkeit in der modernen Großstadt –

Zu Veza Canettis *Die Gelbe Straße* und Xiao Hongs *Die Shangshi Straße*, in: Literaturstraße Band 16, Ehrenherausgeber: Zhang Yushu（张玉书）, herausgegeben von Feng Yalin（冯亚琳）, Zhu Jianhua（朱建华）, Wei Yuqing（魏育青）, Georg Braungart（格奥尔格·布劳恩加特）, Gerhard Lauer（格哈德·劳尔）, Würzburg: Königshausen & Neumann 2015

陈敏：虚构与现实：新时期早期文学对人和世界图景的重塑——从文学人类学视角分析开普勒的小说《梦月》（1609/1634），《德语人文研究》2015 年第 2 期

陈雨田，张帆：奈莉·萨克斯诗歌中的"大屠杀"主题与犹太人命运，《名作欣赏》2015 年第 22 期

丁君君：颠覆与重构—— 1980—2000 年德语诗歌，《同济大学学报（社会科学版)》2015 年第 4 期

范捷平：瑞士当代文学翻译、接受与研究，《国际学术动态》2015 年第 2 期

冯冬：思之划痕：当代思想语境中的策兰诗学，《德语人文研究》2015 年 1 期

Feng Yalin（冯亚琳）: Verräumlichung der Erinnerung in Adalbert Stifters *Der Nachsommer*, in besonderer Betrachtung *des Rosenhauses*, in: Literaturstraße Band 16, Ehrenherausgeber: Zhang Yushu（张玉书）, herausgegeben von Feng Yalin（冯亚琳）, Zhu Jianhua（朱建华）, Wei Yuqing（魏育青）, Georg Braungart（格奥尔格·布劳恩加特）, Gerhard Lauer（格哈德·劳尔）, Würzburg: Königshausen & Neumann 2015

谷裕：人间大戏——歌德《浮士德》的戏剧形式，《国外文学》2015 年第 2 期

韩瑞祥：钢铁就是这样炼成的——评述柳冬妩的《解密〈变形记〉》，《南方文坛》2015 年第 3 期

何宁：无聊的德语文学？——2014 年德语文学回顾，《外国文学研究

动态》2015 年第 3 期

贺克：表现主义诗歌中的战争仪式——以格奥尔格·海姆的《战争》一
诗为例，《德语人文研究》2015 年第 2 期

胡蔚：中国，浮士德何为？——当代中国启蒙话语中的歌德《浮士
德》，《国外文学》2015 年第 2 期

黄燎宇：历史可以这样写？，《读者》2015 年第 2 期

黄燎宇：美茵河畔的弥达斯国王，《文艺报》2015 年 10 月 23 日

黄燎宇：《艺术社会史》：堪称"孤本"的艺术史经典，《光明日报》
2015 年 7 月 14 日

Jiang Aihong（姜爱红）：Zu Raumstruktur und Raumfunktion in Adalbert
Stifters Novelle Brigitta, in: Literaturstraße Band 16, Ehrenherausgeber:
Zhang Yushu（张玉书），herausgegeben von Feng Yalin（冯亚琳），
Zhu Jianhua（朱建华），Wei Yuqing（魏育青），Georg Braungart
（格奥尔格·布劳恩加特），Gerhard Lauer（格哈德·劳尔），Würzburg:
Königshausen & Neumann 2015

景昕：从形象学视角分析《我的世纪》中的中国人形象——以《一九
零零年，我替换了我的》为例，《时代文学（下半月)》2015 年第
1 期

李昌珂，梁晶晶：托马斯·曼小说"神话资源"探略，《外国语文》
2015 年第 4 期

李创：海德格尔诗学节奏观探微，《同济大学学报（社会科学版)》
2015 年第 4 期

Li Mingming（李明明）：Emilia Galotti – Mündigkeit der Wahrnehmung,
in: Literaturstraße Band 16, Ehrenherausgeber: Zhang Yushu（张玉书），
herausgegeben von Feng Yalin（冯亚琳），Zhu Jianhua（朱建华），
Wei Yuqing（魏育青），Georg Braungart（格奥尔格·布劳恩加特），
Gerhard Lauer（格哈德·劳尔），Würzburg: Königshausen & Neumann
2015

李明明：对卡夫卡长篇小说《城堡》的空间叙事分析，《外国文学》
2015 年第 2 期

李师花：规则与自由的对抗——歌德《飞行的大钟》分析，《世界文学评论》2015年第1期

廖奕：文学律法的伦理光照：卡夫卡《审判》新论，《外国文学研究》，2015年第2期

刘白，蔡熙：论本雅明的城市空间批评，《当代外国文学》2015年第2期

刘冬瑶：俄南之罪·自情自爱之病·纳西瑟斯之恋·赫马佛洛狄忒斯之梦——兼评吕克特豪斯、布朗和拉科尔三书，《德语人文研究》2015年第1期

Liu Wei（刘炜）: Räume in der Literatur und Sprache – Bericht zum Literaturstraßen-Symposium in der Österreichischen Gesellschaft für Literatur (1. bis 2. Oktober 2014)，in: Literaturstraße Band 16, Ehrenherausgeber: Zhang Yushu（张玉书），herausgegeben von Feng Yalin（冯亚琳），Zhu Jianhua（朱建华），Wei Yuqing（魏育青），Georg Braungart（格奥尔格·布劳恩加特），Gerhard Lauer（格哈德·劳尔），Würzburg: Königshausen & Neumann 2015

刘永强："跃出自己的肌肤"——论海涅诗作《波马雷》和《阿塔·特罗尔》中的舞蹈与越界，《同济大学学报（社会科学版）》2015年第6期

柳冬妩，胡磊，袁敦卫：《变形记》：地球一样大的中篇小说——纪念卡夫卡《变形记》发表100周年三人谈，《东莞理工学院学报》2015年第6期

卢迎伏：从孤独的"我言"到冷硬的"图像"——里尔克的早期诗学思想研究，《国外文学》2015年第4期

罗炜：君特·格拉斯的诗情与画意，《文艺报》2015年6月8日

马剑：作为文学批评者的赫尔曼·黑塞——评《书籍的世界》，《同济大学学报（社会科学版）》2015年第6期

马蕾：时代危机下的群魔图——卡内蒂的小说《迷惘》中权力与群众影像，《德语人文研究》2015年第2期

聂军：启蒙文学：理性与审美的融合？，《外语教学》2015年第1期

任卫东：启蒙精神与市民道德下的无所适从——莱辛戏剧中的女性，《同济大学学报（社会科学版）》2015年第2期

任昕：诗性：海德格尔诗学的内在精神，《国外文学》2015年第3期

唐妙琴：现代普罗米修斯之审判——加缪的反抗与卡夫卡的法庭，《同济大学学报（社会科学版）》2015年第3期

王滨滨：《彼得·卡门青》中人与自然的和谐关系溯源，《同济大学学报（社会科学版）》2015年第6期

杨植钧：叙事革命与身体政治——奥地利当代女性文学中的实验性书写，《德语人文研究》2015年第1期

张培：解构父权制神话——耶利内克戏剧《白雪公主》《睡美人》对经典童话的当代戏仿，《黑龙江社会科学》2015年第6期

张赟：空间，《德语人文研究》2015年第1期

郑萌芽：克莱斯特喜剧《破瓮记》中受损的身体与沦落的乡村父权，《德语人文研究》2015年第1期

周才庶：布莱希特"间离"学说的文学伦理反思，《外国文学研究》2015年第3期

语 言 学

陈琦，董菁：基于自然语料的德语附加标记语研究，《德语人文研究》2015年第1期

Dong Qinwen（董秦雯）：Ein Blick auf die Äquivalenzfrage aus Sicht der Optimalitätstheorie, in: Literaturstraße Band 16, Ehrenherausgeber: Zhang Yushu（张玉书）, herausgegeben von Feng Yalin（冯亚琳）, Zhu Jianhua（朱建华）, Wei Yuqing（魏育青）, Georg Braungart（格奥尔格·布劳恩加特）, Gerhard Lauer（格哈德·劳尔）, Würzburg: Königshausen & Neumann 2015

方悦，韦晴，黄子健，梁志鹏：浅谈汉德语之异（英文），《赤子（上中旬）》2015年第1期

宫笑贝：从德国报刊文章用词分析外国语对德语词汇发展的影响，《牡

丹江教育学院学报》2015 年第 12 期

郭瀚：科学语言和英语统治：德语作为科学语言地位的思考，《语文学刊（外语教育教学)》2015 年第 3 期

Jiang Linjing（姜林静）：Die Rückkehr der Fiktion zur realen Lebenswelt – Karl Schmitts Selbstdeutung durch eine literarische Figur, in: Literaturstraße Band 16, Ehrenherausgeber: Zhang Yushu（张玉书）, herausgegeben von Feng Yalin（冯亚琳）, Zhu Jianhua（朱建华）, Wei Yuqing（魏育青）, Georg Braungart（格奥尔格·布劳恩加特）, Gerhard Lauer（格哈德·劳尔）, Würzburg: Königshausen & Neumann 2015

Kong Jingqian（孔景茜）：Momentaufnahme des Bösen Filmanalyse zu Michael Hanekes „Das weiße Band", in: Literaturstraße Band 16, Ehrenherausgeber: Zhang Yushu（张玉书）, herausgegeben von Feng Yalin（冯亚琳）, Zhu Jianhua（朱建华）, Wei Yuqing（魏育青）, Georg Braungart（格奥尔格·布劳恩加特）, Gerhard Lauer（格哈德·劳尔）, Würzburg: Königshausen & Neumann 2015

Lai Jiong（来炯）：Analyse der drei kommentierenden Textsorten in aktuellen deutschen Zeitungen – Leitartikel, Kommentar und Glosse, in: Literaturstraße Band 16, Ehrenherausgeber: Zhang Yushu（张玉书）, herausgegeben von Feng Yalin（冯亚琳）, Zhu Jianhua（朱建华）, Wei Yuqing（魏育青）, Georg Braungart（格奥尔格·布劳恩加特）, Gerhard Lauer（格哈德·劳尔）,Würzburg: Königshausen & Neumann 2015

Liu Qisheng（刘齐生）：Raumdarstellung in den chinesischen und deutschen Alltagserzählungen – Zur kulturellen Gebundenheit der Textstrukturen, in: Literaturstraße Band 16, Ehrenherausgeber: Zhang Yushu（张玉书）, herausgegeben von Feng Yalin（冯亚琳）, Zhu Jianhua（朱建华）, Wei Yuqing（魏育青）, Georg Braungart（格奥尔格·布劳恩加特）, Gerhard Lauer（格哈德·劳尔）, Würzburg: Königshausen & Neumann 2015

Liu Wei（刘炜）: Wiener Kaffeehäuser als Schaufenster einer untergegangenen
   Ära – ein kulinaristischer Versuch, in: Literaturstraße Band 16,
   Ehrenherausgeber: Zhang Yushu（张玉书）, herausgegeben von Feng
   Yalin（冯亚琳）, Zhu Jianhua（朱建华）, Wei Yuqing（魏育青）,
   Georg Braungart（格奥尔格·布劳恩加特）, Gerhard Lauer（格哈
   德·劳尔）, Würzburg: Königshausen & Neumann 2015

庞双子，王克非：基于语料库考察翻译与语言发展的关系——从尤莉
   安娜·豪斯的相关研究谈起，《中国外语》2015 年第 4 期

Pang Wenwei（庞文薇）: Zur chinesischen Übersetzung einiger Begriffe in
   der *Abhandlung über den Ursprung der Sprache* von Johann Gottfried
   Herder, in: Literaturstraße Band 16, Ehrenherausgeber: Zhang Yushu
   （张玉书）, herausgegeben von Feng Yalin（冯亚琳）, Zhu Jianhua
   （朱建华）, Wei Yuqing（魏育青）, Georg Braungart（格奥尔格·
   布劳恩加特）, Gerhard Lauer（格哈德·劳尔）, Würzburg: Königs-
   hausen & Neumann 2015

让·卢梭（Jean Rousseau），德尼·杜阿赫（Denis Thouard），曹艳艳，
   陈辰：洪堡与雷慕沙通信集之五——论语言的完善性及翻译，《国
   际汉学》2015 年第 2 期

Wang Jingping（王京平）: Wissen oder Können? – Entwicklung der Sprach-
   kompetenz, in: Literaturstraße Band 16, Ehrenherausgeber: Zhang
   Yushu（张玉书）, herausgegeben von Feng Yalin（冯亚琳）, Zhu
   Jianhua（朱建华）, Wei Yuqing（魏育青）, Georg Braungart（格
   奥尔格·布劳恩加特）, Gerhard Lauer（格哈德·劳尔）, Würzburg:
   Königshausen & Neumann 2015

张博：认知语法框架下的德语语法隐喻——以人际语法隐喻为例，《解
   放军外国语学院学报》2015 年第 2 期

Zhang Ning（张宁）: Gesicht und Argumentation, in: Literaturstraße Band
   16, Ehrenherausgeber: Zhang Yushu（张玉书）, herausgegeben von
   Feng Yalin（冯亚琳）, Zhu Jianhua（朱建华）, Wei Yuqing（魏育
   青）, Georg Braungart（格奥尔格·布劳恩加特）, Gerhard Lauer（格

哈德·劳尔），Würzburg: Königshausen & Neumann 2015

Zhao Jin（赵劲）：Der Zustand und die Zukunft der Germanistik im Allgemeinen und in China im Besonderen, in: Literaturstraße Band 16, Ehrenherausgeber: Zhang Yushu（张玉书），herausgegeben von Feng Yalin（冯亚琳），Zhu Jianhua（朱建华），Wei Yuqing（魏育青），Georg Braungart（格奥尔格·布劳恩加特），Gerhard Lauer（格哈德·劳尔），Würzburg: Königshausen & Neumann 2015

郑彧：上海方言与德语语音的对比分析，《上海理工大学学报（社会科学版）》2015 年第 4 期

朱建华，陈忱：德意志语言思想背景下的专用语研究，《西安外国语大学学报》2015 年第 2 期

教 学 法

毕玫，王群珉："全语言教学"对项目德语教学的启示，《浙江科技学院学报》2015 年第 5 期

陈佳："微时代"高校外语教学方法改革探索——以微信在德语教学中的实践为例，《江苏理工学院学报》2015 年第 5 期

陈立：基于 ASP.NET 的德语在线考试平台的设计与实现，《当代教育实践与教学研究》2015 年第 12 期

陈立：浅谈德国歌德学院任务型教学模式，《求知导刊》2015 年第 21 期

高莉：促进语言学课程知识体系由"单向型"向"复合型"转变，《高教学刊》2015 年第 16 期

高莉：项目教学法在外语知识型课堂上的应用——德语语言学课堂教学模式探索，《语言与文化研究》2015 年第 1 期

黄克琴，丁敏：德语翻译硕士培养模式探索，《德语人文研究》2015 年第 1 期

黄克琴，王颖频，庞文薇：德语专业学生职业素养培育对策研究，《天津外国语大学学报》2015 年第 4 期

黄扬：中德联合培养项目德语教学中德跨文化教学，《浙江科技学院学

报》2015 年第 5 期

霍英：社会需求导向德语专业课程设置分析与构想——以上海电机学院为例，《语文学刊（外语教育教学）》2015 年第 12 期

贾文键：外语专业国际化人才培养的内涵与标准——北京外国语大学国际化人才培养的理念与实践，《中国大学教学》2015 年第 3 期

贾一诚：译者能力与专硕翻译教学——简论美因茨大学翻译培养模式对我国 MTI 翻译教学的启示，《西安外国语大学学报》2015 年第 4 期

江山，刘贤芬：德语专业硕士研究生生态文明理论类课程建设创新研究——以南昌航空大学为例，《铜陵学院学报》2015 年第 4 期

黎东良，李香，吴明奇：德汉一般应用文互译课程研究，《中国大学教学》2015 年第 11 期

柳爱群：浅谈德语名词的"性""数""格"，《科技资讯》2015 年第 28 期

吕巧平：论廖馥君研究的学科史意义，《德语人文研究》2015 年第 2 期

苗晓丹：德国农业教育体系概况，《中国职业技术教育》2015 年第 10 期

闵志荣：巴赫金超语言学理论对于高级德语课程教学理念的启示，《亚太教育》2015 年第 30 期

王景文：德语课堂与二语习得理论，《渤海大学学报（哲学社会科学版）》2015 年第 4 期

王景文，易宏波：以职场为中心的德语教学和教辅的结合，《长江教育学院学报》2015 年第 10 期

翁震华："面向行动"外语教学理念的启示——对项目德语教学的思考，《浙江科技学院学报》2015 年第 5 期

赵梦迪：德语 DSH 考试听力理解的常见六大题型分析——以德国弗莱堡大学 2007—2013 年真题为例，《山东高等教育》2015 年第 2 期

赵学瑶，卢双盈，白志凡：德国"双元制"职教模式的移植演变与启示，《职业教育研究》2015 年第 12 期

翻　译

曹俊雯：从哲学诠释学视角评析《道德经》英德译本，《德语人文研究》2015 年第 2 期

冯晓虎：关于尼采"权力意志"译名的讨论，《同济大学学报（社会科学版）》2015 年第 3 期

何俊：创造社作家段可情与德语文学翻译，《郭沫若学刊》2015 年第 4 期

梅薏华，姚军玲：我对德译本《红楼梦》的几点看法——访德国汉学家梅薏华，《国际汉学》2015 年第 1 期

王金波：库恩《红楼梦》德文译本底本四探——兼答姚珺玲，《红楼梦学刊》2015 年第 1 期

王雪，刘小丰，刘蕾：赫尔德翻译理论介评，《天津大学学报（社会科学版）》2015 年第 4 期

吴昊龙：变译理论视角下的德语外宣新闻翻译方法研究——以国际在线汉语版与德语版为例，《语文学刊（外语教育教学）》2015 年第 6 期

徐若楠，王建斌：中德外交史上的翻译奇才，《东方翻译》2015 年第 5 期

郑惠中：文学翻译中变译的因与果——以《红高粱家族》德译本为例，《德语人文研究》2015 年第 1 期

德 国 研 究

历史政治

陈洁，袁建军：德法与欧盟差异性一体化，《德国研究》2015 年第 2 期

陈明：论马克思意识形态概念的德国渊源，《中南大学学报（社会科学版）》2015 年第 6 期

陈弢：兄弟阋墙：中德在 1963 年统社党六大前后的争斗及其影响，《德国研究》2015 年第 4 期

程迈：德国政党党内候选人推选法律制度研究：以联邦议院的选举为

例，《德国研究》2015 年第 4 期

何涛：价值与利益的权衡取舍——乌克兰危机中德国舆论的博弈，《中国报业》2015 年第 22 期

贺之杲：乌克兰危机背景下欧盟对俄制裁的分析：基于观众成本的视角，《德国研究》2015 年第 1 期

胡春春：德国历史与历史观的延续性与维新——一个基于德国一战反思的考察，《欧洲研究》2015 年第 5 期

胡浩：论大卫·弗里德兰德的犹太教改革思想，《学海》2015 年第 6 期

金晶，张绍铎：德国主流媒体视野下的中日历史认识问题——以《明镜》周刊（1980—2015）为例，《德国研究》2015 年第 2 期

冷慧：德国协商民主的探索——以海德堡模式为例，《德国研究》2015 年第 4 期

李乐曾：历史问题与联邦德国外交政策的选择——以德法、德波和德以关系为例，《德国研究》2015 年第 2 期

李文红，王建斌：德国人是如何反思二战的，《和平与发展》2015 年第 5 期

刘日明：马克思的自然概念及其政治意蕴，《同济大学学报（社会科学版）》2015 年第 2 期

刘胜湘，许超：德国联邦安全委员会的演变探析，《德国研究》2015 年第 2 期

马骏驰：法德在中东欧的不同关切对中国 - 中东欧国家合作的启示，《德国研究》2015 年第 4 期

任琳，徐奇渊：新安全观视野下的中欧关系，《德国研究》2015 年第 1 期

芮悟峰，胡莹：从"外交政策之集思"到"外交政策之改进"："回顾2014"进入落实阶段，《德国研究》2015 年第 3 期

伍慧萍：难民危机背景下的欧洲避难体系：政策框架、现实困境与发展前景，《德国研究》2015 年第 4 期

严骁骁：欧盟独立安全与防务力量的发展演变与未来展望，《德国研

究》2015 年第 2 期

张晓玲：联合国安理会 1325 号决议框架下的德国国家行动计划探析，《当代世界与社会主义》2015 年第 1 期

社会教育

陈正：科学大都会 2015 报告：德国高校国际学生占比达 10%，《世界教育信息》2015 年第 22 期

冯一平：1/3 有移民背景的德国人获得中学文凭，《世界教育信息》2015 年第 22 期

韩丁：2006—2014 年德国大学学费改革（上），《世界教育信息》2015 年第 18 期

韩丁：2006—2014 年德国大学学费改革（下），《世界教育信息》2015 年第 19 期

郝丽燕，杨士林：德国社会护理保险制度的困境与未来发展方向，《德国研究》2015 年第 2 期

李珍，赵青：德国社会医疗保险治理体制机制的经验与启示，《德国研究》2015 年第 2 期

刘慧，谭艳秋：欧盟碳排放交易体系改革的内外制约及发展趋向，《德国研究》2015 年第 1 期

申森：绿色智库的理论前景与现实走向：基于德国案例的分析，《德国研究》2015 年第 3 期

宋全成：欧洲难民危机：结构、成因及影响分析，《德国研究》2015 年第 3 期

孙文沛，阮一帆：联邦德国历史教科书中"二战历史"叙述的变革，《德国研究》2015 年第 3 期

唐艋：德国难民政策的历史与现状，《德国研究》2015 年第 2 期

王聪悦，李庆四：由土耳其裔生存现状透视德国外来少数族群困境的政策诱因，《德国研究》2015 年第 4 期

王俊烽，徐祯：创建高校自身特色　重视职业教育发展——访德国各

州文化教育部长联席会议前秘书长埃里希·蒂斯，《世界教育信息》2015 年第 4 期

吴强：德国难民政策的演变：从客工到欢迎文化，《文化纵横》2015年第 6 期

肖洋：德国参与北极事务的路径构建：顶层设计与引领因素，《德国研究》2015 年第 1 期

徐磊，陈浩：德国最低工资制度的争论及对我国的启示，《当代经济管理》2015 年第 5 期

徐之凯：二战后法占区的德国公务员与非纳粹化，《德国研究》2015年第 1 期

张梦，周文静，杨义清，张景昊，马聪敏：中国主流媒体对德国国家形象的建构——以 2014 年《人民日报》涉及德国的报道为例，《新闻世界》2015 年第 12 期

张莉芬：多模态语篇分析视角下明镜周刊封面中欧元形象的图文建构，《德语人文研究》2015 年第 1 期

郑春荣，周玲玲：德国在欧洲难民危机中的表现、原因及其影响，《同济大学学报（社会科学版)》2015 年第 6 期

周菲：德国参与南极事务的历程与特点及其启示，《德国研究》2015年第 2 期

哲学美学

[德] A. F. 科赫（Anton Friedrich Koch），谢裕伟：形而上学及其当代命运——A.F. 科赫教授访谈，《世界哲学》2015 年第 2 期

[德] 彼得·特拉夫尼（Peter Trawny），靳希平：海德格尔与犹太世界阴谋的神话，《中国高校社会科学》2015 年第 1 期

[德] 克劳斯·齐特尔，朱咪：国家的没落——论尼采哲学中艺术与政治的关系，《同济大学学报（社会科学版)》2015 年第 1 期

陈军：文类学视角下艺术终结论新探——以德国古典美学为例，《杭州师范大学学报（社会科学版)》2015 年第 5 期

戴茂堂：蒙蔽与去蔽：启蒙的两个问题，《桂海论丛》2015 年第 4 期

冯芳：重审海德格尔的"生命哲学阶段"及其跨越，《浙江学刊》2015
年第 3 期

郜元宝："末人"时代忆"超人"——"鲁迅与尼采"六题议，《同济
大学学报（社会科学版）》2015 年第 1 期

胡国平：未完结的历史——论本雅明历史哲学中的伦理维度，《同济大
学学报（社会科学版）》2015 年第 5 期

李伟：德国古典美学的逻辑进程——兼论席勒《论美书简》的美学史
意义，《文艺理论研究》2015 年第 6 期

李雪涛：论雅斯贝尔斯历史哲学的构想，《德语人文研究》2015 年第
2 期

汪民安：尼采的"同一物的永恒轮回"，《同济大学学报（社会科学
版）》2015 年第 1 期

王丁：论晚期谢林"启示"概念的三重内涵，《同济大学学报（社会科
学版）》2015 年第 5 期

夏开丰：无名者的光环：本雅明和朗西埃论机械复制艺术，《同济大学
学报（社会科学版）》2015 年第 5 期

先刚：试析黑格尔哲学中的"道德"和"伦理"问题，《北京大学学报
（哲学社会学版）》2015 年第 6 期

叶隽：适度启蒙与人类教育——莱辛的启蒙反思及其对理性与信仰冲
突的调和，《同济大学学报学报（社会科学版）》2015 年第 4 期

余明锋：从形而上学回到灵魂学——论尼采在《善恶的彼岸》第一章
中对哲学的改造，《同济大学学报（社会科学版）》2015 年第 3 期

宇海金：康德对传统善恶观的革命性颠覆，《求索》2015 年第 12 期

文化艺术

陈正：华文媒体的对外传播——以《欧洲时报》德国版为例，《对外传
播》2015 年第 12 期

韩王韦：尼采巴赛尔时期的荷马研究，《同济大学学报（社会科学版）》

2015 年第 2 期

柯卉：18 世纪德国学者穆尔的中国研究，《德国研究》2015 年第 1 期

刘经树：20 世纪 50 年代德国学界的教义思维讨论，《南京艺术学院学报》2015 年第 4 期

罗梅君，张传泉：卫礼贤的中国学术网络和汉学研究——从殖民特权到平等地位，《德国研究》2015 年第 3 期

杨华丽：《论中德文化书》考论，《郭沫若学刊》2015 年第 4 期

姚燕：跨文化性与跨文化态度——德国跨文化交往理论研究管窥，《国外社会科学》2015 年第 3 期

张礼刚：柏林哈斯卡拉运动兴起的犹太因素，《学海》2015 年第 6 期

周海霞：德国影视作品中的中国和中国人——关于德国喜剧电影《酸甜邻居》的跨文化解读，《德语人文研究》2015 年第 2 期

经济

[德] 拉尔夫·格茨（Ralf Götze），[德] 海因茨·罗特岗（Heinz Rothgang），苏健：德国长期护理保险制度变迁：财政和社会政策交互视角，《江海学刊》2015 年第 5 期

[德] 米兰达·施罗伊尔斯（Miranda Schreurs），李庆：德国能源转型及其对新治理形式的需求，《南京工业大学学报（社会科学版）》2015 年第 2 期

江树革，费多丽：公平可持续发展实现路径的德国经验研究——社会市场经济下德国福利制度改革的背景、理念和思考，《马克思主义与现实》2015 年第 4 期

胡海洋，姚晨：德国社会市场经济模式分析及借鉴，《经济研究导刊》2015 年第 4 期

黄顺魁：制造业转型升级：德国"工业 4.0"的启示，《学习与实践》2015 年第 1 期

黄阳华：德国"工业 4.0"计划及其对我国产业创新的启示，《经济社会体制比较》2015 年第 2 期

姜同仁，刘娜：德国体育产业发展方式解析与启示，《西安体育学院学报》2015 年第 2 期

蒋绚：政策、市场与制度：德国创新驱动发展研究与启示，《中国行政管理》2015 年第 11 期

李俊：德国职业培训市场的分析——兼谈对我国现代学徒制建设的启示，《德国研究》2015 年第 4 期

李翔，陈可石，郭新：增长主义价值观转变背景下的收缩城市复兴策略比较——以美国与德国为例，《国际城市规划》2015 年第 2 期

刘媛媛，朱鹤：德国新一轮产业结构调整对欧盟的影响研究，《工业经济论坛》2015 年第 5 期

申法贺：德国金融业混业经营发展研究及对我国的启示，《商》2015 年第 30 期

盛朝迅，姜江：德国的"工业 4.0 计划"，《宏观经济管理》2015 年第 5 期

石忆邵：德国均衡城镇化模式与中国小城镇发展的体制瓶颈，《经济地理》2015 年第 11 期

史世伟：从"新经济"走向"新经济"：德国社会生产体系的连续性与变革——评阿贝尔斯豪塞的《1945 年至今的德国经济史》，《欧洲研究》2015 年第 4 期

史世伟，向渝：高科技战略下的德国中小企业创新促进政策研究，《德国研究》2015 年第 4 期

宋凌峰，郭亚琳：德国地方性资本市场发展模式及借鉴，《证券市场导报》2015 年第 8 期

索玉龙："互联网＋"中国制造 VS"工业 4.0"德国制造，《现代国企研究》2015 年第 15 期

万帆：德国政府在物流业方面的扶持政策对我国的启示，《中国物流与采购》2015 年第 9 期

王敬华，赵清华：德国生物经济战略及实施进展，《全球科技经济瞭望》2015 年第 2 期

王雷：深入德表工厂分析德国制表先进之处——参观格拉苏蒂原创

Glashutte Original 工厂观后感，《钟表》2015 年第 5 期

王浦劬，张志超：德国央地事权划分及其启示（上），《国家行政学院学报》2015 年第 5 期

王义桅，李燕燕：国之交缘何民不亲？——中德经济依存与民众好感度的非对称性分析，《德国研究》2015 年第 3 期

吴兴唐：德国鲁尔地区"经济转型"的启示，《当代世界》2015 年第 6 期

吴勇敏，何源：德国公营事业对中国国有企业类型化之启示——以判例与立法为中心展开，《社会科学战线》2015 年第 5 期

肖帅：德国的社会保障公共财政政策对我国的启示，《中国财政》2015 年第 13 期

杨大可：德国股份有限公司监事会信息权制度评析及启示，《德国研究》2015 年第 1 期

张冬阳：德国邮政市场的管制及其对我国的启示，《德国研究》2015 年第 1 期

张方波：人民币国际化条件下的跨境资本流动监管——基于美国、德国和日本的国际借鉴，《华北金融》2015 年第 7 期

张寒，娄峰：德国经济从金融危机中快速复苏原因及启示，《现代经济探讨》2015 年第 5 期

张宏翔：德国排污制度环境税的经济效应与制度启示，《华侨大学学报（哲学社会科学版）》2015 年第 4 期

张晓锋：欧债危机中的德国角色，《重庆科技学院学报（社会科学版）》2015 年第 3 期

张万英：西门子全系列配电产品亮相 EP Shanghai 2015——访西门子（中国）有限公司能源管理集团副总裁、中低压设备与系统事业部总经理何塞·安德亚德，《电气时代》2015 年第 11 期

郑春荣，望路：德国制造业转型升级的经验与启示，《人民论坛·学术前沿》2015 年第 11 期

郑启南：新常态下德国在华直接投资的分析，《中国市场》2015 年第 46 期

朱玲：德国住房市场中的社会均衡和经济稳定因素，《经济学动态》
2015 年第 2 期

邹力行：德国国土整治规划及启示，《开发性金融研究》2015 年第 2 期

法律

[德] 彼得·哥特瓦尔德（Peter Gottwald），曹志勋：德国司法判决书
中的说理：实践与学说，《苏州大学学报（法学版）》2015 年第 4 期

[德] 莱纳·埃辛（Lena Eichen），夏晓文：利益集团在欧盟指令草案
政策咨询中的参与分析，《德国研究》2015 年第 4 期

[德] 马丁·舍尔迈尔（Martin Schermaier），朱晓峰：德国不当得利法
当前存在的问题，《财经法学》2015 年第 2 期

[德] 米歇尔·施托莱斯（Michael Stolleis），王银宏：干预性国家的形
成与德国行政法的发展，《行政法学研究》2015 年第 5 期

白江：论德国环境责任保险制度：传统、创新与发展，《东方法学》
2015 年第 2 期

杜景林：德国最高法院的民事合伙造法及评价，《北方法学》2015 年
第 1 期

何源：德国行政形式选择自由理论与实践，《行政法学研究》2015 年
第 4 期

黄志雄，刘碧琦：德国互联网监管：立法、机构设置及启示，《德国研
究》2015 年第 3 期

江溯：无需量刑指南：德国量刑制度的经验与启示，《法律科学（西北
政法大学学报)》2015 年第 4 期

李泠烨：土地使用的行政规制及其宪法解释——以德国建设许可制为
例，《华东政法大学学报》2015 年第 3 期

李陶：工业 4.0 背景下德国应对 3D 打印技术的法政策学分析——兼论
我国对 3D 打印技术的法政策路径选择，《科技与法律》2015 年第
2 期

林熙，林义：德国退休制度的实践形态研究——基于退休渠道的视角，

《德国研究》2015 年第 3 期

刘志超：浅析保理融资合同中的部分法律问题——以德国法上的担保性债权让与制度为视角，《经济与金融》2015 年第 12 期

马龙：论德国民事诉讼中的证明妨碍制度——以德国联邦法院的判例为考察对象，《证据科学》2015 年第 6 期

舒国滢：德国十八九世纪之交的法学历史主义转向——以哥廷根法学派为考察的重点，《中国政法大学学报》2015 年第 1 期

苏号朋：民法典编纂与消费者保护——以德国债法改革为参照，《法学杂志》2015 年第 10 期

万宗瓒：德国竞争法中私人诉讼制度的改革及其启示，《政治与法律》2015 年第 4 期

王葆莳：行政法案件中的国际私法先决问题和外国法查明——德国联邦行政法院 2012 年 7 月 19 日判决评析，《国际法研究》2015 年第 1 期

王刚：德国刑法中的安乐死——围绕联邦最高法院第二刑事审判庭 2010 年判决的展开，《比较法研究》2015 年第 5 期

王锴：德国宪法变迁理论的演进，《环球法律评论》2015 年第 3 期

王锴：为公民基本义务辩护——基于德国学说的梳理，《政治与法律》2015 年第 10 期

文亚：德国公共风险管理的经验与启示，《中国行政管理》2015 年第 4 期

严益州：德国行政法上的双阶理论，《环球法律评论》2015 年第 1 期

颜晶晶：报刊出版者权作为邻接权的正当性探析——基于德国《著作权法》第八修正案的思考，《比较法研究》2015 年第 1 期

姚荣：德国公立高等学校法律地位演进的机制、风险与启示，《国家教育行政学院学报》2015 年第 12 期

翟巍：论德国青少年校外教育法律规制及对我国借鉴意义，《青少年犯罪问题》2015 年第 5 期

张永进：德国检察官办案责任制及其启示，《德国研究》2015 年第 3 期

张志铭、李若兰：迈向社会法治国：德国学说及启示，《国家检察官学

院学报》2015 年第 1 期

朱超然：德国检察权配置概览，《中国检察官》2015 年第 19 期

核心及重要期刊论文摘要（选）

2010 年

1. **陈民：从沙米索到特雷齐亚·莫拉，《外国文学动态》2010 年第 3 期**

   关键词：米索；移民作家；德国文化；移民文学；女作家；德语文学；文学创作；德国文学；莫拉；主流文学

   摘要：谈到德国浪漫主义，一个法国贵族的姓常常会被提起，这就是沙米索。阿德尔贝特·冯·沙米索（Adelbert von Chamisso）（1781—1838）出生在法国的贵族家庭，1790 年其父为逃避法国大革命带着全家迁居普鲁士王国。

2. **陈壮鹰：从心灵黑洞走向现实荒原——感受黑塞小说中创伤记忆的自我救赎，《德国研究》2010 年第 1 期**

   关键词：黑塞；德语小说；创伤记忆；救赎

   摘要：本文试图通过解读黑塞早、中、晚三个时期的代表小说《在轮下》、《荒原狼》和《玻璃球游戏》，来分析作家少年时期承受的创伤记忆如何对文学创作行为起到深刻影响和作用，探究作家灵魂成长与作品人物成长之间的关联脉络。

3. **丁国旗：祈向"本原"——对歌德"世界文学"的一种解读，《文学评论》2010 年第 4 期**

   关键词：世界文学；民族文学；歌德；全球化语境；英国文学；民族作家；本原；文学作品；美学思想；概念

   摘要：对歌德"世界文学"的研究必须与他的整个美学思想关联

起来，惟其如此，才能获得一种更有说服力的理解；"美其实是一种本原现象"，这是理解歌德"世界文学"概念的根基所在，只有从这里出发，我们才能把握"世界文学"的真实意蕴。

4. 高玉：《城堡》："反懂"的文本与"反懂"的欣赏，《外国文学研究》2010 年第 1 期

关键词：卡夫卡；《城堡》；"反懂"；欣赏

摘要：《城堡》是一个"反懂"的文本，具有分裂和解构性、非理性，是寓言写作和象征写作。它是一个精神化的世界，它的意义不在表面的现实，而在深层的精神。它的主题、结构、故事、情节、人物形象、意象以及叙述方式等都不同于传统的小说，因此也不能按照传统的方式来解读、分析和欣赏。《城堡》不是一个有机统一体。我们每个人都能够从《城堡》中读出新的东西，读出似曾相识的感觉和经历，都可以借《城堡》来表达我们自己对于现代社会的观念，作为阅读和欣赏，这是合理的。《城堡》的意义只存在于解释之中，生成于读者与文本的一种相遇。

5. 高玉：论《城堡》时间的后现代性，《国外文学》2010 年第 1 期

关键词：《城堡》；卡夫卡；后现代；时间

摘要：《城堡》在时间上既具有传统的现代因素，又具有反传统的后现代因素。小说中 K 的生活和经历大致可以清理出一个时间秩序，但另一方面，小说中，不论人物的行动时间还是作者的叙述时间都有变异。小说中两封信的事，因为没有时间顺序或者说时间混乱，我们无法复原或勾勒出它的故事和情节。

6. 谷裕：神秩下的成长发展与圣杯的寓意——沃尔夫拉姆的《帕西法尔》，《国外文学》2010 年第 1 期

关键词：《帕西法尔》；成长发展；圣杯寓意

摘要：中世纪宫廷骑士史诗《帕西法尔》演绎了同名主人公成长发展为亚瑟骑士和圣杯骑士的历程。它与现代成长发展小说存在

本质不同。主人公成长发展于神秩之中，道路是神的召叫和恩宠，取代个体和内在性的是共同体和公共性，时空具有救赎和终末意义。圣杯喻指成长发展的终极目标，即灵性引导下的世俗统治。

7. 韩瑞祥：审美感知的碰撞——评诺瓦利斯对歌德《威廉·迈斯特的学习时代》的反思，《外国文学》2010 年第 6 期

关键词：诺瓦利斯；歌德；《威廉·迈斯特的学习时代》；审美感知

摘要：诺瓦利斯对歌德《威廉·迈斯特的学习时代》的批评，以及他的浪漫小说《海因里希·封·奥夫特丁根》的创作，并不是直接针对歌德的；这里体现的是传统诗学思想与审美感知的对立和碰撞。作为浪漫派作家，诺瓦利斯借以反思的，是以歌德为代表的启蒙理性和古典现实主义诗学原则。他强调在无限中感悟诗的真谛，从诗学观念和创作实践上把有限与无限的关系浪漫化。他以至高无上的想象力使诗的境界充满"夜"的神奇和美妙，使梦想中的理想家园成为诗人永远感知和追求的目标，为德国浪漫派文学的发展和辉煌做出了不可磨灭的贡献。

8. 何宁：从出租车司机到知名女作家——德国新生代作家卡琳·杜维的文学创作之路，《外国文学动态》2010 年第 6 期

关键词：出租车司机；女作家；女性；新生代作家；短篇小说；小说集；德国；作品；身体；文学创作

摘要：在当今德语文坛，卡琳·杜维（Karen Duve）无疑是德国新生代作家的领军人物之一。自 1995 年出版短篇小说集《积雪中宁静的家》（Im tiefen Schnee ein stilles Heim）并以此获得多项文学奖后，卡琳·杜维又于 1999 年先后发表了短篇小说集《一无所知》（Keine Ahnung）和处女长篇《雨的传奇》（Regenroman），2002 年为读者带来了《这不是一首情歌》（Dies ist kein Liebeslied），2005 年出版了《被诱拐的公主》（Die entführte Prinzessin）。2008 年卡琳·杜维的最新作品《出租车》（Taxi）问世。

9. **黄凤祝：《测量世界》对后现代性的探讨，《同济大学学报（社会科学版）》2010 年第 6 期**

关键词：空间；时间；理性；不确定性；现代；后现代

摘要：《测量世界》是德国青年作家克尔曼的成名之作。在这部小说中，克尔曼把德国启蒙时代的历史人物和事件作为叙事的素材，构建了一个精英成长与老化的漫画世界。克尔曼通过高斯对欧几里得空间概念的怀疑，指出康德纯粹理性批判的不切实际。围绕德意志化和年华老去的主题，克尔曼继续了战后德国知识分子围绕"后现代性"问题的争论：启蒙产生了现代主义，也带来了后现代的不确定性。

10. **李双志：语言、身份与写作——试论卡夫卡、策兰和赫塔·穆勒创作的文化背景，《当代外国文学》2010 年第 2 期**

关键词：弗朗茨·卡夫卡；保尔·策兰；赫塔·穆勒；语言反思；身份

摘要：20 世纪德语文学的三个重要代表卡夫卡、策兰和 2009 年诺贝尔文学奖获得者赫塔·穆勒都是在多语言、多文化交织的文化空间里生活并从事创作的。他们深刻体察到自己的文化身份与集体身份之间的脱离，由此产生了一种寻找或塑造自己独特身份的焦虑。这种焦虑既表现为他们对语言的高度敏感，也成为了他们创作的一个重要动力：他们以文学创作来探索体现个人存在价值的个性化语言。这让他们的文学作品始终包含着对语言的反思，同时也表现出了独树一帜的美学风格，成为现代德语文学乃至现代世界文学中焕发着夺目异彩的瑰宝。

11. **聂华：略论里尔克三首《佛》诗的象征意义，《外国文学评论》2010 年第 2 期**

关键词：《佛》诗；艺术之物；精神之维；嬗变

摘要：奥地利神秘象征主义诗人里尔克在 1905 年至 1908 年间先后创作了三首以佛为题材的短诗。本文认为诗中的"佛"既是诗人所创作的"艺术之物"，又表现出诗人在巴黎期间艺术创作思

2010年

想的嬗变，是诗人艺术创作不断创新与精神维度不断升华的真实写照。

12. 宁静：丹尼尔·克尔曼与新作《名声》，《外国文学动态》2010 年第 2 期

关键词：克尔曼；长篇小说；丹尼尔；文学奖；拉尔夫；现实世界；畅销书；作家；名声；故事

摘要：2005 年，德国青年作家丹尼尔·克尔曼的长篇小说《测量世界》(Die Messung der Welt) 一经问世，便抓住了世界的目光。这部小说不仅入围德国图书奖决选，其销售成绩更是创下新高，盘踞《明镜》周刊文学类畅销书榜冠军逾 30 周。随即，克尔曼一举将三项文学奖纳入囊中：阿登纳基金会文学奖、多德勒尔文学奖和克莱斯特奖，成为文学界一颗耀眼的明星。今年年初，这位天才作家又为我们带来了他的新作《名声》(Ruhm)。

13. 孙胜忠：论成长小说中的"Bildung"，《外国语（上海外国语大学学报）》2010 年第 4 期

关键词：Bildung；成长小说；歌德；洪堡；《威廉·麦斯特》

摘要："Bildung"是理解成长小说的核心概念之一。本文从考证这个术语的词源入手，指出它的宗教内涵及其从一个宗教术语向世俗的人文主义概念演变的过程，然后从歌德、洪堡等人文主义学者的著述中分析 Bildung 所具有的几个特质：自由是 Bildung 的前提条件；Bildung 是发生在个人及其环境之间无止尽的相互改变的过程；Bildung 重在精神境界的提升。文章最后探讨了 Bildung 与成长小说产生的历史文化语境及其当下景观。

14. 王辽南：论《圣经》对《浮士德》的影响，《外国文学研究》2010 年第 3 期

关键词：歌德；《浮士德》；《圣经》；影响研究

摘要：歌德的伟大诗体悲剧《浮士德》取材于中世纪浮士德博士的民间传说，与原素材及作者本人的初稿相比，诗剧的两处重要

改动都与圣经有关：一是开头增添了"天上序幕"，上帝和魔鬼打赌的情节几乎就是《旧约·约伯记》的照搬，这使得诗剧得以在《圣经》的背景下展开，并以此作为贯穿全剧的线索；二是结尾浮士德的得救升天，宗教色彩浓厚，据作者本人表述，灵感来自教堂壁画，亦可看作《圣经》的间接影响。《圣经》对《浮士德》的影响，除了体现在素材提炼、主题设置和情节、人物的借用外，还体现在大量吸收了《圣经》中的典故和经句，使其成为《浮士德》的有机组成部分。但《浮士德》终究不是《圣经》的诠释之作，因为作家在其中灌注了合乎个性和时代性的新思想内涵，有所突破而成为一部时代和思想的杰作。

15. 吴建广：不可"诗意栖居"的德意志语言之家——保尔·策兰诗集《语言栅栏》之诠释，《同济大学学报（社会科学版）》2010 年第 6 期

关键词：语言栅栏；语言碎片；恋母；生与死

摘要：流亡巴黎的德语犹太诗人保尔·策兰是 20 世纪欧洲乃至西方世界的重要抒情诗人。1959 年出版的诗集《语言栅栏》标志着诗人的创作达到了一个顶峰。他以碎裂的语言形态展示恋母和死亡的恒常主题，并全面侵入到句法、韵律和诗学形式之中。诗文碎裂性则根源于那场人性灾难，是诗人内在破裂的诗学外化，是眷恋母亲的禁忌与省略，它摧毁了自歌德、荷尔德林、里尔克以来德意志诗歌语言的流畅性、和谐性与整全性，拆毁了海德格尔形上学筑建的语言之家，使之成为不可诗意栖居的一片废墟。策兰诗文晦涩难懂令德国学者束手无策，却又释者如云。寻章摘句的"提纲挈领"式诠释方法失去了解释策兰诗文的功能，本文从恋母和死亡主题出发，分析诗学语言的碎裂形式，对《指望》《雪床》和《轨堤，路边，荒场，瓦砾》等三首诗进行周详整体的文本诠释，力图破译难以破解的绝对隐喻和图像密码。

16. **谢建文：个体存在的状态：试析洛特的交往之难，《外国文学研究》2010 年第 1 期**

关键词：《大与小》；个体存在；隔绝；匿名

摘要：博托·施特劳斯关注联邦德国社会中个体存在的状态。他常常自情爱或两性关系，抑或亲情关联来揭示人与人之间交流的挫败以及个体孤独的实质。剧本《大与小》中的洛特，可谓此间的典型。同时，作家对个体当下的身份认同存疑，指陈"自我规定的个体，是理性最无耻的谎言"。

17. **谢江南：交互文本中的里尔克——评朱迪思·瑞安的《里尔克：现代主义与诗歌传统》，《外国文学》2010 年第 6 期**

关键词：朱迪思·瑞安；《里尔克：现代主义与诗歌传统》；里尔克；互文性；现代主义

摘要：哈佛大学德国文学与比较文学教授朱迪思·瑞安的《里尔克：现代主义与诗歌传统》一书借助交互文本理论，从广泛的历史和文化视角阐释了里尔克如何对传统进行转化和改造，从而将自己置于时代和传统的影响之中。此书还探讨了里尔克如何在不同时期通过吸收不同的文化资源，实现创作的蜕变和升华。瑞安以其广博的学识和敏锐的眼光，揭示了里尔克对他所处时代的文化潮流不断顺应又不断超越的过程；也通过里尔克，从一个侧面揭示了现代主义的发生和发展过程。

18. **徐林峰，黄克琴：马丁·瓦尔泽小说的现代性——以短篇小说《乔迁》为例，《德国研究》2010 年第 2 期**

关键词：马丁·瓦尔泽；《乔迁》；现代性

摘要：德国著名作家马丁·瓦尔泽的作品带有浓厚的现代主义色彩，塑造了现代社会特有的孤独和异化的人物形象，具有深刻的思想内容和精湛的艺术手法，体现了内容与形式的统一。本文试以《乔迁》为例，分析瓦尔泽小说的现代性。

19. 杨宏芹：诗人 - 王者与缪斯 - 圣礼——解析格奥尔格的《颂歌》之"突破"，《国外文学》2010 年第 2 期

关键词：格奥尔格；《颂歌》；威廉二世；诗人 - 王者；缪斯 - 圣礼

摘要：本文将德国诗人斯特凡·格奥尔格的《颂歌》置于当时德国的政治和文学思潮发生转折的背景下加以考察，通过对"诗人 - 王者"和"缪斯 - 圣礼"两个诗学理念的分析，深入思考格奥尔格的文艺思想及其《颂歌》为代表的诗歌特征。

20. 叶隽：忧患云海诗哲心——现代性视域中歌德思想形成史的意义，《同济大学学报（社会科学版）》2010 年第 2 期

关键词：现代性；歌德；德国古典文学；思想史；"哲学 - 文学"对话结构

摘要：本文提炼出歌德思想形成的"精神三变"概念，将其概括为一生中的"浪漫思脉"—"启蒙思脉"—"古典思脉"的三阶段经历；同时追溯作为时代背景的现代性早期话语的德国形态，即以康德、黑格尔为代表的哲学话语、施莱格尔兄弟等为代表的诗学话语与歌德、席勒等为代表的文学话语的三峰并立，进而探讨作为个体的歌德思想形成史过程与现代性早期萌发状态的时代语境关系。本文区分"现代概念"建构的三大维度，即"现代化"、"现代性"、"现代人"；以现代学构成的三大基本问题意识"社会的公义"、"自由的秩序"、"欲望的个体"为核心，追问以启蒙理性为主导的现代性方案的危机症候；并由此凸显歌德、席勒所开辟的"古典图镜观"的重要思想史意义。突出"现代性早期方案"中的"哲学 - 文学"对话结构，即"歌德 - 席勒 VS 康德 - 黑格尔"，尤其通过作为代表人物的歌德思想形成史这一个案分析，提出"现代性的文学话语"概念，揭示他们对"现代人"建构的重要理念，从而彰显作为非主流现代性形态的"古典思脉"的思想史意义，为解决"启蒙——一项未完成的计划"提供另类进路线索。

2010年

21. 曾艳兵："冬天里迈出的第一个舞步"——论卡夫卡的《一次战斗纪实》，《国外文学》2010 年第 3 期

关键词：卡夫卡；中国；佛教；战斗；文化差异

摘要：《一次战斗纪实》是卡夫卡现存的最早的小说，它几乎包含了卡夫卡日后创作的全部思想和特征。小说从遥望中国、描绘中国到跨越中国，卡夫卡终于超越了东西方的界限，思考和表现了一些属于东西方人的共同的问题。遥远的中国，无疑从一开始就给卡夫卡提供了一种写作、创造和精神自由的机会和可能性。

22. 曾艳兵：启蒙·同化·自由——卡夫卡《一份为科学院写的报告》解析，《外国文学评论》2010 年第 1 期

关键词：卡夫卡；启蒙；同化；自由

摘要：卡夫卡短篇小说《一份为科学院写的报告》中最关键、最核心的问题应当是有关"启蒙、同化、自由"的问题。小说主人公通过启蒙学习，从猿变成了人。启蒙对犹太人而言意味着同化，这是一个关乎弱小民族生死存亡的问题。启蒙并不意味着自由，它离自由很远，甚至与自由背道而驰。小说所触及的这些问题极富现代意义，也与现代性、后现代性等问题密切相关。

23. 曾艳兵："一个情感伤口的象征"——卡夫卡与疾病，《外国文学》2010 年第 6 期

关键词：卡夫卡；疾病；隐喻

摘要：卡夫卡短促的一生与疾病密切相关。卡夫卡最终死于肺病，这种病似乎使卡夫卡的一生变得更有色彩和光亮。他在疾病中创作，在创作中表现着疾病。卡夫卡对疾病有自己的理解和认识，他熟悉疾病更甚于熟悉健康。对于一个作家而言，疾病不仅直接影响到他的身心健康、生活方式，还会影响甚至制约他的思想方式和写作方式。当疾病作为一种隐喻时，它几乎成了创作本身。我们很难想象患上另外一种疾病的卡夫卡将会是怎样一种情形，正如我们无法想象没有创作的卡夫卡将会是怎样一种情形一样。

24. 张辉：1920 年代：冯至与中德浪漫传统的关联，《国外文学》2010 年第 3 期

关键词：冯至；德国浪漫精神；同一性

摘要：冯至青年时代与德国浪漫传统的关联，一直受到研究者的普遍重视。本文试图进一步准确呈现上述关联的具体构成及其重要特质。在细致分析 1920 年代冯至生命历程以及他的大量诗歌与散文创作的基础上，本文认为，浪漫传统对早期冯至的影响，不仅体现在诗歌艺术层面，更对其精神气质的型塑具有重要作用。冯至与浪漫传统的联系，一方面与他对以唐诗宋词为代表的中国古典传统的自觉继承有关；另一方面，也与他面对现代性困境对德国浪漫派的批判性吸收有关。大量事实证明，冯至在精神上更接近诺瓦利斯与蒂克而非施莱格尔兄弟及克莱斯特等人，他更强调自然与精神的同一性这一浪漫美学的维度。

25. 张辛仪：严肃的游戏——论君特·格拉斯小说的互文性特色，《当代外国文学》2010 年第 1 期

关键词：君特·格拉斯；互文性；记忆；怪诞

摘要：互文性手法是君特·格拉斯小说的一个鲜明特点，它决定了作品复杂而独特的结构，使叙述具有开放性、多角度、多层次的特点，影响着作品的思想表达，也是理解作品的一把钥匙。从格拉斯的处女作《铁皮鼓》，到《比目鱼》、《相聚在特尔格特》、《母鼠》以及两德统一后出版的《说来话长》等小说中，都能找到各种各样的互文性形式：既有与童话、神话、流浪汉小说、教育小说、历史小说等文学体裁的互文关系，也有对单个文本的指涉，如冯塔纳的小说、《圣经》、格林童话、神话以及格拉斯自己的小说等。格拉斯别具匠心地运用互文性手法，既从前文本中获取意义，又对前文本中的意义进行改变，实现了对文学传统的继承与创新。在格拉斯的小说中，互文性与历史与记忆这两个关键词形影不离，是格拉斯用来再现历史、重现过往的重要方法，能够轻而易举地将过去、现在和未来融为一体。同时，互文性也是造就

格拉斯小说怪诞风格的一大原因。

26. 张玉能，张弓：德国象征主义文学思想的总体特征，《外国文学研究》2010 年第 1 期

关键词：德国；象征主义；总体特征

摘要：德国象征主义文学不同于欧美其他象征主义之处主要在于三个方面：一、德国象征主义的哲学思辨倾向，把象征主义与德意志民族的哲学思辨精神结合起来。二、德国象征主义的宗教神秘主义色彩，把象征主义与德意志民族的浪漫主义传统结合起来。三、德国象征主义的唯美主义追求，把象征主义与德意志民族的审美现代性追求结合起来。

27. 赵蕾莲：论克莱斯特中篇小说的现代性，《同济大学学报（社会科学版）》2010 年第 2 期

关键词：现代性；认知危机意识；对语言置疑；美学转型

摘要：克莱斯特的中篇小说以新颖的表现手法和独特的内涵实践了文学创新。他对自己生存世界的理解明显具有超前意识，力图表现生存现实的荒谬与谜团特征。强烈的现代危机意识决定了他的美学观是对古典主义传统的反叛，具有鲜明的现代特征。本文从认知危机意识、对语言置疑、反传统而开放的叙述风格和在诗艺的道路上杜撰真实这四个方面分析克莱斯特八部小说的现代性，展示他在现代意识基础上尝试的美学转型。

28. 赵山奎：通过父亲写自传——卡夫卡《致父亲》解读，《国外文学》2010 年第 2 期

关键词：卡夫卡；《致父亲》；自传

摘要：卡夫卡的《致父亲》是一部以书信形式写成的"寄生性自传"。卡夫卡对自我"起源"问题复杂性的认识决定了这一作品的深层叙述结构。卡夫卡的叙述在"曾有一次"和"经常"之间不断进行调整和修正，最终描摹了一幅和父亲"共生"的自我图像，这一图像也隐含着他对自己的文学作品与"父亲"之间关系的深

远想象。

29. 赵薇薇：特殊历史语境中的家庭与爱情——克莱斯特小说《圣多明各的婚约》评析,《德国研究》2010 年第 1 期

关键词：克莱斯特；《圣多明各的婚约》历史语境；种族仇恨；家庭；爱情

摘要：克莱斯特的小说《圣多明各的婚约》涉及殖民主义、奴隶制度、种族仇恨等众多社会历史性问题，本文将探讨这一特殊历史语境中的家庭与爱情问题。在历史和现实的作用下，种族仇恨与异族爱情全都在家庭范围内展开，由此引发的家庭成员间的激烈矛盾与冲突贯穿于文本始末，个体必须在家庭和外来者之间做出艰难的抉择，最终父母的家庭破裂了，子女的爱情也毁灭了。

2010年

2011 年

1. **丁君君：成长的怪诞——从反成长小说的角度看《雄猫穆尔》，《外国文学》2011 年第 4 期**

   关键词：霍夫曼；《雄猫穆尔》；反成长小说；市民与艺术家；女性；他者

   摘要：E. T. A. 霍夫曼是德国浪漫派中的异端作家，他的长篇小说《雄猫穆尔》以双重叙事结构体现了个体在社会化过程中遭遇到的不可解决的危机：艺术与现实的分离、主体与世界的疏离以及主体自身的分裂。作为一部反成长小说，《雄猫穆尔》既是对德国文学的成长教育理念的延伸，也是对这一传统提出的质疑和反思。

2. **方维规："文学作为社会幻想的试验场"——另一个德国的"接受理论"，《外国文学评论》2011 年第 4 期**

   关键词：交往美学；文学交往；接受导向；行动读者

   摘要：人们在谈论德国接受理论时，几乎只提康士坦茨学派，而对当时另一同样具有重要意义的、民主德国的"交往美学"所知甚微。与西德的"接受美学"或"效应美学"不同，"交往美学"认为，文学生产是文学过程中首要的、决定性的因素，没有生产便没有接受。换言之，"交往美学"注重作者、作品和读者之间的整个文学交往过程，试图通过阐释文学创作与阅读以及作家、作品与读者的相互关系和相互影响来总体把握文学过程，视这种关系为作品和读者、生产者和接受者共同参与的双重过程。文学作品要产生效果，需要满足两个条件：其一，必须具有能使功能得到发挥的"接受导向"；其二，必须遇到能够兑现作品潜在功能的读者。

3. 冯亚琳：君特·格拉斯小说中记忆的演示，《外国文学》2011 年第 2 期

关键词：格拉斯；述行；记忆；演示；叙述；表演；身体性

摘要：在格拉斯的小说中，回忆不仅通过某种叙述策略和模式得到演示，得到演示的还有人物，尤其是叙述者；此外，文学创作也成为作者本人的自我演示过程，身体性是这一演示的突出特点。作者在其小说中对食物、烹饪及进食过程的再现和对身体的描写以及对人的基本生存需要的表现，不仅演示了整个人类文明史，用文学手法将历史回忆加以形象化，而且建构起一种可以在回忆的过程中对过往事件进行反思和质疑的话语。

4. 缑广飞：《审判》中的"审判"——兼论卡夫卡焚稿之谜，《名作欣赏》2011 年第 30 期

关键词：卡夫卡；审判；文学圣徒；焚稿之谜

摘要：《审判》是卡夫卡隐秘的、精神的自传，揭示的是这位文学圣徒所经受的三重审判，以及由此而来的精神分裂；它还是揭开卡夫卡焚稿之谜的一把钥匙。

5. 何宁：历史与日常的并置——上世纪 90 年代中期以来的德国文学，《德国研究》2011 年第 1 期

关键词：德国文学；上世纪 90 年代中期至今；德国作家和作品

摘要：在经历了上世纪 90 年代初期的危机后，德国文学在 90 年代中期迎来了自己的繁荣。本文对 90 年代中期至今的德国文学进行梳理和分析，指出当代德语文学呈现出历史与日常并置的局面，并分析形成这种局面的原因及其意义。

6. 黄燎宇：《魔山》——一部启蒙启示录，《外国文学评论》2011 年第 1 期

关键词：启蒙；浪漫；德国；音乐；辩证法

摘要：《魔山》艺术地刻画了一场现代思想大碰撞，其中启蒙与浪

漫的碰撞尤为惹眼。二者的碰撞一面揭示了德意志文化与重理性、反宗教、致力于社会变革的启蒙文化的诸多不兼容，一面又反映了牢牢植根于德意志浪漫文化的托马斯·曼面对启蒙和浪漫所产生的矛盾心态。《魔山》所展示的德国化和浪漫化的启蒙批判给读者留下两个悬念：第一，能否把德意志文化纳入欧洲启蒙传统？第二，像托马斯·曼这样的艺术家究竟能否克服横亘在"心"和"脑"、审美和道德之间的那道鸿沟？

7. 黄萍萍：于"疯狂"中追寻精神自由——霍夫曼小说《金罐》中的"疯狂"，《名作欣赏》2011 年第 36 期

关键词：霍夫曼；《金罐》；疯狂；自我；精神自由

摘要：疯狂是德国浪漫主义文学的一个主题，但文学中的疯狂不同于现实中的疯狂，它只是作家为刻画人物，从而评论精神世界所做的处理。霍夫曼的作品《金罐》中的安泽穆斯便是其中之一。作家通过他的"疯狂"表达了他对于理性压抑下的感性自我的张扬，以及对于精神自由的渴望。

8. 李昌珂："两个"歌德的融合——论托马斯·曼的长篇小说《歌德与绿蒂》，《外国文学研究》2011 年第 6 期

关键词：历史小说；托马斯·曼；《歌德与绿蒂》；流亡作家自我意识

摘要：托马斯·曼的歌德题材小说《歌德与绿蒂》，讲述了歌德性格上的矛盾，展示了一个"旧的"歌德和一个"新的"歌德。"旧的"歌德是德国传统文化精神的代表，"新的"歌德是历史理性的化身。"两个"歌德的融合，完成了对"历史小说"的一种创新，完成了作家的歌德情结，完成了时代的政治要求，完成了德国流亡作家自我意识的提升。

9. 李英梅，张凤军：泪水和鲜血里萌生出来的娇花——论海涅抒情诗的情感表现，《名作欣赏》2011 年第 21 期

关键词：海涅；抒情诗；意境；情感表现

摘要：亨利希·海涅是 19 世纪上半叶德国文学的杰出诗人。其早期抒情诗作主要有《青春的苦恼》《抒情插曲》《还乡集》《北海集》等组诗。这些诗作真挚深切，饱含深情，呈现出或磅礴壮阔的壮美、或温馨甜蜜的柔美，富有中国传统美学的意境美。本文主要结合意境的主要特征即主客统一的交融性、艺术空间的无限性、审美韵味的无穷性和生命律动的永恒性对海涅抒情诗的情感表现进行分析。

10. 梁庆标：对话中的身份建构——君特·格拉斯《剥洋葱》的自传叙事，《国外文学》2011 年第 1 期

关键词：《剥洋葱》；自传；身份；对话

摘要：君特·格拉斯的《剥洋葱》是一部典型的自传，体现了现代自传的基本要素与特征：身份认定、自我意识与对话。通过回忆与对话，他进行着自我身份的建构，即对自己作为"无知少年"的历史身份与对作为"回忆的老者、忏悔者"的当下身份的认定。在这一过程中，他实现了自我暴露与自我解释，体现了鲜明的自我意识与主体精神。

11. 梁锡江：谢拉皮翁原则与《堂兄的角窗》——德国文学的一段问题史，《外国文学评论》2011 年第 1 期

关键词：谢拉皮翁原则；内视；全景式观察；现代感知模式

摘要：本文试图澄清德国文学史上的一个争议，即浪漫派作家霍夫曼是否在晚年作品《堂兄的角窗》中放弃了他早期的诗学原则——"谢拉皮翁原则"。本文从分析"谢拉皮翁原则"的内在结构入手，探讨霍夫曼小说创作艺术的特征，同时研究《堂兄的角窗》诞生的时代语境与霍夫曼审美视角转换的深层原因。

12. 聂军：传统的记忆与文化包容——奥地利文学中的传统文化意识特征，《外国文学评论》2011 年第 3 期

关键词：奥地利文学；哈布斯堡王朝；文化传统；文化包容

摘要：本文以奥地利传统文化对本土文学的影响为出发点，借鉴

学术界关于"哈布斯堡神话"的观点，以毕德麦耶尔时期代表作家的主要作品为例，阐述奥地利传统文化意识的基本形态及其在文学中的表现，并以此探讨奥地利文学的文化内涵，指出哈布斯堡王朝的历史对奥地利社会的长期影响渗透在各个时期的文学之中，毕德麦耶尔时期的文学是大奥帝国大一统文化传统的典型体现；20 世纪中期以来，这种大一统文化传统演变成为一种社会伙伴关系，渗透于奥地利当代社会生活的各个领域，自然也成为奥地利当代文学发展的主背景。

13. 彭智蓉：扭曲人格的精神自恋——从"人格论"视角解读《一个陌生女人的来信》，《名作欣赏》2011 年第 21 期

关键词：人格理论；扭曲人格；精神自恋；《一个陌生女人的来信》

摘要：《一个陌生女人的来信》中女主人公的异常恋情令人费解，对此学界从不同的视角进行了解读。本文拟借助弗洛伊德的人格理论，从三个阶段分析女主人公的异常恋情及扭曲人格，进而阐释其扭曲人格所折射出的精神自恋。

14. 秦红艳：震惊与新奇：艺术二元对立元素的完美交融——谈《铁皮鼓》卓越的叙事策略，《名作欣赏》2011 年第 11 期

关键词：《铁皮鼓》；叙事；策略

摘要：君特·格拉斯的长篇小说《铁皮鼓》凭借自己独特的艺术风格和有趣的故事情节无可争辩地进入了 20 世纪世界文学名著之列，体现了德意志联邦共和国初期文学创作的成就，是一部很有艺术生命力和充满语言张力的小说。本文从这部小说选材的历史客观性和叙事的主观性的妥帖融合、儿童视角与成人思想的恰当交叉、超现实的象征暗示与深刻哲理性的兼容这三个方面来谈它独特的叙事策略特色。

15. 童明：暗恐 / 非家幻觉，《外国文学》2011 年第 4 期

关键词：弗洛伊德；心理分析；暗恐；非家幻觉；压抑的复现；复影；现当代文学

摘要：弗洛伊德1919年在《暗恐》一文中阐述的"暗恐/非家幻觉"，是"压抑的复现"的另一种表述，亦即有些突如其来的惊恐经验可追溯到心理历程史上的某个源头；熟悉的与不熟悉的并列、非家与家相关联的二律背反，构成心理分析意义上的暗恐。本文从心理分析的首要意义以及"重复的冲动"和无意识的关系说起，分析暗恐的种种特征，如负面情绪的重复、非家和家的并存、复影作为复现的形式、记忆和忘却、暗恐的再创特点、另一种时间策略等等，并阐述暗恐的概念怎样将心理分析和美学交织在一起形成现当代文学所特有的负面美学现象，以及暗恐如何深刻影响了叙述、后殖民、民族主义等等重要的当代理论课题。

16. 王炳钧：1900年前后德语诗歌中的城市与感知，《外国文学》2011年第4期

关键词：城市；德语诗歌；感知；身体；机器；时间；交往方式

摘要：本文尝试从观察人在理解自身的过程中所依赖的上帝、动物、机器等参照体系入手，探讨1900年前后工业化进程中德语诗歌话语中人与城市、身体、机器的关系，并重点考察城市化进程给人的身体、感知、交往方式造成的困惑。同时，也讨论了文学话语中城市经验模式与感知模式的转换。

17. 王海峰：略论卡夫卡小说的开篇艺术，《名作欣赏》2011年第6期

关键词：卡夫卡；小说；开篇艺术；变形

摘要：卡夫卡小说开篇所写内容和叙述方法只有独特的"变形"特点，其主要包括三个方面：人/物变形、逻辑变形和行为变形。不论卡夫卡小说写哪一种变形状态，其本质都在写"人"。卡夫卡的小说是以特殊的"非人"，写普遍的"常人"。

18. 吴建广：试图找回遗弃的身份——论保尔·策兰诗文中的犹太互文性，《国外文学》2011年第2期

关键词：无人玫瑰；人性灾难；犹太身份；曼德尔施塔姆；萨克斯

摘要：德语诗人保尔·策兰的诗文自始至终都是那场人性灾难（大屠杀）的后果。1963 年，出版诗集《无人玫瑰》，其中犹太元素和犹太互文出现的密度在其诗文中前所未有，彰显出诗人以前竭力遗弃和回避的犹太身份。《无人玫瑰》是诗人找回犹太身份的一次充满冒险和危险的尝试，一次不得已而为之的诗学行为，其结果是诗学的巨大成就和生命的彻底崩溃，策兰终其一生也未能找到真正的在家。

19. 吴晓樵：柏林：帝国时代的"沼泽"——论冯塔纳《卜根普尔一家》的潜结构,《外国文学评论》2011 年第 1 期

关键词：冯塔纳；《卜根普尔一家》；自我评论；现代性

摘要：本文认为，特奥多尔·冯塔纳的柏林小说《卜根普尔一家》的现代性体现在现实主义文本下隐藏的水的喻意、饮食类比和作者借人物之口着意隐蔽小说的写作意图和叙述方式所构成的自我影射。这些隐藏的文本游戏体现了这部小说罕见的审美现代性。

20. 叶隽：救世理想与现世艰难——《普罗米修斯》断片中的"宿命叛逆"现象及其思想史元素,《德国研究》2011 年第 2 期

关键词：歌德；《普罗米修斯》；文学史；思想史

摘要：本文以歌德青年时代的诗歌代表作《普罗米修斯》为文本，探讨其早期思想形成过程中的救世理想与现世艰难的矛盾，并进一步总结出普罗米修斯所意味的"宿命叛逆"现象，追问在理想情怀与现实操作之间是否存在一种可能的张力结构，达到问题的根本解决。

21. 叶隽：清民之际尼采东渐的三道路径,《中国文学研究》2011 年第 2 期

关键词：尼采；现代中国；酒神精神；权力意志

摘要：本文选择中国现代知识精英里的留日、留德、留美三个不同群体的代表人物，分析其对尼采的接受，凸显由于留学背景的

国别差异导致的文化接受路径的基本区分，同时也进一步凸显个体之主体接受的立场选择对于文化影响之重要性。而尼采东渐三道路径的揭出，对于我们理解德国资源进入现代中国的多元状况有所助益，同时也适当显现文化思想输入的政治社会语境，使之呈现某种程度的交融。作为具有强烈可操作性与接受性的尼采思想，确实也在政治社会层面产生强烈的语境功用乃至反作用。

22. 叶隽：逝去未尽英雄志——"埃格蒙特 - 奥兰宁结构"的意义，《外国文学研究》2011 年第 6 期

关键词：歌德；《埃格蒙特》；德国文学史；思想史

摘要：本文以歌德的戏剧《埃格蒙特》为研究个案，指出该作代表了歌德思想的重要转折标志，即由浪漫思脉向启蒙思脉的转向。一方面提出"埃格蒙特 - 奥兰宁结构"以凸显埃格蒙特这一人物类型的重要意义；另一方面则进一步追问英雄向死而生的命题，适当时引入克莱斯特的名作《洪堡王子》略作参照，凸显德国启蒙背景下不同代表性作家的思路差别。最后揭示此剧作为歌德转型启蒙之作的意义，是歌德倾向于启蒙思脉的重要标志，即在爱情与秩序之间的自由诉求。这是一种向现实妥协的选择，但也是一种告别青春浪漫时代的向社会的必由之路。

23. 叶隽：现代中国的荷尔德林接受——以若干日耳曼学者为中心，《中国比较文学》2011 年第 2 期

关键词：荷尔德林；冯至；季羡林；李长之；杨业治；接受史；中德思想关系

摘要：本文选择若干日耳曼学者为个案群体，即区分作为北大出身的冯至（通过纵向的时段线索）和清华背景的季羡林、李长之、杨业治等，来探讨现代中国荷尔德林接受史的一个面相，进而从荷尔德林的中国结缘讨论德文学科史的深层问题，强调学者学术趣味形成受到学术语境和生性选择的双重制约；学术传承的代际迁变、中外激荡氛围里的刺激成长和中国日耳曼学传统的初步建

构的关系；中国日耳曼学的建构形成最终和本土问题引发的主体意识之形成密切相关。

24. 印芝虹：悖之痛——高墙下的集体记忆，《当代外国文学》2011 年第 4 期

关键词：柏林墙；集体记忆；克·沃尔夫；佛·布劳恩

摘要：本文以柏林墙题材的著名诗文、克里斯塔·沃尔夫的《分裂的天空》和佛尔克·布劳恩的《墙》及《所有》为例，从记忆理论的视角，考察文学与集体记忆的相互交集和作用，描述意义的凝结、读者接受的再塑造、意识形态和政治等因素对于回忆文本的影响，分析高墙下分裂的自我与围墙内集体记忆形成的关联，阐释文学内部的记忆即文本互涉方法、文学作为集体和文化文本之于表现"围墙与诗人"主题的意义。

26. 张辉：画与诗的界限，两个希腊的界限——莱辛《拉奥孔》解题，《外国文学评论》2011 年第 2 期

关键词：《拉奥孔》；诗画界限；古今之争；古希腊

摘要：《拉奥孔》这部 18 世纪的经典著作从题目到内容都带着启蒙时代古今交接中许多值得重视的特征。本文依循作者莱辛提示给我们的线索，细致解读这部著作的一个正题三个副题，认为：正如《拉奥孔》标题所示，这不是一部一般意义上的现代美学著作。在对画与诗的界限这一美学问题进行讨论的同时，莱辛也在隐微的层面上努力向我们展示古典与现代之别以及两个不同的希腊即静穆的与行动的希腊的分野。了解这一切，不仅有利于我们认识启蒙时代的复杂性，而且可以帮助我们深入反思现代精神的内在问题。

25. 赵蕾莲：论威廉·海因泽的小说《阿尔丁海洛与幸福岛》对荷尔德林和谐观的影响，《德国研究》2011 年第 4 期

关键词：《阿尔丁海洛与幸福岛》；泛神论；一即万有；荷尔德林和谐观

摘要：威廉·海因泽的长篇小说《阿尔丁海洛与幸福岛》中关于泛神论的对话启发了荷尔德林对颂歌《和谐女神颂》与小说《许佩利翁》等作品的创作。其"一即万有"的观点与和谐观以及对天父"以太"的认识都影响了荷氏的和谐观。

27. 周敏："文学"研究的方向——胡伯特·兰高尔教授访谈录，《外国文学》2011 年第 1 期

关键词：胡伯特·兰高尔；访谈；文学研究；文化研究；现代性；德语文学

摘要："文学"从来没有纯粹过。"文学研究"作为一门并不古老的学科更是与"文学"及其之外的社会与文化理论具有千丝万缕的联系，"文学研究向何处去"的问题也一直被以不同的方式回答着。根据著名德语文学专家胡伯特·兰高尔教授的观点，文学研究的未来将取决于如何有效地回应文学与消费社会、大众文化、现代性与后现代性理论以及实用主义的关系问题。兰高尔教授的经验主要来自德语世界，但对我们中国的文学研究也具有重要的参考价值。

28. 周宪：布莱希特的中国镜像，《外国文学研究》2011 年第 5 期

关键词：布莱希特；陌生化；戏剧革新；中国镜像；文化接受

摘要：布莱希特是作为一个左派革命戏剧家被介绍到中国来的，他的戏剧观具有明显的政治倾向性。但是，自 17 年后期到新时期，中国戏剧界几乎忘记了他的激进政治戏剧理论，而对他的"陌生化效果"等戏剧的形式创新情有独钟。于是，布莱希特在新时期被中国戏剧界塑造成一个先锋派的戏剧形式革新者，他的叙事剧观念极大地推动了中国戏剧界的形式革新。布莱希特的中国镜像表明，外来文化的本土接受从来就是一个依据语境的重新建构过程，其复杂远远超出了我们的想象。

2012 年

1. **卞虹：寻找自我——从心理分析学角度解读《德米安》，《外国文学》2012 年第 2 期**

   关键词：黑塞；《德米安》；寻找自我；通向内在；"恶"

   摘要：赫尔曼·黑塞的小说皆为"心灵传记"，探索的是人如何寻找自我、成为自我、实现自我的问题。随着作家自身体验和思考的变化，在不同的创作阶段，对寻找自我问题的探索也呈现出不同的面貌，经历了从自然、艺术，到通向内在，再到共同体的主题转换。《德米安》中塑造的是一个深入内心寻找自我的个体，本文试图在文本分析的基础上、在心理分析学的支撑下，聚焦个体对自己内心的认识中对自我的寻找。

2. **陈敏，戴叶萍：《东方之旅》中尼采与老庄思想共存现象及其探究，《德国研究》2012 年第 1 期**

   关键词：黑塞；《东方之旅》；尼采；老庄；双体人像；自我认知；自我超越

   摘要：在《东方之旅》中，通过叙述者 H. H. 对精神盟会及其首领雷欧的回忆和追寻，展现了黑塞对自我探索以及个体与整体关系的思考。本文逐层深入地阐释了叙述者 H. H. 追寻象征人类精神世界的盟会之经历和雷欧的性格特征，试图说明中国老庄思想及尼采思想在此作品中的作用，从而证明黑塞通过《东方之旅》的创作来尝试他的一个人文主义梦想：结合东西方思想精华，以老庄圣贤思想为引导，个体在尼采生命哲学观的激励下，不断完善、超越自我，以有限的个体生命献身于人类整体生命之永恒，从而达到人与自然、宇宙和谐共生。

3. **冯晓春，张帆：破碎的艺术：赫塔·米勒的诗歌，《世界文学评论》2012 年第 1 期**

关键词：米勒；诺贝尔文学奖；诗歌；罗马尼亚；女作家；破碎；少数民族；语言；艺术；德语

摘要：罗马尼亚裔德国女作家赫塔·米勒（Herta Müller）集小说家、散文家、诗人于一身，因作品"兼具诗歌的凝练和散文的率真，描绘了被放逐者的生活图景"而荣膺 2009 年诺贝尔文学奖，她是继奈丽·萨克斯之后第二位获得诺贝尔文学奖的德国女作家，也是历史上第 12 位诺贝尔文学奖的获奖女性。

4. **冯亚琳：贝克尔小说《说谎者雅克布》中的另类回忆，《外国语文》2012 年第 3 期**

关键词：虚构；记忆；断裂；生存

摘要：《说谎者雅克布》是德国作家贝克尔用文学回忆为自己和其他大屠杀幸存者建构记忆和同一性的尝试。这一尝试将死者从匿名的数字中解放了出来，让他们重新成为曾经生活在这个世界上的有尊严的人。以虚构为基本手段的文学回忆在填补记忆空白的同时能够不断地指出断裂和不确定性的所在。这一叙述方略，对于像贝克尔这样处于"失忆"状态的犹太幸存者而言，不单纯是文学问题，更是生存问题。

5. **冯亚琳：君特·格拉斯小说中的暴力与"他者"，《外国文学》2012 年第 5 期**

关键词：暴力；他者；偏见；二元对立；第三种可能性

摘要：君特·格拉斯在其小说中展示，暴力产生于针对"他者"的仇恨与偏见。这种仇恨与偏见会使人、尤其是青年人易于听信法西斯主义的诱惑，听任其摆布，充当其杀手和炮灰。作为具有社会良知和责任感的作家，格拉斯建议，若要规避暴力，便要以怀疑精神对抗绝对要求，以"蜗牛哲学"对抗大跃进，以"第三种可能性"对抗二元对立的思维模式，因为对"他者"的贬低、否定、歧视和迫害正是这种在西方几千年文明史中占据主导地位的思维方式的产物。

6. 谷裕：从市民家庭到公共生活——解读歌德的《威廉·迈斯特的学习时代》，《同济大学学报（社会科学版）》2012 年第 4 期

关键词：歌德；《威廉·迈斯特的学习时代》；市民；公共生活

摘要：18 世纪法国大革命前后，是德国从近代向现代过渡的转型时期，市民走出以家庭为核心的私人领域，进入公共生活，是政治社会生活中的重要事件。歌德的小说《威廉·迈斯特的学习时代》以文学形式，再现了市民进入公共生活的要求、途径和存在的问题。小说通过主人公的塔社经历，描画了一个建立在开明贵族与市民互动基础上、趋于等级平等的共同体，展示了未来公民社会的理想形态。小说同时对这一过程中情感和天性等私人领域品质的丧失，进行了批判性反思。

7. 克劳斯·L.贝格哈恩，胡蔚：以批评为启蒙，以批判为批评——论莱辛的文学批评，《国外文学》2012 年第 1 期

关键词：文学批评和批判；美学和体裁理论；文学批评和公共领域

摘要：德国启蒙时期的思想家莱辛对于文学批评的贡献如同康德对于哲学的贡献。"以批评为启蒙，以批判为批评"是对莱辛批评方法的最好概括。他的座右铭是："通往真理的第一步是发现错误，第二步是辨识真理。"莱辛的文学批评基于对不同文学体裁的理论认识，并从观众的感受出发。他的批判式批评逐渐被赫尔德理解式批评和弗·施莱格尔阐释式批评所取代。

8. 李建立：海因里希·伯尔的中国遭遇，《中国比较文学》2012 年第 1 期

关键词：海因里希·伯尔；当代传播；《今天》

摘要：作为二战后德国"废墟文学"的重要作家，海因里希·伯尔及其作品理应给文革后的中国文学丰富的启发。但在 1980 年代的

文坛上，伯尔并没有得到足够的重视，其诺贝尔文学奖获得者的身份也没有打动有着浓重"诺奖情结"的中国作家。本文认为，伯尔在中国遭受冷遇的原因是当时的"现代派"热潮左右了中国作家的阅读方向，导致外国文学翻译界与研究界力促"废墟文学"为"新时期文学"提供鉴戒的美好愿望没能实现。本文仔细梳理了伯尔作品在中国的译介过程和影响个案，在呈现接受状况的同时，对1980年代以来中国文坛择取文学资源时的偏颇也有所提醒。

2012年

9. **梁锡江：都市、眼睛与艺术的困境——再读霍夫曼小说《堂兄的角窗》，《国外文学》2012 年第 3 期**

关键词：艺术家；理性化；乌托邦

摘要：在 19 世纪初期，德国处于社会转型期。社会的不断"理性化"和"商业化"也渗透到了艺术层面。德国晚期浪漫派作家霍夫曼的晚年作品《堂兄的角窗》正是对这一进程的反思之作，本文从集市、眼睛与作家的残疾等三方面入手分析作品的象征意义，揭示城市现代化空间中的艺术家的处境与挣扎。

10. **梁锡江：虚无世界与贫困时代——论布劳赫的小说《维吉尔之死》，《外国文学》2012 年第 1 期**

关键词：现代世界；虚无主义；贫困时代

摘要：《维吉尔之死》是奥地利作家布劳赫的代表作。小说以罗马大诗人维吉尔临终前的夜晚为题材，细致刻画了在那个黑夜里人性所表现出来的冥暗与癫狂，融入了作家对整个现代世界的深刻反思。本文从探讨"维吉尔为何焚书"这一基本问题出发，提出书中的时代乃是我们整个时代的譬喻，而我们的时代正是虚无主义盛行的时代，在这个世界黑夜与贫困时代里，诗人和艺术的角色变得面目可疑。本文从历史和现象学神学（海德格尔）的角度对虚无主义的成因进行了认定，并对小说所揭示的虚无主义时代的精神贫乏状态进行探讨。

11. 鲁春芳，杨爱萍：从浮士德与老水手看欧洲文学中自然形象的神性回归，《译林（学术版）》2012 年第 2 期

关键词：歌德；自然形象；生态伦理；神性回归

摘要：本文从《浮士德》的一个细节所蕴含的启示意义入手，观察了古希腊罗马文学与哲学领域中自然神性不断削弱的演化发展，考量了乔叟、莎士比亚"环境气氛"式的自然形象与华兹华斯、柯尔律治神性自然观的本质区别，评估文艺复兴文学、启蒙文学乃至浪漫主义文学中最为重要的自然伦理思考，突显出这一思考的现代生态伦理意义。

12. 莫光华：色彩是"光的业绩，业绩和苦难"——论歌德的《色彩学》和色彩观，《同济大学学报（社会科学版）》2012 年第 4 期

关键词：歌德；色彩研究；《色彩学》；色彩观

摘要：歌德一生有四十多年从事色彩研究并著有《色彩学》。他认为，光、颜色和眼睛三者形成了一个不可分割的统一体，色彩是光刺激眼睛的产物。歌德对其《色彩学》评价很高，受到了物理学界的拒斥。本文论述了歌德从事色彩研究的动因、《色彩学》的产生过程、主要内容以及其中蕴含的歌德色彩观，指出生理颜色作为歌德色彩理论的核心，体现了歌德关于颜色生成原理的主导思想。

13. 任国强：论德国流亡文学研究中的政治化倾向问题——从流亡文学杂志《汇集》风波说起，《同济大学学报（社会科学版）》2012 年第 2 期

关键词：流亡文学；"内心流亡"；纳粹；意识形态；多样性

摘要：围绕德国著名流亡文学杂志《汇集》所引发的风波及相关评论，显示出该领域研究存在着片面的主导思想和评论模式，即以是否公开声讨纳粹为评价标准，这种政治化倾向将一个错综复杂的历史产物简单化，不仅抹杀了流亡文学多样性构成这一客观存在，也否定了与纳粹斗争的多样性及其合法性和有效性。流亡作家的历史定位蕴含在这一称谓之中，流亡业已表明政治取向，作家通过作品来接受历史评价；流亡文学的历史定位不仅取决于对纳粹的挞伐，而且还在于对人道主义的捍卫。

14. 王滨滨：格拉斯《剥洋葱》的文本真实性与历史真实性，《同济大学学报（社会科学版）》2012 年第 1 期

关键词：格拉斯；《剥洋葱》；事实；虚构

摘要：自传长期以来地位难定，它属历史还是文学？是写实还是可以虚构？对这些问题理论界争论不休，莫衷一是。对后现代派理论家来说，自传不是一个分割的体裁，自传与虚构、历史与文学之间的界线变得模糊不清了。德国文学巨匠、诺贝尔文学奖获得者君特·格拉斯的自传作品《剥洋葱》是后现代派语境中一个典型例子。这部自传是文学还是历史？是虚构还是事实？文本具有哪些后现代自传的特征？论文通过剖析文本试图对这些问题予以解答。

15. 王赛丽："浪漫主义反讽"的现代审美意义，《西安外国语大学学报》2012 年第 2 期

关键词：浪漫主义反讽；现代；审美意义

摘要：德国早期浪漫派所提出的"浪漫主义反讽"，受当时哲学思想的直接影响，其内涵已远远超出了修辞学和文学的范畴而上升到了美学的高度。它所特有的审美原理赋予时代难题以诗意的解答，因而显示出重要的现代审美意义。本文拟以"浪漫主义反讽"的文化背景和基本特征为着眼点，着重探讨这一思想的审美内涵对于现代道德盲点、现代生存分裂现象以及现代"神话"复兴的批判和指导意义。

16. 卫茂平：席勒戏剧在中国——从起始到当下的翻译及研究述评，《东南大学学报（哲学社会科学版）》2012 第 5 期

关键词：弗里德里希·席勒；戏剧；翻译；接受

摘要：在当今国际文学关系研究领域，外国文学在中国的接受已经成为一个热门话题。本文拟对德国作家弗里德里希·席勒的剧作，从上世纪初到当下的翻译和接受情况，进行一次历史的探讨。文章也将呈现这个接受过程中表现出的发展态势、具体特征以及存在问题。

17. 吴建广：用德语的帛裂之声作诗——保尔·策兰《声音》诗文之诠释，《同济大学学报（社会科学版）》2012 年第 1 期

关键词：《声音》；语言碎片；爱情；死亡

摘要：保尔·策兰于 1959 年出版的诗集《语言栅栏》是诗人语言晦涩与诗文碎裂的开始，显现了诗人痛苦的生存状态和向往死亡的意念，标志着诗人的创作达到了一个新的高峰。其中的诗篇《声音》具有提纲挈领的地位，破解此诗中的隐喻、密码，重建诗文整体关联性，有利于理解诗集里的各种声音。纵然诠释此诗的学者如云，却鲜有以诗人恋母和死亡的恒常主题一以贯之者。诗学的个体与一般的辩证关系也在《声音》一诗的理解中得到体现：一方面，诗学文本变异了希腊神话，重构了圣经典故，凝炼了历史经验，从而抵达个人情感的深处；另一方面，儿子对母亲思恋的个体情状，通过神话和宗教的互文关系以及历史维度又超越了思念的个体性，进入到人类思念痛苦之普遍性。本文试图通过诗文碎裂性结构的分析，再现完整图像，解读隐秘情感，聆听策兰在德意志语言中发出的帛裂声音。

18. 吴建广，项雯：在古典与浪漫的形式中展现此在的终结——歌德《浮士德》"山谷"之诠释，《德国研究》2012 年第 1 期

关键词：歌德；浮士德；变形；神性

摘要：歌德《浮士德·第二部》最后一场"山谷"是古希腊悲剧形式和德意志浪漫精神的完美结合。尽管浮士德全场缺席，然而他却无处不在，其中诸男性形象均为浮士德的本质性变形。他在向往神性的过程中走完此在的最后瞬间，不断向上意味着原先的无

核心期刊论文摘要（选）

神论人本主义者浮士德的神性皈依，承认并敬仰在人之上的更高存在，最终成为崇拜圣母玛丽亚的博士。

19. 夏豫宁，王成军："我的内心存在着可怕的不安"——《卡夫卡日记》论析，《译林（学术版）》2012 年第 1 期

关键词：《卡夫卡日记》；孤独与焦虑；恐惧感；死亡想象

摘要：《卡夫卡日记》揭露了卡夫卡的内在体验与心灵感觉，表现了他的主体精神，通过日记可以深入了解卡夫卡的创作心理及其作品的独特审美倾向。卡夫卡的日记中的孤独感、焦虑感、恐惧感成为了他创作中的永恒主题。本文拟从孤独感与对自由主题的感悟、焦虑感与对现实人物的把握、恐惧感与对死亡的文学想象三部分，对《卡夫卡日记》进行剖析。

20. 杨劲：替代与自我身份的重建——评克莱斯特的短篇小说《义子》，《外国文学评论》2012 年第 3 期

关键词：海因里希·克莱斯特；易位构词游戏；家庭；义子；死亡

摘要：本文第一部分从克莱斯特的短篇小说《义子》中尼柯罗与柯利诺这两个人物在名字与外貌上的相似出发，分析尼柯罗的替代企图所包含的欲望辩证法及其社会化过程中的主体中空化；第二部分由艾尔芙蕾的恋人/死者图像膜拜入手，剖析艾尔芙蕾与庇亚基的婚姻状态以及艾尔芙蕾以沉默/避世为主导的交往生存模式，透视市民社会和宗教势力在情与欲上的双重有名无实；第三部分着眼于庇亚基处死义子的身体暴力及其地狱复仇欲望，由此梳理出庇亚基这一形象突变所凸显的康德人类学模式的瓦解。

21. 杨劲：异国都市中的文化际遇与艺术奇遇——评海涅小说《佛罗伦萨之夜·第二夜》，《外国文学》2012 年第 1 期

关键词：海涅；《佛罗伦萨之夜》；异国形象；套话；创伤；死亡；舞蹈

摘要：本文以海涅发表于 1836 年的短篇小说《佛罗伦萨之夜》中的第二部分、即"第二夜"为分析对象，从作品中伦敦与巴黎这

两个城市的对比及其意蕴入手，试图揭示从他者形象的描绘、塑造到套话的形成、传播这一动力学流程，梳理互为参照的英、法、意、德四国文化谱系所展示的欧洲文化发展脉络，剖析异国形象对于德国文化自我建构的启示学意义。文章立足于城市对比在作品中的叙事作用，从伦敦舞蹈印象——巴黎身世讲述——巴黎午夜重舞这三步曲，来挖掘女主人公独舞的涵义，及舞蹈在法国文化中的重要意义。

22. 叶隽：德诗东渐过程中的主体原则与资源向度，《中国文学研究》2012 年第 2 期

关键词：德诗东渐；现代中国；文学交流史；思想史

摘要：本文以歌德及其《浮士德》、席勒及其《退尔》、尼采及其《苏鲁支语录》的现代中国接受史作为研究基础，讨论"诗人巨像"与"文学镜像"的二元互补关系，既强调接受维度的变形必然性，同时也揭示德诗东渐本身对受者主体的规定性，最后提出主体原则与资源向度问题，强调资源采择是多维度的，其间既有互补、互释，也有冲突、对抗，如何使之形成一种有序之博弈格局，并进而最终达成有效之融化、创生，乃是一个必须通过大量深入细致的个案研究进行探讨的问题。

23. 叶隽：歌德学概念的溯源及其学术建制内生成，《同济大学学报（社会科学版）》2012 年第 4 期

关键词：歌德学；学术建制；学术史；思想史；赫尔曼·格林

摘要：本文追溯"歌德学"概念的最初源头，强调格林提出概念的重要意义。同时借助对格林的歌德研究，提供歌德学在学术体制内借以立足的日耳曼语文学学科的基本框架背景；进而结合德国现代大学建立与学术史的代际传承背景，提供德国文学史建构的若干线索，凸显歌德学创建的学术史意义，并初步提出不同维度的若干学术史线索（如拉赫曼 - 谢勒尔、格尔维努斯 - 谢勒尔、格林 - 谢勒尔等）。

24. **叶隽：启蒙之路与现代性未竟之业——以伯尔、格拉斯、施林克等为代表的战后德国文学的历史观，《译林（学术版）》2012 年第 3 期**

关键词：第二次世界大战；历史观；德国文学史；伯尔；格拉斯；施林克

摘要：在现代德国文学的进程里，1945 年无疑是一道鲜明的界限，因为战败的惨痛经历使得其文学精英不得不长时间地将战争反思作为其历史观的主要内容。本文将德国文学史的二战反思以作者主体为标准（适当兼及代际变迁）分为成年亲历者、少年记忆者、历史继承者三类，并分别选择伯尔、格拉斯、施林克作为代表性个案，通过典型文本的探究考察其历史观的形成，试图从"战后德国文学的历史观"这一特定角度，来揭示文学史的意义。

25. **叶隽：资本积累视阈中"国民性仆从意识"——《臣仆》与亨利希·曼的时代批判，《德国研究》2012 年第 2 期**

关键词：亨利希·曼；《臣仆》；文学史；思想史；德国

摘要：本文对亨利希·曼的小说《臣仆》进行文本细读，探讨其中所反映的资本主义的官场视角，再现德意志特点的仆从民族性形成的客观语境，尤其以狄德利希为中心凸显德国教育规训与秩序寻求造成的其国民性特征的必然性，并追问德意志特殊道路是否必然的问题，同时尝试以老布克为中心讨论传统的另类建构问题。

26. **于雷：《雷姬亚》："德国浪漫主义转型期"的人文困惑，《国外文学》2012 年第 3 期**

关键词：爱伦·坡《雷姬亚》；德国浪漫主义；转型

摘要：P. P. 库克在 1839 年写给坡的书信中首次对《雷姬亚》结尾的艺术性提出质疑，此后，这则被作者本人奉为"最佳"的短篇小说在一个多世纪的接受历程中引起了批评界的众多关注和争论。出于重新阐释之目的，本文拟选取《雷姬亚》批评史上颇具影响且极具代表性的三篇学术论文作为研究背景，以厘清其各自所存在的阐释缺陷，在综合三者之批评得失的基础上，本文通过 1846 年 12 月《格雷厄姆杂志》上刊载的坡的"页边集"分析，旨在指出《雷姬亚》中的叙述者是故事的真正逻辑中心，他所代表的乃是一位正统的德国浪漫主义（追随）者；面对 19 世纪德国浪漫主义从"冲动阶段"（雷姬亚）到"批判阶段"（罗温纳）的转型，叙述者表现出了作为"人文困惑"隐喻的心理病症。

27. 曾艳兵：卡夫卡与机器时代——《在流放地》解析，《国外文学》2012 年第 3 期

关键词：卡夫卡；机器；法

摘要：卡夫卡生活在一个机器大发明、大运用、大规模机械复制的时代。他对机器非常熟悉，在劳工工伤保险公司所从事的工作也与机器的安全性能密切相关。他对机器时代的关注与思考集中地体现在他的短篇小说《在流放地》中。机器时代首先将人与机器的关系颠倒过来，随后这种被颠倒的关系渗透到社会的各个领域，最终人更多地成为机器时代的受害者，而不是受益者。通过对机器的描写，卡夫卡敏锐地触摸到现代社会的弊端与疾病。

28. 张岩泉：里尔克与中国现代新诗，《外国文学研究》2012 年第 3 期

关键词：里尔克；中国现代新诗；冯至；九叶诗人

摘要：里尔克是 20 世纪杰出的德语诗人，也是对中国现代新诗产生过重大影响的诗人。从 20 年代初到 40 年代末，中国诗人从"生疏"到"亲切"的译介过程，使里尔克在中国现代新诗史上刻下了窄而深的印记；冯至、九叶诗人学习借鉴里尔克的诗学观念、诗歌艺术与精神品格成效显著；尤其在静观物象、凝然沉思的写作中，奉献出一批新诗名篇。不过，对里尔克晚期作品与思想的有所忽略，则给中国新诗与外国诗歌的交流留下了历史缺憾，提出了新的课题。

29. 张玉书：海涅的中国情结，《德国研究》2012年第2期

关键词：海涅；《自白》；《卢苔齐娅》；中国；英国；鸦片战争

摘要：今年我们纪念海涅的215岁诞辰，回顾诗人海涅和中国关系的发展。海涅青年时代的抒情诗中有印度，没有中国。1830年七月革命前后，海涅反对德国的封建势力，斗争锋芒也指向资本主义。中国对他来说只是一个封建帝国，被他用来讽刺浪漫派诗人和普鲁士国王。1840年爆发鸦片战争，海涅从一开始便把同情心倾注在中国人一边，而对"红毛生番"痛加挞伐。这些充分表现在他通讯报道的汇编《卢苔齐娅》和他最后的著作《自白》里，足证海涅此时已对中国怀有深情。我们纪念海涅的诞辰，也缅怀中国人民的这位朋友。

30. 郑萌芽：论《明娜·冯·巴尔赫姆》中身体感知的启蒙问题，《外国文学》2012年第1期

关键词：莱辛；启蒙运动；理性；视觉感知；听觉感知

摘要：莱辛是德国启蒙运动的代表人物，本文以启蒙时期的感知话语为切入视角，解读莱辛的喜剧作品《明娜·冯·巴尔赫姆》。剧中明娜通过身体演示，模仿未婚夫台尔海姆受到压抑的视觉与听觉感知，引导台尔海姆恢复自身的整体感知能力，成为完整的人。戏剧表达18世纪下半叶的德意志对构建感知整体性的呼吁——人要像重视理性那样，重视自身的情感和感知能力。这既是对启蒙运动理性至上观念的反拨，又体现了启蒙时期身体感知话语的重要地位。而这种对整体感知能力的追求，以及对理性与感性和谐统一的诉求，预示了启蒙之后古典时代的即将到来。

2013 年

1. Kerstin Schoor，丰卫平：寻求一个文化身份的新起点——纳粹德国及流亡犹太作家文本中对柏林的文学审视，《德语人文研究》2013 年第 1 期

关键词：柏林；反犹主义；文学图像；集体记忆

摘要：在上世纪 30 年代的德国，伴随着反犹思潮的出现，曾经作为德国大都市文化象征的柏林逐渐失去了其以往的文化家乡的指涉含义。由于纳粹对犹太人形象的异化，以及种族隔离政策激起的政治流亡和反抗，柏林作为文化空间的意义逐渐淡漠，被政治情结消解。这一现象在 30 年代多位作家关于柏林的描写中都得到了体现。

2. 陈琦：建构与互动——德国当代篇章研究的社会学理据，《德语人文研究》2013 年第 2 期

关键词：建构；互动；互动体裁；篇章

摘要：德国篇章语言学框架下的篇章类型研究越来越受到当代社会学思潮的影响：篇章不再被视为静态文本，而被看成是基于社会互动下产生的交际体；社会语境具有反身特征，篇章并不仅受语境制约，而是积极建构语境的主体；来自社会学领域的互动体裁理论提出了动态的篇章分析模式和操作方法，为德国当代篇章研究打开了新的视野，提供了坚实的社会学理据。

3. 范捷平：文学仪式和面具的遮蔽功能——兼论异域文学中的"东方形象"，《德语人文研究》2013 年第 1 期

关键词：仪式；述行；符号；面具

摘要：现代主义文学的特征之一是仪式化。文学目的在仪式的述行程式和符号象征中遭到蒙蔽，常用的蒙蔽手段则是大量地使用面具，"中国"和"中国人"作为面具一方面起到文学的陌生化作

用，另一方面也反映出西方文学中的东方观。本文以德语现代文学中的德布林和瓦尔泽中国题材文学文本为例对文学仪式和面具的现代性问题进行揭蔽。

4. 冯亚琳：马克斯·弗里施《能干的法贝尔》中的记忆与工具理性批判，《外国语文》2013 年第 1 期

关键词：回忆；压抑；工具理性；文化记忆

摘要：在弗里施的小说《能干的法贝尔》中，记忆首先"发生"在情节层面上，那里的核心词是"压抑"，即主人公有意无意地对过往事件的回避，但它更是小说记忆话语层面上的主题：通过对一个典型的"片面的人"的塑造，作者展现了一种极端化和僵化了的工具理性和实用主义思维方式。从这个意义上讲，小说讲述的不是个人悲剧，而是现代人、即"一种角色"的悲剧。因为"能干的法贝尔"的失败归根结底是启蒙以降储存于西方文化记忆中技术至上理念的失败。

5. 冯亚琳：芸芸众生，天地人间——歌德《威廉·麦斯特的漫游时代》中人与自然的关系，《同济大学学报（社会科学版）》2013 年第 6 期

关键词：人；自然；对应；对立

摘要：歌德的《威廉·麦斯特的漫游时代》中人与自然的关系错综复杂，充满了矛盾与张力：两者息息相关，密不可分，既平行对应，却又相互对立。更为重要的是，人对自身和自身活动的认识和理解往往源自于他对自然的认识和理解。文章认为：在老年歌德那里，人及其命运和追求虽然依旧是作者关注的焦点，但这种关注却被纳入了一个极其宏大的自然秩序和背景之中。

6. 郭祺：从荷尔德林的诗歌看德国早期浪漫派的神学倾向，《外国语文》2013 年第 S1 期

关键词：德国早期浪漫派；神学倾向；回归精神家园；荷尔德林；诗化

2013年

摘要：德国浪漫派是欧洲浪漫主义运动的开创者，他们有自己独特的神学倾向。面对"物化"的生活和神性的丧失，通过建立"新神话"，唤醒对神的思念和回归，重返精神家园。通过对荷尔德林后期抒情诗的分析，论证在德国浪漫诗哲们的情感之中包含着追求纯粹的神性及类似宗教感的"诗化"人文关怀。

7. 贺克：以小说《维也纳一家人》为例探讨家庭聚会仪式的重复性与生成性，《德语人文研究》2013 年第 2 期

关键词：家庭聚会仪式；重复性；生成性
摘要：小说《维也纳一家人》叙述了维也纳一个家族四代人在不断召开的家庭聚会仪式上通过各自的口头叙述进行回忆。在仪式的实施过程中，实施者以及观察者对身份认同、家族归属、民族与国家历史等问题进行探讨。仪式的重复性与生成性既保证了一定程度的家族相似性，又容忍了多义性。在媒介、电子时代的光辉下，仪式的生成性及随之而产生的不稳定性、结构性最终导致了家庭聚会仪式的解体。

8. 靳怡：德国公民教育的历史进程及其实现途径，《合作经济与科技》2013 年第 13 期

关键词：公民教育；历史现状；特点
摘要：公民教育是现代主义的产物，是与民主共和国家相伴而生的。公民教育关系到一个国家社会政治民主化和经济发展的程度，不论在发展中国家还是在发达国家，它都逐渐成为教育政策的核心内容。20 世纪 80 年代以来，公民教育成为西方学者研究的热点，出现了大量的著述。随着社会的发展，尤其是九十年代末以来世界政治、经济格局的加速变化和全球经济的冲击，公民教育理论的研究更是成为国际社会的热门课题，各国纷纷推行公民教育，以培养适合现代社会所需要的人才。

9. **孔德明，张莉芬：他者感知研究理论述评：批判性接受与应用，《德语人文研究》2013 年第 2 期**

关键词：他者；感知；理论述评

摘要：文化学的兴起带动了大批跨文化交际领域的研究，其中，他者与自我的感知、认同是研究的热点和重点。然而，国内的他者感知研究多数都没有明确的理论指导，研究者一般都是从研究的文本出发，在此基础上归纳出研究的范畴。另外，对于他者感知研究中的一些核心概念，如，"形象"、"刻板印象"、"套话"等使用较不统一，任意替换或者混淆概念的现象常有发生。他者感知研究理论层面的建构，还没有被足够地重视起来。本文旨在通过对德国他者感知研究理论的述评和相应的案例分析抛砖引玉，以期进一步促进国内他者感知理论的建构。

10. **孔刘辉：多面的尼采形象——陈铨与尼采学说的来龙去脉，《中国比较文学》2013 年第 2 期**

关键词：尼采学说；接受语境；形象变化；法西斯主义；政治批判

摘要：陈铨对尼采学说的接受、阐释和传播是一个有变化的过程。陈铨笔下尼采形象的变化，是由于话语环境和接受对象的不同，其选择的阐释重点和价值取向发生了变化。1940 年代，陈铨的尼采论说遭到左翼文化界大批判，被斥为宣传法西斯思想，这其中虽有多重复杂的原因，但本质上是牵累于国共之间的意识形态之争而长期蒙冤，今天应破除"影响的焦虑"，重新合理评估，还其一个清白。

11. **李明明：世纪末的复兴——20 世纪末的德语戏剧：1980—2000，《外国文学》2013 年第 4 期**

关键词：德语戏剧；转折戏剧；后现代戏剧；语言与身体

摘要：戏剧在德语国家的文化中一直享有难以撼动的中心地位。纵观 20 世纪德语戏剧的发展历史，它既是历史文化的记忆场域和普罗大众的精神寄寓地，也曾扮演国家意识形态的宣传工具，或是化身社会政治变革的助推器。它既承载了教化启智的重任，也不忘其娱乐之根本。20世纪末，德语戏剧在经历了七八十年代的低谷以后，迎来了新的复兴。本文旨在回顾梳理德语戏剧1980—2000年间的发展动向，总结德语戏剧舞台的美学动态，介绍代表性作家及其作品文本，以期为国内的德语戏剧研究稍做添助。

12. 李双志：家族史与当代德国文学的历史记忆叙述模式，《当代外国文学》2013年第4期

关键词：家族史；历史记忆；当代德国文学

摘要：在1945年以来的德国文学中，对二战及大屠杀历史的再现和反思是一个常见主题。近20年来兴起的家族史叙事则是其中具有现实性和美学创新意义的一种特殊形式。在家庭叙事空间里，德国20世纪上半期的战争记忆通过后代对前代人的追忆得以重现，并塑造了后代人的现实生活。此时小说具有了记忆文本的功能，是对历史的重新建构，也是对现实的批判反思。多位作家在对记忆的追溯中展开了不同形式的文本实验，探索新的叙事形式。本文以四位当代德国作家的小说为例，从内容与形式两方面展示家庭史这一历史记忆叙述模式的文学特性。

13. 李烨：纳粹阴魂不散——从小说《时间过半》看20世纪50年代联邦德国的一个社会侧面，《外语教学》2013年第3期

关键词：马丁·瓦尔泽；《时间过半》；50年代；联邦德国；纳粹残余分子

摘要：20世纪50年代的联邦德国，占领国推行的非纳粹化运动没有落到实处，许多曾经效力于第三帝国的纳粹高官重新执掌政治和经济要职。马丁·瓦尔泽的长篇小说《时间过半》揭露了纳粹残余分子和纳粹思想对联邦德国社会的危害。小说以其丰富的人物素材展现了潜藏于不同行业的纳粹残余分子的生存状态和内心感受。

14. **李银波，苏晖：论德国文化对易卜生戏剧创作的影响，《外国文学研究》2013 年第 5 期**

关键词：易卜生；戏剧；德国；文化

摘要：本文从跨文化传播的角度探讨了德国文化对易卜生戏剧创作的影响。易卜生长期接触德国文化，其戏剧题材和主题与德国文化有密切关联。易卜生戏剧的某些题材来源于德国的传说、历史或现实；其工业社会资本家的道德堕落主题受到德国工业化的影响，而其妇女解放主题也受到德国戏剧家赫勃尔的影响。因此德国文化给易卜生的戏剧留下了很深的烙印，使他的戏剧题材更加丰富，主题更富有时代性，不仅在德国具有超凡的吸引力，而且还具有世界性魅力。

15. **刘永强：“我试图回忆，但我回忆到的只是种种回忆”——论霍夫曼斯塔尔《在希腊的瞬间》中的记忆和主体性问题，《德语人文研究》2013 年第 1 期**

关键词：记忆；回忆；历史主义；投射；主体性

摘要：本文从文化研究的视角出发，首先探讨了文学与记忆的关联，论证了在虚构的文学作品中研究文化记忆的可能性，然后聚焦于 1900 左右德语国家的文化和感知危机，通过对奥地利作家霍夫曼斯塔尔的游记作品《在希腊的瞬间》的具体分析，论述了记忆和回忆的不同，以及外在的记忆载体与回忆主体的关系。

16. **卢伟：被启蒙的与被毁灭的——《在轮下》与《魔山》对位研究，《湖北社会科学》2013 年第 8 期**

关键词：基督宗教；神学；信仰；启蒙；文化转型

摘要：《在轮下》与《魔山》都讲述了一个青年被毁灭的故事，且主人公肉体的毁灭均源于思想上的启蒙。这反映了德国近现代文学无法回避的主题：对传统宗教信仰的审视、反思和现代转换。西方传统基督信仰自宗教改革以来发生了极大转变，也造成了广泛的信仰混乱与困惑，这一文化困境引发了包括黑塞和托马斯·曼在内的人文学者的危机意识和形上反思，进而促使基督宗教完成其现代转型。对其进行研究，可为探讨我国传统文化现代转型之路径与方向提供有益借鉴。

17. 马库斯·雷德勒，夏晓文：欧盟在国际气候与能源政策中的领导角色和德国的能源转向政策，《德国研究》2013 年第 2 期

关键词：德国；能源转向；欧盟；气候与能源政策

摘要：本文将欧洲的气候与能源政策以及德国的能源转向政策视为一枚硬币的两面予以解读。首先介绍欧盟气候与能源政策一体化的历史发展脉络，继而指出当前的问题，尤其是欧洲碳排放交易体系出现的问题。本文第三部分指出欧盟在这一政策领域的领导作用式微，而且仅有少量迹象表明，在未来几年，欧盟还能像 21 世纪头 10 年那样决定国际气候政策。第四部分介绍德国能源转向政策的发展，并将其作为次优机制进行阐述。在结论部分，本文将气候与能源政策的讨论置于一个更广阔的框架，探讨本文所呈现的视角的其他相关问题。

18. 梅然：经济追求、相互依赖与德国在 1914 年的战争决定，《国际政治研究》2013 年第 2 期

关键词：地区与国别政治；德国；第一次世界大战；经济追求

摘要：尽管经济需求常被视为推动德国走向第一次世界大战的重要动因，但如果没有预防性战争需求，难言德国会迟早发动一场基于经济需求的大战；即便德国也有意从这场战争中获得经济收益，这应该是附带和随机性的；那种认为经济需求可能使德国不顾及对外经济联系而选择大战的观点也不成立。预防性战争动机仍更可能是推动德国走向大战的决定因素。

19. 任卫东：20 世纪 80 年代的德语小说，《外国文学》2013 年第 1 期

关键词：后现代主义；现代主义；博托·施特劳斯；实验小说

摘要：20 世纪 80 年代的德语文学，特别是小说创作，其最重要的特点就是从现代主义晚期向后现代主义的转变。在国际大环境的影响下，从 70 年代末开始，后现代主义思潮和后现代主义文学，在德国呈现出越来越强劲的发展态势。德语小说中最有影响力的几部后现代主义小说，皆产生于 80 年代，并集中体现了后现代主义小说的特征。与此同时，处于现代主义与后现代主义之间的作家和极端的实验小说，也吸引着评论界的关注。

20. 任卫东：建构异者，表现我者——以卡夫卡为例解读德语文学中的中国母题，《德语人文研究》2013 年第 1 期

关键词：异者；我者；卡夫卡；中国

摘要：17、18 世纪，欧洲开始对中国感兴趣并研究中国，这种现象被称为"中国热"。此后，中国母题就不断在德语文学中出现。到 19 世纪末，欧洲和德国的中国热达到了顶峰。中国母题在许多德语作家的作品得到集中体现。由此就出现了一个有意思的问题：为什么如此多的作家喜欢选用中国母题？本文将以卡夫卡为例说明，德语作家选用中国母题的意图并不在于展现一个真实的中国。对于他们来说，中国因其极度的陌生性，使他们能够随意建构出自己的中国图像。他们在借助自己的中国图像表达他们想表达的意义的同时，不仅能够给读者留下更强烈的印象，而且能够促使读者思考，并使他们获得新的认识。

21. 王歌：德国早期浪漫主义的反启蒙与启蒙——以"自我"概念为契机，《现代哲学》2013 年第 2 期

关键词：德国早期浪漫主义；启蒙；反启蒙；自我；《费希特研究》

摘要：诺瓦利斯在《费希特研究》中系统地梳理了费希特早期知识学，在接受自由"自我"概念的同时，他质疑"本原行动"的原初性，强调"感情"和"想象力"在自我概念中的重要性。自我（或自身）概念提供了考察德国早期浪漫主义的哲学理路，提供了浪漫主义对启蒙的接受与批判的根由所在。由此我们可以理

解浪漫主义批评启蒙理性中隐含的暴力因素，以及工具理性对世界的合理化祛魅，对人的感情和想象力的销蚀。但是浪漫主义并不是反理性的，他们与批判和反思启蒙者一样强调启蒙主体间的对话性，视自由为使命，试图通过内在自治的教育（Bildung）达到真正的启蒙。从而论证，有关浪漫主义反理性、反个人主义、是保守主义和极权代言者的说法是草率而错误的。

22. 王志强：跨文化性与跨文化日耳曼学，《德国研究》2013 年第 3 期

关键词：跨文化性；跨文化日耳曼学；文化间距；文化关系

摘要：在经济全球化不断深入的今天，跨文化能力是进行富有成效的国际交往不可缺少的关键能力要求。在这一背景下，中国大学的德语外语专业应进行相应的现代化改革，实现由传统的语言文学向文化和跨文化的拓展和转向。本文以跨文化日耳曼学为研究对象，通过对其诠释出发点和专业建构的阐述，确定跨文化日耳曼学特有的跨文化特征。不同于传统日耳曼学，跨文化日耳曼学强调"文化空间"和由此所致的"文化间距"，并试图从"时间间距"和"文化间距"这一交叉视角审视文学作品。基于这一诠释新视角，跨文化日耳曼学强调拥有不同文化背景的学生主体性，并将学生特有的文化诠释多样性纳入教学和研究之中，在基础上奠定了跨文化日耳曼学的文化性和跨文化性。在这一认知框架下，本文对跨文化日耳曼学学科模式进行较为深入的论述。

23. 吴建广，梁黎颖：诗学对神性与自然的倾听——伽达默尔解读歌德和荷尔德林，《德国研究》2013 年第 3 期

关键词：伽达默尔；歌德；荷尔德林；神性；自然；倾听

摘要：哲学家对诗学作品的情有独钟，在于诗人对更高的存在具有极其敏锐的倾听和感悟能力。伽达默尔的哲学诠释学旨在彰显诗学的"模仿"特征，强调诗人的写作并非主体性自由想象，而是诗人对至高无上的存在的顺从倾听，是诗人对所倾听到的声音

的记录。无论着重倾听神性，如荷尔德林，或是意在倾听自然，如诗人歌德，他们倾听到的或是同一个东西，只是用不同的话语方式表述出来。他们的共性在于，感应在人之上那个更高的存在，并将人置于这个更高存在之下；这个存在并非逻辑推理或概念演绎能够抵达，只有感应和体验才能领悟和理解。

24. 杨文革：德汉语篇衔接方式对比研究——以 Borchert 的短篇小说《Brot》及其汉语译文为例，《德语人文研究》2013年第1期

关键词：衔接；对比；不同；语言；文化

摘要：本研究在 Halliday 的衔接理论及对衔接方式详尽描写的基础上，采用实证法，选取一部德语短篇小说及其中文译文作为对比研究的语料，通过对语料中各种衔接手段的定性描述和定量分析，指出了德汉两种语言衔接方式的异同及差异产生的原因。

25. 印芝虹：趋向差异多元的文学流变——战后德国现实主义到后现代主义风格的一种考察，《南京社会科学》2013年第10期

关键词：战后德国；后现代；梯姆；施林克；克里斯塔·沃尔夫

摘要：战后德国是冷战中东西方阵营及之后世界格局的一个缩影，其从分裂到统一后的文学打上了深刻的时代烙印。民主德国作家对现实社会主义的文学表现、其作品与社会的互动，联邦德国战后反思文学的发展变化，均为我们探讨时代与文学的关系提供了重要的视角。从两德最著名的前辈作家伯尔、格拉斯、克·沃尔夫、海纳·米勒到 1968 年代作家彼得·施耐德、乌佛·梯姆、施林克等，从他们获得高度评价、影响广泛的作品中，我们不难察见一种从现实主义到后现代主义风格演变的文学发展路径。

26. 张园：德国启蒙悲剧的文化追问，《文艺理论研究》2013年第3期

关键词：德国启蒙悲剧；启蒙文化；现代性

摘要：透过德国戏剧的发展，在现代性视域的关切中，可以发现

18 世纪 50 年代—19 世纪 30 年代以莱辛、歌德、席勒为代表的德国悲剧创作深受启蒙运动的影响，是一种独立的启蒙文化现象，深刻体现了德国启蒙运动的特质并为德国民族文化注入了现代性，完全可称之为德国启蒙悲剧。借助戏剧的审美性，德国启蒙悲剧充分表达了德国启蒙文化的现代性精神历程，其表达的现代性极为生动而真切地体现在五个方面。

27. 周施廷：丢勒与故乡纽伦堡的市民文化，《文化艺术研究》2013 年第 3 期

关键词：丢勒；德国文艺复兴；纽伦堡；马丁·路德

摘要：丢勒是德国文艺复兴时期最具代表性的画家，他的出生、生活、绘画和死亡与家乡纽伦堡密不可分。在新教运动中，他与好友皮克海默、斯宾格勒都深为路德的思想触动，但三人最后却选择了不同的道路来应对时代的变迁。纽伦堡于 1525 年 3 月正式改信新教，丢勒没有随之改变信仰，而是在 1526 年赠送给市政府一幅自己的作品《四使徒》来表达他渴望世俗政府引领人民回到和谐稳定生活的愿望。

28. 朱新福：普拉斯作品中的大屠杀描写及其政治历史意蕴，《外国文学研究》2013 年第 3 期

关键词：普拉斯；大屠杀；政治历史；职责和使命

摘要：西尔维娅·普拉斯的作品不仅表现了强烈的自我意识和女性意识，也具有明显的政治和历史意识。普拉斯的著名诗篇例如"爹爹"、"女拉撒路"以及"慕尼黑的女模特"等经常出现战争和集中营等暴力意象以及纳粹迫害犹太人的大屠杀描写，其自传体小说《钟形罩》让我们感受到当时的政治历史氛围，字里行间充满着作者对当时政治大环境的不满。受保罗·策兰和奈莉·萨克斯等诗人影响，普拉斯擅长用意象来表述各种无法言说的内容和无法真实反映的历史事实。她把历史意识作为贯穿创作的一个基本精神，强调创作应对历史事件作出严肃的回应和书写。普拉斯

希望通过政治和历史的书写来警示我们不要陷入道德的麻木和历史政治的记忆缺失中，体现了一个作家的职责和使命。

2014 年

1. **安尼：从"尽职的快乐"到"茹格布尔的失败"——对《德语课》中"尽职"话语的再思考，《外国文学评论》2014 年第 1 期**

   关键词：德语课；义务；尽职；纳粹；罪责

   摘要：小说《德语课》聚焦"尽职"一词，为联邦德国战后罪责问题讨论提供了一个具体的文学范例，一度引发人们审视纳粹时代精神乃至德意志传统美德的基本含义。随着战后反思文化的升温和细化，一些新的问题渐渐浮出水面：除了美德含义本身在历史进程中发生蜕变，某些被频繁引用的历史概念可能也已被扭曲或偷换。正如纳粹并非突如其来，美德变质也非一夜之"功"。"尽职"并非到纳粹时代才发生所谓质变，盲目服从或无思想性也并非第三帝国所特有，它们都是历史累积的必然结果。

2. **曹霞：从《塞斯的学徒》看诺瓦利斯的三阶段论，《湘潭大学学报（哲学社会科学版）》2014 年第 1 期**

   关键词：《塞斯的学徒》；浪漫；诗意；童话

   摘要：诺瓦利斯采用浪漫派最常用的三阶段模式结构来构思《塞斯的学徒》这部小说，无论是小说中的学徒还是童话中夏青特的成长历程，都经历了从原初的自然统一，到人与自然的分裂状态，再到更高意义上的统一的这样一种三阶段模式。小说影射的是整个人类历史的发展过程。诺瓦利斯通过浪漫化和诗意化的手段将个体与整体的发展表现为一个沿螺旋状上升的运动。

3. **陈嘉映：实践／操劳与理论，《同济大学学报（社会科学版）》2014 年第 1 期**

   关键词：实践；聪慧（实践智慧）；理论

   摘要：《存在与时间》中的"操劳"（Besorgen）这个概念深受亚

里士多德"实践"（praxis）概念的影响，突出的一点为，海德格尔认为"操劳有它自己的认识"，这可以视作实践有其特属的知，即 phronesis 的翻版。但"操劳"与亚里士多德的"实践"也有几点明显的区别。在这些区别处，文章认为亚里士多德更为合理。既然实践有它自己的认识，我们为什么要发展出理论认知？这对亚里士多德不是一个问题，而对海德格尔却正是，因为在海德格尔那里，理论认知并没有独立的地位，更谈不上是最高的善好。最后，《存在与时间》笼统地用实践经验的专题化说明理论的发生，包括物理学型理论在内，这也是作者不能同意的。文章认为，我们需要区分两类理论：一类是物理学型理论，一类是伦理学 - 政治学型理论；后者是实践经验的专题发展，而前者不是。

4. 陈琦：反顾抑或投射：德语互动性因果构式的语用研究，《外国语文》2014 年第 5 期

关键词：投射；反顾；德语；互动；因果

摘要：会话中的投射和反顾是一种认知层面的设框。投射为理解后续话语和交际情态提供预设框架；反顾为补充、修改前续话语提供完型框架。以"deswegen"为代表的关联标记语在书面语中具有典型的反顾上文的功能，点明上文所述内容是造成后续小句的原因。在自然口语中，其句法位置和语用意义显示出多样化的特点：位于拓扑句法框架超前段位置的 [deswegen1] 构式主要具有话题投射和话语标记功能；位于前段和中段位置的 [deswegen2] 构式主要具有承接式的反顾推理功能；具有独立句法结构的 [deswegen3] 构式具有总结式的反顾和聚焦功能；而合作共建式的 [deswegen4] 构式则体现人际交互功能。这体现了口语句法中语法的弱化和语用的显化。

5. 陈嵘：论系统功能语法功能语态观——以德语语态现象为例，《德语人文研究》2014 年第 2 期

关键词：语言功能；语态；动作者；目标；X 杠理论

摘要：元功能思想和系统思想构建了系统功能语法理论核心，其语态观点是从语言的概念功能出发，在功能与意义的视角下对语态进行分析和定义，说明了在意义潜势框架内言语行为的语态选择。从语法理论的普遍性角度看，功能语态观点整体上适用于描写分析德语语态范畴，但从句法结构的微观层面上看，对少数德语语态现象的解释仍然显得不够充分，本文尝试借助结构主义普遍语法 X 杠理论对功能语态观予以补充。

6. 陈伟：还原与动感——论胡塞尔与普凡德尔的西费尔德会面之现象学意义，《同济大学学报（社会科学版）》2014 年第 5 期

关键词：胡塞尔现象学；普凡德尔；动感；构造

摘要：在与普凡德尔探讨感知难题的西费尔德会面中，胡塞尔获得了超越论还原的观念。基于这一观念，感知难题被表述为如何理解感知对象固持的同一性与感觉的流动的杂多性之间的统一。胡塞尔对这一感知难题的研究使感知现象学获得一个全新的研究领域：动感构造。动感是身体运动被还原后的感觉，它作为自身并不展示而在功能上使得其他感觉展示出来的特殊感觉具有三个组成部分：动感组元、图像组元和联结这两者的动机引发。动感组元是时间性的流动，贯穿于其中的是纵意向性，图像组元是感觉内容的延展，贯穿于其中的是横意向性，两者通过"如果 - 那么"的动机引发规则结合成唯一的一条意识流。动感构造处在发生构造之最底层，只有通过动感，感性领域的构造才得以可能，进而，感性对象以及其他经验的构造才得以可能。

7. 关子尹：黑格尔与海德格尔——两种不同形态的同一性思维，《同济大学学报（社会科学版）》2014 年第 1 期

关键词：黑格尔；海德格尔；同一性；自身同一性；同一性公式

摘要：Tautologie 概念，汉语一般译为"重言"，但此译法未能把此概念最根本的"自我相同"或"同一者"的意思表达出来。

因此这一理解下的重言，无论在逻辑学、修辞学还是哲学讨论中向来都带负面意义。然而后期海德格尔却独树一帜地回归到 Tautologie "同一"这一原始意涵，他甚至把自己的思想称为"同一性思维"，并视之为"根本意义的现象学"，其循正面意义理解和肯定 Tautologie 之意便最明显不过。文章先陈述问题的历史背景，再从不同角度说明后期海德格尔思想在何种意义下是"同一性思维"，接着说明黑格尔学说在什么意义下也可被视为另一类型的同一性系统。文章指出，正因二者表面雷同、内里迥异的哲学特点，海德格尔几乎每一思想阶段都要与黑格尔划清界限。就如缪勒一语道破，黑格尔简直是海德格尔"如假包换的、持久的和敌对的交谈对手"。文章最后把两种同一性思维加以对照，再做反思评论。

8. **胡万年：康德的实在性与现实性的存在论区分与关联——基于康德存在论题的视角，《同济大学学报（社会科学版）》2014 年第 3 期**

关键词：实在性；现实性；客观实在性；存在论

摘要：在康德的存在论题"实存不是实在的谓词"中，康德对实在性和现实性作了独具特色的存在论区分和关联。康德基本上继承了传统形而上学关于实在性和现实性的含义。从词源学上，实在性源于拉丁文"realitas"，与本质关联；现实性来自拉丁文"actualitas"，与实存关联。实在性与现实性的区分就是本质与实存的区分。康德在实在性和现实性之间还提出了与之相关联的客观实在性概念。

9. **姜爱红：德语诗歌中主体意识的生成轨迹，《外国文学》2014 年第 2 期**

关键词：德语诗歌；主体意识；自然；体验诗；生成轨迹

摘要：德语诗歌中主体发现自我与发现自然是同步的，它初现于17 世纪末，在 18 世纪狂飙突进时期的"体验诗"中达到了自我与自然的相融。在这一过程中，主体摆脱了外部世界的各种束缚，实现了自我意识的觉醒。本文从人与上帝、人与社会以及人与自然的关系出发，阐释德语诗歌中主体逐步摆脱宗教束缚以及社会等级桎梏，最后在自然中发现自我、找到心灵归宿的过程。

10. 李彬：福柯话语理论关照下的德语话语语言学的源起与发展，《德语人文研究》2014 年第 2 期

关键词：话语；话语分析；福柯；哈贝马斯；德语语言学

摘要："话语"与"话语分析"的概念界定是区分当今世界话语研究学派的最主要依据。德语语言学界占主导地位的"语言学"话语分析流派主要接受和发展了福柯话语思想，也借鉴融合了哈贝马斯的话语伦理学观点。它透过有别于批评性话语分析的视角考察语言现象，强调语言在社会现实和知识建构中的作用。本文旨在回顾德语话语语言学的发展历程，对其学科定位和方法论整合的努力予以评析，从而为我国语言学界的话语研究提供一些有价值的借鉴。

11. 李昌珂，王绪梅：持久不衰的魅力所在——论托马斯·曼的《约瑟和他的兄弟们》，《外国文学研究》2014 年第 3 期

关键词：《约瑟和他的兄弟们》；历史小说；拟古；历史悖谬；当前思想

摘要：取材于《圣经》的《约瑟和他的兄弟们》是一部宽泛意义上的历史小说。托马斯·曼以当前的思想和精神思考约瑟埃及行这个古老的故事，用"拟古"和"历史悖谬"的书写方式将埃及描写成一个既是地理上、历史上确定存在的现实国家，又是一个具有特定意义的虚构空间，这也正是历史小说持久不衰的魅力所在。

12. 李春成：简论德国人的规则遵从及其文化成因，《南京社会科学》2014 年第 9 期

关键词：规则遵从；普通理性；制度良知；制度想象

摘要：论文基于几则典型实例，概括性提炼出德国人规则遵从行为的基本特征，并演绎性地探讨了其文化观念性成因，最后比较性地反思了我国规则遵从现象的文化心理。文章认为，德国人的遵从规则是真正的规则因循，已成为一种普遍行为习性，受到制度良知和审美价值观的支撑。而之所以如此，与德国人崇尚思辨理性和普遍理性、信奉"普遍化原则"密不可分，并与德国人的良知制度想象相辅相成。与此相反，中国人的实用理性和特殊主义价值取向，很不利于以普遍理性为内涵的现代法律制度的普遍实施。

13. 李贵苍，陈超君：叙事的狂欢：莫言与格拉斯笔下的侏儒形象，《中国比较文学》2014 年第 4 期

关键词：侏儒形象；《酒国》；《铁皮鼓》；狂欢化

摘要：两位诺奖得主莫言和君特·格拉斯在各自的得意之作《酒国》与《铁皮鼓》中都塑造了一批侏儒形象。他们塑造侏儒形象时采用"分裂-魔物-奇力"这样相似的模式。本文运用巴赫金的小说理论，分析了两部小说中的侏儒形象，认为他们都采用狂欢化的叙事策略，以颠倒视角、形象变异、违越禁忌来构建特殊的叙事时空体。我们发现莫言在叙事技巧上深受君特·格拉斯的影响，但他在借鉴中超越性地再创了具有本土风格的个性叙事。

14. 李弢：艺术起源批判及现代艺术的黑色理想——阿多诺关于艺术的审美理论之思，《同济大学学报（社会科学版）》2014 年第 6 期

关键词：阿多诺；《美学理论》解读；艺术起源；现代艺术；黑色理想

摘要：文章拟针对德国哲学家阿多诺（Theodor W. Adorno）的《美学理论》一书，就其对艺术的审美理论省思部分进行一种文本解读，认为阿多诺站在艺术思想史上，反对一种以追溯艺术起源的方式来确定艺术之本质的做法。在他看来，因为现代社会现实

生活的反常，使得艺术遁入一种新的秩序之中，现代艺术作为某种新事物向自身的本质提出了挑战，由此增强了其意义的不确定感。与此同时，那种认为古代艺术品是和谐美善、可供仿效的至高典范的观点应当摈弃，相反，现代艺术所显示的不协和恰是其黑色理想能给予我们的时代启明。

15. 李永平：荷尔德林：在诗与哲学之间，《外国文学评论》2014年第 4 期

关键词：荷尔德林；现代性；诗；哲学

摘要：在荷尔德林时代，启蒙带来的现代性问题日益显现，批判和克服现代性的自身分裂是当时哲学家和诗人必须面对的任务。与荷尔德林同时代的黑格尔认为，只有哲学可以克服现代性自身所带来的问题，在这方面，诗不及哲学。荷尔德林则认为，诗是克服现代性自身分裂的唯一途径，诗高于哲学，是人类精神的最高表达形式。如果说黑格尔建构了一种现代性的哲学话语，那么荷尔德林则建构了一种现代性的诗学话语。

16. 刘红莉：重写神话与重审诗人身份——解读里尔克的《俄耳甫斯·欧律狄刻·赫耳墨斯》，《浙江学刊》2014 年第 3 期

关键词：里尔克；俄耳甫斯；诗人身份；观看；死亡

摘要：里尔克在其诗歌之中重新塑造了俄耳甫斯的形象，借此表达了他对于诗人身份和诗艺理想的确认。在中期诗作《俄耳甫斯·欧律狄刻·赫耳墨斯》一诗中，里尔克用"观看"的手段再现了俄耳甫斯入地狱拯救妻子的情景，并且重新塑造了俄耳甫斯和欧律狄刻的形象。通过描绘俄耳甫斯的失败，里尔克质疑了他自己的早期诗歌创作，并且进一步探索了诗人的身份和诗歌的真实性问题，表达了他对自己这一时期的"眼目之作"的确信。

17. 卢盛舟：论克莱斯特《论木偶戏》中的雅俗文化冲突，《同济大学学报（社会科学版）》2014 年第 6 期

关键词：克莱斯特；席勒；《论木偶戏》；《柏林晚报》；大众文化

摘要：《论木偶戏》是德国著名经典作家克莱斯特的名篇之一，相关研究众说纷纭，但大多局限于美学和诗学上的解读。文章尝试从文化学的视角出发，对该文及其原初语境——克莱斯特主编的《柏林晚报》——进行观照，借此提供一种对《论木偶戏》一文全新的理解路径，并展现雅俗文化的对抗关系对克莱斯特写作该文的影响；并且，从更广泛的意义上，试图以《论木偶戏》为范例，说明文本、媒介和语境间的流通交换关系。

18. 南楠，杨静：论德国反思文学新态势及成因，《西安外国语大学学报》2014 年第 2 期

关键词：德国反思文学；新态势；原因

摘要：由于法西斯反动统治，纳粹德国曾给世界人民带来深重灾难。迫于同盟国的外在压力，德国人民开始了漫长的反思，德意志民族的内在省思促使了德国反思文学的诞生和发展。老一辈德国作家在作品中揭露法西斯罪行、展现战争的残酷惨烈、表达反战主题。20 世纪 90 年代以来，越来越多的德国文学作品表现德国人在战争中受到伤害，打破了德国反思文学长久以来无法言说伤痛的禁忌，因而引发激烈争论。作品以新的视角对历史进行反思。时代的发展、新的历史观的影响、创作主体和读者群体及其审美趣味的变化是导致德国反思文学变化的深层次原因。

19. 倪梁康：现象学与心理学的绞缠——关于胡塞尔与布伦塔诺的思想关系的回顾与再审，《同济大学学报（社会科学版）》2014 第 3 期

关键词：现象学；心理学；胡塞尔；布伦塔诺；传承；决裂

摘要：尽管胡塞尔只听了布伦塔诺两年的课程，但他们之间在思想与情感方面的联系所含有的内容极其丰富，足以为后人了解各种思想之间与各个思想者之间的相互碰撞与相互作用及其产生结果提供充实的精神资源。胡塞尔所受到的来自布伦塔诺的主要影响可以归结为三个方法层面与七个内容层面。但这并未改变胡塞

尔最终与布伦塔诺及其学派"决裂"的事实。他们的思想交往史是思想间的传承与观念间的张力的历史的体现。

20. 薄林：否定形而上学，延展形而上学？——对 Sein und Zeit 核心思想的一种理解，《同济大学学报（社会科学版）》2014 年第 1 期

关键词：形而上学；是态学；是之规定；范畴；生存论规定

摘要：文章认为，形而上学的核心是"是态学"，是态学的核心是范畴理论，而范畴无非就是对"是者"的一般"是之规定"。海德格尔的《是与时》一书基于对"此是"的生存论分析所给出的各种"生存论规定"，同适用于非此是式的"是者"的范畴一道都是对"是者"的一般"是之规定"，它是对传统形而上学的一种延展。

21. 孙周兴：永恒在瞬间中存在——论尼采永恒轮回学说的实存论意义，《同济大学学报（社会科学版）》2014 年第 5 期

关键词：尼采哲学；权力意志；相同者的永恒轮回；瞬间；实存论

摘要：文章主要从海德格尔的尼采阐释出发，分析和解说尼采"相同者的永恒轮回"学说的形成、证明及意义，重点揭示该学说的实存论维度。文章认为，在以"神性"为标志的传统形而上学的"永恒"和"超越"思考终结之后，尼采关注"如何安顿个体此在生活"这样一个实存论问题，不再主张任何具有形而上学色彩的谋求永恒的超越论，而是采取了一条可以说"把瞬间永恒化"的路径——此即尼采永恒轮回说的意义。

22. 谭渊：赋魅与除魅——德布林在《王伦三跃》中对东方宗教世界的建构，《同济大学学报（社会科学版）》2014 年 6 期

关键词：德布林；《王伦三跃》；宗教；中国形象；道家

摘要：阿尔弗雷德·德布林的《王伦三跃》是德国文学中的第一部"中国小说"。这部表现主义小说讲述了 18 世纪发生在中国的清水

教起义，该书尤以对中国的道教、儒教、佛教的精细且富于异域风情的刻画而著称。文章分析了这部小说在建构中国宗教世界方面与 20 世纪初德国汉学发展的关系、道家思想对小说的影响和作品在细节方面所具有的宗教特色。

23. 谭渊：丝绸之国与希望之乡——中世纪德国文学中的中国形象探析，《德国研究》，2014 年第 2 期

关键词：中国形象；德语文学；赛里斯；契丹；约翰长老

摘要：早在古代希腊罗马人当中，中国就已作为丝绸之国而闻名。中世纪时，德国人将中国称为"赛里斯"和"契丹"。在德语文学作品中，赛里斯首先作为梦幻般的丝绸之国出现在 13 世纪沃尔夫拉姆的英雄史诗《帕其伐尔》中。在 15 世纪诗人罗森斯普吕特的《祝酒歌》中，"契丹大汗"则与传说中的东方基督教国王"约翰长老"一起以巨富形象出现。通过对"赛里斯"、"契丹"和"约翰长老"的源流进行梳理，本文再现了中国形象在中世纪德国演变的过程，并揭示出德国历史、宗教、政治因素对建构中国形象所产生的影响。

24. 汪希：康德哲学的定位：批判哲学、先验哲学和科学形而上学，《同济大学学报（社会科学版）》2014 年第 3 期

关键词：康德哲学；批判哲学；先验哲学；科学形而上学

摘要：人们容易将康德的批判哲学、先验哲学和科学形而上学混为一谈，实际上在康德那里，这是三个不同的方面。文章将借助黑格尔的视角试图证明：批判哲学作为扫清先验哲学的预先准备，它通向纯粹形式性的先验哲学；先验哲学则是对于先验认知逻辑学和先验实践逻辑学的研究；而纯粹形式性的先验哲学结合特定质料则又构成了科学形而上学（即自然科学形而上学、道德形而上学）。康德整个哲学的架构乃是由这样相互联系又严格区分的批判哲学、先验哲学和科学形而上学所构成的三重"复调"。

25. 王建：理性的诗学——试论戈特舍德的诗学理论，《比较文学与世界文学》2014 年第 2 期

关键词：戈特舍德；理性；诗学；德国启蒙时期

摘要：德国启蒙早期的文学理论奠定了近代德国文学理论的基础，戈特舍德以理性为依据的诗学理论在德国文学史上第一次建立起一个演绎推理而来的文学理论体系，他强调以或然性为基础摹仿自然，注重文学的道德教育功能，突出了趣味在文学创作和接受中的重要作用。虽然他的诗学后来逐渐僵化，成为发展的束缚，遭到后人的诸多诟病，但是从历史的视角来看，不可抹杀这一诗学的开创性地位。

26. 王庆节：超越、超越论与海德格尔的《存在与时间》，《同济大学学报（社会科学版）》2014 年第 1 期

关键词：海德格尔；《存在与时间》；超越；超越论；基础存在论

摘要：超越／超越论（Transzendenz/transzendental）问题是贯穿《存在与时间》全书的核心问题。通过对康德哲学中"transzendental"概念的梳理以及对海德格尔从现象学角度对相关概念所进行的批判性思考的文本分析，文章力图指出：超越与超越论问题在海德格尔那里，首要地和根本地是一个存在论和生存论的问题，而非知识论（康德）或者意识哲学（胡塞尔）的问题。这也就是说，科学经验知识，乃至全部意向性意识如何可能的问题，只有在人类亲在的生存论 - 存在论分析的基础上才能得到真正的理解和把握。也只有在这个基本线索的引导下，我们才能更好地理解和把握海德格尔的《存在与时间》以及它与传统的康德哲学、胡塞尔现象学哲学之间的传承性、突破性与批判性关联。

27. 吴建广：诗与思擦肩而过——保尔·策兰相遇马丁·海德格尔，《同济大学学报（社会科学版）》2014 年第 4 期

关键词：策兰；海德格尔；《托特瑙山》；诗与思

摘要：保尔·策兰的诗文《托特瑙山》在德意志文学和文化学界乃

至西方学界都引发了巨大反响。诗与思的问题成为争论的焦点。由于西方政治正确与意识形态的影响，解释者用外在的信息和理念来强加于文本，突显诗人策兰与哲人海德格尔的对立性，硬将两者塞入受害者与施害者的阵营，因而不能从诗学文本的自主性来诠释文本。文章坚持诗学自主性的立场，试图从诗学文本本身来诠释诗文，让诗学文本自己说话，自主彰显其真理性。

28. 吴建广，刘英杰：走向对此在的彻底决绝——保尔·策兰诗文《一次》之诠释，《德国研究》2014 年第 3 期

关键词：保尔·策兰；《一次》；《呼吸转折》；诗学诠释学

摘要：保尔·策兰的九行短诗《一次》是其诗集《呼吸转折》的最后一首，该诗虽小却占有一个组诗的位置。诗文显示了诗集中诗学转折的最终完成。我们始终坚持诗学文本的语词意义和表述涵义在其结构中自身彰显，而力图避免以客观方法和意识形态，或政治正确来从外部将意义强加给诗学文本。本文秉承诗学诠释学的基本思想，以策兰诗学的整体涵义走向为框架，从文本构造出发，参考他人的研究成果，对本诗进行诗学诠释学的解释。本文的命题是：《一次》表现的是诗人对尘世的决绝，是他出生入死的诗学表述，是对灭绝人性的世界的挽歌。

29. 吴勇立："永恒的'一'多样地呈现着自身"——歌德视域下的"一"与"多"，《同济大学学报（社会科学版）》2014 年 2 期

关键词：秩序；"一"；"多"；泛神论；类型；变形

摘要：文章以歌德的自然观为切入点，回顾和梳理了西方思想史对"一"和"多"关系的发展探讨。该问题源自于古希腊，经过中世纪的发展，到近代斯宾诺莎形成了"泛神论"，这些对歌德时代德国观念论的内在性特征的塑造起到了决定性的作用。在这样的思想大背景之下，作为德国古典主义文化的杰出代表者，歌德对自然的认识角度和考察路向都呈现出与近代以技术操作为主

要手段的科学方法和自然观迥然不同的特色，并且在新的历史条件下深化了对"一"和"多"问题的理解。文章通过一定的原始文本依据阐发了这一特色。

30. 谢建文：慢的原则与陷阱——论施得恩·纳多尔尼《缓慢的发现》,《同济大学学报（社会科学版）》2014 年 6 期

关键词：施得恩·纳多尔尼；《缓慢的发现》；慢；速度原则的对立极

摘要：施得恩·纳多尔尼的《缓慢的发现》如惯常的后现代文学作品那样，以发现者为主角，反映了英国航海家和北极研究者约翰·富兰克林的生活。在小说文本层面，"慢"作为身体特性和权力原则，在大海与冰原的历险中慢慢转化，确立起小说主角与外在世界之间变化的关系。在文本层面之外，慢的原则作为早期工业化时代和现代社会中速度原则的对立面，让我们意识到，在速度虚妄和进步信仰的另一边，可以存在不同的基本经验与时间维度，并提供了一种希望：我们不必永远"固守于现时的破坏性"。从中，可读解出作家对现代社会速度原则的批评性反思。

31. 熊鹰：当莫言的作品成为"世界文学"时——对英语及德语圈里"莫言现象"的考察与分析,《山东社会科学》2014 年 3 期

关键词：莫言；世界文学；纯文学；《酒国》；翻译的政治

摘要：作为当今中国最活跃最有影响力的作家，莫言的作品在海外也被不断翻译，无疑已属于"世界文学"作家。莫言大部分的长篇都被翻译成外文，许多作品在德语和英语市场都能找到译本。作为"世界文学"的一种，莫言的文学描画人类共有的经验，并不等同于抽象的形而上的哲思。它植根于各个民族和地区具体的、现实的、历史的甚至政治的语境。然而，在译介和传播过程中，莫言文学失去了原有的思想性，部分沦为了文化消费的对象。要使得"世界文学"真正成为可能，首先就要打破一个"世界文学"

的美梦，并重视翻译的政治。

32. 徐卫翔：一瓶浓缩了西方思想史的《香水》，《同济大学学报（社会科学版）》2014 年第 5 期

关键词：《香水》；美；爱若斯；灵魂

摘要：出版于 20 世纪 80 年代的德国小说《香水》以及由此改编的电影，在其惊悚猎奇的外表之下，隐藏着丰富的西方思想史内涵。文章首先从主角姓名和作品中某种香水的名字着手，从文学、宗教、古代神话的角度来探讨其意义，并将线索引向柏拉图哲学。而作品中的嗅觉，则应该从灵魂的角度来加以理解。最后，通过比较苏格拉底和《香水》中的主角，我们发现它所展现的是一条不同于西方主流哲学传统的思想路线，它既是前哲学的，又与后哲学的种种思想相一致。

33. 杨劲：女人的好奇与痛苦的渊薮——论霍夫曼斯塔尔的哑剧《丘比特与普绪刻》和芭蕾剧《斯基罗斯岛上的阿喀琉斯》，《德语人文研究》2014 年第 2 期

关键词：胡戈·冯·霍夫曼斯塔尔；舞蹈；好奇心；暴力；痛苦

摘要：本文剖析奥地利现代作家霍夫曼斯塔尔创作于 20 世纪的两部舞剧，从性别关系、身体与语言作为表达媒介的差异、个人与命运的张力等角度探讨霍氏舞剧创作的特点和要旨，挖掘他借助重塑古希腊神话和传说所因袭固化的女性恒定特征，即好奇心。

34. 杨劲：世纪之交的审美范式转换——论霍夫曼斯塔尔的报刊文艺栏作品《两幅画》和《一封信》，《同济大学学报（社会科学版）》2014 年第 2 期

关键词：胡戈·冯·霍夫曼斯塔尔；观画；启悟；审美范式；荣高

摘要：文章以奥地利现代作家胡戈·冯·霍夫曼斯塔尔的两篇报刊文艺栏作品（短篇小说）为研究对象，第一部分着重分析作品《两幅画》里艺术观赏的时空排演以及画面表现与画作标题，绘画描述与文本写作之间的张力关系；第二部分探讨《一封信》里的语言危机，感知危机以及由此引发的新感知模式和审美范式；第三部分比较这两部作品的异同。

35. 叶隽：社会问题还是宗教情结？——论莱辛剧本《犹太人》对传统种族价值的颠覆，《同济大学学报（社会科学版）》2014 年第 2 期

关键词：莱辛；《犹太人》；宗教；文学史

摘要：文章对莱辛的早期剧本《犹太人》进行文本细读，探讨剧本所反映的宗教问题。一方面展现社会问题与宗教情结的复杂纠葛关系，另一方面充分肯定莱辛此剧挑战传统种族价值观念的重要思想史意义。同时，进一步将问题的探讨追溯到问题的宗教根源层面，即欧洲社会问题实质为基督教 vs. 犹太教。如何处理好这两种宗教关系，乃是亘古有之、至今未结的根本性问题。

36. 张莉：以时间的方式思考存在——卡夫卡的时间叙事体系研究，《同济大学学报（社会科学版）》2014 年第 4 期

关键词：卡夫卡；时间叙事体系；时间哲学

摘要：在卡夫卡的作品中，时间叙事不仅仅是一种叙事技巧，更多的是一种哲学观念对文本的直接参与。卡夫卡的时间哲学构成其时间叙事体系内各部分之间的本质性关联。卡夫卡的时间叙事技巧与时间哲学在根本上具有不可调和的双重性悖反特征。就时间叙事艺术而言，对立物表现为运动与静止、循环与延宕、断裂与绵延；在更深的时间哲学层面，则是有关永恒与瞬间、艺术时间与日常时间、确定性与不确定性、行动与徒劳、希望与绝望、存在与虚无。

37. 张晓青：茨威格现当代研究论略，《河南大学学报（社会科学版）》2014 年第 4 期

关键词：茨威格；译介和研究；文学接受学

摘要：自 1923 年奥地利作家茨威格及其几部作品在中国被提及后，在其后的 90 年时间里，伴随着中国社会的不断发展变化，茨

威格在中国也经历了良好的开端、被冷落、80 年代的复苏和 90 年代后受热捧的曲折接受过程。以史为经，以译介和研究文献为纬，综述茨威格在中国 90 年的译介和研究概貌，不仅可以略窥其在中国历史变迁中显示的轨迹，也可反观其自身的价值。

38. 张辛仪：另类的现实主义——君特·格拉斯写作风格面面观，《同济大学学报（社会科学版）》2014 年第 4 期

关键词：君特·格拉斯；写作风格；现实主义；怪诞；互文性

摘要：德国战后重要作家君特·格拉斯的写作风格颇难界定。他热衷于使用互文手法，似乎跟上了后现代潮流；他的作品怪诞离奇、晦涩难懂，继承了表现主义的衣钵；他的作品中不乏童话套语、童话形象和神奇色彩，颇具浪漫派遗风。然而归根结底，格拉斯是个另类的现实主义作家，他绝非刻意追求矫揉花哨的形式与语言，而是寻求内容与形式的最佳结合，通过对文学传统的继承与创新，用夸张、想象和文学游戏等复杂的文学手法深刻地表现现实、批评现实，担负起作家的社会责任。

39. 张莹，张宛初，冯菲菲：身份认同的缺失与追寻——解读《鸽子飞去》，《东北大学学报（社会科学版）》2014 年第 3 期

关键词：身份认同；身份焦虑；族裔散居；欧洲一体化；混杂身份

摘要：在欧洲一体化的语境中，"身份认同"已然成为德语文学研究领域的一个重要话题。获得 2010 年德国图书奖的移民小说《鸽子飞去》便深刻地反映了这一主题。小说着重描述了主人公对自己边缘生存的焦虑和身份认同的困惑。在瑞士主流文化面前，作为移居的少数族裔因缺乏认同感使主人公感到愤懑；同时在南斯拉夫 - 匈牙利文化面前，主人公同样遭遇身份焦虑。基于身份认同理论，剖析了主人公对身份认同的焦虑与追寻的思想历程，展示了欧洲一体化中当代欧洲移民的真实心态和混杂身份。

40. 赵蕾莲：论荷尔德林小说《许佩里翁或希腊的隐士》中的对立观，《外国文学研究》2014 年第 3 期

关键词：荷尔德林；许佩里翁；对立观；对立统一；人物的对立设置

摘要：荷尔德林的小说《许佩里翁或希腊的隐士》在主题和人物设置上都体现了对立观。本文首先分析影响荷氏对立统一思想的精神史背景，然后重点分析小说中的三组对立关系：1、主人公许佩里翁与朋友阿拉邦德和恋人狄奥蒂玛之间对立的人物设置；2、以《命运之歌》为代表的众神与人的对立关系；3、古希腊雅典人与现代德国人的对立关系。

41. 郑春荣，朱金锋：从乌克兰危机看德国外交政策的调整，《同济大学学报（社会科学版）》2014 年第 6 期

关键词：乌克兰危机；德国角色；积极有为的外交政策；德国的俄罗斯政策；克制文化

摘要：2013 年 11 月底以来，乌克兰危机不断发酵，此次危机虽然为当前默克尔领导下的大联合政府推行积极有为的外交政策开启了有利的"时机之窗"，但它也是这一政策能否取得成功的"试金石"。文章首先分三个阶段梳理了德国在危机应对中的表现，指出德国在此次危机中积极斡旋，甚至扮演了某种领导角色。其后，分析了德国外交在乌克兰危机应对中得以积极有为的国际双边关系层面、欧盟层面以及德国国内层面的影响因素，最后指出了德国外交政策调整依然面临的诸多挑战。

42. 郑杰：从《高加索灰阑记》看布莱希特式的社会主义想象，《外国文学评论》2014 年第 2 期

关键词：布莱希特；《高加索灰阑记》；政治观念；伦理意识

摘要：《高加索灰阑记》是布莱希特在 1941 至 1947 年流亡美国期间，受百老汇委托创作的一部戏剧，也是其唯一一部描写苏联社会主义社会（格鲁吉亚的两个集体农庄）的剧作。本文借助社会历史批评方法和文学伦理学批评视角，通过对该剧历史创作背景的考察和文本细读，揭示布莱希特利用"戏中戏"的叙事结构，借用并改编"灰阑断案"这一伦理事件，来印证说明其社会主义政治理想蓝图的缘由，并探讨布莱希特晚期创作中的政治观念和伦理意识之间错综复杂的关系以及布莱希特式的社会主义想象。

2015 年

1. 曹俊雯：从哲学诠释学视角评析《道德经》英德译本，《德语人文研究》2015 年第 2 期

关键词：前理解；前见；视域融合；理解；动机；操作

摘要：为了对比西方译者对汉学典籍的翻译过程，作者选取了两个具有代表性的《道德经》译本，分别为英国著名汉学家亚瑟·韦利的英译本和德国著名汉学家卫礼贤的德译本进行研究。本文以"哲学诠释学"为视角，引入了"前见"和"视域融合"的概念，详细阐述了译者在翻译过程中与原文和译文的两次"视域融合"。作者希望通过视域融合的研究，引发读者思考翻译的实质意义。

2. 陈敏：虚构与现实：新时期早期文学对人和世界图景的重塑——从文学人类学视角分析开普勒的小说《梦月》（1609/1634），《德语人文研究》2015 年第 2 期

关键词：文学人类学；虚构的；想象的；现实的；人和世界的图景

摘要：根据沃尔夫冈·伊瑟尔的文学人类学，文学虚构诞生于"虚构的"、"想象的"和"现实的"这三类因素间的互动游戏中。前两类因素并非专属于文学作品，也并非现实的对立面，而是暗示着人渴望不断地将其可塑性付诸具形的特质。历史上多样化的文学虚构作品像镜子一样，能使人理解人何以能超越和重塑历史语境中既存的关于人和世界的图景。在新时期早期的天文学家约翰内斯·开普勒的小说《梦月》（1609/1634）中，一贯被视为对立面的现实和虚构既是一个重要主题，同时这两者的对立也遭到了质疑。本论文试图运用伊瑟尔的上述理论来分析这部小说，以考察该文学虚构的具体表现形式，探究该虚构文学作品何以能重塑新时期早期关于人和世界的图景。

3. **陈琦，董菁：基于自然语料的德语附加标记语研究，《德语人文研究》2015 年第 1 期**

关键词：德语；附加标记语；交互主观性

摘要：基于自然语料的分析表明，附加标记语在德语口语中不仅有会话组织功能，还具有人际交互功能，体现说话者对听话者的人际关怀。尾部标记语作为话轮转换标记可以 1）给出话语权，提醒对方做出进一步反应或承接话轮，2）能够探测态度、寻求意见、重置会话信息中心；内部标记语 1）可以分割话轮内部结构，2）具有求同协调、确认共识和显性标记的功能，在保足对方面子的前提下凸显自身话语的价值。

4. **陈雨田，张帆：奈莉·萨克斯诗歌中的"大屠杀"主题与犹太人命运，《名作欣赏》2015 年第 22 期**

关键词：奈莉·萨克斯；"大屠杀"；犹太神秘主义思想；宗教关怀

摘要：犹太人"大屠杀"这一主题几乎贯穿了奈莉·萨克斯自 1943 年以来的所有创作。她的诗歌以奇特生动的隐喻、阴沉灰暗的基调再现了纳粹集中营内恐怖残酷的历史真相，以悲怆激越的情感哀悼了死难者沉重的苦难。受犹太神秘主义思想的影响，她的诗歌在绝望之中又充满了宗教关怀，在对永恒流变与神性永恒之光的向往和信仰之中抚慰苦难的灵魂与堕落的人性。

5. **丁君君：颠覆与重构——1980—2000 年德语诗歌，《同济大学学报（社会科学版）》2015 年第 4 期**

关键词：德语诗歌；后现代；政治思考；多元化

摘要：20 世纪末的德语诗坛处于一个新旧交替、承前启后的阶段，随着后现代文化思潮的涌入，德语诗歌在形式、媒介、主题上都实现了新的突破，然而鉴于二战以及战后几十年的政治风波背景，诗人们在尝试美学实验的同时依然保留着一种审慎的政治思考。世纪末的诗人既勇于打破陈规，解构诗歌，也有意识地从传统中汲取新的灵感，哀歌传统、古典风格的复兴也促进了诗坛的血液循环，令世纪末的德语诗歌呈现出一种多元化的精彩面貌。

6. **冯冬：思之划痕：当代思想语境中的策兰诗学，《德语人文研究》2015 年第 1 期**

关键词：策兰；表象；灾难；绝境；思想

摘要：因保罗·策兰（Paul Celan）作品对西方诗学内部产生的断裂性冲击，本文将采取一个较为迂回的讨论策略，它不直接诠释策兰诗歌，而是致力于思考灾难对诗歌的言说主体／我产生的变异作用以及当代西方思想把握此种诗意变异的可能途径。本文通过考察斯坦纳（George Steiner）、斯丛狄（Peter Szondi）等研究者对策兰诗歌的置放与解读，尝试勾勒策兰灾难之诗对诗歌与思想这一希腊以来的奇异双面体所给予的内在界限、划痕，描述策兰诗歌内生于当代思想与话语的绝境态势。

7. **冯晓虎：关于尼采"权力意志"译名的讨论，《同济大学学报（社会科学版）》2015 年第 3 期**

关键词：权力意志；中文译名；尼采；叔本华

摘要：Der Wille zur Macht 作为尼采未完成的代表作，在尼采哲学体系中占据重要地位，然而关于这部著作——同时亦为该概念——的中文译名，至今诸位学者仍然众说纷纭。现在学界通常将其称为"权力意志"或"强力意志"，但至今尚无统一译名。文章从叔本华对尼采哲学思想的影响以及尼采对"肉体与意志"关系的认识出发，研究权力意志所代表的哲学内涵，并以此探讨"der Wille zur Macht"的译名。

8. **谷裕：人间大戏——歌德《浮士德》的戏剧形式，《国外文学》2015 年第 2 期**

关键词：歌德；《浮士德》戏剧形式；人间大戏

摘要：歌德的《浮士德》是一部以多种诗体写成的戏剧，作品剧中套剧，囊括了到歌德时代为止德国乃至欧洲所有重要的戏剧类型。戏剧形式本身隐含意义取向，与内容相互映照，直接影响对作品整体及局部的理解。本文通过对《浮士德》主体框架及个别场幕的分析，以证明浮士德"悲剧"不悲，即剧作本身并未采用悲剧形式，而是穿插了滑稽剧、宗教剧及歌舞剧等多种形式，是一部意义严肃但形式丰富的悲喜剧，更接近巴洛克式的"人间大戏"（theatrum mundi）。歌德以此表达的是人在存在意义上的悲剧。

9. **何俊：创造社作家段可情与德语文学翻译，《郭沫若学刊》2015 年第 4 期**

关键词：段可情；创造社作家；德语文学翻译

摘要：创造社成员和"普罗诗派"代表人物段可情是为数不多的近代留德作家之一，译介了大量的德语文学作品，其中既有对非知名作家的昙花一现式的偶然译介，也对德语国家知名作家作品的译介做出了不小的贡献。就其翻译经历对创作的影响来说，欧洲包括德国的书信体小说这一文学体裁对他的作品产生了不小的影响。

10. **贺克：表现主义诗歌中的战争仪式——以格奥尔格·海姆的《战争》一诗为例，《德语人文研究》2015 年第 2 期**

关键词：战争；仪式；表现主义

摘要：本文选择德国表现主义诗歌中的经典之作格奥尔格·海姆的《战争》一诗为例详细分析了其中的战争仪式，结合文化学中的仪式理论为解读该诗提供新的尝试。

11. **金品，张绍铎：德国主流媒体视野下的中日历史认识问题——以《明镜》周刊（1980—2015）为例，《德国研究》2015 年第 2 期**

关键词：中日历史认识问题；德国；德国媒体；《明镜》周刊

摘要：长期以来中日两国在历史认识问题上始终存在重大分歧，而与日本同为二战战败国的德国则很好地解决了与邻国的历史认识问题。本文以德国主流媒体——《明镜》周刊为对象，考察德国对中日历史认识问题的态度，并分析其原因。

12. 李昌珂，梁晶晶：托马斯·曼小说"神话资源"探略，《外国语文》2015 年第 4 期

关键词：新的古典风致；神话资源；托马斯·曼小说

摘要：为突围危机，托马斯·曼提出要走现代精神与古典美感迭合并行之路。本文探析托马斯·曼有关艺术家题材和反法西斯斗争题材的几部代表性小说的艺术思维，找出相关题材、元素、因子或结构，展示作家开掘"神话资源"，获得新颖别致的拓展，在"怎样写"和"写什么"的问题上写出了新鲜性、创造性、批判性和思想性。

13. 李创：海德格尔诗学节奏观探微，《同济大学学报（社会科学版）》2015 年第 4 期

关键词：海德格尔；节奏；形式；语言

摘要：节奏是诗歌、音乐、舞蹈等艺术活动的基础，节奏概念在西方美学史上具有悠久的传统。在古希腊，节奏的基本含义是形式、结构，是决定事物的本质。节奏也是现象学所认为的现象"形式显示"的"形式"，是现象学的"基底"，是对时间 - 空间的统一直觉形式。语言是在形式中展开的，因此节奏是语言的基础，语言中的节奏也表达了我们基本的生存情绪。节奏作为约束又体现了审美教化功能。通过对节奏的分析可以深入理解海德格尔的生存论诗学。

14. 李明明：对卡夫卡长篇小说《城堡》的空间叙事分析，《外国文学》2015 年第 2 期

关键词：卡夫卡；《城堡》；空间；权力；看与被看；梦

摘要：作为文学现代派的代表作家之一，卡夫卡小说中的空间构筑成为叙事的重要架构：对立的空间结构和看与被看的空间设置，显示出权力的空间图谱；行政空间向私人空间的渗入盘剥，导致个体生存空间只能通过否定式的乌托邦得到重构，或是在梦的空间中僭越现实。本文尝试以空间理论为背景，以卡夫卡的长篇小

说《城堡》作为分析对象，探讨其中的空间叙事，以期呈现出卡夫卡文学作品中独特的空间美学。

15. 廖奕：文学律法的伦理光照：卡夫卡《审判》新论，《外国文学研究》2015 年第 2 期

关键词：卡夫卡；《审判》；文学律法；文学伦理；法律与文学

摘要：从创作背景看，只有将卡夫卡所处的社会文化环境、独特的思维方式、法律经历和具体的促动事件整合一体，将宏观解释和微观分析有机结合，才能真正看透《审判》背后的审判，以及实在法背后的"文学法"。从内容主旨看，《审判》是卡夫卡苦心孤诣打造的"穿透"法律之作。通过对法律本质的文学拷问，卡夫卡内心认同的文学律法成为超越现实法律的神秘源代码。就基本特征而言，卡夫卡文学律法范型独特、原则明确、结构开放、诠释多元。在《审判》中，文学的伦理裁判才是最接近真理的真正"审判"。未来的"文学法理学"应当在"法律与文学"基础上实现新的超越。

16. 刘白，蔡熙：论本雅明的城市空间批评，《当代外国文学》2015 年第 2 期

关键词：瓦尔特·本雅明；城市空间；现代性批判

摘要：德国文化批评家瓦尔特·本雅明将巴黎当作 19 世纪的首都所展开的城市现代性批判，开辟了研究城市现代性的新途径。他对 19 世纪的巴黎拱廊街的闲逛者、拾垃圾者、妓女、人群等现代性主体的深刻洞见以及对"豪斯曼风格"功能主义城市观的批判，不仅表现了一个人文知识分子对历史与社会的高度伦理责任感，而且对于我国当下的城市化和文化建设具有一定的启发意义。

17. 刘冬瑶：俄南之罪·自情自爱之病·纳西瑟斯之恋·赫马佛洛狄忒斯之梦 —— 兼评吕克特豪斯、布朗和拉科尔三书，《德语人文研究》2015 年第 1 期

关键词：俄南之罪；手淫；自慰；文化学；禁忌

摘要：对禁忌话题进行文化史梳理无疑是一项大胆的尝试，尤其当它在人类学和认识论的维度上对个体给予关注，形成妇孺皆知和三缄其口的有趣对比。难言的现象拥有不同概念，每个指代都代指一种话语视角，而对概念的逐一剖析可勾勒出一幅有关主体的历史文化谱系。

18. 刘永强："跃出自己的肌肤"——论海涅诗作《波马雷》和《阿塔·特罗尔》中的舞蹈与越界，《同济大学学报（社会科学版）》2015 年第 6 期

关键词：海因里希·海涅；《波马雷》；《阿塔·特罗尔》；舞蹈；越界

摘要：德国诗人海因里希·海涅对舞蹈艺术情有独钟，他在文学创作和美学探索中多有对舞蹈的描写与反思。文章择取其晚年创作的两部诗作《波马雷》和《阿塔·特罗尔》，就其中的舞蹈主题展开论述。结合"肌肤作为身体界限的隐喻"的文化学观点，着重分析海涅诗作中重复出现的"跃出自己的肌肤"这一舞蹈描写模式，进而阐述诗人对舞蹈和越界的美学思考以及他的创作理念和诗学观。

19. 卢迎伏：从孤独的"我言"到冷硬的"图像"——里尔克的早期诗学思想研究，《国外文学》2015 年第 4 期

关键词：存在的焦虑；我言；图像；孤独

摘要：在西方现代派文学巨擘之一奥地利诗人莱内·马利亚·里尔克（Rainer Maria Rilke, 1875-1926）离世后的近 90 年中，国内外学界对诗人的研究重点仍是解读其中晚期作品，而漏掉了对其早期杰作的阐释，没有形成观照里尔克诗学的整体观。本文将通过解读里尔克早期代表诗集《时辰书》与《图像书》，以说明诗人究竟如何以其独异的诗性语言，来呈现现代派文学核心的主题——申述与索问存在的焦虑经验及其意义。

20. 马剑：作为文学批评者的赫尔曼·黑塞 —— 评《书籍的世界》，《同济大学学报（社会科学版）》2015 年第 6 期

关键词：赫尔曼·黑塞；《书籍的世界》；文学批评者

摘要：赫尔曼·黑塞不仅是一位享誉世界的作家，而且还是一位多产的、睿智的文学批评者，文章试图从四个方面评述黑塞的文集《书籍的世界》，以此探讨文学批评对于黑塞的意义和其评论文字背后蕴含的深刻内涵。

21. 马蕾：时代危机下的群魔图——卡内蒂的小说《迷惘》中权力与群众影像，《德语人文研究》2015 年第 2 期

关键词：群众；权力；对时代的隐射和预言

摘要：诺贝尔文学奖获得者卡内蒂的小说《迷惘》诞生于二战前夕，作者在特殊的历史背景下，为读者展现了一幅怪诞的群体像，令人费解。本文以作者战后形成系统的群众和权力理论为基础，结合作品创作的时代背景，来分析作品里普通群众如何转化为攻击性群众，这种转变带来的后果、群众的权力结构及其运作，从而揭示作者对时代危机和隐藏在荒诞背后残忍现实的敏锐感知，进而印证作品的时代预见性。

22. 任琳，徐奇渊：新安全观视野下的中欧关系，《德国研究》2015 年第 1 期

关键词：新安全观；中欧关系；合作治理；非传统安全；亚欧地缘政治

摘要：长期以来，传统地缘安全塑造了国家间关系的基本形态。受届时系统特性的牵制，欧洲对华政策缺少独立性。伴随着全球化进程的深入，安全概念内涵和外延空前丰富，军事政治安全不再是国家选择伙伴的唯一考虑，取而代之的是一种以多元性、综合性、合作性为特征的新安全观。为了应对全球性问题的挑战，亚欧大陆系统重要性行为体（中欧双方）需要突破冷战时期的单维安全理念限制，合作治理全球性事务。新世纪的欧洲外交变得

2015年

更为务实，而非"价值观"导向、联盟外交、现实主义和冲突思维导向。合作治理的理念将会全面推进中欧关系的改变，进而改变亚欧地缘政治乃至全球政治经济格局，推动全球治理秩序向着民主化、公平化和多极化发展。在预防货币金融等经济安全风险、规避能源安全风险、防范粮食安全风险、治理网络安全问题和中欧合作参与全球治理等新安全领域内，中欧之间的合作有待继续深入。

23. 任卫东：启蒙精神与市民道德下的无所适从——莱辛戏剧中的女性，《同济大学学报（社会科学版）》2015年第2期

关键词：启蒙；市民道德；女性；莱辛

摘要：启蒙时期是德国社会的转型期，也是德国市民社会的形成时期。启蒙精神要求人独立、理性、思考、行动。然而，这是对抽象的、普遍的人的要求。市民社会对女性的道德要求却是依附、柔弱、顺从、感性、被动、接受、贞洁。从文学与社会的互动关系出发，分析启蒙时期莱辛的戏剧作品，可以看出人在各种变化着的社会关系中作用的改变，也能折射出女性在双重要求下的两难境地。

24. 任昕：诗性：海德格尔诗学的内在精神，《国外文学》2015年第3期

关键词：海德格尔；诗性；诗学；诗与思；形而上学

摘要：海德格尔哲学一直是学界长盛不衰的研究课题，其诗学思想也备受关注。海德格尔诗学以对存在的追问为核心，并有意避开形而上学传统而另辟蹊径，当人们试图从西方传统的哲学、美学或艺术研究角度入手对其诗学做出阐释时，往往无法对其中一些问题和现象做出合理的解释。事实上，海德格尔诗学中存在着一条贯穿全部的内在线索——诗性。以诗性为关键去理解海德格尔诗学，不仅可以串联起其诗学思想的主要内容，也可以对其中诸多难以理解的问题做出合理阐释。诗性正是海德格尔诗学的内

在精神和真正意义所在。

25. 谭渊：文学奖的使命与召唤——访德国毕希纳文学奖评委会主席海因里希·戴特宁，《外国文学研究动态》2015 年第 2 期

关键词：毕希纳奖；文学经典；海因里希·戴特宁；尤尔根·贝克尔

摘要：毕希纳文学奖是德国最为重要的文学奖项，获奖者中汇集了众多当代名家，对德语文坛产生了重要影响。笔者近期与毕希纳奖评委会主席海因里希·戴特宁教授就该奖的一些重要问题进行了深入探讨。在访谈中，戴特宁特别强调了文学奖在树立民族文学典范、建立文学经典宝库方面所负有的使命，并提出文学奖应当在召唤有非凡创造力的青年作家、推动他们进行大胆开拓方面发挥积极作用。

26. 唐妙琴：现代普罗米修斯之审判——加缪的反抗与卡夫卡的法庭，《同济大学学报（社会科学版）》2015 年第 3 期

关键词：加缪；卡夫卡；普罗米修斯；"局外人"；"乡下人"

摘要：加缪与卡夫卡都对普罗米修斯神话做了新的演绎：加缪以绝望的普罗米修斯对美的感知力与创造力来反抗历史意志与宗教审判，而卡夫卡则以化作山崖的普罗米修斯来预示无法获得神圣审判与救赎的现代人之绝境。加缪的"局外人"默尔索与卡夫卡的"乡下人"K 皆非因"罪"被处死，两个现代普罗米修斯神话同两场现代人不得不出席的法庭审判，构成了一次深刻的对话与交锋：加缪强调卡夫卡的作品是"普遍的"，不属于真正伟大的荒诞性作品，而卡夫卡笔下的法庭则判决了反抗者神话的终结。

27. 王滨滨：《彼得·卡门青》中人与自然的和谐关系溯源，《同济大学学报（社会科学版）》2015 年第 6 期

关键词：黑塞；《彼得·卡门青》；人与大自然的关系；人类中心主义

摘要：西方文化有一个中心两个基本点，即以人为中心，以科学进步和崇尚理性为基本点。笛卡尔在西方思想史上占有重要位置，他的二元论把事物分为主客体，在人与自然的关系上确立了人为主体、自然为客体，两者呈对立态势，人成为自然的主人。培根的"知识就是力量"更是把知识即科学推至最高位置。知识是人掌握的，不言而喻，人的力量大无边，他可对自然任意操纵、利用和征服，且这种征服欲望越来越大，自然科学的不断发展也为人类征服自然提供了越来越先进的工具，正如霍克海默、阿多诺在《启蒙辩证法》中所说："社会对自然的暴力达到了前所未有的程度。"其结果就是美丽的人类家园——地球如今千疮百孔，呻吟叹息。而黑塞的小说《彼得·卡门青》则与西方主流文化推崇的价值观背道而驰。小说描写了主人公待自然如亲兄弟并在自然及人的和谐关系中让自己的精神得以升华，找到了人生之路。文章试图探究作品中人与自然的和谐关系及其渊源。

28. 杨植钧：叙事革命与身体政治——奥地利当代女性文学中的实验性书写，《德语人文研究》2015 年第 1 期

关键词：奥地利文学；阴性书写；实验性书写；符号穿若

摘要：在奥地利文坛叙事实验与语言批判进入高峰期的上世纪70—80 年代，西方女性主义文学批评的发展也达到了高潮。后结构女性主义一方面为分析当代与经典文本提供了新的理论手段，另一方面也潜移默化地影响着作家们的创作，使得美学和叙述上的抵抗直到今天仍然是奥地利女性文学的一个核心特征。本文尝试以克里斯蒂娃的"符号穿若"理论为基础，从拆解线性叙事时间、分裂叙事声音和诗化叙事语言三个方面对奥地利当代女性先锋文本中"实验性书写"与"阴性书写"两者之间的互动模式进行一次初步的探索。

29. 张博：认知语法框架下的德语语法隐喻 —— 以人际语法隐喻为例，《解放军外国语学院学报》2015 年第 2 期

关键词：认知语法；人际语法隐喻；原型范畴理论；主观化

摘要：本文主要采用认知语法中的原型范畴理论、识解观以及舞台模型理论，以德语中的人际语法隐喻为例，分别从情态语法隐喻、语气语法隐喻和时态语法隐喻等方面探讨语法隐喻的认知基础、机制及特征。按照原型范畴理论的基本范式，德语人际语法隐喻中的一致式和隐喻式之间体现了范畴原型与边缘的关系。一致式是原型用法，通过隐喻的方式向非中心区域扩展，出现了抽象化的新语义并形成语义复合体，且语法功能发生变化，可视作范畴的边缘成员。在隐喻式中，说话人和句子施事者的关系由客观轴完全调整到了主观轴，说话人及其态度成为该句突显的部分。因此，语法隐喻的出现往往伴随着较高的主观化程度。

30. 张培：解构父权制神话——耶利内克戏剧《白雪公主》《睡美人》对经典童话的当代戏仿，《黑龙江社会科学》2015年第6期

关键词：耶利内克；喜剧；经典童话；父权制神话

摘要：2004年诺贝尔文学奖获得者奥地利女作家耶利内克的戏剧集《死亡与少女》中的两部剧本《白雪公主》和《睡美人》，阐析了耶利内克如何对经典童话进行当代戏仿，如何以反讽意识颠覆经典童话母题，从而揭示"权力之眼"，解构"父权制"神话。在耶利内克笔下，女性往往兼具两种身份，既是被压迫者，也是同谋者。对女性双重身份的批判不仅揭露了父权制对女性的奴役，还暴露了父权制对女性的异化以及女性头脑中根深蒂固的异化的观念意识。对于女性的生存状态来说，后者比前者更可怕。

31. 赵蕾莲：论荷尔德林诗歌中的"天体和谐"，《德国研究》2015年第3期

关键词：天体和谐；毕达哥拉斯；音乐；荷尔德林；诗歌

摘要："天体和谐"是古希腊毕达哥拉斯及其弟子创建的哲学假说，强调宇宙天体、音乐、数字、神和人的心灵之间的和谐关系。该假说后经中世纪和近代发展到18世纪，涉及音乐、神学、天文

学和文学领域。天体和谐是荷尔德林和谐观的重要组成部分。他在早期组诗"蒂宾根颂歌"中把天体和谐中的音乐感性特征与现代个性的精神特征和时代要求结合起来。天体和谐作为简单和谐是其以和谐对峙与和而不同为特征的和谐观的前期准备。

32. 郑萌芽：克莱斯特喜剧《破瓮记》中受损的身体与沦落的乡村父权，《德语人文研究》2015 年第 1 期

关键词：集体延续性；身体；乡村父权；理性化官僚机制

摘要：《破瓮记》中的罐子历经代际更迭与自然灾害完好无损，这象征着性别与政治集体的延续性；而之后罐子的破洞与乡村法官头部的伤口，则表明代际传承不息的男性幻想以及乡村父权的破灭。新的理性化的官僚机制就此替代封建、私人的统治权威，却并未与后者完全割裂。

33. 周才庶：布莱希特"间离"学说的文学伦理反思，《外国文学研究》2015 年第 3 期

关键词：布莱希特；间离；戏剧；电影；观众；文学伦理

摘要：布莱希特在戏剧的艺术范畴中提出"间离"学说。"间离"要求打破观众与剧情之间的感情融合，获得陌生的效果，培养观众反思的能力。"间离"学说可以从戏剧范畴推衍到电影范畴中，间离与蒙太奇存在亲缘关系，电影以蒙太奇和间离等方式参与现实的构形。戏剧和电影"间离"的对象是观众，布莱希特的理论抵抗观众的感情共鸣这类虚假命题，试图通过"间离"发展出新的意识与实践。"间离"是艺术作品获取文学伦理价值的一种方式，离开了文学的伦理价值，间离本身并不能产生有效的实践效果。

34. 朱建华，陈忱：德意志语言思想背景下的专用语研究，《西安外国语大学学报》2015 年第 2 期

关键词：专用语；专用语研究；德意志语言思想

摘要：语言是人类思想与被描述世界之间的中介物，它不仅可以呈现已知真相，也能诠释未知真相。专用语作为专业领域的交际、

认知中介，其诞生和存在是人类发展的必然成果和标尺，其发展程度也决定了人类不同群体以及整个社会文明的发展水平。本文尝试在德意志语言思想的框架中，通过对赫尔德和洪堡特等语言思想的分析，探讨语言与认知的关系，考察德语世界的专用语及其理论形成，旨在揭示德意志民族在专用语理论构建中对人类认知的贡献。